海峡新文丛

# 策蹇纪程

## 福建历史文化田野调查

刘传标 著

江苏大学出版社
JIANGSU UNIVERSITY PRESS
镇江

## 图书在版编目(CIP)数据

策蹇纪程:福建历史文化田野调查 / 刘传标著. —
镇江 :江苏大学出版社,2021.11
ISBN 978-7-5684-1477-7

Ⅰ. ①策… Ⅱ. ①刘… Ⅲ. ①文化史—调查研究—福
建 Ⅳ. ①K295.7

中国版本图书馆 CIP 数据核字(2021)第 222728 号

**策蹇纪程:福建历史文化田野调查**
Cejian Jicheng:Fujian Lishi Wenhua Tianye Diaocha

著　者/刘传标
责任编辑/张　平
出版发行/江苏大学出版社
地　址/江苏省镇江市梦溪园巷 30 号(邮编:212003)
电　话/0511-84446464(传真)
网　址/http://press.ujs.edu.cn
排　版/镇江文苑制版印刷有限责任公司
印　刷/江苏凤凰数码印务有限公司
开　本/710 mm×1 000 mm　1/16
印　张/24.75
字　数/398 千字
版　次/2021 年 11 月第 1 版
印　次/2021 年 11 月第 1 次印刷
书　号/ISBN 978-7-5684-1477-7
定　价/68.00 元

如有印装质量问题请与本社营销部联系(电话:0511-84440882)

# 前言

◆

———————

　　2014 年 10 月 13 日，习近平同志在主持中央政治局学习时指出：
"历史是最好的老师。在漫长的历史进程中，中华民族创造了独树一帜
的灿烂文化，积累了丰富的治国理政经验，其中既包括升平之世社会发
展进步的成功经验，也有衰乱之世社会动荡的深刻教训……这些都能给
人们以重要启示。""治理国家和社会，今天遇到的很多事情都可以在
历史上找到影子，历史上发生过的很多事情也都可以作为今天的镜鉴。
中国的今天是从中国的昨天和前天发展而来的。要治理好今天的中国，
需要对我国历史和传统文化有深入了解，也需要对我国古代治国理政的
探索和智慧进行积极总结。"① 党的十八大以来，以习近平同志为核心
的党中央高度重视文化遗产的历史意义与作用，将其作为新时期治国理
政新理念新思想新战略的组成部分。

———————

① 《习近平在中共中央政治局第十八次集体学习时强调　牢记历史经验历史教训历史警
示　为国家治理能力现代化提供有益借鉴》，《人民日报》，2014 年 10 月 14 日，第 1 版。

中国五千年的历史给我们留下了丰富的社会治理的文化遗产。在以陆权为中心的时代，福建地处海隅，相对隔绝；唐宋以降，福建成了北方人民避乱的乐园。由于福建境内重峦叠嶂，丘陵起伏，河谷与盆地错落，因此不同时期迁入的人，定居于不同区域，彼此往来不多，形成一个又一个相对独立和闭塞的区域，不同区域形成特色鲜明的区域次文化，从而使福建成为中国历史文化遗存最丰富的地区之一，也成为同根同源台湾乡亲和海外侨胞的共同历史记忆和身份标志。福建的历史遗存是福建区域文化软实力，也是竞争力，保护和利用好这些文化遗存，提高社会治理能力，具有重要而深远的意义。

《道德经》云："执古之道，以御今之有。"古人在碑刻中留下了丰富的社会管理与实践的智慧。本书是笔者二十多年来田野调查的资料汇集，旨在践行"让收藏在博物馆里的文物、陈列在广阔大地上的遗产、书写在古籍里的文字都'活起来'……为人类提供正确的精神指引和强大的精神动力"的号召，为当代社会经济发展服务。

# 目录

◆

## 第五章　福建古近代水资源管理碑刻遗存

# 第一章　福建古代生态保护碑刻遗存调查

---

## 第一节　中国传统生态保护理念与意识

我们的祖先早在先秦时期就重视人与自然生态的关系。据《国语·周语》记载，周灵王二十二年（公元前 550 年），灵王之子晋劝阻其父壅塞谷水，云："晋闻古之长民者，不堕山，不崇薮，不防川，不窦泽。夫山，土之聚也；薮，物之归也；川，气之导也；泽，水之锺也。夫天地成而聚于高，归物于下。疏为川谷，以导其气；陂塘污庳，以锺其美。是故聚不陂崩，而物有所归，气不沉滞，而亦不散越。是以民生有财用，而死有所葬。然则无夭、昏、札、瘥之忧，而无饥、寒、乏、匮之患，故上下能相固，以待不虞，古之圣王，惟此之慎。"① 按照周太子晋的理解，执政者要力求"不毁高山、不填沼泽、不堵江河、不决湖泊"，实现人与自然和谐相处。

先秦儒家思想非常重视人与自然的和谐相处，处处强调"仁民爱物"。孟子的亲亲、仁民、爱物，张载的"民胞物与"思想都很好地体现了人与自然万物和谐共处的理念。

---

① 左丘明撰，徐元诰集解，王树民、沈长云点校．国语集解［M］．北京：中华书局，2002：93.

福建省地处亚热带，林木生长的自然条件十分优越。晋代以后，由于中原人民开始迁入，福建人口增多，土地开发与自然生态保护的矛盾日渐突出。随着社会对土地和木料的需求越来越大，乱砍滥伐现象加剧，因砍伐林木引发的诉讼不绝于书。历朝历代均有有识之士呼吁并立碑告示保护林木和生态。唐天宝七载（748年），唐玄宗派遣登仕郎颜行之至武夷山，封武夷山为名山大川"全山禁樵采"。南唐保大二年（944年），朝廷敕令在武夷山会仙观（武夷宫旁）方圆120里"禁樵采张捕"，并勒石立碑。1915年，凌道扬、韩安、裴义理等林学家倡议将每年的清明节定为植树节，以唤起民众植树造林、保护生态的意识。

中国共产党历来重视生态保护和植树造林工作。第一次土地革命时期，闽西北革命根据地就把植树造林作为一项重要任务。一些乡镇的苏维埃政府设立植树委员会或山林委员会，开展植树运动，并取得了很大成绩。1932年3月16日，中华苏维埃临时中央政府公布了《人民委员会对于植树运动的决议案》。1949年后，毛主席于1956年发出"绿化祖国"大地园林化的号召，中国开始了第一个"12年绿化运动"。其目标是："在12年内，基本上消灭荒地荒山，在一切宅旁、村旁、路旁、水旁，以及荒地上荒山上，即在一切可能的地方，均要按规格种起树来，实行绿化。"1979年2月13日，全国人民代表大会常务委员会第六次会议原则通过了《中华人民共和国森林法（试行）》。

2000年，时任福建省省长的习近平同志提出建设生态省的战略构想；2002年，福建省成为全国生态省建设试点省份；2011年年底和2012年年初，习近平同志两次对长汀水土流失治理做出批示，提出"进则全胜，不进则退"的要求。2014年3月，国务院正式印发《关于支持福建省深入实施生态省战略加快生态文明先行示范区建设的若干意见》。习近平总书记指出，"生态资源是福建最宝贵的资源，生态优势是福建最具竞争力的优势，生态文明建设也应当是福建最花力气的建设"。习近平总书记在党的十九大报告中，首次将"树立和践行绿水青山就是金山银山的理念"写入了中国共产党的党代会报告，明确提出"坚持人与自然和谐共生""像对待生命一样对待生态环境""实行最严格的生态环境保护制度"。由于几代领导人的高度重视，以及人民的广泛参与，我国林业建设与保护取得了巨大成就，森林面积和蓄积量不断增加。目前，福建省森林覆盖率提高到 66.23%，成为全国最"绿"的省份。这是大自然的恩赐，更是从古至今福建民众长期以来共同维护的成果。福建现存有关生态保护的古碑刻 170 余方，包含官府的判例、公告和民间的宗族、乡村自行订立的乡规民约。发掘与整理福建先民在生态保护方面的历史遗存，对扎实推进福建省生态文明建设具有积极的现实意义。

## 第二节　福建林木保护古碑刻遗存

1. 南平建瓯市东峰镇裴桥村焙前自然村林垅山麓现存北宋庆历七年（1048 年）北苑漕臣柯适所刻《北苑凿字岩石刻》（图 1-1）

崖刻岩高约 3 米，宽约 4 米，厚 2.5 米。岩正面有楷书石刻 8 行，每行 10 字；每字纵 30 厘米、横 20 厘米，共 80 字，翔实地记载了北苑的地理位置、御焙年代、上贡名品、官焙作坊、四至范围、衙署亭榭等北苑茶事御贡概况。此石刻是迄今为止我国发现的唯一一块关于"御贡茶事"的石刻，是研究中国宋代茶事史极为珍贵的实物资料。

图 1-1　裴桥村《北苑凿字岩石刻》

碑文："建州东，凤皇（凰）山，厥植宜茶，惟北苑。太平兴国初始为御焙，岁贡龙凤上。东东宫、西幽湖、南新会、北溪属三十二焙。有署暨亭榭，中曰：御茶堂。后坎泉甘，字（宗）之曰：御泉。前引二泉，曰：龙凤池。庆历戊子仲春朔柯适记。"

2. 龙岩市长汀县羊牯乡百丈村现存明嘉靖七年（1528 年）立的《禁伐林木铭》

该碑是明嘉靖七年羊牯乡百丈村合乡众姓同立禁条。

碑文："盗伐松杉木、春冬两笋，公罚猪肉伍拾斤。拿获者不敢得钱卖放饶情，即通报众人，赏铜钱伍佰文正。"

图 1-2 悬钟古城《护林石刻》

3. 漳州市诏安县梅岭镇悬钟古城现存明万历二年（1574年）立的《护林石刻》（图1-2）

碑文："万历二年夏，予以镇守广东总兵都督同知，奉旨督剿海寇，会师于闽，重至玄钟，见旧种松树五百株长茂成林，偶有存棠之感，使后人无忘爱护，则此松可以阅千岁如一日矣。因刻石记之。天台东瀛张元勋书。"

4. 漳州龙溪市现存明万历七年（1579年）立的《禁开天宝山碑》

该碑为漳州龙溪县蔡中丞与郡丞沈植为严禁民众开掘漳州城的天宝山所立。

碑文："漳郡之山来自天宝，至望高突起，再伏而起为诸峰，又数起伏衍为平原，而郡治在焉。望高山后一线，实漳郡来龙之正脉也。向年开掘有禁，遮阴有树，迩来禁弛民顽，日斫月削，凹为坑堑。适与郡丞二思沈公谭及之，公慨然曰：'是可视弗禁耶？'爰出教：'山麓有仍开掘者，罪无赦。'及斥羡金，募工役，视凹之广狭加填筑焉，不旬日而冈平如故。先是龙溪尹继川、范侯力赞其事；事既竣，于是请纪之石，以垂勿坏。"①

5. 厦门市翔安区新圩镇金柄村现存明万历十四年（1586年）摩崖石刻《丁山护林碑》（图1-3）

《丁山护林碑》又称《新圩大仑山禁毁山林石刻》，为新圩镇黄氏族人镌刻于金柄村后之山腰上（后整石移入金柄村黄氏宗祠）。

图 1-3 金柄村《丁山护林碑》

---

① 吴宜燮，黄惠，李畴. 龙溪县志 [M]. 清乾隆二十七年（1762年）修光绪五年补刊本.

碑文：“林木有阻风、储湿、固壤之奇功，宝也。大仓尽木皆护，毁者非吾族人矣。万历丙戌年。”

6. 厦门市翔安区新圩镇金柄村现存明万历三十年（1602年）立的《祖林垂示碑》（图1-4）

唐垂拱二年（686年），金柄村开基始祖黄肇纶，奉父命，由泉州迁到金柄，开垦田地，种植五谷。由于当时丁山口风大扬沙，不利庄稼生长，为此，黄肇纶即大量种植香樟等树木，并且喻示子孙要保护丁山林木，不得毁林。

明万历年间，理学布衣黄文炤在金柄村也大力倡导植树造林护林，兴修水利，并勒石《祖林垂示碑》。该碑高95厘米，宽50厘米，现藏于金柄村紫云黄氏大宗祠内。

碑文：“始祖肇纶公手植香樟树林，乃造福通族之胜迹，子孙世护勿毁。大明万历三十年岁次壬寅冬月，裔孙文炤敬立。”

图1-4　金柄村《祖林垂示碑》

7. 泉州晋江市安海镇灵源山灵源寺山门东现存明万历四十六年（1618年）崖刻《泉州府告示》（图1-5）

崖刻高160厘米，宽130厘米，为禁伐风水林告示。

图1-5　灵源山崖刻《泉州府告示》

碑文：“泉州府为给禁示杜害事。据吴选状告称：义父吴乡官有祖坟二首，一葬在灵源寺西，东至路，西至路，南至□□□，北至洞仔；一坐在灵源寺西牛岭山，东至路，西至山脊处，南至龚宅山，北至岭，界限明白，植荫数千。近被附近居民乘父宦游，累肆侵剪，愚民视为利薮，公行旦旦之斧斤。奸民惩□□图冥冥之风水，痛深水火，害切肤身，恳乞给示严禁等情到府。爰得坟茔树木乃系远荫风水，附近居民乘机累肆侵剪，情甚可恨。本当查究，姑记出示严禁。为此，示仰附近居民人等知悉：凡系吴乡官坟茔界内草木生枯，不许擅行侵伐，亦不许纵放牛羊践害。如有不遵，许社首及墓客指名呈报告提，究罪枷号示惩，决不轻贷。须至示者，右仰如悉。万历肆拾陆年正月廿三日给。仰该地方社首常川张挂晓谕。"[1]

图 1-6　尚书第后花园《县禁碑》

8. 三明市泰宁县尚书第后花园现存明天启三年（1623 年）立的《县禁碑》（图 1-6）

碑原立于罏峰山，高 220 厘米，宽 76 厘米，厚 19 厘米，碑上镌刻明代天启三年冬月泰宁知县朱仁臣手书禁令。该碑现存于泰宁县尚书第后花园。

碑文："罏峰主山，不许锄伤地脉，盗砍树木，牧放牛马猪羊。敢有故犯及越砌毁石者，任人扭禀法究，徇私卖放者，一体问罚。天启三年玖月知泰宁县李。"

9. 南平市浦城县石濠村现存明崇祯元年（1628 年）立的《合乡禁约碑》

碑文："合众人等买到水口山片土，名黄源岭头，禁约人等不许蓦入登山，偷盗柴木、取石、破坏水口。若有捉拿，重罚纹银壹两，合乡散众。如有顽者，鸣官究治，决无虚言。吾乡树木、水口、石泥，庇荫壹乡风水，人财两旺，永远昌隆。陈、周、黄、范、廖、何同立。大明崇祯元年拾壹月。"

---

① 粘良图. 晋江碑刻 [M]. 厦门：厦门大学出版社，2002：58-59.

10. 南平邵武市和平镇狮形山现存明代所立的《护林碑》

碑高 120 厘米，底宽 43 厘米，呈自然三角形。

碑文："合市公白，不许盗砍松杉竹、砍柴、挖笋，违者鸣官究治。"

11. 泉州晋江市青阳镇西园街道霞浯社区大下浯村现存明崇祯年间立的《浯里裕后铭》（图 1-7）

明崇祯年间进士吴震交书并立。碑为花岗岩质，高 236 厘米，宽 61 厘米。吴震交是明崇祯甲戌进士，曾任兵部主事、武选郎中、扬州知府等职。他从本乡地理位置需要入手，说明植树造林、改善生态环境的意义，又从福荫子孙的角度劝导乡人种树护树。碑文言简意赅，说理透彻，有深刻的教育作用。

碑正面竖刻楷书："浯里裕后铭，司马吴震交立"；背面竖刻行书："浯冈西下，浯水东屯。无树则寒，有树则温。戕树者如戕其手足，培树者自培其子孙。"①

12. 三明市泰宁县寨下村风水林前现存清顺治十三年（1656 年）江国明与族人订的规约《合族公禁碑》（图 1-8）

此碑为江氏全族的约定，禁止族人破坏祖山及祖先所在之地。

图 1-7　大下浯村《浯里裕后铭》

图 1-8　江氏族人《合族公禁碑》

---

① 粘良图. 晋江碑刻［M］. 厦门：厦门大学出版社，2002：60.

碑文："合族公禁：江族祖山，不许盗砍树木、戕毁坟茔。如有犯禁，告官究治。据议：后寨下香树桥头，巽蛇山东坪、祖坟山七圹，档垅坟山尾、桃凹坟山、当垢板山盗筑坟山域，峭岩镜石崀三圹，岭头坟山撰三座给二湿窠坟二圹；幸红垢祖激岩圹地石（即'一'）圹；窠二圹五五二；登窠两边对当坟三圹；何坡坟山旁、二边对当坟一圹，不许盗卖思（疑作'私'）买。江德明与（江）鹤、（江）坚、（江）怀，合掌头子。顺治十三年冬月吉旦。"

图 1-9　金兴村《禁伐碑》

13. 南平邵武市茅坪镇金兴村现存清康熙十一年（1672 年）立的《禁伐碑》（图 1-9）

碑高 136 厘米，边长宽面约 45 厘米，四面都有文字；截面呈长方形，青石材质。清康熙初年，京凉杨姓延楚、延汉、延爵三兄弟后裔因后山那片"古木箐林"权属问题对簿公堂。诉讼结束后，家族长老请来石匠刻字铭文，要求族人不得在此"四至范围"砍伐活立树木，违者一律受到"罚跪""罚粮"族规制裁。

碑文："前人栽树，后人乘凉，桐树族人不得砍伐……康熙拾壹年。"

14. 福州市鼓山涌泉禅寺现存清康熙十二年（1673 年）立的《禁示碑》

碑文："……该本府覆审得鼓山涌泉禅寺，历今八百余载，其山场树木向有禁约，毋敢樵采侵越，近奉两院饬示杜绝案墨犹鲜，乃因住持和尚出山，有生员林炜等随茔坟于般若庵，此当家僧道悟所以具词上控，前经卑府提讯，原详剖晰已备矣……蒙此，除行闽知县照并勒石立碑外，合行给示永禁。为此，示仰鼓山等里一切兵民人等知悉：凡遇鼓山东至深洋石船峰大坑，南至牛坑，西至鼓山二面，北至双溪为界，四至界限，载在印册甚明。嗣后，敢有奸民仍前违越，于本界内盗葬及樵采树木作践禅林者，许本寺僧众指名赴府陈告，以凭差挐究。该院司，尽法重处，决不轻贷，须至示者。康熙十二年七月初九日。"①

15. 福州市灵光寺现存清康熙十四年（1675 年）立的《禁示碑》

该碑为福州知府蒋璸为禁止破坏灵光寺周边树木而立。

碑文："据翰林院修撰郑开极，前山西道御史萧震武，进士李灿，举人曾大升、吴士宏、陈学夔、蒋垣、生员李尚斌、蒋晟等禀称'窃缘会垣北关外三十九都五峰山地方旧有灵光寺，自唐宋元明以迄国朝，虽兴废无常，寺未湮没，兹有鼓山涌泉寺住持僧道需确守禅规，力图修建，经报等会议，请其来寺募修，派僧兼司香火，所有大殿、法堂，以及方丈、客厅、僧寮、厨房均已捐资起盖，将次完竣，□五峰廨院暨百禅庵各处殿宇、房屋亦已次第修葺，旧址一新，惟寺内原置山园田亩界址分明，载在《事迹》合刻卷内，另呈察阅。只恐乡曲无知小民或强批寺田，抗欠租谷；或伐树木，蹧跶丛林；或占据园山，盗造坟墓，均应先事预防，禀请分别示禁，以免临时周章，转多讼累，合就佥同禀恳伏乞察夺，出示严禁，俗作骁欢，不胜顶祝'等情到府。据此，除禀批示外，合行示禁。为此，示仰附近居民人等知悉：自示之后，凡系五峰山灵光寺上下一带山场及北禅庵所买田园各物业，概不许附近居民混行樵采侵占，串通盗卖盗买，私造坟墓。如敢不遵，许该绅士与寺僧等拿获送办。倘寺僧串同弊卖，容隐徇情，一经察出，从严拘究。本府言出法随，决不姑宽。毋违！特示。康熙十四年十一月初九给。"②

16. 漳州市诏安县官陂镇陂头村现存清康熙四十六年（1707 年）立的《示禁碑》

康熙四十五年（1706 年），陂头村村民钟黄金一纸诉状将武生廖朝缮、监生廖钦远等廖姓人士告上县衙。

碑文："福建分巡道海防汀漳道宋（致）宪批：钟黄金祖山荫木，原有界限，嗣后不许侵伐。廖□□等本应严究，称系公用，姑免谴惩。康熙四十六年五月○日立。"

① 陈祚康. 重修鼓山志［M］. 扬州：广陵书社，2011.
② 灵光寺志［M］. 扬州：江苏广陵古籍刻印社，1996：106.

17. 厦门市同安区金光湖现存清康熙四十九年（1710 年）李光地的石刻《文告》（图 1-10）

福建历代士绅均重视自然生态环境保护，呼吁并身体力行，或勒石立碑示禁，或著书立说呼吁保护。同安县莲花内田村李光地的表亲因为山林屡遭他人侵伐而求助于李光地，李光地便以个人的名义发布了一份示禁文告。

文告："本府表亲林可观、显观兄弟，住居同安县归德里抚内保莲田乡，守分耕农，毫非不染。有承租买得山田一所，坐贯归得里十三都，土名金岗湖等处，不许土棍藉端侵界，并不许附近人等登山樵采。如敢故违，指名报府，定行闻官究治，决不姑贷。谕。康熙四十九年五月一日给，内阁李相公字。"

**图 1-10　李光地《文告》**

18. 莆田市荔城区新度镇宝胜村现存康熙五十五年（1716 年）立的《禁止砍卖郑氏祖坟山木碑》

该碑是兴化知府为严禁砍卖郑氏始祖唐太府卿郑露墓地树木而立。

碑文："据都长郑文安、房长郑侨生、敦颐等状呈词称：'窃照柳季荒冢，旨工必严樵采之诛，鼻祖封茔，子孙宁之，保护之计。安等始祖先儒唐太府卿郑露公来莆倡学，首祀乡贤，故茔坐壶公里宝胜地方，山共七仑，穴号仙人脱履，继世簪缨，四传而产巩、乐、阜、孽、肇五公，兄弟俱登显宦，号五垂簪，派衍族蕃，科名济美，皆祖坟发祥所致。自唐迄今，千有余年，通族子孙从无砍伐坟树，盗卖山穴。祸因近年子孙贤愚不等，辄敢砍伐树木，致兴讼端，历控不休。岂但伤坏风水，而且有乖族谊。安等忝居都长，上为祖宗，下为族党，非仗天威严禁，将来效尤，乱砍乱葬，秀山变为童山，祖冢流为义冢，不已具呈。叩恳青天龙图大老爷准赐给示，勒石永禁，向后不许卖砍树木，卖葬坟山，子孙亦不得乱行安厝，庶风水得以保全，通族得免争端，幽明衔结，等情词到府。据此，为查唐太府卿郑讳露公首倡莆学，志乘炳垂，佳域郁葱在望，即他姓皆当存起敬之心，况属孙子忍争伐树木以贻濯濯之诮乎？今据前情，合行出示严禁。为此，示谕附近地方居民及族众人等知悉：嗣后如有不肖子孙仍前卖砍树木，并卖葬坟山，许该都长据实指名赴府禀明，以凭严拿重究，决不少贷。慎之。特示。康熙五十五年六月二十六日。"①

19. 漳州市诏安县官陂镇陂头村南星楼关帝庙内现存康熙六十年（1721 年）立的《示禁碑》

康熙五十九年（1720 年）二月，平静十多年的村子硝烟再起。廖姓率众砍伐钟姓祖山，被钟姓阻止。与十多年前不同的是，这次是廖姓将此事告上衙门。漳州府知府李秉衡亲自审查此案。其结果是钟姓照旧管业，而廖姓被斥责为恃强欺凌、借端觊觎、控词妄告之徒。此次审结，钟姓是无可厚非的大赢家，而廖姓，正如碑文中所说的那样，是借修"陂"之名，强行侵砍钟姓祖山木材。钟、廖的第二次交锋，钟姓再一次据理而胜。

碑文："青天本府大老爷李（秉衡），奉五十九年审结，巡抚察院大老爷吕宪批勘审武生廖朝缙、监生廖钦远等逞强籍占钟黄金祖山，断□您学戒，饬山归钟姓照常管业。谨院谳语：看得诏安二都官陂社地方有田三千余亩，系廖、陈、吴、王、钟、蔡等姓之业。悉赖溪流灌溉，因田高水低，昔人设陂开圳蓄水，导入田内。每年修砌，分股定界，由来久矣。缘陂之陂头山，钟姓祖居其间，栽培树木以为坟荫。廖姓恃强，每欲藉端砍伐。故从前各向该县请禁，互申未结。迨四十五年，钟姓赴本道宪控批，萧令勘审叙详，蒙批断钟家当管，不许混砍，始无异

---

① 郑惠元、郑氏族谱 [M]. 清道光二十八年（1848 年）修刊本. 转引自陈进国. 信仰、仪式与乡土社会：风水的历史人类学探索 [M]. 北京：中国社会科学出版社，2005.

言，迄今十余年。讵本年二月间，廖姓复率人砍伐，为钟姓所阻。廖朝缮等以判案霸山等事赴宪具告，奉宪批令卑府勘审明确等因。卑遵即提齐讯，据廖朝缮等借称，陂长原属公山，廖姓亦有葬坟二首：据钟威等供，祖居一百多余年，修有火路为界，界内系属钟姓丘墓。其陂向系烱（照）股派修，并无在山砍树。卑府随同两造亲赴查勘，其陂量长八十五分，俱系小木条、细束石，横砌水内，以茅草垫塞，并无用木之处。复到陂长山踏勘，周围火路约两里余。前临大路，偏右有钟姓楼寨，后悉系钟姓丘坟。再勘廖姓两坟乃在火路外田边。复吊里老人等咸供'钟姓住居、丘坟，年已久远，系其斯地'等语。从此查官陂系分股承修，钟姓不在派修之力。廖朝缮等供措砍木之东路，又勘无树木，年于此山伐木修陂之说，系属于□。廖姓明系恃强欺凌，借端觊觎。而廖朝缮、廖钦远逞强影争，控词妄告，查系监生头各祭学岁，饬禁饬徵。戢其官陂，仍饬烱（照）旧分修，萧令原陂押令拆毁。嗣后不许再有借端争砍，致于严谴，各取遵行具报。今将勘过缘由，绘图陈详，伏候宪台批夺。奉院批语，该府勘明此山东长并无树木，廖姓两坟在火路之外，据此山原征米四石，后归田亩完粮，其呈豁免等语。查山田无粮，各有各圳，不仝从无，并将归完纳。输此豁彼之理，明系遁词，□历年东长砍木修圳之说，悉属子虚。姑如详将廖朝缮、廖钦远、□学砍饬山石，钟姓照常管业，其官陂并饬照股承修，萧令原碑拆毁。嗣后毋许藉端砍木，永杜争端，取遵依报查认照。康熙六十年岁次辛丑菊月。"

20. 南平建瓯市玉山镇敷锡村腾云桥桥头现存清雍正三年（1725 年）立的《奉宪示碑》（图 1-11）

碑文："奉建安县正堂刘〇，为严禁盗砍事。切敷锡桥头庵后，下砂仔等山培植树木遮荫，阖乡命脉攸关，立禁止之后，不许擅行盗砍。如违，

图 1-11 敷锡村腾云桥
桥头《奉宪示碑》

鸣官究治。公立碑记。雍正三年乙未四月〇日，詹叶翁仝立。"

21.漳州市长泰县岩溪镇甘寨村凤山"皇龙宫"现存清乾隆八年（1743年）立的《会众演戏永远公禁碑》（图1-12）

该碑高100厘米，宽40厘米。碑刻以戏曲、护林为主题，额题为"会众演戏，永远公禁"，由右向左横着刻写；正文分六行自右向左、自上而下刻写条款。该护林碑反映了清代乡民倡导护山育林、制止乱砍滥伐的良好风气，以罚戏作为一种处罚形式，既起到教化作用，又满足民众的娱乐需求。护林碑中"会众演戏"传递了乾隆八年民间演剧的信息，碑文中使用"绝子害孙"一词，盖因民间有"不孝有三，无后为大"说法，"强违者"执迷不悟，把罚戏视若儿戏，立碑者只好以诅咒方式，使犯者慑于压力而收敛。故民间对伤天害理的事，多以诅咒方式给予谴责，理智者是不会犯此忌的。该碑1996年被列为县级文物保护单位。

图1-12 甘寨村《会众演戏永远公禁碑》（图1-12）

碑文："会众演戏，永远公禁：一不许放火焚山；一不许盗砍杂木；一不许寨山挑土并割茅草；一不许盗买（疑作'卖'）杂木。如违者罚戏一台，强违者，绝子害孙。乾隆八年癸亥公立。"

22.泉州晋江市英林镇下五保湖美村现存清乾隆二十五年（1760年）立的《宪禁碑》（图1-13）

该碑高232厘米，宽76厘米。该碑为生态保护的碑刻。

碑文："特授泉州粮捕驻镇安海分府

图1-13 湖美村《宪禁碑》

加三级纪录五次何〇，为附近戕害，严禁以安祖坟事。据于旭祖等呈词，于康熙肆拾贰年明买蔡武卿产埔壹所，坐在西湖后，土名口富埔，载产三亩，收入已户名，旭祖就埔内开扩、栽种树木，立界明白。因将来人心不古，戕害多端，兹准给示严禁。为此，示仰各乡知悉，嗣后毋许在于祖坟产埔界盗砍荫树，肆采草木，以及盗葬、迫伤等项。如敢故违复蹈前辙，许该原呈协同约练保族扭解问官，按法惩究。各宜凛遵毋忽，特示。乾隆贰拾伍年拾月〇日给。"

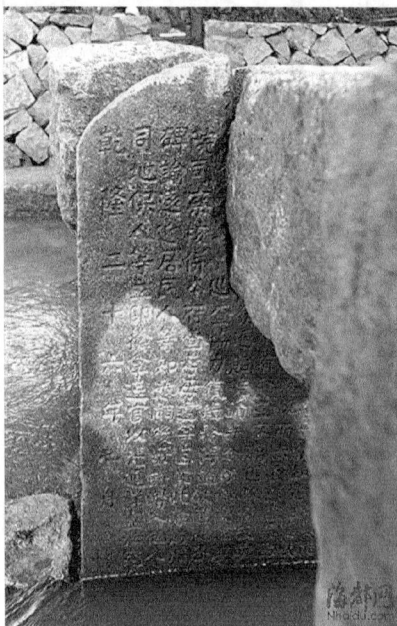

图 1-14　大樟村《宪示碑》

23. 福州市永泰县大樟村现存清乾隆二十六年（1761 年）立的《宪示碑》（图 1-14）

碑文有数百字，后因修筑小桥被凿成桥墩，接近一半的碑面没了，碑文残断，难以识读，但能大致推断出它所叙述的内容。碑文残文记载：乾隆年间，永泰县民众在山地种植了大量的竹木，但盗砍现象严重。因盗砍案频发，民众恳请官府打击盗砍盗卖。官府发布告示。从碑文中的"宪票""宪牌""院司察核""本府查考毋违"等用语可以看出，当时盗砍之风很盛，积案不少，惊动了省和府一级官府。这块石碑对保护森林资源有积极意义。

碑文："……通贴晓谕等合乎……巡查协力护卫，毋须盗砍匪违俗……院司察核并本府查考毋违等四等七条，饬通……碑，谕远近居民人等知悉，嗣后毋许潜入他人……同地保人等立即检拿送官以凭通详盏法究治。乾隆二十六年七月……"

24. 三明永安市坂尾饶氏祠堂现存清乾隆三十二年（1767 年）立的《奉宪禁碑》（图 1-15）

该碑是清乾隆三十二年由当时永安知县邬维肃根据坂尾民众诉状，

批示树立的禁止砍伐阪尾山场树木的"禁伐碑"。碑高 115 厘米，宽 65 厘米，厚 15 厘米。此碑文内容主要是制止乱砍盗伐山林。民国二十年（1931 年）修的《坂尾饶家族谱》，谱中也有此碑文记载内容。

**图 1-15　饶氏祠堂《奉宪禁碑》及《奉宪禁碑记》**

碑文："永安县正堂加三级纪录五次邬○，为恳给示禁，保全地方事。据坂尾众等具禀前事到县词称：'坂尾地方人烟甚多，所有龙脉风峡俱有松杉等木遮荫风水，无如各处邻乡俱潜山内盗砍，不惟伐以斧斤，载以船只，甚且烈火焚化，根株悉拔。而不法之徒，不顾人生理，徒知砍伐肥己，如茶桐棕竹均恣残害，若不给示严禁，终莫杜奸。况坂尾山场所蓄有限，本地尚且难供，何堪别处资取，若不恳天示禁，将来此侵彼越，恐地方山场生理必至尽成荒山，且有关龙脉，为害非小不已。呈乞俯念生息甚微，风水最重人烟甚众，侵害难堪，恩准给示严禁，合乡沐德，靡涯切禀。'据此，除批示外，合行示禁。为此，示仰邻乡民人等知悉，嗣后毋许潜入坂尾山内侵害松杉竹木。如敢故违，许坂尾烟民人等，立扭赴县具禀，以凭挐究。毋违。特示。清乾隆三十二年闰七月○给。"

图1-16　古渡码头《奉禁碑》

25. 三明市松溪县河东乡大布村溪边亭中央巷炮楼外村古渡码头现存清乾隆三十四年（1769年）立的《奉禁碑》（图1-16）

该碑为松溪知县立的禁止乱砍滥伐、保持水土的《奉禁碑》，是松溪县生态保护碑。碑高150厘米，宽82厘米，厚13厘米。该碑为大布村民陈承达等人刻立的。碑文内容是松溪县正堂知县丁杰给该村的一件批复，主要禁砍大布村东面樟垅山一带闽浙两省结合部的全部森林，用以保护水源，保护水利设施。

碑文："奉詹主示禁，其山虽有宦民林木，无论公私概留，以荫水源，不许擅行批砍。溪坝廿余座，灌田数万余亩，数村课食所赖，严饬永杜运放。查樟垅山历久留植树木，系遮荫水源、滋润田土，叠经前县示禁等，经本县示禁在案……嗣后樟垅山一派，无论长尾樟料，松杉杂树，俱不许砍运，即浙地树木，亦不许于魏屯溪运放……违者捆送赴县，按法严禁。倘有不遵，准许据实指名控告，严挐重究，决不姑宽……乾隆三十四年吉旦。"

26. 漳州市长泰县积山村龙仙宫埕前现存清乾隆四十三年（1778年）立的《护树碑》（图1-17）

该碑是为保护一棵大樟树而立。碑高120厘米，宽60厘米，碑文分六行竖写。

碑文："塘边社现存樟木，乾隆三十年春，蒙张道宪行县勘覆，准留荫在案。

图1-17　积山村《护树碑》

四十三年夏，又蒙冯道宪据县说明，准免砍在案。乾隆四十三年九月吉旦立。"

27. 南平武夷山市五夫里现存清乾隆三十一年（1767 年）立的《禁示碑》（图 1-18）

碑文："前历奉禁于乾隆二十年□王主给示禁，此河之争□□耙凿陂及水口树木盗砍伐等情。今后如有故违，罚款，款充公用，决不食言。乾隆叁拾壹年拾壹月□日○立。"

28. 龙岩市上杭县中都镇兴坊村南宝寨现存清乾隆四十七年（1782 年）郑家和黄家两姓共同立下的《禁止碑》（图 1-19）

乾隆年间，上杭县人口繁衍，建房日盛，大兴土木，木材需求量大，为保护山林，郑、黄两姓合议保护南宝寨所有树木、苗木、竹子等。《禁止碑》高 100 厘米，宽 40 厘米，厚 10 厘米。

碑文："禁止：盗砍龙山杂木苗竹，盗割龙山萁草爬笴，油坑里左右不许挖石。乾隆四十七年　郑黄两姓立。"

图 1-18　五夫里《禁示碑》

图 1-19　南宝寨《禁止碑》

图1-20 三忠王庙《示禁碑》

29. 漳州市诏安县深桥镇郭厝寮村三忠王庙现存清乾隆四十八年（1783年）立的《示禁碑》（图1-20）

该碑示禁止破坏三忠王庙周边的树木。

碑文："署诏安县正堂卓异侯陆○、加三级方○，为庙宇攸关黎粟案报，据住居郭厝寮村林秋良筑庙宇以护民，筑庙则结禁樟木以卫神灵众亲以示诏安癸众德，缘本年奉：□□本植差藉置工，名无到处，□藉，村民骇异。初思□工封砍、木植，如右硕碑，庙宇坟庐处所悉免砍伐，仅遵在案，郡□□□木二株，系在庙侧，相临咫尺，徇忽赦□□盐农民即违案，□干已往，惟恐复萌，干将来，赖恳□植，恐荫该□，伏鬼俯仙，庙宇攸关，恩准勒石示禁……而小民免受索提之苦，□□到县，□□□有□□，该处樟树木一株，实系有碍庙宇，姑准□□□，示□及案，□对□李木经出示，□本县苰任合行查禁示谕。为此，示仰该村地保等人知悉，尔等照护庙侧樟树木二棵，实系有碍庙宇，准□□□□砍伐，□□有不法招徕攻友，诸色人等，藉耕索扰，许即指名禀县，以凭拿究，严罚不贷。各宜凛遵，特示。乾隆四十八年十二月廿十四日。"

30. 南平建阳市书坊乡松坑村现存清乾隆五十六年（1791年）立的《立禁碑》（图1-21）

碑文："立禁碑，松坑众等为严

图1-21 松坑村《立禁碑》

禁砍伐以固地方事。窃地方以水口关岭为界尤赖树木以护卫。近有恃强横行之辈，私行盗伐，诚属可恶。众等知事之人，以水口为乡村要务，屡被砍伐，不无害于地方。缘是合众公议，向俞姓买出山骨树木，以为求得地方之计，当日俞宅收得实价银钱八千文足，山界四至，载在契表，兹不复资。嗣后，凡属村尾大小树木俱要护植繁盛，以庇护地方。俞宅后人不得争兢妄伐，村众等亦不得私行盗伐，如有复蹈前辙，妄行砍伐等情，一经查出或被捉获，凭众酌议公罚。倘有恃强不遵者，定必鸣官究治，决不徇情。为是勒碑公禁，庶使地方磐固，村中咸安，为此特禁。"

31. 三明市大田县石牌镇小湖村福兴宫妈祖庙现存清嘉庆八年（1803 年）立的《禁止毁林碑》（图 1-22）

该碑为禁砍盗卖林木烧炭的石碑，立碑者为乐氏村民。石碑长条形，顶部呈圆弧状。碑体含基座高 142 厘米，宽 72 厘米，碑额 7 字分两行，阴刻"抚宪谕"，第二行右边为"遵奉"，左边为"立禁"。正文 12 行、300 字，记录小湖村水尾的祖产林木和坟地，被不肖子孙盗卖给商人开矿炼铁，案情报到县里，历时十年还没有结果。族人再次状告至福建省巡抚衙门，巡抚汪志伊做出批复，要求道员兼任德化县令赵踬了解情况和从中调解，判令冶炼商人李鼎亨等人把林木和山场归还给村里。赵踬开堂审理案件，把判决报告给巡抚李殿图。李巡抚批示，如果情况属实准予结案。经过查实，冶炼商办厂和烧炭的地方就是小湖山场，既然影响到了村民的田地和墓产，之前私下签订的买卖协议就此作废，由县府收走，以免再起争执。考虑到需要防止以后还有族人跟不法商人勾结重蹈覆辙，赵道员请李殿图巡抚批准示禁，祖坟荫树不准擅自砍伐，如有不肖子孙私下盗卖，全家族的人来共同决议惩处。立碑重申，凡有族孽奸商私谋买卖山场林木，大家务必呈报巡抚和道员，让官府将其绳之以法，确保祖宗留下的树林永不被破坏。

碑文："立禁约，小湖乐族众等，为遵宪谕，重申严禁事。我乡〇祖培水尾树木兼荫坟茔，惟有历年。乾隆五十七年，遭族孽盗批炉商李鼎亨众等，叩县讯究，案悬十载。迨嘉庆六年六月，上叩抚宪〇汪，蒙批〇道察讯兼委德邑〇赵主踬，勘商知情，虚托中调息，处还荫林。又蒙道宪〇庆堂讯取具甘结，不得复生枝节。详复抚宪〇李，蒙批如详，

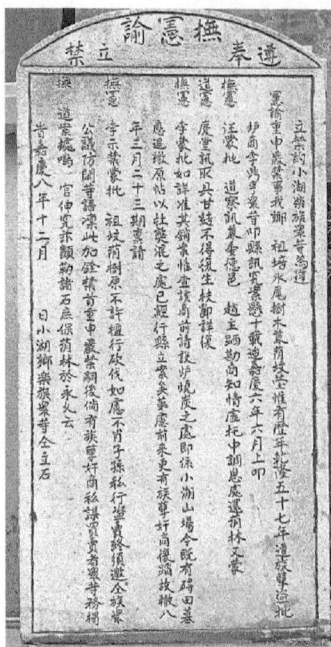

图1-22　妈祖庙《禁止毁林碑》

图1-23　天宝岩《禁伐碑》

准其销案。惟查该商前请设炉烧炭之处，即系小湖山场，今既有碍田墓，应追缴原帖，以杜弊混之处，已经行县立案矣。第虑前来，更有族孽奸商复蹈故辙，八年三月二十三期禀请抚宪○李，示禁蒙批。祖坟荫树原不许擅行砍伐，如虑不肖子孙私行盗卖，终须邀全族众公议，防闲等语，凛此加铨禁首重申严禁，嗣后倘有族孽奸商私谋买卖者，众等务揭抚、道案，据鸣官伸究，兹显勒诸石，庶保荫林于永久云。时嘉庆八年十二月○日，小湖乡乐族众等全立石。"

32. 厦门市同安区金光湖云洋村现存清嘉庆年间的《公禁碑》

碑文："通山所植柏木，一为培养山川秀茂、地脉兴隆，亦为我族之盈亏而置，倘敢盗取折砍及盗取山面瓜谷被获者，本族亲邻概行严究，会同通族合力争□□□□□□……祠堂后园林及大埔上草根，概不许损折铲刮，违者罚戏一台……樵采者勿砍人□树，勿于坟边百步取土、挖石、铲草、□根及屋后过脉处，均犯此禁，从重议罚戏一台。"

33. 三明永安市天宝岩现存清嘉庆十一年（1806年）立的《禁伐碑》（图1-23）

永安天宝岩附近百姓把天宝岩一带视为风水宝地，立下《禁伐碑》，自发采取措施严格保护森林，形成了自然保护区的雏形，这在自然保护史上较为罕见。

碑文："大清嘉庆十乙（一）年○吉旦。明万历三年吴甲信士、吴六九、吴六十兄弟将自己山场一大障，土名本盆黄角岚，其山上至山顶，下至横路，左至大岭隔，右至天宝岩牛肠□四水归内，界此分明，兄弟喜舍入雪峰洞马氏直仙炉前承为迎神香灯。岜请子孙昌盛，其山内芳□松杉竹杂木出产，租伐永系迎神收用。日后三甲诸色人等，永不许盗砍采伐山内树木。此据。三甲仝谨志。"

34. 南平邵武市和平镇坎头村黄峭墓右后现存道光十七年（1837 年）立的《黄族禁碑》（图 1-24）

黄峭（871—953 年），字峭山，又名岳，字仁静，号青岗，唐邵武和平坎头村上井人。官至后唐工部侍郎。他的坟茔就卧于坎头村的黄家林。黄峭墓的左后方，立有道光十七年的《黄族禁碑》。此碑记录墓山开辟时间、地点、墓主人物和严禁盗葬盗砍之事。

图 1-24　坎头村《黄族禁碑》

碑文："鹳薮之地，为黄姓南迁始祖锡公墓山，峭公附葬其下，自唐迄今，支派繁衍，从无盗葬等情……触目惊心，自后倘有不肖子孙于界内盗葬、盗砍，一经宜生，定行鸣官究治，决不宽贷，凡我族众，各宜凛遵，毋贻后悔。清道光丁酉十七年冬月合族〇公立。"

35. 漳州市漳浦县狮屿村现存清道光元年（1821 年）石刻《禁伐公木公约》

漳浦县狮屿村百姓自发订立公约，保护祖传公木。

刻石："众父兄公约：公木系祖荫，严禁子侄采取。如违议，罚呈官究治。仍敢盗窃，全咒言绝子害孙。切告。道光元年正月。"

36. 福州市马尾船政文化博物馆现存清道光二十年（1840 年）立的《船政大臣示碑》（图 1-25）

清道光二十年英国侵略者凭借坚船利炮发动了鸦片战争。1842 年 8 月 29 日，中英签订中国近代史上第一个丧权辱国的条约《南京条约》。随着民族灾难的加深，清王朝统治阶级内部的有识之士开始推动

"师夷长技以制夷"的自强运动。清政府的洋务派代表人物、闽浙总督左宗棠于清同治五年五月十三日（1866 年 6 月 25 日）奏请在福州马尾创办船政，引进外来科学技术，仿造新式轮船。六月初三日（7 月 14 日）旨准在福州创办船政。十一月十二日（12 月 16 日）左宗棠调任陕甘总督，沈葆桢继任船政大臣。此为船政大臣沈葆桢立下的《船政大臣示碑》。碑长 91 厘米，宽 30 厘米，共 44 字。

碑文："山上竹木，栽植多年，不准砍伐，无论军民人等，如敢不遵约束，私行斫取，许即指名禀究，定即从重惩办。毋违。特示。"

37. 宁德市屏南县熙岭乡前塘村甘湖柳祠堂边现存清道光二十年（1840 年）立的《捐银碑》（图 1-26）

碑高 189 厘米，宽 68 厘米，是一块倡议植树造林的碑。相传乾隆丁酉年（1777 年）冬，前塘山中虎患严重，夜间窜至村中觅食，牲畜惨遭劫掠，甚至出现恶虎伤人事件，村民为驱赶藏匿在密林中的老虎而放火烧毁林木，由此造成严重的水土流失。族人林有桧提出植树造林，族人纷纷赞同，捐款造林，主要种植恩树（柳杉）等，并立碑于祠堂，以表旌彰。

图 1-25　马尾船政文化博物馆
《船政大臣示碑》

图 1-26　甘湖柳祠堂《捐银碑》

碑文："皇清林三才公派下乐捐公用置买俗叫池尾栽培恩树保护，玄窃前塘悠久，芳名载碑记：有桧、方健各捐银贰拾两，有众、有蓬各捐拾柒两伍钱（其下，最少的捐壹钱，有两户题园数丘、池尾田壹丘不等，细数之下，共计九十三人，捐银近二百两）……道光二十年庚子岁孟冬吉日。"

38. 泉州市洛江区虹山乡现存清道光二十四年（1844 年）立的《水尾树碑》（图 1-27）

泉州虹山乡水尾的山坡"有不肖之徒运斤迭至"，致使"山尽童"。清道光甲辰年（1844 年）仲春，村中耆老公议出银"栽培松柏杂木"，划定片区种植杂木供人平常采伐使用，其余区域封山禁伐。同时制定细则，竖于水尾立护林碑。碑高 152 厘米，宽 48 厘米，共300 字。碑文既划定了森林保护范围，又对盗伐林木者提出了处罚规定。水尾树碑为一通典型的民众护林的乡规民约。20 世纪初，一孤老阿婆到该林中拾枯枝，犯了碑文禁例，被罚饼十斤、戏一台。村老知其穷，仍私赠让其受罚以警众。如今的涤水虹山仍林木葱郁，古木参天，有三人方可合抱的苍劲挺拔的古松木、古樟树，生态环境保存较为完

图 1-27　虹山乡《水尾树碑》

好。2001 年 6 月，《水尾树碑》被泉州市政府确定为市级文物保护单位。

碑文："盖闻甘棠遗爱，戒剪伐于南国；山蓁流徽，传美人于西方。矧风水攸关，尤宜郑重乎！吾乡涤水虹山，素称胜概。而涤水尤乡里水口所归宿也。介居东北，地势稍倾，前有乔木参天，遮荫风水。间有不肖之徒，运斤迭至，而山尽童，噫嘻痛哉！我存素公裔孙，念祖德之诒谋，冀后嗣之克昌，公议出银，复兴陈姓，明给产山，栽培松柏杂木，护卫风水。东至寨内外仑脊，西至东垄地，北至官后涤溪头，南至官口

田。凡在界中所培材木，照顾成林，永庇千秋。则树深十年，同泰岱之不老松；高百尺，比大夫之可封。自兹以往，姓无论同异，房无分强弱，不得私自砍伐，致累风水。如有砍伐，复蹈前非，立即率众共诛，决不宽纵！各宜凛遵毋违。——禁：盗砍松柏杂木及茅草者，罚戏一台，饼拾斤。——订：松柏杂木或被风雨损坏，公议出卖，不得私自抢夺盗砍。大清道光甲辰年仲春之日，存素公裔孙彭建立。"

39. 漳州市南靖县船场镇西坑村坑头社现存清道光三十年（1850年）立的《白岩社伸禁》

碑高60厘米，宽50厘米，共215字。该碑为严禁砍伐风水林树木"示禁碑"，不仅保住了南靖县船场西坑白岩社的一片风水林，也保护了西坑村民赖以生存的生态环境。

碑文："白岩社伸禁：为严禁水口树事，窃谓蔽芾甘棠，《诗》戒勿剪勿伐。大凡各社之水口，各树其主之所宜木，未尝不爱其树而不忍伤之也。缘道光庚戌夏，卖大树五株，价银三两，众弗许。公亲察夺，备银三两，赎原树，警将来。且大山林口，即白岩社各众之水口，亦白岩社各众之地户，迄今千有余岁，生齿浩繁，树木成林畅茂，拥塞水口理所当然，不严伸禁，久恐或失。兹凭公亲勒石伸禁，自今以往，各宜遵守，如敢故违，立即从公，决不姑宽。道光三十年庚戌梅月〇日。白岩社众等立石。"

40. 南平市延平区洋后乡后坪村清咸丰六年（1856年）所立的《合乡公禁碑》（图1-28）

碑高195厘米，宽60厘米，碑额横书"合乡公禁"四个大字，碑文竖写，共21行，每行44字。碑文全文分为两大部分，第一部分阐述保护森林的重要性，第二部分具体规定禁止砍伐的范围。

碑文指出"深处高林，田亩无多，惟此茂林修竹"，保护森林可"造纸焙笋，藉以通商贾之利，裕财用之源"，并提出"定一时之规，树百年之计"，"务相珍惜，永念先人培植之功，宏开后世兴隆之业"。

该碑1990年被南平市列为重点文物保护单位。

碑文："合乡公禁。盖《周礼》有'虞衡'之司，未敢愆期而执伐；王政无斧斤之纵，不过因时而取材。此虽天地自然之利，先王曾不少爱惜而撙节焉。吾乡深处高林，田亩无多，惟此茂林修竹，造纸焙笋，藉以通商贾之利，裕财用之源耳。迄今数年以来，斫伐不时，几致童山之概，保养无法，难同淇水之歌。爰是质诸佥谋，咸曰'效先王之制'厉而禁之。定一时之规，树百年之计，不惟守业封家，端因山产出息，得享货殖之赀，即勤工力食，亦藉商贾钱财，堪济俯仰之急。以言所利，利莫大焉。虽然山场竹林禁约固非所，缓而风水荫木保护更须有方。事无二致，约竟同申。公捐囊积之金，敬演梨园之曲。普告诸君，务相珍惜，永念先人培植之功，宏开后世兴隆之业，是所厚望者矣。爰将禁规条列于左：

**图 1-28　后坪村《合乡公禁碑》**

一禁猫竹。不许砍伐准薪，以及破售香条，乘便盗用一切，如系缺山人等造作家器，须向主家问明，毋得私自纵砍。永远立禁。

一禁春笋。定于递年二月初五起至立夏止，概不许盗挖，所留笋种，毋得斫尾。永远立禁。

一禁本境荫木暨水尾松树、杂材，概不许盗砍，私批斫伐松光，以及砍荫耕种。永远立禁。

统上公同议规，原为善后美举。违者定罚演戏不徇。各宜恪遵，毋违公禁。大清咸丰六年丙辰仲春月穀旦勒石。"

41. 福州市连江县江南乡横槎村张氏祠堂下现存清咸丰十年（1860年）立的《横槎禁伐林木碑》（图1-29）

碑高150厘米，宽60厘米，花岗岩石制作，底部设有碑座。碑文正楷，全文447字，为咸丰十年八月二十七日立。碑系横槎乡民请求连江县知县潘恭赞特许后所立，禁止盗砍滥伐林木。

图 1-29 张氏祠堂
《横槎禁伐林木碑》

图 1-30 东岳庙
《奉宪永禁盗卖葬砍碑》

碑文："升用八府连江县加十级纪录十次潘（恭赞）为禁事。本年七月二十三日，据……托采樵之名，实为偷窃之计……黑夜潜入山林，青松擅为砍伐……盗贼肆行……近于山者求利于山，生涯皆在于山。山之利栽种树木，微薄难求，且迟之又久。栽种树木何等艰难，岂容任意遭踏……痛改前非，各守恒业……故蹈前辙严拿重宪……按法严惩，决不稍宽。咸丰十年八月二十七日给。"

42. 三明永安市西洋镇天宝岩自然保护区现存清同治三年（1864 年）萧宗榜等人立的《禁伐碑》

碑文："合乡族人严禁砍伐，日后亲友等人切宜自爱，切勿盗砍，如仍将荫木盗砍者，定必送究治，绝不宽恕，勿谓宪之不早，谨此布。清同治甲子三年……"

43. 南平建瓯市东岳庙现存清同治三年（1864 年）立的《奉宪永禁盗卖葬砍碑》（图 1-30）

碑文："特授建宁府正堂加十级纪录十次张○。东晋时创建东岳宫……东郊外有白鹤山全片，东晋时仓纽建东岳宫，四周培植树木遮荫风水，乃全郡主龙。历禁已久……武县主勘验杨姓宫墓吏一品界限克留祭扫，其余山地树木统归东岳宫董理轮管，杨姓子孙及军民人等毋许盗砍盗伐等示，并沐前府宪胡出示严禁各在案……全山树木永留荫风水……除批示外合行出示严禁。为此，示仰阖属军民人等知悉，仍照旧章，除留一品界址归杨姓祭扫外，余地尽行归公，无论杨姓子孙及军民人等均不得盗卖盗葬盗砍树木，如违严究，其各宜凛遵毋违，特示。同治三年四月○日给，东岳庙董事勒石申禁。"

44. 泉州晋江市青阳街区陈村许氏祠堂前现存清同治十一年（1872年）立的《示禁碑》（图1-31）

该碑高183厘米，宽65厘米，厚11厘米，竖排13行，文阴镌竖排楷书，内容为告诫人们勿乱砍伐树木，违者必遭重罚。

碑文："钦加三品衔即选道泉州府正堂加八级随带加七级纪录十一次卓异侯升（章），为匪徒砍伐墓树等事。同治十一年三月二十八日，据晋江县寡妇许陈氏遗抱赴府呈称'缘氏夫许祖涝，员外郎衔前任刑部四川司七品小京官，己酉科拔贡、辛亥科举人，世居三朝铺，不幸于同治五年早殁，遗下幼孩两人，长十一岁，次七岁。于同治六年间卜宅晋邑西关外二十七都千仓乡，土名朴树下。有树一丛，大可数抱，作是墓之后屏，为风水之攸关。穴坐坤艮兼未丑，周围四至，立字登载明白。安葬以来，祭扫无异。讵料于此三月十六夜，忽被近乡匪徒横将氏夫坟山朴子树斫伐。山甲来报，氏与子往观之，确然斫去是真。切思此树乃墓身之主脑，是山非是树不足以御风者，是坟非是树亦失于保障。关系重钜，岂容毁伐。伏乞恩准，出示严禁，以警凶顽，以杜后患。一面饬差查勘缉挐究办。幽明均沾，合沥情遣，叩恩叩迅出示严禁，饬差缉挐究办以安幽魂，生者沾感切叩'等情。据此，除呈批示并饬差缉挐究办外，合行出示严禁。为此，示仰附近各乡居民人等知悉：

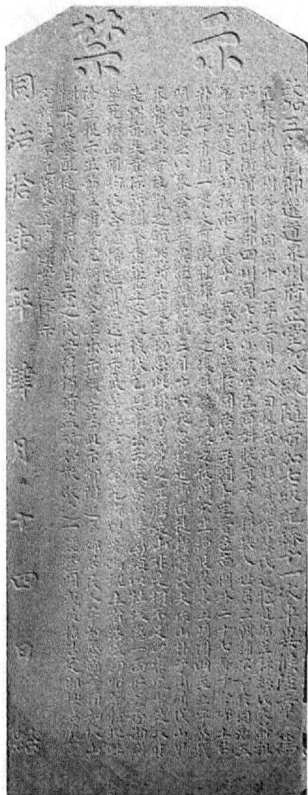

图1-31　陈村许氏祠堂《示禁碑》

尔等须知坟山树木，岂容匪徒肆行斫伐。自示之后，毋得仍前盗斫。如敢故违，一经查明，或被指告定，即按名严拏究办，决不宽贷，各宜凛遵毋违，特示。同治拾壹年四月十四日给。"

45. 莆田市荔城区黄石镇中心小学内"青山红泉书院"现存清同治十三年（1874年）立的《奉宪示禁》（图1-32）

图1-32　红泉书院
《奉宪示禁》

清同治十三年（1874年）十月二十五日，莆田知县为保护青山红泉书院风水树木，立碑禁止附近乡民砍伐。

碑文："……本年八月十五日，据生员曾启泰、举人宋学祁、生员沈达章、生员余祖珍、生员朱世贵、增生沈史才、增生陈其昌、禀生林霆荣、生员吴玉森等呈称：'缘泰等世居水南，该处有一穀城山，又名青山，为黄石二十四铺主山，实红泉书院风水所关系。'曾经先人栽培松树、竹、梅，以资遮荫，于是文运兴隆，科名不辍。谶云：'青山青，黄石山下出公卿。'自昔兵燹之际，树木被火焚烧，以致风水伤碍。兹泰等佥议捐赀，于本年二月内买种雇工，在于该山内仍旧培植松、竹、梅等树，留为遮荫风水。经邀同各乡耆老，写立禁约，遍贴告明，免遭蹂踏，冀易成林。讵邻近瑶台等村男妇，日藉采薪为由，恣意蹂躏，肆行掳拔，劝之弗听，诫之不悛。若遇坚向理阻，动辄恃众凶辱。伏思泰等实为风水攸关，费尽赀力，冀望成林，岂容刀斫藐视，任意滋扰。诚恐别乡效尤，为害伊于胡底？惟仰恳凌威赐准示禁差止，庶杜别效而保山林，则文风日炽，皆赖仁恩之栽培，共沐鸿慈于无既矣。合沥佥叩台下，俯垂赐鉴，恩准出示严禁，并恳出差谕止，俾习顽知所敛迹，而松竹可保成林，阖邑士民，载德不朽。切呈等情到县，粘缴库票具呈，已经批饬明白，绘注图说，呈核去后。兹据老民方显祖、生员曾启泰等绘图呈明前来，除批示后，合行出示严禁。为此，示仰该处附近各乡居民人等知悉：尔等须知黄石穀城山有关红泉书院风水，现经绅耆捐赀种树，留为遮荫，不容附近乡民藉采薪为由，恣意蹂躏。自示之后，务须约束子弟，不得再行到山扰轶。倘敢故违，经该□□等指名呈控，定即饬差严挐究办，决不姑宽。各宜凛遵，特示。同治拾叁年拾月念伍日给，水南绅耆同立石。"

46. 南平邵武市肖家坊天成岩路口现存清光绪十八年（1892年）立的《天成岩禁碑》（图1-33）

邵武市天成岩目前为国家级自然保护区，保护区内植被茂密复杂，昆虫种类繁多，有"小武夷"之称。当地村民自古就有保护山林的传统，清光绪年间立碑以保护生态。碑是青石材质，高80厘米，宽40厘米，石碑上方刻"天成岩禁碑"。

碑文："一禁，松杉杂木笋竹不许盗砍；一禁，梨枣果品等物不许残害。凡有违者罚钱六百文。光绪十八年秋月童姓合公立。"

47. 南平建瓯市水源乡桃源村现存光绪二十年（1894年）立的《公定禁碑》（图1-34）

光绪年间，桃源村以种植为本，

图1-33 肖家坊《天成岩禁碑》

但时常发生偷挖竹笋、盗砍树木、糟蹋田园禾苗、强占公共场所等事。光绪二十年，村里民众公议。订立禁止滥砍树林竹木、禁止乱掘竹笋、禁止强占公共场所、禁止偷拾榛籽、禁止随意放牧等五条规约，并勒于石。原碑青石，碑高120厘米，宽65厘米。

碑文："尝思官有正条，民有禁约，念我乡来龙山林，以及溪边树木，本系前人培植，遮荫风水而然也。又有我等竹木原为生发摩涯，则日用有资，何可盗砍妄掘？即桥亭庵庙，亦宜清雅，方足壮圣神之光也，乌可堆贮杂物？尤有境内田土栽种禾稻谷麦，农人何等艰苦，实望秋收冬成可供百口资粮，何堪任意私放鸭对糟蹋禾苗，并毒害鳅鳝螺

图1-34 桃源村《公定禁碑》

虾，是以我乡公仝酌议禁约数条，敬立石碑，各宜凛遵，毋违禁约，如有犯禁者，即公罚线戏三日三夜、猪肉三十斤、红酒三十斤，看见报信者，赏钱四百文，决不徇情，特此告知。而今而后，各宜遵之凛之，不敢犯此禁约，视同儿戏，是则我辈之所望也，是为序。今将禁约条规开列于后：一禁来龙山林并溪边树木，不准砍伐，即林内也不许烧灰。一禁竹木各管各业，不许盗砍，更有冬笋、春笋，也不许蒙混妄掘。一禁各庵庙、桥亭不准贮柴、寄寿木，并不许占桥亭造红糍。一禁桐椮立冬后三十日拾取。一禁境内田不准私放鸭对，并毒害鳅鳝螺虾以及耘田带薹拾取。光绪二十年岁次甲午花朝月〇日穀旦。"

48. 泉州市南安现存清光绪三十一年（1905年）立的《雪峰寺示禁碑》

碑文："近处居民与不肖僧徒、越主不肖子孙、日后将寺中物业私行变卖，抑或有混占强图，鼠窃狗偷，议开罚规……一禁盗砍柏木，罚油三十斤；一禁盗砍萩尾，罚油二十斤；一禁盗割草莱根株，罚油一十斤；一禁盗割笔尾，罚油一十斤；一禁盗抄萩尾笔尾，罚油一十斤；一禁放牛羊蹭跶田园五谷及山中柏木、茶树，罚油一十斤；一禁偷盗寺中内外五谷、家器、杂物，从重议罚。光绪三十一年拾月〇日给。雪峰寺实贴。"

49. 南平建瓯市小松镇穆墩村现存光绪三十二年（1906年）立的《里外两墩禁约碑记》

建瓯市的《里外两墩禁约碑记》具有典型性，记录了保护林木所具有的奖惩性规定，反映了清代福建林木的保护和管理方法：有明确的禁止和惩戒性条款规定，以及鼓励举报违犯者条款的内容，如对禁止性条款的违犯者，有罚戏、罚酒等惩罚性规定。

碑文：“窃思吾村先辈，置佛堂前坪树林山一片，即自东至佛堂前田锄，西至周宅山墙石勘，南至穆徐两宅墙，并及土地庙左边行路，北至穆宅田锄为界。此林特欲遮荫，乡村各有获益，原作私举事有征。现有无耻之徒损人利己，不顾吾村之利坏，徒贪一己之有益，或扶利而盗砍，或恃强而敢伐，众等不忍坐视，不得已严申禁约。俾强者不得恃势横行，弱者不至缄口畏缩，如是，则老轩可以扶疏，禾木可以远久，成为吾村之美益也。自禁之后，父戒其子，兄警其弟，切毋自咎前辙，以致后悔难申。倘有违者，众等公罚，决不拘情。谨此公约，计开各条禁约：一禁，众村大小树木不得砍伐，亦不敢钩拔苦株，违者公罚，加官全部拾取枯枝，扫除碎叶，公罚铜钱四百文充公用。一禁，处坪林全片及树岚尾人家坟山，止有安葬，枯株干枝山主砍伐，大小青木遮荫乡村，虽山主不得砍伐，亦不敢钩拔苦株，违者公罚加官全部。一禁，岩仔头林左右两片人家坟山止有安葬，枯株干枝山主砍伐，大小青木遮荫乡村，虽山主不得砍伐，亦不敢钩拔苦株，违者公罚加官全部。一禁，洪源岚竹不得砍伐，违者公罚加官全部。光绪丙午三十二年三月，里外两墩公立。”

50. 三明市将乐县南口镇北宋著名理学家、闽学鼻祖杨时故里蛟湖村杨氏祠堂墙上嵌清光绪年间立的《护水护林碑》（图1-35）

杨时“人与自然和谐共生”的生态环保理念一直影响着后人。

碑文：“山主经中理论，公罚钱文，勒碑严禁。自严禁之后各家山场各家管业，不得焚炼，所有松杉亿木，虽小，不能乱砍，至于后龙水尾以及各家坟头荫木更不得砍伐。如有此情，查出公罚钱捌千文，以为众用，报信者公赏钱捌百文，以昭公徽。窃思山场有养能生，树木由小及大，倘若焚之伐之，岂不至戕害追尽，亦何忍也。嗣后砍榔起杂柴者，随处砍伐松杉等木者，必至自己之山，至若无山场者，即砍榔起杂柴，亦可便用，何必擅行伐木，望其凛之，以存忠厚之俗，庶几物各……”

**图 1-35　杨氏祠堂《护水护林碑》**

51. 南平建瓯市水源镇大源村上埂自然村现存民国三十五年（1946年）立的《公约碑》

碑文："官有正条，民有民约。今上埂境界内的竹、林、树、苗，是各村各方大计所依。为此，不许人动分毫，更不许毁山砍树，挖笋截枝。若有人看见偷砍锯树，挖笋砍竹，截断树木者，就及时报信。凡报信者先奖白米廿斛正。对偷盗者须罚谷十担，唱戏三天。如看见不报，定罚不容。另特禁山草不准割动，不准踏踩，如违罚谷二担，白酒一坛。民国卅五年。"①

52. 宁德市霞浦县博物馆现存民国三十六年（1947年）立的《护林碑》（图 1-36）

碑文："是为福宁府廨前旗杆之址，清季杆墩有人植双榕于其处，

①　建瓯市林业委员会编. 建瓯林业志 [M]. 厦门：鹭江出版社，1995：554.

今则蟠然大树矣，属展辟市街，众以树下可增风景，阴涂人园，而保存之固有异乎，视蘭之当门也。《诗》咏甘棠，盖重召伯之德政，窃亦有冀斯树为他年棠荫之思云尔。里人邱峻谨识。中华民国三十六年十二月吉旦。”

53. 南平建瓯市龙村乡擎天岩村大汧地自然村现存清代立的生态保护碑（图1-37）

该碑为残碑，碑高50厘米，宽30厘米，现存中刻25字，字迹清晰，即禁止乡民在村庄挖笋砍树，违者重罚等内容。

碑文：“为申禁牛场后等处竹木……冬笋，不许砍掘，违者沿例罚，出钱贰千四百文。”

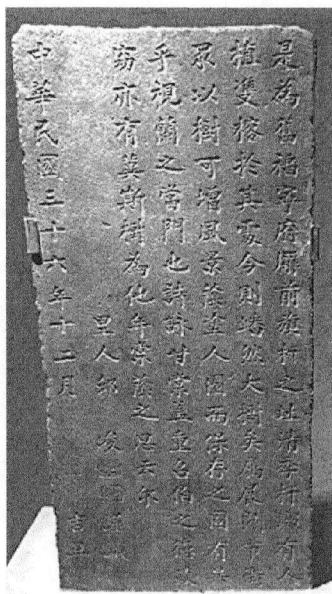

图1-36　霞浦县博物馆《护林碑》

图1-37　大汧地自然村生态保护碑

# 第二章 福建古代商业管理碑刻遗存调查

◆

## 第一节 福建古代商业管理模式

因地狭人稠，自唐宋以来，福建人走南洋闯北洋，经商贸易。商业发展仰赖于商业活动的规范。官府通过订立发布商贸"法规"，商帮通过订立自律的"行规"，维持商贸秩序，防止官吏勒索商户和恶意竞争与欺诈行为等，为垂示永远，多用立碑的方式。

目前福建各地留存有 80 多通官方及商会、商帮保护商贸环境的古碑刻。

## 第二节 福建古代商业管理碑刻遗存

1. 泉州市现存明永乐五年（1407 年）立的《敕谕碑》（图 2-1）

14 世纪末期，由于战乱，伊斯兰教寺院荒废，穆斯林的朝拜活动受到影响。到了 15 世纪初期，明永乐五年，明成祖朱棣颁旨保护穆斯林信众及其寺院，要求各地官员、军民不得怠慢欺凌中亚商人及其后裔，违者治罪。

碑文："大明皇帝敕谕米里哈只。朕惟能诚心好善者，必能敬天事

图 2-1　泉州市《敕谕碑》

上，劝率善类，阴翊皇度。故天锡以福，享有无穷之庆。尔米里哈只，早从马哈麻之教，笃志好善，导引善类，又能敬天事，益效忠诚，眷兹善行，良可嘉尚。今特授尔以敕谕，护持所在。官员军民一应人等，毋得慢侮欺凌，敢有故违朕命，慢侮欺凌者，以罪罪之。故谕。永乐五年五月十一日。"

2. 泉州市德化县赤水镇湖岭村古道边现存明隆庆五年（1571 年）立的《乡里公约碑》（图 2-2）

德化县赤水镇地处交通要道，是泉州及沿海诸县通往闽中驿道的必经之途，设隘门，"依盘诘之名，行征商之计，每货一担，要讨税银三分；每牛一只，要讨税银五分"，造成了恶劣的影响。明隆庆初年德化县正堂下令严禁乱收费，"今后敢有仍前抽分勒税，许即拏送"，并立碑于德化赤水镇湖岭村。碑高 120厘米，宽 60 厘米。该碑是目前福建发现最早的官方禁止乱收费的告示之一。

碑文："泉州府德化县为去积弊，革商税，以肃治体事……勘得本县直辖属高镇巡检司，路通大田县、沙县、尤溪县、永安县及本县各乡等处……访得该司弓兵人等，不知商税必奉题准公用，或明文充饷，庶不违法令。该司棍徒依盘诘之名，行征商之计，每货一担，要讨税银三分；每牛一只，要讨税银五分。有欲要向官府告究者，恐诬违禁，故人以脱去为幸，谁肯费时申言？似此勒骗，诚为可恶……本当清查痛究，但夤缘积弊百有余年矣……本府知府朱详批据申通商惠民于政体有裨，仰将发来示禁，刻石以

图 2-2　湖岭村《乡里公约碑》

垂永久，亦见本官留心瘼也。此缴蒙此合行刻碑宣禁，晓喻商民人等知悉：今后敢有仍前抽分勒税，许即挐送，以凭从重究遣，仍仰该司，永宜遵守毋违，须至禁谕者。隆庆五年春三月之朔，署德化县事泉州府检校文宗洛立。"

3. 南平武夷山市七曲溪北金鸣社岩壁现存明万历四十三年（1615年）镌的《建宁府告示》崖刻

该题刻为官府告示，是武夷山现存最早的一道关于保护茶农利益的官府布告。幅面高 200 厘米，宽 570 厘米。

碑文："官府告示。官府批允豁免新增茶税。重申：向后势宦豪强不得倚势欺上，擅起山租，并严禁无赖道士混利开垦，妄生无端。"

4. 福州市连江县壶江岛椿山古碑亭现存明万历四十五年（1617年）立的《散帮认课德政碑》（图 2-3）

福建地处东南沿海，山多耕地少，沿海居民"以海为生"，国家在海域控制方面缺席，地方上各势力利用各种手段划分、控制海域。明嘉靖、万历年间，福州府"盐贩出则苦兵，入则苦债"，"势家豪恶人为政，借法勒掠妆盐，白索澳价，苛禁买生，恣所鱼肉，岁加月甚，民不聊生"①。沿海在近海岛均建立食盐专卖制度，借助官府力量排挤竞争者，控制了近海海域。而兵船假协助盐民之名，"酷索报水，乘渔民用盐至紧之时，尽逐盐船，使无处卖，天时向炎，鱼酥坐拴，其害甚大"。盐帮设立后，商哨独占渔业资源和海上通道。渔民卖妻鬻子，民不聊生。《海课解疑》："海荒，苦帮盐……自连江海上抵福宁，孤岛绝鸣，有陷为盗贼者，往往杀掠人，明目不顾。其懦者为流丐，巧海警则顿足而呼其无聊，喜乱如此。"海上帮派的设立，苦沿海更多懦小渔民。董应举作官十七年归，听闻有卖妻鬻子、流徙而去之人。遂深入调查，了解商帮之害。得知从闽安镇至奇达，约六百里水程，皆为六帮所控。壶江是首立盐帮之地，毒虐渔民最惨，壶江一岛被迫迁入别家，卖孩子一百四十六人，卖妻十人，饿死无算。为解除盐帮之害，董应举详细分析了沿海立盐帮，有五大害：六帮立而网密，硬贩者不能禁，徒以陷小民为盗，其害一；若设帮于海，化盐所派，是开商以接盘之便也，且以生

---

① 董应举. 崇相集 [M]. 北京：北京出版社，1997：602.

盗，其害二；官帮结合，其害帮盐五倍于海盐，民不能生，且海利顿荒，其害三；所网不充口食，又所澳价，其害四；海帮禁民海域，渔民束手待毙，其害五。并提议渔民三年所交盐帮之商课皆一年交于国家，渔民大悦。于是董应举将其上报毕见素与抚台黄承玄，商议革帮之策，两院审核通过。于是长乐的亍石（今称"文石"），连江的琯头、定海、北茭、奇达诸澳渔民皆祈求和壶江一样，许民自己认课而免其领引、销引，遂六帮俱除。周之夔《北茭澳立董见龙先生散海上六帮功德碑》言："董见龙先生生长海上，轸瘝疚心，绘图建议，剖矢玄冥，与奸为敌，焦唇燥吻，仅乃得之当事为民争一旦之命，为国益三倍之赋。垢剔毛棳，著为挈令，厥美有章。"[1] 为纪念董应举革六帮之事，壶江澳民立碑以昭其德。

《散帮认课德政碑》，由董应举撰写，记载了壶江李邦宁商盐帮"交官结吏，囤积居奇，抬价杀价，鱼肉渔民"。董应举联合时任首辅福清人叶向高拟章上疏明神宗，获两院批照，福建巡抚黄承玄依澳民之议，解散盐帮，原盐课从盐商三年一课改由澳民每年完纳，以三倍之数认课，以认课的方式摆脱盐商的控制。

碑文："……商帮三年一课仅九十一两有奇……交官结吏，囤积居奇，抬价杀价，鱼肉渔民……为国者计实利，为民者除灾害，灾害不除，实利不兴，此今日海帮之散，所以不能以已也……万历四十五元月。"

图 2-3　椿山古碑亭
《散帮认课德政碑》

---

① 周之夔. 弃草集［M］. 扬州：江苏广陵古籍刻印社，1997：986-987.

## 5. 厦门现存明万历三十年（1602年）何乔远立的《嘉禾惠民碑》

碑文："嘉禾为屿，山断而海为之襟带。自国初以来，徙丁壮，实民籍，长子育孙，今而冠带郜右，往往辈出，生齿若一县。其地上硗下卤，率不可田，即田不足食民三之一；则土人出船贸粟海上，下至广而上及浙。盖船以三百余，间者县官之上匦，命中贵人监诸省税。中贵人遣使者四出，固令其税民货物，毋得及米粟。而使者至嘉禾，诡曰：'中贵人云：米粟不税，但税鬻米粟者船。'于是度船广狭，以准额赋。使者挟中贵人之重，土民小弱，畏使者之势，而中贵人无所得闻。宛陵人沈将军有容者，掌浯铜游兵，平生慷慨豪举，则约群告之。将军曰：'吾职海上寇尔，何敢谰语国税事。虽然，比岁海上苦倭寇掠者，宁独倭好乱，皆我中人诱掠彼人来；我中人所为诱掠彼人来者，皆坐苦无衣食，利其忘死而锐斗，挟以为徒党。今嘉禾一片地耳，税船则粟不至，粟不至则民益艰食。且夫粟者无所大踊贱，不若他异货物，可乘时射利持价也。利价不厚而多税其船与税粟米等，民之无衣食，不下海挟徒党为奸利，则候命于天耳。既也而海上多寇，谁谓非吾职者。'谓中贵人闻而使之乎？而中贵人固不闻。即为走檄请命，而中贵人果谓不闻也。亟罢之。于是土人之贸米粟者德将军，群来告予，使文而碑之。词曰：于惟沈氏，宛陵令族；冠簪相望，芬懿有淑。维侍御公，来按我闽；熙熙棱棱，其风犹存。侍御有子，繄君叔父；高亢迈伦，魁名县寓。权相在朝，尘视簪组；身虽长夜，名若当午。猗欤将军！弃书学剑；插羽浮图，深沟辽堑。广马闲闲，旗矛厌厌；巨海吞鲸，句丽载猃。结束从军，是筹是砚；射猎南山，青门自占。海坛复起，杀贼如恬；浪船风飒，惟有具染。载来浯铜，掌其游军；随潮浩汗，夜望海氛。贼浮东椗，帆马人云；有馘有俘，三十其群。如牛犁角，沉舟于奫。亡何彭山，贼闯洋外；君复犁沉，跳溺狼狈。其又一舟，我所见夺；君爱我人，拯其颠沛。攘臂先登，三级手刽；继斩廿余，靡一得脱。活我捕民，同归无驮。凡君战功，海邦所憬。乃有一言，活氓弥众。瘠土贫生，开口望粟；税船喧喧，使不可告。将军开臂，不韦不触；舌如遊檀，香饱穷壑。琢石海隅，兹惟人欲；我何颂君，高牙大纛。万历壬寅仲春勒。"

6. 漳州市漳浦县马坪镇仙都村"峨山圩"现存明崇祯元年（1627年）立的《义集永不抽税碑》（图2-4）

碑高173厘米，宽70厘米，厚15厘米。花岗岩质地。

楷书竖刻"义集永不抽税"。右题"崇祯元年"，左落款"左通政涂立"。

7. 厦门市同安区洪塘镇石浔村昭应寺现存明崇祯六年（1633年）立的《院司道府革除私抽海税禁谕碑》

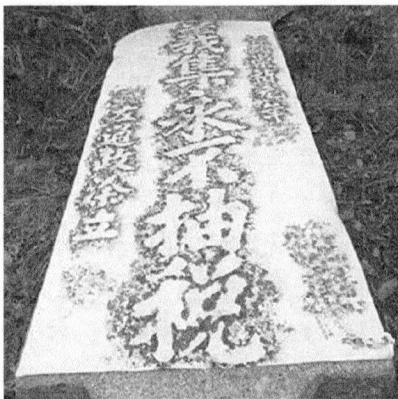

图2-4　仙都村《义集永不抽税碑》

该碑高210厘米，宽110厘米，内容记述同安县熊县令奉上级政令，颁令禁止当地豪族官宦私自向百姓抽取各种税饷，并以此颂扬熊县令之德政。

碑文："院司道府革除私抽海税禁谕：泉州府同安县为急救万命事。据石浔通澳渔民杨兴等呈称：本澳离县咫尺，潮水往来盈回，无所产生，俱在□□□□□□□□，税饷二十余，输课四十石。近因宦舍群起横征，甚至一澳而有五宦抽税，一年而至四次输饷。历年票据，通海难堪，敛手吞声，以就其诈。蒙县知民疾苦，严禁官干，为民除害。窃茫茫大海，明后宜□□□民得□卖之，亦非宦家得而有之。相率叩呈，乞作民主。鞫其来历，凭何卖买。果该输纳，应当轮年而取，或分船而取。乞恩豁定夺，庶免重送重抽等情况到县。蒙本县熊爷缘照：同安以海为田，业渔之民独多于他县。顾其人犹是入版籍输税差者也。农之征二，渔民增之以课，又增之以饷，□增四矣。因而输税于乡官则征五矣。又因而一海之内，此宦征之，彼宦征之，则征者六七不啻矣。渔民寄性命于鲸波鳄海之中，遇异风惊涛则左右手不相顾。以视农人出入相望，作息自安者，苦乐何如？利用何如？惟是同地田少，故不惜冒死趋之，思博其锱铢之利以资数口之财。而宦家享受钟鼎，岂不能以此锱铢者让之小民，乃不惟之，而又敛之，独何欤？□□塘荡课一款，塘纳钞，荡纳米，各有定处，不可移易固矣。若课取，乘潮散纲塘荡之上，皆得垂纶焉。潮退则已然，则渔民已纳课饷，而乘潮以纵一苇之所如，则塘荡之上固得而夷犹之也，何况大海？大海之中，分何界限？载何册米？而曰'某宦为何家所授，某宦为何年所营'，心窃异之。职生长海坝，凡产蛏蛤鱼虾之处□□□□不为禁，而独此茫茫大海皆不为王家有而为宦家有，其例不知起自何代，真可一笑。夫宦家之海，无册、无米、无授受，而专以势力笼小民之利而有之，此则宦家亦无以自解也。即有契约矣，有□□□□□□各有承受，各有坐址。此宦所管，彼宦不得与，则即令各宦自相对，亦无以为解也。依职所见，塘荡自有世业，不必言课。原止为渔户设，不为他人设。则惟是总计通县课额派之通县渔户，无所绍□□□□□。因是渔户亦得以纵一苇之所如，任东西惟其意，斯亦万姓之利、万世之利乎！近一五一十海波沸腾，上台檄渔户歁以重尝，不□应使□此禁以与民便，而彼犹不踊跃自效者，职窃见其不然也。则当捐者，实利也。此在宦家亦藉是以保安，王家独无有首肯其说者乎？前有王讳世德者，以此事上之，两院授之石。而今已如此矣，非藉上台灵，不可以止也。具由通详奉。

布政司批：大海原非宦业，榷政出自朝廷。小民履危蹈险，涉风波以为饔飧之谋。□□磨牙吮血，恣欲鏊而逐锥刀之不得□□私行，甚至一处而两税，一日而交征。哀哉穷民，何计生□□□□□□作海寇也，何怪倒戈以攻桑梓哉。该县此议，申详已阅，况有原理，即宜再敕乡绅，谅有同然之心，即乡民岂无自好之士？明禁一悬，犯者如律。

按院路批：茫茫大海，谁强谁理。熙熙门市，有几无征。据详，分外生横，群豪世逐。榷穷民鱼虾之利于烟波出没之中。买于间里，获□□王草□□自好者不为，而谓仕绅者为之乎？则宦舍□□□□□□□□，勒石严禁，永杜民害。倘有怙终不悛者，三尺与白简具在。本院誓不瞻徇也。

布政司批：渔民以海为田，乘潮垂纶，鱼虾之利几何堪以课？因之捐之便。

按察司批：天地间自然之利，私之不若公之，即古泽梁无禁之遗意也。但良法务为可入，借此联络御贼，果能始终用命乎？该县具详，□之亦海上干城一要着。

分守道吴批：私税一节，屡奉院禁。据详，石浔澳复有海税，宦家交征其利。鱼钓小民奚堪此重困乎？该县毅然请捐，以示鼓舞惠民，两得之矣。□□勒为永禁。

兴泉道批：私牙、私税，普天未有之事，而泉南独有之。然尚未闻有宦家批茫茫大海为私产。如来详所云，此等非理非法，闻者且汗颜，况此间缙绅多名贤，焉肯弃礼义以争锱铢，绝梓里小民不□□□□海上高人长者所讥笑哉？以理度之，皆不才子弟、无知童仆所为，若之何难！仰县出示张挂各处，海中蛏蛤鱼蟹等利，许小民通行采取，有阻扰者，许百姓擒拿到县，解道发落。张官置吏原为民，该县力□□。

巡海道潘批：从来海上之利，汪洋恣取。所谓不禁不竭，小民自然生活计也。曾何界限？有何册米？而乃藉势力以横抽。今一带□阻，若称'五宦''四次'，不得以海内为田，即该县痛恤民艰，通派课额，使渔户□□，徉于嚣纷之外，自遂其捕钓之常。直快心事，永赖之矣。

本府樊批：此议甚善。

理刑区批：每叹小民困苦，皆我辈冠进贤冠者祸之。读详，愈觉其然。且水族之利有几？以相率场夺之，大官乃大渔也。私税浮于国课，河泊亦难以供其食。该县议以通邑课额，□□通邑，诚为渔民宽一分之惠。任怨行之，在此举也。

昔因各批到县，奉蒙在案，合行勒石永禁，示谕通澳人等知悉：以后敢有宦干□私抽海税者，许被害之人会澳众解决县，依律究处，决不轻纵，颁示。崇祯六年岁次癸酉仲秋之吉。

县主熊老爷功德碑。

乡耆：黄奇珍、王汉邦、杨复兴、曾惟德、刘直修、黄君阳；

澳甲：黄盛恕、陈兴四、蔡允弘、黄旋祺；

渔民：杨兴、曾武、王全、林几、刘庵、黄可、黄乾、谢□、王建周、蔡时金、林进、黄乾光同立。"

8. 泉州市安溪县罗洋新宅堂祖祠现存明崇祯十二年（1639 年）安溪县令周鸣傥定制的"官桲"（图 2-5）

官桲，俗称"官定石斗"，类似于今日市场上的公平秤。宋明两朝，罗渡浦口街是南安、安溪的贸易中心，商业高度繁荣，两县四乡十

**图 2-5　官枰**

八里老百姓云集于此，在这里从事盐、米、谷等生意。官府特地在这里设置了官枰，防止奸商欺诈行为，以维护公平交易。

铭文："安溪周爷奉按院张爷汪爷校定官枰，崇祯己卯十二年立。"

9. 漳州市东山县铜陵镇明德宫现存明崇祯十五年（1642年）立的《本府曹爷升任水利道恩禁碑》（图 2-6）

明代，铜山（今东山县）澳雅头港为闽南内地和广东潮汕一带货物的集散地，至清光绪年间在此设立海关分支机构"铜山常关"，对进出口货物实行"审单""查验"和"放行"监管程序。但市场的垄断导致交易不便，商品的价格又被操纵提高，百姓未受其利，先受其害。漳州府台巡察铜山卫所，取缔官商勾结的粮食垄断交易。明崇祯十五年铜山的民商渔人感恩漳州府知府曹荃而立碑。碑高181厘米，宽86厘米。该碑对了解明末时期铜山的民生经济与商业具有一定的价值。

碑文："漳州府为恳恩示禁除蠹害民事。据铜山所居民微百、方任、陈周、郑张、林益、朱尚、蔡浴、朱碧、方谦诚、□欧宇、黄水、朱松、吴山、

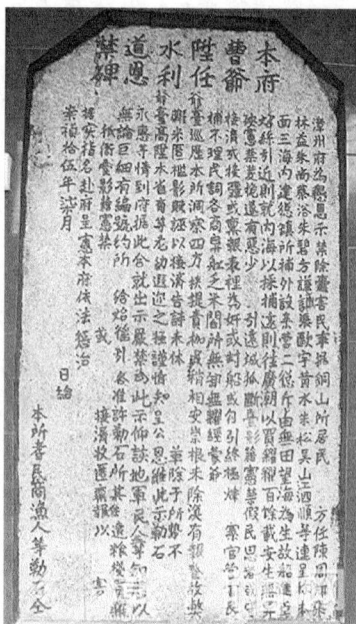

**图 2-6　明德宫《本府曹爷升任水利道恩禁碑》**

江泗顺等连呈'本面三海，内建望海为生，故船进臣炤丝引，近则就内海以采捕，远则往广潮以买籴。籴，百余载安生无异殃。宪禁茇枒遂有恶少，□□引远城，孤断台影，籍宪禁，假民思者，或守接济、

或授疆、或禀报，表里为奸；或封船、或勾引终极烽寨。官营害民，捕不理民词，各商弃舡乏米，阁所无卸无敦。经蒙□爷台巡历本所，洞察四方，挟提责枷，□稍相安。崇根未除，焕有报发故弊。敦米匿槛影贼，诬以接济，告诗未休革除于所，势不胜枚举。爷台高升本省，奇等老幼遐迩之极谨情知，呈公恩准。此示勒石立于本，永惠' 等情到府。据此合就出示严禁。为此，示仰该地军民人等知悉，以无论巨细，有编号约（铜山）所以给，炤徭引各准许勒石，所其任远，粮栈卖伞城，祇衙台影藉宪禁。□□，或□□□接济、收匿，禀报，以□□害民者，据实指名，赴府呈宪，本府依法惩治。崇祯拾伍年柒月○日给。本所耆民商渔人等勒石全（立）。"

10. 漳州市芗城巷口街道市美村虎尾宫现存清康熙二十七年（1688年）立的《大都督金公德政碑记》（图 2-7）

石碑只剩半截，因年代久远，加上风雨侵蚀、人为磨损，现仅存的上半截石碑文字已残缺不全，字也模糊不清，难以分辨。

该碑系为时任漳州总兵官金世荣所立。金世荣，清兵部侍郎金维城之子，正黄旗汉军人。为人深沉智勇，善用兵，有大将之风。先是任正黄旗参领、江南狼山总兵、福建漳州总兵、浙江提督，后移师江南，任江南提督、福州将军、闽浙总督、兵部尚书。其中在漳州任职最长（先是漳州中路总兵官、漳浦总兵官，后为漳州总兵官）（图 2-7）。

**图 2-7　虎尾宫《大都督金公德政碑记》**

碑文："漳地距京师万里，滨海负山，寇警……圣天子念兹在兹，得重臣宿将，以弹……命部臣择文武，荐优诏猷夙著者，界……公勋开世胄，林智□伦在行间屡建奇功……以大都督辖汀漳两路……然藏锋匿颖，若不欲以疾风……严雷令布有□背□，冰镜高悬，无奸不蝎……

谈乎林□泽□管键之属，犹有□……公之戢兵弭而安民者……无非之费，公推侧耳，此洁清也……也至如期，文武以共济，而水火不生……公之德岂尽是哉……有以察奸人之胆消，及侧之心使滋海谍……□□□取公之□我人者，勒之贞珉，以垂久远。公讳世荣……赐进士出身翰林院编修，乙丑会试同考官……一等海澄公黄芳泰，漳州府儒学教授陈正朔，龙溪县□□□举人黄庭煌、林继祖、高乐嵩、商及越、陈其□、林凰鸣、林凰冲、黄世俊……康熙二十七年岁次。"

11. 南平武夷山市现存清康熙三十年（1691 年）立的《严禁蠹棍买茶短价碑》

碑文："崇安县正堂孔○，为严禁蠹棍买茶短价，以致积累事。照得崇邑山川，武夷名胜。昔系仙真栖隐，今为缁羽焚修。地产茗茶，藉资清供。即出之居民种植，辛勤终岁，亦为薪水所资，时价交易，原无滋扰之事。本县到任以来，间或需茶一二，悉照时价公买，不敢以口腹累人。即或上宪购买，原论茶之高下，照值平贾，并无丝毫短少。无如地方蛮棍，向有藉名官价买茶之弊，地方苦累不已，本县深悉此害。久经饬谕，诚恐冥顽不法，未得革心，今再示禁。为此，示仰本山住持僧道以及居民人等知悉：如有不法棍徒，仍借官买名色，不依时值，亏短勒买，致累僧道居民者，许即指名报县，以凭拿究。即本县亦决不出票买茶，以滋扰民，敢有牙行、书役等仍敢作弊者，定照律治罪，断不少假，各宜改辙，毋贻后悔。特示。康熙叁拾伍年贰月○日给。沾恩僧道勒石。"

12. 南平武夷山市四曲溪北金谷岩麓西南向现存清康熙三十五年（1696 年）福建按察使司孔兴琏的题刻《严禁以茶扰害僧人居民》

福建按察使司分巡延、建、邵三府的长官白某，鉴于崇安县屡次发生蠹役倚势勒买贱价茶叶之事，特发布法令。此风蔓延，山中僧道特将告示镌于岩间。该石刻幅面 176 厘米，高 75 厘米。石刻东北侧为小九曲，西北侧为五曲桥。

碑文："福建分巡延、建、邵道按察使司金事白○，为严禁蠹棍藉名官价买茶，以杜扰害事。照得崇邑武夷乃自古名山，闽中胜迹，向有高人栖隐，现今僧众焚修，樵赖产茶，以资清供，自宜官民无扰。近访有衙门蠹役，势恶土豪，勾通本地奸牙，每遇清明节，藉称采买菜茶，百般刁难，扰害僧人，合行出示严禁。为此，仰本山住持僧人及一切居民知悉：如有前项蠹棍不遵示禁，仍有藉称官买菜茶，不依民价，亏短勒索者，本道查访得实，即行擎究，定将蛮役棍役以索诈例，从重治罪，决不宽容，勿贻噬脐。特示。康熙叁拾伍年二月日给。沾恩僧道勒石。"

13. 南平武夷山市现存清康熙四十三年（1704 年）题刻《两院司道批允兑茶租告示》（图 2-8）

武夷茶在宋代属建茶范畴，随北苑龙团凤饼附纲入贡。唐宋时期，武夷山林深地僻，交通闭塞，茶叶不能直接入贡，故名不扬。至元朝大德五年（1301 年），诏创皇家焙局（后改称御茶园）。初"岁贡二十，茶户凡八十"，此后茶叶贡额逐年递增，从 20 余斤增加到 2000 饼。从此，武夷茶"遂驰名天下"。武夷御茶园创立，设采茶官和监制官；但设茶户采茶以进，民间大受骚扰。地方官吏乘机擅增茶租，索取茶礼；蠹役、胥丁肆意敲诈勒索，强买勒派，土豪劣绅仗势欺压茶农、岩主；官牙勾结，短发茶价等。茶农受扰，深受其苦。虽有地方官告示严禁，而屡禁不止。

位于武夷山景区的《两院司道批允兑茶租告示》摩崖石刻，为福建巡按、巡抚"两院"为保护武夷茶及其岩主、茶农、僧道利益的告示。石刻长约 30 米，宽约 2 米，是武夷山最大、文字最多的摩崖，是研究武夷茶生产、发展及茶文化的珍贵资料。

图 2-8　武夷山题刻《两院司道批允兑茶租告示》

碑文："建宁府为荷蒙天恩，力申兑税，恳赐一示刊布，将来以保余生事。据武夷居民、各处岩庵道人应元、魏甲等金县呈报称'元、甲寒民，居住名山，岩栖石隐，鹿豕为群，日出而作，日入而息，刻削栽植，辛苦备尝，独赖些须茶，利少苟延残喘。除县派遣新官价票索取，不敢推诿外，突有包充总甲刘暨富，指官行诈，伪制臧旨增税，以致重苛，如孩失乳，似树绝根，彷徨四处求生，无路无已。再祷。按、院愿送□青天老爷宰菩提□，念深山毒蛇与苛政猛虎不侔，崇明，新税悉蠲，得蒙批允之后，合山欢若更生。今众等沐此鸿麻，无可为报，既以彩尽金身，晨夕顶礼祝愿：爷禄位恒升，子孙千亿外，但虑奸宄，既后日久茁生。有辜盛德深用，惕然不惮。崎岖匍匐阶下，恳求一示刊布九曲，庶令后来眷属载恩知本'等情到府。据此案照：先蒙巡按御史徐爷批：据武夷山当官茶户应元状告《为万民倒悬事》内称'刘暨富充总甲，谋茶芽，出入衙门，诈官噬民。岁横起税千斤，勒剥民膏百两，无例突起，苛敛难堪'等情，蒙批到府。随后蒙本府太爷罗〇，随带各统列官，参看得武夷天下名山，而所产之茶，素有名于宇内。盖山灵郁渤，发为草木之精英，荐仲士，频至相馈，遣以为奇赠。茶种者以此规利，虽稍榷税，以佐官之急，亦似非过。但若胼手胝足，冒犯霜露，攀陟悬崖，绝壁拮摘，将茶以趋利之后，彼皆清净之侣，不知有生人室家之乐，而一旦迫于什一之征，见谓不胜苦矣。以故利率而控诉，并力以功益。首事之刘暨富不遗余力，无非觊觎于蠲免，即该县近议以此四十两金之税加增，为裴村公馆赠马一匹、赡夫五名，以少舒肩蹄之困，岂不亦宽该馆的物力，而用之，得其宣雇。职以谈为裴村公馆，系迩年新设，不过接济长平、兴田两驿。云耳见在之赡夫一百二十名，赡马十九匹不为少矣，夫马不增，不见其苦。而征税事，虽朝廷留三分，一成乌有。刘暨富新所起之税，必当存之者，又何必怀狐疑之心，持不断之意，瞻前虑后，难于□□，而不以惠此一方氓乎！似应藉本院之宠灵豁免之，省也。刘暨富假公济私，皆之为厉，应行杖警，具招呈详。本院蒙批各税，今方豁免，何独于茶而必欲增之。茶租，自后蠲兑勿征。刘暨富依杖柄发落。如兴田、长平，日后议增，并裴村公馆革之，可也。余如照实收缴。依蒙遵照外，随经钦差提督、军门袁爷奉批'该县茶税如议豁免缴'，院巡两道各批到府，并行该县豁免缴外，今据前稽合就给示。为此，示仰武夷山庵、九曲各处道人并附近庵邻人等知悉，今后茶租悉照通详、院道批允事理。各宜遵守豁免，向后势宦豪强不得仗势欺占，擅起山租及无赖道士混利开垦。妄生无端，变乱成案。如有故违，许既指名陈告，以凭拿究，重治不贷，须至给示，右仰知悉。康熙四十三年。"

14. 厦门市集美区马銮村杜氏大宗祠内现存清康熙五十一年（1712年）立的《清理海地屯地等税收碑》

碑高43厘米，宽32厘米。

碑文："我祖自唐入闽，卜居同之海滨清銮里，遂昌炽而聚国族、建祠宇有年矣。置屯德化，奉春秋禋祀，后以隔远，为高就豪强霸踞，赖日严公控回，次崖先生作文以纪其事，族人为之立石于祖祠之侧。祖宇前代皆有更新，至明隆庆、万历间，鹏南北极、明湖公相继出仕。鹏南公重建，厥后光参公节钺邻邦，重修之椽，枏众置祖坟前后左右地，种盖以充笾豆，亦虑后有冲伤焉。辛丑播迁，族众移居内地，而宗宇因以倾颓。及至癸亥年东土输诚，人归故地。甲子年，族众谋盖数椽，以奠神主。乃议族中每斗产米出银壹钱，每成丁出银两钱，义举乐助，在外共得百余金，暂盖祠之后室以奉明禋。继而祠前一片海荡及新安渡头，皆势豪所掌，于我族人实不利焉。绵载谋士之仕梁等鸠众创置，共有八分，众得五分，已归大宗，中椒得三分，立字原契中，乐输大宗，以祀蒸尝。此亦中椒孝思之志也。计海渡屯业地税，年以祭费外，所存者议以微息薄贷，庶有生长。自甲子年迄庚辰年，十有七载，共得子母银贰百六十余两。出入之数，悉绵载力主其事，经营无错。于是遂议照旧起盖祠宇，不足者议每成丁出银三钱乐助义举，亦在外。自庚辰年十月经始，至辛巳年七月告成，共计费肆百余金而祖宇依然如旧。睹今日之庙貌，思昔时之经营，亦可以见绵载竭诚报本，为功于祖宇者大矣。未数年而绵载谢世，其海利、屯地等税及原欠账目自乙酉年至出理公其事，宽旧数而谋更新，依昔成例，轮房收贮，银契原规薄贷利息生产，庶为谟远，大增其式廓，有继前人之功于不衰云。谨记始末梗概，俾后者知其详悉尔。家长杜兴扶、梦樨、禹趾、毓璧、华伟、中椒，太学生国瑶、国琅，举人奇英，生员盈科、崇料、日风、承业、志高、镐生。生员世锱顿首拜撰文。康熙五十一年岁次壬辰仲冬谷旦，谨立石。"

15. 南平武夷山市四曲溪北金谷岩麓西南向响声岩石壁现存清康熙五十三年（1714年）题刻《严禁勒索茶农》

题刻为清康熙五十三年提督福建全省军务总兵、左都督严禁衙门兵、吏等擅自前往各岩低价收买茶叶的公告岩刻。幅面宽135厘米，高112厘米。

碑文："提督福建全省陆路等处地方军务总兵、左都督加八级杨（琳）为饬禁事：照得武彝（夷）名山，各僧道焚修之地。一应寺观庵院及附近居民向无田园可耕，专藉种茶，以供香火衣粮，各官买茶自应赴牙行照时价公平买卖。访得建协上下衙门弁目兵人等，每于春末夏初，差役执票，径赴各岩采买，或短其价值，或需索供应，为害滋甚，令行严禁。为此，示仰建协各营大小弁目人等知悉：嗣后茶价照时价目赴牙行平贾，不许仍前给票往各岩采买，蓄累僧道居民，倘敢故违，一经察出，定行查究。特示。康熙伍拾叁年肆月○日给。沾恩僧道勒石。"

16. 泉州晋江市现存康熙五十五年（1716年）立的《奉督抚两院示禁碑》（图2-9）

清康熙末年泉州海关税役私自对出入关口的渔船、商船及其货物征收私礼，闽浙总督及福建巡抚立碑示禁。该碑是研究清代泉州经济、商贸、税制、律例的重要史料。碑高315厘米，宽128厘米，刻字700余。

碑文："泉州府晋江县为藐宪恣虐事。康熙五十五年八月廿八日，蒙分守兴泉道带管泉州府事黄信牌，蒙布政使司宪牌，奉总督闽浙部院仍带纪录三次觉罗满○，巡抚都察院加一级陈○批本司呈详：'……发道允宜，仍将违例横征各款，逐一查详，勒石永禁等。因本司查得榷关征税，凡商贾货物原有则例，开载征输，岂容以额税之外横加需索？今巡役林全研究得实，予以投异。则前此各项陋

图 2-9 晋江市
《奉督抚两院示禁碑》

规，若不永远革除，恐将来把口关役复萌故习，仍然横征。应请严批，以便转饬，勒石永禁。嗣后，凡有客商运货到送榷税，悉照部颁则例开载征收，毋得以正税之外，复加苛索私礼规例，倘把口关役仍然藉端拦截需索、扣留客货者，许被害商民赴辕呈控提拿，按律究治，庶关役咸知徵惧，而商民深沐宪仁靡既矣'等缘由。奉督抚两院批仰，即查明原案，条晰开明，勒石关前示禁，取摹送查。奉此，合行勒石示禁等因，计粘单一纸到府，仰县蒙此合就勒石示禁，为此，示仰客商船户人等知悉，即便遵照毋违。计开横征条款：—关税县课，各照梁头五尺上下丈量验明画一，应归关者，量定尺寸，报关给牌，至于修葺之船……一切补烙陋规，尤加痛除……—奸良不一漏税，或有但透匿，科罚自有定例，若责究，应送有司，不得以漏无几而多罚倍数，刁蹬船只，私刑拷锁，娄私入囊；—渔船验仓，每只索私礼一两六钱；商船出入挂号，每只索私礼九钱；棉花每包横抽私礼一分九厘；布匹横抽私礼三厘；小杉每根横抽私礼五厘；古纸每百斤横抽私礼五分二厘；麦豆油麻每百斤横加私礼一分；糖每担出入骗担银一分六厘。俱干法纪，均宜革除。以上各款私礼陋规，奉督抚两院开明，勒石禁革，庶商民通晓，嗣后客商到馆报税，照例验征放行，加有关役骗索习难阻挠，许尔等呈控，以便申详拿究，遵之凛之。康熙五十五年九月〇日勒石。"

**17. 厦门市思明南路原思明县监狱内现存清雍正五年（1727 年）立的《奉督宪禁革水手图赖碑》**

雍正五年，朝廷取消台厦兵备道，将原设泉州的兴泉兵备道衙门移驻厦门。清廷命令解除"南洋禁航令"，以求发展海外贸易，但海上谋生风险多，水手们经常遭遇意外事故。然而由于一班讼棍的参与教唆，户主借此图赖、诈财，致使商船交困，船主倾家荡产的情况时有发生，清代厦门专门颁令严禁此种图赖行为。该碑高 295 厘米，宽 136 厘米，曾人为辟为四块，为铺地之用。

碑文："候补福建府正堂泉州海防总捕、驻镇厦门分府张〇，太子少傅、兵部尚书兼都察院右副都御史、总督福建浙江等处地方军务兼理粮饷、世袭喇布勒哈番加四纪录，为特行严禁习风，以苏船商拖累事。照得闽省山多田少，下游各府人民，每多海上谋生，把资造船，通商裕□，□□为生，水手□□受雇撑驾，共觅微利，以□身家。至于遭风冲礁，船主失船，难归水手之咎；水手溺水，患病殒命，非关船主之□。兹本部院访问，闽之□□□不一二□□□患病身故，或失脚坠水，或遭风覆溺，此等死亡，实由天命。讵有一班讼棍，希图渔利，从中生唆，□视不□□一□□□□，居奇图赖，藉端诈骗，□不思□□赤□□□，何财可谋？同舟共济，何忧可□？竟以借命讨偿为词，率众打抢，不一而足。纵至审出诬捏，实难冤伸□□□日而衙门□□□□□□船衙殊累，倾家荡产，□□积滞。十年半载，拖累废业□，□□风浇俗，大为民害，商船交困，殊堪为□。合亟出示严禁，为此，示仰□□船户舵手人等知悉：□□□□船上水手果□患病身死，或失脚坠水，及遭风覆溺，此等身亡实为天命，一概不许借鉴命图赖，藉端诈骗。倘敢故违，□□□□□□讼棍及水手□棍□□□□，从重惩处，决不宽贷，□□各宜凛遵，毋违。特示。雍正伍年伍月。沐恩商船户：蔡得胜、赵胜、魏顺、李□兴、黄万兴、陈伯兴安等四百余人。"

**图 2-10　嵩口镇《奉藩宪永革私渡碑》**

18. 福州市永泰县嵩口镇现存清雍正六年（1728 年）立的《奉藩宪永革私渡碑》（图 2-10）

闽江中上游因山脉阻隔，交通极不方便。历史上，水上运输显得尤为重要。嵩口地处枢纽，商贸繁荣，渡口是人员往来的主要枢纽。明清时期，嵩口渡存在官渡、民渡、义渡三种形式。雍正年间，渡口有豪强"私设地棍距竿横征，万民受害"，其中不乏贫穷无钱付渡船之人"遭迫徒涉冲流殒命"。为此，官府不得不介入，严厉惩治私自设渡之人。官府为保护码头秩序，发布了禁止私渡、偷渡大樟溪的通告。

碑文："福州府永泰县正堂加一级纪录，奉福建藩宪革私渡碑：……私设地棍距竿横征，万民受害……或因河阔浪急易出事故、或因勒索行人，索取高价……□□米谷银钱饱□者，方许入船……贫穷无钱付渡船之人……遭迫，徒涉冲流殒命……雍正六年十二月日立。"

19. 漳州市芗城区浦头港崇福宫文英楼现存清乾隆元年（1736年）立的《禁取牙钱碑》（图2-11）

浦头港曾是九龙江的重要港道，环抱漳城东部，为漳城的交通枢纽。浦头港水域各类码头星罗棋布，有番薯馆码头、探花码头、大庙码头、米坞码头、蛏（蚶）蚵码头、定潮楼（周爷楼）码头等，是漳州城货物集散中心，但一些利欲熏心者，竟持械拦船，强收钱财。官府于清乾隆元年立禁示碑，颁布禁令查办强收牙钱。

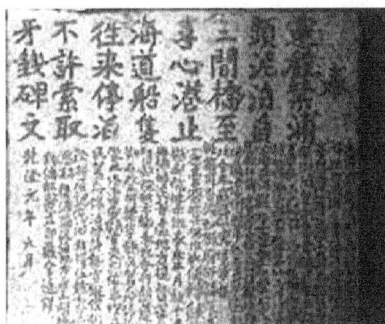

图2-11　文英楼《禁取牙钱碑》

碑文："奉宪严禁浦头泥泊，自三间桥至喜心港止，海道船只往来停泊不许索引取牙钱碑文：……乾隆元年六月。"

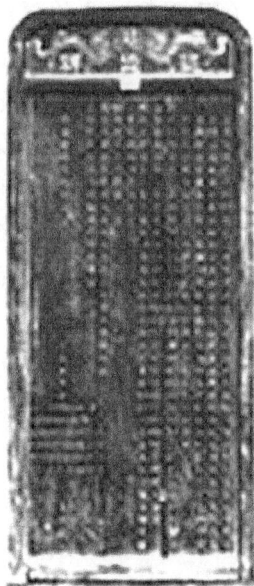

图2-12　莆田市博物馆
《志德碑》

20. 莆田市博物馆现存原荔城区拱辰村瑞云祖庙乾隆二十七年（1762年）立的《志德碑》（图2-12）

清乾隆年间，莆田发生官府强征戏船运送"饷米"，引发众戏班集体状告官府的事件，当地瑞云祖庙《志德碑》记载了事件始末。碑高380厘米，宽140厘米，额首为双龙戏珠图案，具有重要的文献价值和研究价值。

碑文："梨园戏班子民双珠、云翘等，为鸿恩崃同山岳，勒碑永颂千秋事：缘珠等各班，自备戏船一只，便于撑演，贮戏箱行李。通班全年在船宿食，以船为家。因听雇溪船，每遇海坛雇运饷米，多有撑避。押运弁目恐干稽延，遂勒珠等戏船接载，致珠等演毕夜半而回，觅船不见，通班宿食无门，在岸露处，惨莫尽言。珠等于乾隆二十六年三月十三日，将情金叩署水师提督游宪辕，蒙批：'载运兵米，自应募雇民船。谋食戏船，奚堪勒载，致累营生。若果情实，赴海坛镇呈请饬禁可也。'四月初三日，匍叩海坛总镇府杨辕下，蒙批：'据呈，业另批饬，不许乘溪船躲避，混雇戏船，以误营生。但戏船应当分别有据，方无错误。'二十九日，具呈县主太老爷王台下，恳照珠等承管班名赐给据别。蒙批：'准给示饬禁，每班给示一张，在船为据，免致错误。'珠等深叩提、镇两宪大人大老爷，暨县主太老爷复载鸿恩。为此，谨勒《志德碑》，朝夕焚香，叩祝三位大老爷福寿绵绵，奕世金紫。谨颂。乾隆贰拾柒年贰月日。戏班子民双珠、云翘、翔鸾、庆顺、锦和、八艳、八阳、斌亭、胜凤、碧兰；集锦、敲金、玉珠、雪阳、揖瑞、集瑞、锦林、锦树、瀛珠、珍玉、兴隆；伴水、沐芳、鸣盛、书仓、东聚、壶兰、瑞云、荣招、树梨、凤仪、金兰等仝立。"

21. 泉州晋江市安海镇安平桥中亭现存清乾隆二十八年（1763年）立的《剔奸保民碑》（图2-13）

该碑高190厘米，宽77厘米。碑记于清乾隆年二十七年（1762年）时，安平有盐馆役员向安海镇居民商贾行铺等私派，借机勒索百姓，给民众增加了负担。柯思淑等人随即在衙门申诉，"呼辕免配"。后来道宪经审理之后做出批示，称"派销即启勒索之端，此风断不可长"，乾隆二十八年在安平桥的水心亭内立下《剔奸保民碑》，禁示：要以洪达勒索事件为戒，要求办事人员须守法奉公。该碑是"民告官"并得到胜诉的案件真实记录。

碑文："钦命福建分巡兴泉永道大老爷谭○，饬禁安海盐馆奸办洪达混裹勒

**图2-13　安平桥中亭《剔奸保民碑》**

派油铺盐斤。乾隆廿七年九月廿三日，柯思淑等以概无例典事，相率呼辕免配。蒙批：'有无食私亏额以致派销，抑或馆办不公，仰泉粮所秉公查覆夺。'十一月三十日，分府张集讯供由折禀道宪，批：'派销即启勒索之端，此风断不可长。馆办洪达据供禀派，有何凭据？且难免禀一派十之弊。仰即秉公叙详，候批禁饬缴。'廿八年三月初三日，分府张详覆：'蒙批馆办洪达，勒派累民，深为不法。姑念柯思淑等尚未被勒，如详。免其深求，仰即出示严禁勒配，仍候饬县时加查察，毋任奸办私派扰累，致干揭究缴。'三月十九，蒙分府靳遵行示禁：'仰该地居民商贾行铺、约练地保并该馆办哨丁人等知悉，凡食用盐斤，许向肩挑官盐平买。该馆办洪达务宜守法奉公，不许藉端勒配，滋累小民。倘敢故违宪禁，许被害之人立即指禀，以凭严究详报。'阃镇深沐道宪剔奸保民，恩同覆载。爰是公仝勒石以颂宪德于无既云。乾隆廿八年六月日。安平居民陈佳淑、林滕淑、柯思淑、蔡佐淑、曾信观、王庆淑、许寿观、黄河观、陈锦观、陈瑞观、史芳观、蔡与观、杨英世、黄宁观、许敏观、黄成观、史出观、郑性观、蔡九观、许恒观、陈悌淑、施夲世、林付观、许攀观、陈连观○仝立。"

22. 南平武夷山市天游峰五曲下云窝叔圭精舍门坊内石诏亭边现存清乾隆二十八年（1763年）立的《采办贡茶茶价禁碑》（图2-14）

清乾隆二十八年，春茶下山，崇安县令柴缉生伙同场官饶遇清，利用职权，乘茶叶统购之机，入山压低茶价，擅收山租，并向各岩茶种植者勒索茶礼，激起公愤。僧人一音和道人邓上士与武夷三十六岩的茶主，联名

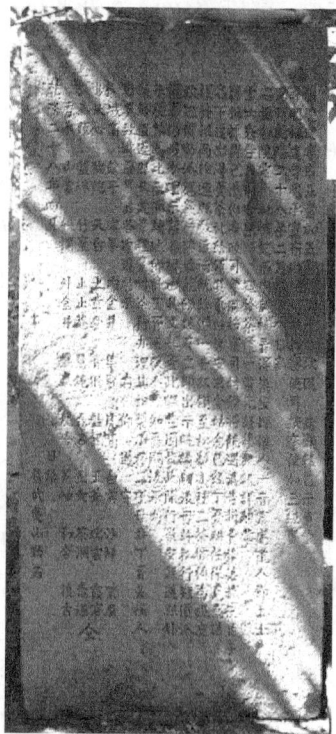

图2-14 石诏亭
《采办贡茶茶价禁碑》

上告，经省布政司审理之后，建宁知府奉令勒石保护僧道、岩主的茶叶利益，颁严禁胥吏、蠹棍、衙役勒派，扰累茶民的告示。碑高185厘米，宽80厘米，厚10厘米。碑文记载了处理勒索茶叶官员的事由，并明确规定贡茶由崇安县令负责，后承办贡茶务须由星村茶行班里负责。该碑对保护武夷山茶叶和茶业的发展具有重要意义，是研究武夷茶文化的重要文献。

碑文："福建建宁府正堂加五级纪录十二次段〇，为吁辕乞示，蒙署理福建等处承宣布政使司按察使加三级曹〇宪碑。乾隆二十八年二月二十八日案，巡抚部院定批。据该府申详核：爰得崇安县僧人一音、震庵道人邓上士连同三十六岩等，告前令柴〇，短发茶价一案，先经集犯讯详。嗣蒙宪批据详已悉，仰布政会同按察司转饬饶遇清等，折责发落革役，并于各名上追出得受茶礼给领。其原任崇安柴〇令，姑念已经丁忧离任，从宽免议。找终银两作速照数追补，统给僧一音收领。至松烟、小种二茶，据称为亲友短价勒派，应严行禁革，并饬该府立即出示晓谕。嗣后毋许私行短价派买，滋扰累仍，将办理示禁，各缘由具文报查。此檄同蒙，除行崇安县遵照外，令出示严禁。为此示仰该地乡练、丁胥、差役人等知悉，嗣后承办贡茶，务须遵照文定章程，星村茶行办理。其松制、小种二项，毋须丁胥差役人等勒买，致滋扰累。其各凛遵，特示。沐恩：城高、天心、马头、香水、鼓子、弥陀、盘珠、山当、云峰、天壶、竹窠、铁栏、内金井、土章堂、止止庵、外金井、集贤、青狮、慧苑、龙泉、虎啸、盘龙、磊石、龙吟、白云、玉翠、玉女、芦岫、沙坪、瑞云、茶洞、和尚、紫屏、霞宾、桃源、复古，同照。乾隆二十八年四月〇日给发武夷山勒石。"

23. 泉州市同安区博物馆现存清乾隆三十年（1765年）立的《功德碑》

该碑为颂扬同安县知县吴君所立，碑高213厘米，宽56厘米。

碑文："功德：同邑盐政自归县理民始安生。本年马巷馆办叶光宗等倚强济奸，掺沙短称，勒派娄索，四民推杨□芬、林同□□□□□青天廉明太老爷吴批准出示严禁，并拏叶光宗等究处，旋经审出情实，将叶光宗等重责收禁，比□□□□□□□□□，亦甘棠之遵意示。特调泉州府同安县正堂、加三级带纪录八次、记大功一次吴〇，为抗宪闭粜、娄索等事。据乡老林同等呈禀：马厝馆办巡肆意泥扣尅，以四十五觔为百觔，按季无单勒派，每户或一二百觔至以四百觔不等，仍索现钱，乡民□□□□叶光宗、陈瑞、陈适并陈元等究处外，合行出示严禁。为此，示仰该馆办、巡等知悉：嗣后务须公平足称，□□□□□□□前，不遵宪令，定即按法惩究。本县言出法随，各宜凛遵毋违，特示。乾隆三十年七月初十日给民安里马厝巷。"

24. 厦门市思明区思明南路原思明县监狱内现存清乾隆三十二年（1767年）立的《示禁碑》

该碑为厦门海防分府立的示禁碑。碑高245厘米，宽102厘米，曾被人为辟为三块，用于铺地。

碑文："皇清特授泉州府海防总捕驻镇厦门分府、卓异加一级纪录十六次、记功一次黄〇，为溥德恤商，乞勒示垂远事。乾隆三十二年九月十六日，据铺户金允盛、金允臧、金恒升、金源发、金丰顺、郭萃兴、金泰兴、金长源、金彰德、金德兴、郭茂兴、陈恒利、林恒茂、金元美、金源兴、金恒发、金隆兴、李德顺、金和泰、陈如言、金长发、金德隆、金丰裕、金宝源、陈允成、金联成、金集丰、金益成、金大振、陈资元、金集兴等各铺仝合呈前事，词称：窃惟兴利除害，期至怡之熙□；弊绝风情，见仁子难治。虽至谶而至悉，信可大而可久。如盛等各铺轮当值月，原奉历任饬办物件，倾煎地租，始则趣铺采办一二，继而被人影射多端。惟明察之未周，实商民之困惫。甲申六月，幸逢仁宪莅厦，明并日月，念切民瘼。整纲饬纪，草野群聚讴歌；守慎持廉，市井互相传诵。若值月买办一节，荷蒙谕止，一切物件悉内署自买，不许扰累商铺。至倾前地租，只就年额二千四百两发领，余外并不多发。乙酉，宪驾京旋，再三谆告革除。兹自汀州回任，又复重申禁革，格外优施，感戴高深。惟是裁汰，于今既已仰荷厚恩，若不永垂于后，恐亦未沾实惠，合情相率匍恳，伏乞始终。今恳恩立定章程，值月一概允办，地租照额项，勒石垂示，永远相承，俾无影射。□□□□鸿慈□□□□□□。据此，除批准给示勒石，永远革除外，合就勒石示禁。为此，示仰厦商各铺知悉：凡值月承办物件，永远革除，惟征及地租悉系番银，仍具领倾熔，以凭批解。自示之后，倘有胥役人等擅冒名色采办物件及影射地租，发兑银两，许该铺人等即指名禀究，决不宽贷，凛遵毋违，特示。乾隆叁拾贰年拾贰月○日。"

25. 福州市罗源县碧里乡廪头村忠烈尊王宫前现存清乾隆四十六年（1781年）立的《奉宪示禁碑》

罗源湾东岸的廪头、溪边、牛坑、廪尾、新澳、濂澳、吉壁等各行政村，大都背山面海，历史上皆以讨海为业，兼及种植粮食。因水源缺少，除少量田地种水稻外，大多数田园种地瓜。但是有人垄断地瓜贸易，强制收取费用，百姓苦不堪言。罗源当地官员立碑保护地瓜自由贸易，禁止强制收取费用。

碑文："特授罗源县正堂，加三级、纪录三次刘○，为呈请示禁勒碑杜害，以安地方，以保民生，事据玉廪乡民林文周、吴永蠹、林宗寿、周义吉、张名珍、彭亮玉、陈则玉，地保吴元珍等具呈前事称，'窃周等玉廪铺滨海之区，田亩稀少，民多栽种地瓜资生，除粮所余之瓜，一向听民自卖自买，从无牙户抽用之例，前东关外牙户李复兴图利，禀请抽用，经前县主刘批斥严禁，不许勒抽，在案弊端已除，铺民已安旧腊。讵有奸棍彭缔灿等在铺复设私牙，抽取用钱，经周金控台端，荷蒙讯明惩儆，周得通乡感激无既矣。但恐射利无厌，不无久后仍复滋弊，合情金叩恩全始末，乞赐示禁勒碑，杜弊以洽舆情，以保民生，阖铺颂德'等情到县。据此案查，先据具控前事。业经本县堂讯立谳在案，兹据金呈前来合再示禁。为此，示仰该铺居民人等知悉，嗣后玉廪所产地瓜，乡人自存年食之外，余听自行售卖，毋庸归牙代发，以从民便。自示之后，倘有射利棍徒妄设私牙，或稽官牙名色，仍前把持抽用，滋扰地方，许地澳保指名具禀赴县，以凭按法重究。尔等乡民亦须安分交易，不得隐匿别项应税货物，致干并究。各宜凛遵毋违，特示。乾隆肆拾陆年岁次辛丑五月初三日给，玉廪濂澳仝立。"

26. 泉州市南关外现存清乾隆四十八年（1783年）立的《泽被海滨碑》（图2-15）

该碑共344字，记录了法石所处的地理位置及宋元以后的商业繁荣，以及驻防当地的汛所哨兵利用职权敲诈勒索船户商民、乱收费和强取硬夺，引起了普遍的不满。乾隆二十五年（1760年），镇闽将军杜，设立木牌示禁。四十六年（1781年），福建陆路提督李荣任缉拿崇武不法汛兵，并另派汛防官兵加强管理。是年泉州府又告示，凡运载五谷之船，哨兵应立即让其入口，不得刁难。不久，晋江县又规定，各澳兵弁对商船进出口文书随到随验，立即放行，不准藉端索勒；还特别强调，各澳如有此类弊情发生，船户商民可以越级至省禀告，加以追究。这种种为船户商民利益而实施的法例，深受拥护、称颂。碑记载明，法石全澳船户、商民对官府的良法美意深感"厚德难没，奕世奕沐"，便共同刻了这块石碑，好让众人知道"廓清陋规，惠及商民"的来由，同时也警告了那些不法之徒，如再借故作弊，律法绝不宽容。值得一提的是，这方石碑并不是官方所立，而是法石全体船户自愿镌刻的，是平民百姓对政府爱民除恶的赞扬和感激。

图 2-15 南关外
《泽被海滨碑》

碑文："澳有二十四，而法石为要，盖通南关，外接大坠，实商渔出入必由之所，亦远近辐辏咸至之区，故部馆、文馆、武馆俱设是处，所以稽查透越盘察漏税、诚重其地也。自哨兵贪缘为奸，澳棍藉端生事，往来船户始病甚，廿五年间奉镇闽将军杜设，社说立木牌著为成例，时咸称便，奈随立随坏，久后如故。辛丑春，奉提督福建陆路军门昭信伯，李荣任访拿崇武汛弁兵不法，因遍示各澳，令各弁验明而放行，不许留难阻滞，丝毫勒索。如有前项事情弊许，商人赴辕禀究，并简择汛防官李讳天成莅兹任，恪遵明示分毫不染，后蒙泉州府告示船户：有运载五谷，哨兵即听其入口，不得刁难。前年冬季口书临期刁索，后蒙晋江县彭出示饬□书随到随即查验放行，除旧例军资四十文之外，不许藉端指勒，良法美意诚可颂也。但纸本易淹，历时恐坏风雨，厚德难没，奕世共沐恩膏，勒石以志永久，后之出入是澳者，知廓清陋规及商民，其原有自待示。乾隆四十八年元月榖旦，闽澳众船产仝立石。"

**图 2-16 浙江木商会馆《禁奸牙碑》**

27. 福州市仓山区观海路清凉寺内浙江木商会馆现存清乾隆五十一年（1786年）立的《禁奸牙碑》（图 2-16）

福州是福建省最重要的贸易港口，是闽江流域与国内沿海乃至东亚、东南亚的物资交易枢纽。福州台江为重要的木材输出枢纽，吸引了大批商人。浙江商人来闽购买木材，通常雇用浙江船贩运。但福州海船牙、船行勾结海关差役，以其没有缴纳相关税收而进行阻扰。官府审断"海船奸牙玩禁欺天案"，于乾隆五十一年竖立《海船奸牙玩禁欺天案》（又称《禁奸牙碑》，禁革这一弊端。该碑竖立于浙江木商会馆，彰显了该会馆维护浙江船商利益的作用。该碑是研究福州港口商贸历史的重要文物资料。

碑文："署福州府闽县正堂加五级、纪录十次秦〇，为玩禁欺天等事。乾隆五十一年九月初十日，奉镇守福州将军兼管闽海关署总督部堂常令牌，本年九月初六日，据南台派员苏禀，称木商王同昌等具禀，昌等坐闽贩运木植，□□原籍，长年雇用船只，先给水脚银两，来闽装运，历久无异。乃海船牙黄万瑞……计图若附，于前月会奉温处道宪□□□□□□□三日，串差□□昌，藉雇浙船戴大有，乃奸牙弊利，在行揽载多船，庇匿不封，而指封隔省远雇北船，唆差混扰。复于十八日呈禀关主，奉批，准饬各行保另觅海船，仍候详明府宪等谕。讵瑞等挟无北船，县批未干，于二十七日复串差丁，勒封籍雇浙船沈万丰，迫以□宪混封□诡□出等事呈禀，乃奸牙不串不休，籍贿差丁，押令自认，极以玩禁欺天等事，叩关申详。督宪俯念异商自雇自运，恩准檄此□封。奉查四十二年间，经前藩宪饬，据福州府署、福防同知徐议覆，颁行示禁，不得混封勒运，一经告发，详究等因，转详前督宪钟批，□咨会前管关将军永檄发省例，饬遵在案。惟是南口木植，全藉浙江船只装运，庶于本关口征税课无碍，况木商进口空船，悉由乍浦、宁波先给水脚船价，来闽装载，向无闽省封载军工料物之例。据此，合再出示申明例禁。为此，示仰差丁、船行人等知悉，嗣后木商自雇来闽之船至，不得混封，有亏国课，致干查究等因。奉此，并据浙商王同昌等具禀到县，除出示外，报明镇闽将军署总督部堂常勒石永禁，以垂不朽，特示。大清乾隆伍拾壹年玖月，浙江木商奉镌公立。"

28. 三明永安市福庄大岚山衍庆堂前现存清嘉庆三年（1798 年）族长燕公等立的《福庄大岚山碑》（图 2-17）

该碑原立于福庄大岚山。为保护这块石碑，当时山上还建有一个亭子，后来山亭倒塌，石碑被人移到民主庙西墙外的田埂路边，20 世纪 90 年代初年移到耸翠山庄衍庆堂前。碑高250 厘米，宽 50 厘米。该碑对大岚山2000 余庙森林立下了"洗砍古木者重罚""擅批烧炭者重罚""私造香菇者重罚""私拓民棚者重罚"等十条森林保护法规。

图 2-17　衍庆堂《福庄大岚山碑》

碑文："吾族大岚，自始祖大六邢公蓄凿古木遮阴水源，凡峰墩垲壤上下三洋为田二千余亩，赀资汇流，又供子孙樵赖之需，观岚下祖祠，岁时祭祀我祖……愧不能增前人光，惟是恪守成规，用申劝诫本天本祖，俾世世子孙保守不忘，谨勒诸石。—大岚内四围古本族房众，永不得擅批烧炭，造香菇。私拓民棚者，及荡园古木搭厂，洗锯等项，如违合议呈究。—岚内所有私插杉木，经宪断，凡岚内杉木，觅行聚众管理，获利多寡按分均分，不得偏欺，在案。日后子孙各宜实遵宪示。—岚内子孙做坟，不得藉坟肆籍火路及洗砍古木，违者重罚。—岚外公山，祖规子孙旧有生理之处……值估买，不得抬价拒阻，重罚。—岚内外公山原无竞朋坟墓口，后子孙各宜恪守祖规，违者重罚。—公山内有擅造坟印者，如奢柩移葬别处，坟地归束营，不得永占，违者重罚。—岚山及四园山界域，宋时我始祖买自黄宅……大松岚直落圩坪尾为界，北从葛州后天心岩至硋担岌田垅为界，西从蚌口过夹……为界。—马头颈仔山保祖祠入脉及祖墓来龙处不得撬挖劕劀，违者重罚。—祖坟二六一，一在田后，一在山顶。递年要祭扫。—水尾鲤鱼墩，在梧桐树坑。系福庄上际，不许开田造坟，私种生理等项，违者重罚。大清嘉庆戊午三年五月吉日。族长（邢）燕，房长（邢）晋信、（邢）圣传、（邢）居德、（邢）高发，合族重刊。"

图 2-18　浙江木商会馆《截船碑》

29. 福州市仓山区观海路清凉寺内浙江木商会馆现存清嘉庆七年（1802 年）立的《截船碑》（图 2-18）

清嘉庆元年（1796 年）开始，浙江籍水手"聚众截船"要求增加工价，阻碍货物运输。浙江客商在经营地与牙人、差役等各色人等向官府控告，史称"水手聚众截船勒索案"，经审理立《截船碑》，确保木材运输的顺利进行。该碑记录了水上木材运输的行业规范，是研究浙商和在闽福州港口商贸历史的重要见证。

碑文："福州府正堂加五级、纪录十次岳〇，为聚众截船等事。嘉庆七年七月二十九日，蒙监察使司乔宪牌，嘉庆七年七月二十四日，奉巡抚部院李批，本司会同布政使司讯详，据府籍浙江商人陆永和等，呈控水手娄廷辅等勒加工价，阻放船只一案。查黄岩王即文鬎鬁，随同娄廷辅传写知单，敛钱演戏，勒加插花钱文，徐阿大、江起龙即张起隆，听从张阿意纠约多人赴县求放，致娄廷辅乘间逃外，均属玩法，应将黄岩王等分别枷责，均饬递回原籍，交保管束，毋许复出滋事。娄廷辅等应请移咨浙省各原籍查拘，务获另行究治。至各水手工价，既据讯明，先经该商等议定，年止运木一次，加给辛工津贴插花，共钱一十二千文，已不为少，无应议增。所有草纸、盘香、粗碗三项，仍酌准其携带，不准额外多带以及违例夹带木板，致干拏究。再查各水手既经浙籍受雇议定工价，自嘉庆元年以后，节次滋事。本年复迩夏至，节候将届，南风司令，胆敢敛钱，聚众阻滞商货，勒加工价，若不彻底禁绝，不特扰累商贾，更干税课，大有妨碍。应请移咨浙省通饬嘉兴、宁波两府所属，议立"船户保催水手章程"，使商船来闽沿途，不致再行滋事。先期移关知照，以备稽查，并饬府严行查禁。嗣后按年将届，南风节候，催令各商赶紧装木上运，先期出示弹压水手，及期放行，毋致再酿事端，庶裕课通商，□有裨益等缘由，奉批如详。饬将黄岩王即文龢龇等照拟分别枷责发落，递籍交保管束，其水手工价照依议定，年止运木一次，每名给辛工价贴插花钱一十二千文，永远遵行，并饬该府按年将届夏至节候，先期出示弹压放行，毋致再有勒增阻滞滋事，仍候移咨浙江巡抚部院通饬嘉兴、宁波两府所属，议立章程，移关知照，以备稽查，并候咨明闽海关将军查照。此缘又奉总督部堂王批据详已悉知，福建布政司转饬遵照，仍候抚部院批示缴各等因，行府蒙批，除将黄岩王即文龢龇照拟分别枷责发落，饬照运籍安插，并移浙江嘉兴、宁波两府议立'船户保催水手章程'，并查拘娄廷辅等务获另行究诘外，合行出示晓谕。为此，示仰各海船及舵工水手人等知悉，尔等务须恪遵宪批，议定章程、水手工价。年止运木一次，每名共给辛工津贴插花钱一十二千文，永运遵行，毋得再有勒增阻滞滋事，倘敢故违，定即严拏，从重究办，决不宽贷。各宜凛遵毋违，特示。嘉庆七年八月。浙江木商奉镌公立。"

30. 厦门市原立打铁街头、现存厦门市博物馆清嘉庆七年（1802年）厦门海防分府立的《奉宪示禁碑》

碑高135厘米，宽69厘米。

碑文："奉宪示禁：特调泉州总捕海防驻镇厦门分府、加十级纪录十次□○，为勒石示禁以安商旅事。据大小行铺金同兴、金天德、金俊祥、金坤元、金德安、金联丰等佥称'打铁路头甲寅年崩塌，行旅苦□□，重修宽绰。有无赖之徒，就是地两边擅盖草棚，日假营商，夜行聚赌，奸宄往来其间，商旅肥为不宁。仍复假藉奉神，起盖庙宇，拥塞路头，货物难通。佥恳委员勘拆'等情。兹据地保禀明□□□，经委员勘拆去后，兹据石浔司禀复勘拆，并据金同兴等称打铁路头，系舟车辐辏、商旅云集之区，业蒙勘明押拆，第恐日久滋生，复有无赖之徒弟轻藐妄为，效尤渔利，金恳详情勒石示禁，尔人等知悉。自示以后，毋许仍在打铁路头两旁搭盖草棚、建庙奉神，起盖庙宇，拥塞路头，如敢故违，一经首禀，定当严惩不贷，决不稍宽贷。各宜凛遵毋违，特示。嘉庆柒年肆月〇给。"

### 31. 漳州市浦头港崇福宫文英楼

现存清嘉庆十三年（1808 年）立的《重修文英楼碑》（图 2-19）

该碑记载了当年浦头港的经济状况，是研究地方商业、交通的重要史料。

**图 2-19　崇福宫《重修文英楼碑》**

碑文："重修文英楼碑记：郡城东二十七都有文英楼，吾漳之澳与鹭岛贾舶咸萃于斯，四方百货之所从出也。奉义勇将军俯瞰，涛流吐吞潮汐，巍然屹峙，为一方之巨镇，以其□□□□，戊辰春□□……楼宇半就圮塌，诸同志谋茸之，因县令以相，后既蒇事，远近欢欣，以为文英楼□□地灵巍……梓文物丕显其光，则夫舶船停泊企即崇门，又执不荷……因将华为之记。嘉庆十三年戊辰岁丽月吉日。"

### 32. 泉州晋江市蚶江龙显宫内现存清嘉庆十九年（1814 年）立的《晋邑议贴钱粮价数定规碑》（图 2-20）

**图 2-20　龙显宫《晋邑议贴钱粮价数定规碑》**

碑文："晋邑议贴钱粮价数定规：窃以〇国有正赋课税在所必征，乡无定规，输将或恐延误。嘉庆十七年三、七等月，绅士乡耆赴〇，利息任审请定晋邑粮价。蒙〇藩宪按察使督抚两宪核定，每粮一钱连耗，折制钱一百二十五文，给示五道移送督抚道宪及〇仁宪仝委员实贴，开通生灵，咸沾德泽。第思〇宪定价值，既便于民而征解银费。未便于官，又值现时纹银换价高昂，兹公仝酌订，每粮一钱加贴三十又五文，以为承收鲸司及各色杂费在内，合共折制钱一百六十文，城乡一例，乡收不得加取分文，其串每户公定一串，串钱九文，不得用一三五串纷。更如户丁自要零完则另串者听从此。官民两便，斟酌定价，各粮户宜踊跃清完，不得藉端延欠，致误课项，为此勒石。嘉庆十九年十二月蚶江乡公立。"

33. 南平市光泽县城居民杨孟龄家中现存嘉庆二十三年（1818年）立的《公禁陋规碑》（图2-21）

食盐自汉代起即由官府专管。清嘉庆年间，光泽县的盐书万全利用食盐紧俏，规定民众购盐要经他批准，到盐房领折才能购买，从中盘剥，敲诈勒索。监生裘尹臣等向省府控告，引起了总督和巡抚的重视，"专门批发"，派员核查，结果发现光泽盐政管理确如民众所言，将盐书万全"发回杖革"。随后由县举人陈禹昌拟写《民盐章程》，对购买、领折、供应等食盐管理环节都进行了详细规定，经县衙审核当年七月施行。民众由各都乡自备盐折，送盐馆签

图2-21 光泽县《公禁陋规碑》

印，每月持折向盐仓买盐，以后每年二月向盐馆换新折，不用经盐书之手，减少了中间盘剥。碑文记述光泽民众当年抗争盐业官吏贪财勒索不法行为和争取食盐正常供应的事件。碑高150厘米，宽70厘米，镌文188个字，盐政管理为而立。

碑文："公禁陋规：奉宪督抚董史，批发藩宪明、抚宪庆。盐宪孙审实，监生裘尹臣，控告盐书万全勒索民盐、领盐批折陋规一案，照例批详复，已蒙将盐书发回杖革在案。又蒙县宪任俯察舆情，准举人陈禹昌等呈请《民盐章程》在案，自本年七月为始，□□各口都乡自行备折，赴盐馆签戳。每月持折向仓买盐，不经盐书之手，无从勒索。嗣后每年二月准带盐折向盐馆换立新折。毋庸向盐房领折，所有积弊概行永革，万民欢悦，欢声载道，勒石铭德，以垂不朽。皇清嘉庆二十三岁在戊寅仲冬上浣后旦，洪济坊立。"

**图 2-22　澳江崖刻《渡船收费碑》**

34. 泉州市安溪县城厢镇雅兴村澳江古码头现存清嘉庆年间摩崖石刻《渡船收费碑》（图 2-22）

城厢镇雅兴村码头是永安、大田、德化、永春等地通海的中转站，各地客商云集，是泉州乃至南方的一个经济重镇，内陆的木炭、茶叶、瓷器、木材等土特产通过水路顺流而下，再经过刺桐港销往世界各地，而大批布匹、药材、盐巴等也经泉州销往内陆。澳江古码头正好位于这个当时非常繁忙的水运通道上。该石刻每个字径 3.5 厘米至 5 厘米，刻录为清代乘船按水位收船资的"乡规民约"。石刻对研究泉州古代水运和古刺桐港繁荣有着重要意义。

碑文："舟楫之利，本以通往来，近因子侄纷更多事，兹众等公议定：澳水安流一文，满牛皮石二文；大水难渡，听其对约甘愿。公定如此，倘有违者，就近闻知，众等自当督责，决不宽恕，许家众等谨白。"

35. 漳州市文英楼现存清道光元年（1821年）立的《龙溪县正堂陈禁示碑》（图2-23）

该碑记载的是龙溪县正堂禁索取牙钱，以及有关棉花交易、商贾纳税等事。

碑文："署漳州府龙溪县正堂加三级纪录五次陈○，为抗示禁……事。道光一年二月二十八日……武生……苏克成、卢献、陈光……商旅不安，幸蒙仁台……府各出示严禁，并饬对牛匪类巢札谕，筏立更图条陈……料棍伙夫保肉肆行……再开牛灶窝集匪类，诚恐再肇祸端，叩乞……耕牛以及窝集匪类、扰害乡民、滋生事端等情到县，藉此除

图2-23　文英楼
《龙溪县正堂陈禁示碑》

勒差查挐外，合行出示晓谕。为此，示仰龙（溪）处军民人等知悉……指禀赴……县终能……决不宽贷。该社长地保，如敢徇私容隐，察出一并惩治，各宜凛遵毋违，特示。道光壹年叁月十三日给。"

36. 福州市仓山区观海路清凉寺内浙江木商会馆现存清道光六年（1826年）立的《免税碑》（图2-24）

海关税银是补充田赋、支撑地方军队开支的重要财源，属于地方财政的范畴。由于嘉庆时期浙江东南部海域出现大规模的海盗群体，以及台湾林爽文起义等事件的冲击，贩木船只不再以大型海船为主，但每年贩运次数和船数又相对固定，船只规格变小使得木材数量相应减少，海关税收也随之减少。道光初年，浙船赴闽运木出现低谷，大型海船较少，多为中型海船，从而导致福州木材输出受限。是故，闽安口为了维持税额数量，对浙江海船"勒索留难"引起纠纷。为此闽海关及闽浙总督、海防同知、闽县等各级官府颁布《闽海关恤商免税告示》，俗称《免税碑》。该碑记录了清代福州木材市场若干规则和税例。

碑文："兵部尚书兼都察院右都御史、总督福建浙江等处地方军务

图 2-24　浙江木商会馆
《免税碑》

兼理粮饷盐课兼署闽海关印务孙（尔准），为查案晓示事。据浙江木商葛恒益等呈称，窃益等籍均浙江，在闽置买木植，迄今百有余年，凡事率由旧章。缘装运木植之船，内用松扛横装作架，蒙前军宪念系犹如荷肩扁挑，与船上之杠棋无异，横装作扛□□□船准免八根，装出带入，均免征税；其松扛直装作架，并用松板、杉木横装作扛，均属输税，历久遵循在案。缘□□闽安口司串通勒索留难，重铁大船，势险滩急，诚恐不虞，金叩察核旧案，批示遵行等情。当经本部堂批，仰南台口委员确查去后，兹据南台口禀覆抄呈乾隆四十一年间元月廿八日告示，准其免税八根。查现在船只大号稀少，惟有中号之船装运木植，未便一例免征，有亏国课。既据该商等金呈，嗣后凡运木船只，如用松扛作架者，装出带入，本部堂酌定均免六根税银于卫课之中，仍为恤商之道，除严饬该口弁役照例验征，不得滥征，致干察究外，合行出示晓谕。为此，示仰关属商行船户人等知悉，嗣后整装木植，除准免六根外，务须据寔输税，不得侂混干谷。验船弁役倘敢违谕勒索，察出定行严究，断不治宽。各宜凛遵毋违，特示。大清道光六年二月十四日给，两浙木商奉镌公立。"

37. 漳州市芗城区港口街道浦头大庙现存清道光十二年（1832年）立的《厦关税行公启》（图 2-25）

漳州浦头港曾经是九龙江最重要通道。明末清初，浦头溪成为漳州的重要港口，以及漳厦船商所带来的四方百货的集散地与中转站。浦头大庙前设有一码头，商贾云集，形成米市、盐市、粉街、渔市、果市等，统称"浦头市"。盐、渔市中，除来自厦门、漳浦、海澄、云霄的渔货外，还有来自台湾地区的海产品。该碑为告示搬运、船工等遵守"各港渡船募雇出海舵水驾驶往来运载客货"之成约。

碑文："厦关税行公启：尝谓利不避害，私不蔽公，古今定理也。惟我税铺创置，各港渡船募雇出海舵水驾驶往来运载客货，自道光二年间原有成约，立定章程，各船出海，舵水以及帮铺俱遵约束，不敢犯禁。迄来人心不古，法久弊生，所有行郊货客，寄搭银货，批单倘遇不虞，辄尔捯船指交甲，纠缠图赖，甚有奸猾之徒，私与驾船人等交通营利，而长短欠项亦欲就船跟讨，殊属无理。独不思船系税铺之船，揽载各货赴关征税上供国课，下通民商，关系匪轻，驾船人等不过日给工资，于本船毫无干涉，所有寄搭交关，并非本船，自行经手保认。奈何以各营利起见，而利则欲私收，稍有短欠以及不虞，则欲使该

图 2-25　浦头大庙
《厦关税行公启》

船坐受其害乎，且行郊铺户既与出海人等交关，必索信其人之忠诚可托，方敢交付，更不应累及局外之饷项矣。我同人议革之弊，重申旧约。自今以往，凡行郊货客铺户寄搭银项，以及交关，必须慎自审择人品端正，方可托付，不可任意乱交，临时特强拖累本船。倘有故犯，我同人鸣众闻官究治，抑或各船舵水私自交关，亦因相信之人，方肯赊欠。倘有拖欠不明，亦不得与本船出海取讨，一并遵守勿违，谨此告白。道光十二年十二月〇日，厦关税行公启。"

38. 三明市清流县沙芜乡政府文化站内现存清道光二十一年（1841年）立的《奉宪碑》（图 2-26）

该碑为清朝整治航运的禁示碑，原立于清流县沙芜乡洞口村安济庙前，1971 年安砂水库建设，安济庙被淹没，移碑至乡政府文化站内。碑高 173 厘米，宽 83 厘米，文字竖排，共 27 列，1300 余字。字迹磨损严重，部分文字漫漶，已无法辨认。

碑文："清道光十二年五月初十日奉九分巡延建邵道兼管驿务事坐

图 2-26 沙芜乡《奉宪碑》

补都转盐运使司盐法道、加十级纪录朱○，为严禁拦排夺梢，以安商旅而靖地方事。照创立馆把持夺梢勒抽钱文，（据）险纠阻滋事，大为商旅之害，本道莅任以来即饬地方官整肃水程途邑贡生伍麟祥、民人吴臣元赴检控：匪徒陈调元等聚匪盘踞永邑安砂地，把持夺梢，勒抽木排税钱，拂经化府，饬办在案。此等若不严查禁革，何以靖水路而安商旅，合行出示严禁。为此，示仰永安所辖安砂一带，有巡回木排应听容雇铁石梢夫，倘有中途撬换，亦听照旧规，毋得把持立馆。在于险滩拦阻夺梢勒抽，但有不遵仍前项，该地保陈联甲人等即行禀官，拘拿惩办，容隐必究，毋贻后悔，本道言出法随。毋违。特示，谕通晓。如果安砂一带把持夺梢勒抽钱文，乘险纠拦滋事，大为商旅之害。本道以来，务使匪类不容长据，呈永辖陈调元等夺梢诈之理，其中必别有纠缠，惟聪不应沿河阴截，致使行此词饬；速提释复查乃迅督禀公察纠详，毋违。道光二十一年岁次辛丑十月朔旦，合乡仝立。"

39. 漳州市鹭洲路民房墙面镶嵌有清道光二十八年（1848 年）立的《龙溪县示禁碑》（图 2-27）

碑高 145 厘米，宽 66 厘米。当年九龙江面常常停靠着大批九龙江上游放排下来的杉木，由于杉木是当年重要的官办用料，为防止"混行采卖""扰乱军工""高抬价值"等不法经营行为，官

图 2-27 鹭洲路《龙溪县示禁碑》

府告示经营买卖杉木生意必须经过批准，严禁越属。

碑文："调署漳州府龙溪县正堂、加十级、纪录十次汪○，为泥埕示禁事。本年九月初三日……各示禁。为此示禁……称等知悉，自示之后，尔等务各遵□……须向该杉铺等采买，不得混行采卖、扰乱军工……盗买盗卖，该杉枋各□众，亦不得特立官禁，高抬价值，致滋事端，倘敢抗违，立即分别挈究，决不姑息宽贷，各宜凛遵毋违，禁示。道光贰拾捌年拾月○日给。"

40. 厦门龙海市白礁慈济宫现存清道光二十九年（1849年）立的《示禁碑》

龙海市白礁慈济宫原隶属于同安县积善里。碑高199厘米，宽75厘米。

碑文："钦命候选道、署福建分巡兴泉永等处海防兵备道、兼管水利、驿务史，为佥恳一体示禁等事。据同安县积善堂里训导黄伦、廪生化坤、黄元采，职员梁元秀，生员王泽源、潘腾鲲、李斌，家长梁吉年、欧阳植、林维申、叶德清、王怀仁等，赴辕呈称：窃谓里书之设，原由里民之举，以理粮户之课额。故凡民间之买卖，悉归里书之推收过户，如无户名者，为之立户收粮。向有一定章程，推出者如在一钱银以下者，每钱银粮额给送笔资钱一百文，收入同之。若至一钱银以上者，每为钱银粮额递加钱一百文。其新立户名者每户给送笔资钱四百文。书民相安已久，而民间买卖者多推收利便，有产有粮，何致倒绝？讵日久弊生，数十年来，里书退换不由里举，推收之时，任意需索，每钱银多至数员笔资，无力从索者，产去粮存。迨经死绝者，则无可推收，遂致悬粮倒是户。上亏国课，下累良民，皆由里书多索之积弊。伦等生长于斯，深切原委，身受国恩，焉忍缄口不陈？于是佥蒙前邑主张○出示严禁抄电。无如该里书等都知勒索成性，而于推收粮额毫无经心，不特不遵示谕到都推收，反致浮员造册，截串弊混，翼图勒索。目前尚且如此，日后难期克臻，再四思维，惟有仰恳仁宪电弊振威，出示勒石，永远禁除积弊，循照旧章办理，庶粮额不致倒是悬，裕课利民，莫此为大。合亟佥叩，伏乞电夺批示立碑，永远禁除，万民讴歌，孔迩沾恩，切叩等情。

据此，查该里民于推收过户，每钱银粮既愿给与里书笔资失一百文，新立户名者每户给与笔资钱四百文，则已足酬其劳，不致赔贴纸笔，自应遵循办理，何得多方需索，使该粮无力送给，致令悬粮倒户，实属玩法，亟应严行谕禁，以重国课而恤良善。除呈批示，并饬同安县一体查禁。如违提究外，合行出示严禁。为此，示仰同安县积善里里书、粮户人等知悉：尔等务须遵照示内章程，遇届年底，该里设局都内到乡查询，一俟买卖业主报明粮额，随时推收过户，不得多方藉索推单、造册、立户礼钱。倘该里书胆敢仍蹈前辙，需索无厌及浮员造册、截串弊混，希图多索，则是冥顽不灵，不堪化导。许被索之人即行扭送赴辕，以凭饬发地方官按法重惩，以为玩视课务者戒。本道为警饬地方起见，言出法随，决不宽贷，各宜凛遵毋违，特示。道光贰拾玖年闰四月初六日〇给。"

41. 厦门市思明区现存原立于吕厝吕氏家庙清咸丰元年（1851 年）立的《吕厝示禁碑》

碑高 110 厘米，宽 56 厘米。

碑文："示禁：特授泉州海防总捕驻镇厦门分府加五级纪录十次来〇，为给示谕，禁包揽以从民便事。本年五月初三日，据吕厝乡乡耆吕顺、吕远梅、吕聿、吕春等赴厅金呈词称：顺等住居本乡，守分安屏，缘有邻近大姓，恃充丐首，开设轿店，包揽禾山各社凶吉花礼，横行肆意扰害良民。上年拾贰月，族人吕彭先向叶雷雇请魂亭、鼓吹。雷，勒索多价，转向萧朝英雇请倩，雷忿许截抢，经英赴县既本道宪控告在案。顺等爰是相牵，金恳给示：凡有吉凶诸事，应用鼓吹、魂亭、大轿等项，听人顺便请，毋许包揽逆索，滋生事端等情。据此，查民间婚丧，丐首无涉，雇用一切，本应听人自便，何得藉端图索、包揽？据呈前情，除批示并萧朝英控案雇传讯断外，合行给示谕禁。为此，示仰该乡居民暨丐首人等知悉：嗣后民间如有婚丧，应用轿、亭、鼓吹等项，俱着听从本人自行择雇，毋许妄行包揽，藉词图索，滋生事端。倘敢不遵，许该乡者暨雇主人等据实指控，赴分府以凭差拏究办，决不宽贷，毋违特示。咸丰元年伍月十玖日，发晓谕给。"

42. 漳州龙海市现存清咸丰十年（1860 年）立的《奉宪严禁碑》

该禁示为漳州龙海县府为保护漳州治病良药"存恒号"神粬而立的禁示碑。

碑文："钦加同知衔漳州府龙溪县正堂、加十级、纪录十次何○，为出示严禁事。本年二月十八日，据武举陈步青呈称，窃青承祖在东厢开张'存恒号'神粬店，依法方配制，应效如神。前因寡姊陈蔡氏昕悦在外私造，外伙专用假债，贱售，故意败青旧铺字号。经青与祖母控，蒙饬差将该铺查封，以致郡城商杨登科、陈兴、许爸等效尤，乘机假冒'存恒号'神粬，肆横盗卖……被之八，屡将假侦探携来较闹，青情迫控，蒙差拘陈兴枷责示儆，旋又缉获杨登科假侦，又举村亲处，息讼，令科亲保认：以后不敢再行假冒。屡蒙前主饬差严缉。无如射利之徒，悠不畏法，幸青自上年中式闽漳耳，闻此风仍未净，绝切思药料乃治病济世之物，关系匪轻，青祖不惜败实本，依方选择配制精详，历今数代，退迩驰名。今有昧良奸商，专用假货骗卖，只图利，已不顾害人甚，又败青旧铺字号'存恒'，青呈请公禁，催缉究惩……合呈恳叩乞上察思准示禁，差缉究惩，以免贻害等情。查此案无据武举陈步青赴县呈控，业经前县差拘许阿品、陈兴等讯老出示，饬差照片拘在案，兹据前情查神粬乃治病济世药物，如有奸商混合制假冒货卖，贻害殊属可恶，除批示并勒差查缉外，合行示禁。为此，示仰阖邑铺户人等知悉，尔等货卖神粬自应各照各号，拣料制办，毋许再行混合制，假货冒作'存恒'号招牌神粬，贱售盗卖贻害病人。示禁之后，倘若敢故违，一经访获或被告发，本县定即从严究办，决不宽贷，各宜凛遵毋违，特示。咸丰拾年叁月○日给。特示。"

43. 泉州市惠安县张坂镇后见村现存清同治九年（1870年）立的《奉宪示禁碑》（图2-28）

碑长94厘米，宽49厘米，厚13厘米，为当时惠安县衙一位名叫陈联江的武举人所立。从清乾隆年间开始，

图2-28 后见村《奉宪示禁碑》

陈家连续四代在泉州、福州和台湾鹿港开有"'泉吉号''德兴号'杉行"，做木材生意。该碑对研究清朝海峡两岸的商贸具有一定价值。

碑文："钦加知府衔候补直隶州署理惠安县正堂加十级纪录十次徐〇，为……事。晋邑南关外涵江乡武举人陈联江等告□□□，同治八年（陈联）江曾与宪□□青山，稍后经乡陈□□□□给产□乙所同……界内敢违，仍□□□，一经金呈□名，赴县申明，定即行差拘究惩，决不姑息宽贷，各宜凛遵毋违，特示。同治玖年伍月念叁日给，出示晓谕。"

图 2-29　碧阳宫《山城墟示禁碑》

44. 漳州市南靖县城碧阳宫前大榕树下现存清同治十二年（1873 年）立的《山城墟示禁碑》（图 2-29）

永丰司民人贩卖柴火，从山城运至漳州发售，屡遭"门丁李二等督率弓役将柴船截住"，强买强卖，甚至连本钱也不给。货主将这事告到县官蒋球处，蒋球对李二等人"札饬严禁"。县官劝救不听，被民人告到漳州府，于是官府在圩中立石碑治理勒索商贩。碑长 140 厘米，宽 70 厘米，厚 15 厘米。碑文的前半部分字迹被人为破坏。

碑文："署福建漳州府正堂刘〇，为……永丰司民人等卖火柴从山城运至漳州郡发售，历来……两月间被出门丁李二等督率弓役将柴船截住……为恳讼诅□二等伤病，何□□司主于四月初二墟时，门丁李二等督率弓役将米柴船五只尽行截封，岙欲定例□墟，勒缴火柴三百把，作为当□□等不□其欲李二等……单票可证……等无奈呼叩，县主蒋球处，札饬严禁。无奈李二等人蔑法不遵，并将此十七个墟……倘属实，望南靖县确查，追究到底，并出示严禁……同治十二年五月。"

45. 宁德福安市下白石镇双岩寺现存清光绪五年（1879 年）立的《告示碑》（图 2-30）

碑文："盖吾乡祀有里域神临水宫四使爷三尊，神实肇基之鼎建也，威灵显赫保障舟帆，福佑合乡，但三官乏兴公项，以致本乡三姓合议，

敦请各盐牙善信力神与泉盐船到港代
为：每担公抽香灯壹文以助，神光暨修
整，各宫及递年二月初二、六月初八，
两神诞，公用外，除清算相余得晋江妥
当董事述，待要用公项之日清，出于吾
辈不得藉神以图利，神灵自有呵护，锡
福无疆。谨此勒石以垂永远。光绪五年
十一月〇日。董事朱泉陞、陈协惠、陈
阿定、陈万利、陈永利、方陟利、陈印
□、陈学经、王裕成、叶灿祥，立石。"

46. 厦门市海沧区月港西山溪现存
清光绪十七年（1891 年）立的《告示
碑》（图 2-31）

清光绪年间，西山溪沿江各村社
私自在水路所经溪道设卡收费，过往
船按大小被迫缴交费用不等钱款，沿
溪商民叫苦不迭。该碑是官府严禁在
西山溪水道沿途各村设卡收费的告示，
碑高 171 厘米，宽 70 厘米，碑文
700 字。

碑文："告示：头品顶戴兵部尚书
兼都察院左都御史、总督福建浙江等
处地方军务、兼理粮饷盐课兼管船政
福建巡抚事卞（宝第），为给示勒石永
远禁革事案。据汀漳龙道刘倬云禀，
据署南靖县知县金玉堂面禀。该县各
乡社所由谷米柴薪黄梨绿笋各土物，

图 2-30 双岩寺《告示碑》

图 2-31 西山溪《告示碑》

由船运赴海澄县辖之自水营圩，被横口乡王姓诸处沿途设卡截抽船
费……每处每船抽钱二三百至七八百文不等。迫因横口王姓籍与南靖县
许姓有隙，除抽旧规外，每船加抽洋银七圆。各社效尤，民困益深……
大为商民之害。禀准派部勇查禁拿办，并请给示勒石，将私抽船规永远

禁革……各宜凛遵毋违，特示。光绪十七年三月〇日勒石，立于西山溪边。"

47. 漳州市南靖县南浦镇马口桥许氏家庙内现存清光绪十七年（1891 年）立的《告示碑》（图 2-32）

该碑高 164 厘米，宽 70 厘米，全文 700 字，是官府严禁在南溪水道沿途各村设卡收费的告示。该碑对研究南溪水运的历史具有重要的研究价值。

碑文："告示：头品顶戴兵部尚书兼都察院左都御史、总督福建浙江等处地方军务、兼理粮饷盐课兼管船政福建巡抚卞（宝第），为给示勒石永远禁革事案。据汀漳龙道刘倬云禀，据署南靖县知县金玉堂面禀。该县各乡社所由谷米柴薪黄梨绿笋各土物，由船运赴海澄县辖之自水营圩，被横口乡王姓诸处沿途设卡截抽船费……每处每船抽钱二三百至七八百文不等。迫因横口王姓籍与南靖县许姓有隙，除抽旧规外，每船

图 2-32　许氏家庙《告示碑》

加抽洋银七圆。各社效尤，民困益深……大为商民之害。禀准派部勇查禁拿办，并请给示勒石，将私抽船规永远禁革……各宜凛遵毋违，特示。光绪十七年三月〇日勒石，立于马口桥边。"

48. 宁德福安市下白石镇中心卫生院现存清光绪十八年（1892 年）立的《税务告示碑》（图 2-33）

碑高 149 厘米，宽 66 厘米，厚 10 厘米。该碑是福安县正堂和福建省布政司联合发布的有关税务征收的规定，严禁地方巧立名目索取各项税费和对进出港口船舶、货物收取税费。

碑文："钦加同知衔补用在用直隶州、特授福安县正堂，加廿级、纪录廿次□〇，头品赏戴花翎顶戴福建等处承宣布政使司布政使加十级、纪录廿次刘（玉璋），抄奉头品顶戴福建等省处分道布政使加廿级纪录廿次黄〇，为出示严禁事。通省税厘总局容粮船，月金得利等事。

白石一口进出要冲，海关、厘局督收税厘，文、武汛澳事福〇，查讵自关□□传胪舟船漕无物不税，无税不增，除正数外，另设陋规而给费项，致令百货腾贵，民困商艰。虽经皆蒙禁革，而舟船抗遵，因挟讼嫌，变本加厉。所局以乡船税，蒙定巡界汛上□，不设□□陋规，另单粘审，叩乞饬令文武汛口，裁革陋规，仍由局将应革条款，明晰示禁，并饬白石分局永远禁革，严禁乡税。蒙白石口□传胪商团□粘□等情到局处，此余所控关书，相□□索取陋规，合□□饬该船户自赴海关呈察外查征各项厘税，向有

图 2-33　下白石镇《税务告示碑》

一定章，税□同海关，白石分局江哨有察验海船、渔船、水船，究及有挑零星杂物□□□□列缺，出示禁止，永远革除。如果该丁哨等置若罔闻，复有勒索，乾水转例验□加补公□□例，有何份例□□，谷泊日历，在验究指原局索引，□□向有年起，充该局书办亟应由局列单出示，严行禁革，并饬白石分局查关船……诉□文、武汛口及官关局……永禁，以乡□□等困难，此查抽收厘金关税，向有一定章，关文武汛口专司稽查事务……局皆据船户金得剥□□□□，白石关局，文、武口岸涂□□□□□贻害商旅，亟应列单示禁，务须□□除祸害再仍前苛索……汛兵澳保提□接引事……□□四分饬□外合亟出示□□□□□□，仰四分汛……人等知悉，敢不遵。之后则有船只进出口岸，务须……行索……名目……民，一经发觉，众乡提省行究，□□□□，言出法随，切勿以身试法……例船进出口，严禁……旧章出无例费，□□船，出口挂号船照拾文，有货入口，□船礼□百伍拾文，□□□□则任后出口，除挂号……须钱一千伍百伍拾文……限一日者，据说此例，外要加补此例壹千捌佰伍拾文……此勒补例钱壹千伍百伍拾文，多至□□千肆百文，其弊与海关众口……"

49. 厦门市海沧区渐美村朝真宫现存清光绪二十年（1894年）立的《渐美社海澄县晓谕告示碑》

该碑为漳州海澄县府在渐美社立的告示碑，碑高100厘米，宽51厘米。

碑文："告示：钦加同知衔赏戴花翎、本任兴化府仙游县、代理海澄县正堂、加十级、纪录十次王〇，为出示严禁事。本年十月二十五日，据渐美社家长蔡瑞茂、钟福、许镇、洪立等联名呈称'该社轿头颜头颜蚊遇民间婚娶花轿、吹手一切等费勒索银元，多少不等，间有贫民莫应，辄被丐首全乞丐拦途阻扰，或侦女定聘，先勒男家轿价，或抱养苗媳成亲，亦须折给轿费、丐礼，种种索扰，实难发指。查颜五合结定时，自行间粘章程，嫁娶轿□夫价核计上不四五元。福等不敢刻薄，公议：如有富者亲迎花轿小工、后櫼、小轿、吹手等费，愿给英银四元；贫者亲迎花轿并小工、后櫼、小轿、吹手等费，愿给英银八元；若无亲迎，单雇花轿一把，并小轿小工等费，共给英银四元，较□自定章程已多过半矣。呈请出示定价计粘单内开：民间嫁娶轿夫，若十里内每名给工钱一百八十文；若二十里内每名给工钱二百四十文；若三十里内每名给工钱三百文。花轿每次租价一元'等情到县。据此查议：充丐首原为约束乞丐起见，至于花轿头一项，尤为民间便于雇夫而设，岂容额外需索，贻累居民？除此示外，合行示禁。为此，示仰该社居民及轿夫人等知悉：嗣后如有民间婚娶等事雇轿、请夫轿，务须逐款开明合稟定旧章，由民间甘愿分别道路远近酌量给资，不准再行增价勒索，以及率全流丐阻挠滋扰，倘敢故违，一经访闻，或被稟控，定即将丐首轿头人等严拘到案，从重革办，决不宽贷。各宜凛遵毋违，特示。光绪贰拾年拾壹月初二日，给贴晓谕。"

50. 泉州市惠安县霞莲铺天后宫南墙外壁现存清光绪二十一年（1895年）立的《奉宪示禁》

该碑是泉州市惠安县霞莲铺二十四村联名向县衙呈送的文书，明文告诫。

碑文："当地乡小丁微，人人守法，但地处附廓，福泉古道，行旅往来，有不肖之徒在此掳人抢剥，藉端勒索，为害地方。提请知县严禁，扫除诸害……"

51. 漳州市诏安县梅岭镇高坑村现存清光绪二十一年（1895年）立的《商道示禁碑》（图2-34）

诏安县梅岭镇高坑村曾是一个繁华的商埠码头，附近多个渔村曾在此买卖经商。此碑为经商立约，系高坑村后江得桁槽总立。碑高70厘米，宽40厘米。

碑文："言有正约，卖有秤约。伐有足巨每斤重禁、次伐，每百次伐十文，不够多少秤重，百肆陶为介公秤为，每大筐除三斤，小筐除一斤，大笤除一斤，小笤除半斤。伐项为约，伐为不怨，不可有违。如敢有违，众为之□。四方贵

图2-34　高坑村《商道示禁碑》

客来往交关，照看此文为准，不能强买强卖……光绪二十一年拾二月立碑。"

52. 福州市台江区新港里竹排埕新港庵内现存清光绪二十一年（1895年）立的《新港庵竹商会馆碑》

新港古时是福州主要的港口和竹木集散地之一，地理位置特殊，但新港庵竹商会馆却从未为史籍记载而进入专家学者研究的视野。新港庵竹商会馆碑的发现，无疑填补了台江区乃至福州市商业史、港口史的空白。《新港庵竹商会馆碑》对研究福州市商业文化历史有较大价值。

该碑青石材质，高313厘米，宽13厘米，由两块同样大小的青石拼接而成。底座为花岗岩，浮雕麒麟祥云图案。碑上文字楷书阴刻，规整精致。该碑记载新港庵建造缘由及捐钱人的姓名、数目等。捐款人有李、林、陈、江、朱、张、郑、连、何、郭、官、方、黄、唐、倪、蓝、杨、邹等18姓、150人。值得注意的是，官、江、连等姓为闽江水上居民，蓝姓的蓝桂道、蓝双盛、蓝如龙、蓝金木均为畲族人，从中可以看出香客来源组成的广泛性和当时各阶层和谐相处的状况。

碑文："从古废兴之感，虽曰天道，岂非人事哉？然不有废也将何以兴，虽然任其终废，独无以兴乎？吾福省新港庵竹商会馆，旧奉列圣"历有年所。将见官殿颓圯，楼台偃草，诸商友不忍听其终废，捐资修建，庙貌重新。虬龙翻楯，牡蛎堆墙。皓壁皓曜以月照，丹柱歘艳而电烻。规矱犹仍，际此金碧联辉，神昭乙照，馨香永存，时献赓歌，喜逢落成，弁言以附：后有同志，嗣以葺之，勿使其废而长享其兴也，诚厚望焉。所有题捐姓名开列于左：……大清光绪一十一年起二十一年止，诸客友所捐香金钱共计壹万贰千捌百贰拾文……总理郭公流、林是培……同敬立。

**图 2-35　风动石景区廊壁《示禁碑》**

53. 漳州市东山县铜陵镇风动石景区廊壁现存清光绪二十九年（1903年）立的《示禁碑》（图 2-35）

碑文："镇守福州等处将军统辖福建陆路镇协各管事务兼管闽海关印务兼船政大臣、世袭奉恩将军宗室崇（善）为给示照谕事。现据铜山口委员禀：'窃查该处渔关向收米例、米礼等项，当地米价大昂，民食维艰，业已禀经批饬立案革除，不准再收在案。'兹据廪生孙汝修，增生陈大章，生员江之永、孙受谦，行户刘然巽、孙保令、陈善顺、蔡胜荣、江春纪、曾大烈等禀称'铜山渔岛孤悬，人多田少，□接江头云霄两处，米□接济'提请。嗣后铜山船只号接□□，赴云霄□□□□，每只每次收百石为度，□船□沿，每只每次以拾石为度，由关验明装卸。如违赴他口，查明将米充公罚没，□情前来查核，所禁系为充裕民食起见，对地方当有神益。除□□示禁并咨会。督部堂衙门核饬云霄……光绪二十九年四月□日给。右乡通知，告示。"

54. 南平市政和县星溪乡念山村现存清光绪三十一年（1905 年）立的《遵示永禁》（图 2-36）

该碑高 80 厘米，宽 50 厘米，300 余字。该碑记载清光绪三十一年政和知县严禁滥伐林木告示。

碑文："钦加同知衔补用直隶州署理政和县正堂加十级纪录刘〇，为出示严禁事。据黄念山呈称：'余屯村猴山林均系伊等产业，先辈为地方风水林，见在，该村四处山内村尾巷边路旁各处栽植樟朴松柏杂木以补地方缺陷，皆已长成林，自昔至今留为遮阴，几百年来村众共守。旧约向无砍伐盗之虞，奈因本年樟客方聚集，不惜重资或向山主购买，或串不法盗伐，煎熬油脑，运售肥己，勿顾地方之风水，以致各村樟木均受其害，呈请出示严禁等情到

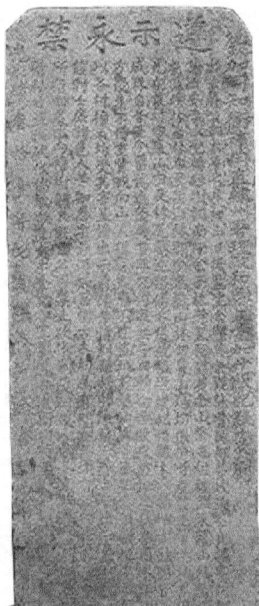

图 2-36　念山村
《遵示永禁》

县。据此，除批示外，合行出示严禁。为此，示仰该村士众诸色人等知悉，尔等须知，环村荫木一村之气脉攸关……巨树古木均属有关庇阴所有……光绪三十一年七月一十八日〇给。'"

55. 泉州南安市官桥镇东星村深坑后林墟现存光绪三十二年（1906 年）立的《本墟公约章程碑》（图 2-37）

宋元时期，泉州刺桐港是中国对外著名通商港口之一，当时的下洋"后林墟"成为泉州南门外的重要集贸市场。碑高 120 厘米，宽 56 厘米，厚 9 厘米。碑文共分 7 条，有竖排楷书 200 字左右。由于石质风化，文字辨认非常费力。

碑文内容大体是："……不得盗

图 2-37　东星村
《本墟公约章程碑》

取……不得短秤……须公平……诚信交易……诸条款均宜遵照，违者送官究治……光绪三十二年夏五月立。"

56. 厦门市同安区博物馆现存清光绪三十二年（1906 年）立的《西溪渡船码头告示碑》（图 2-38）

该碑原立于同安区莲花镇金桥巷西溪渡码头，1988 年征集存于孔庙，今移存于同安区博物馆。碑高 231 厘米，宽 72 厘米。该碑记录同安县衙公布的水陆船轿、挑夫工价章程十三条，规定了旅客坐船乘轿路程及其行李价格，每船载客的人数及办理执照、挂牌编号等条款，是清代西溪码头水陆交通繁荣的物证。

碑文："赏戴花翎、同知衔、署理同安县正堂加十级、纪录十次崔〇，为重申示禁事。本年二月初三日，蒙厦商政局宪姚札开，转奉商部札开，据安溪、永春、南安商民林金联等禀称'同安等属船、轿及挑夫工价任意勒索，佥请订正一案，饬即切实办理'等因，行局札县查明，刊碑竖立一面，重申示禁等因，蒙此。查此案前蒙宪饬，即经施、杨各前县传集商董，一再订定《水陆船轿挑夫工价章程》十三条，开折详蒙核准，批饬刊碑竖立在案。第恐遐迩未必周知，船轿等夫难保不仍前需索，蒙札前因，合行开列章程，重申示禁。为此，示仰合邑船轿挑夫人等知悉：

图 2-38 　同安区博物馆《西溪渡船码头告示碑》

尔等须知此项工价章程系奉商部暨道宪核定，嗣后无论洋客回籍、往来商旅以及本地人民雇请搭载扛抬者，务当遵守。后开章程收价，不准任意刁难，格外勒索。倘敢违犯，一经查出，或被指控，定即严拿到案，尽法惩办，决不稍宽。各宜凛遵毋违，特示。计开：

一下流溪船赴搭轮船，无论洋客、何处往来客民，以及妇女，每名订价钱四十文。如遇病人，加价钱十文。行李每担四十文，不上担者不许需索分文。如敢私勒，准其禀请惩治。

——下流溪船赴搭轮船及溪船往接轮船，每船止准载搭客三十名，不得过额，如违究治。

——上水溪船到石浔溪岸头，无论洋客、何处往来客民，以及妇女，每名定价钱四十文。如遇病人，加价钱十文。由石浔到桥仔头者每名订价钱四十文。如遇病人，加价钱十文。行李每担四十文，不上担者不准需索分文。倘敢私勒，定必究治。

——上水溪船到石浔溪岸头或由石浔到桥仔头，或下流溪船赴搭轮船，无论男幼孩、女幼孩未及十三岁者，每名均订价钱二十文。如遇病孩加五文。行李找第一条、第三条订价。倘敢额外需索，定必究治。

——上、下流溪船如遇病人借口不载，准其禀请惩究。

——此后溪船俱当赴县报名给牌，应由县编号，并将姓名、籍贯、号数大书粉牌，钉在该船后舱，以凭稽查，未给牌者不准私载。倘敢故违，一经查出，定将该船充公。

——彩轿每一名夫定价六角，过十里者每一夫加钱二角，不准藉词杂费，私索分文，并不准向女家私勒杂费。违者从重究治。

——常时往来小轿每十里每夫订价一角五文，在十里以外照加。不论洋客、行旅、客商，以及妇女一律办理，违者究治。

——常时往来小轿如遇病人，不论洋客、行旅、客商、妇女，每十里每夫订价一角八占，十里以外照加。不准额外需索酒钱、饭钱、点心钱等项，违者从重究治。

——常时往来小轿，无论男女幼孩未及十三岁者每十里，每夫订价一百文。如遇病孩加二十文。倘敢额外需索酒钱、饭钱、点心钱等项，定必究治。

——常时往来小轿如遇病人，借口不抬，以及预取夫价，行至半途多方刁难，定必从重惩治。

——送葬、点主、祀后土，每轿每夫每里与彩轿同，不得私勒杂费，违者究治。

——各店小轿由县设立小牌，书明夫头、轿店、地名、价目，由总夫头领出发给。每轿一牌，以凭查考。如隐匿不报并未领牌者，作违例论，从重究罚。光绪三十二年三月〇日给告示。"

图 2-39　顶社庵
《浦园郑氏顶下社合约碑》

57. 漳州龙海市颜厝镇浦园顶社村的顶社庵左侧护厝墙角现存清光绪三十四年（1908 年）立的《浦园郑氏顶下社合约碑》（图 2-39）

光绪三十一年（1905 年），漳州商人黄广琛遵照清政府颁布的《商务法》提出商会申请，同年 8 月 9 日商会成立。商部派陈汝诚为龙溪县商务会总理。商会邀集绅商厘定商务总会章程，该碑为清光绪年间漳州商会出面调停、充当"公亲人"① 的碑刻。

碑文："仝立合约字人浦园顶、下社长郑凰、浸等。缘凰、浸等同自先人开基以来，奉祀广惠圣王，置有庙宇、祀田、银利等业。近因两社人众赛会酬神，忽生阻碍，遂启衅端，致兹涉讼，经商会绅董出为调处，仍敦和睦，凰等咸愿以王公田业、银利及鸭母潭渔利尽让下社壹、肆甲等掌管收成，以为神诞赛会演剧诸举之用，日后与二、叁甲无干。庵前潭水及鸭母潭水并大涵下水路边闸等水道应照古例，灌溉禾苗流通利便，永望遵守，不得故意阻挠，异言生端，两社均皆许诺，各无抑勒反悔，恐口无凭，仝立约字壹样贰份，各执壹纸为照。合约为公亲人：漳州商会古县社家长—沙、在、色，家长—力、憨、涂。光绪三十四年三月〇日仝立。合约字人浦园顶、下社长郑凰，浸。"

---

① 闽南语中"公亲人"是中间人、证人或调解人之意。商会充当"公亲人"，在经济纠纷或诉讼中是很正常、普遍的，但介入民事纠纷、参与社会调解则十分罕见。

58. 晋江市安平桥中亭前右石柱上的《公定界止碑》（图 2-40）

该规约镌于安平桥中亭前右石柱上，是为清代调解安海、水头居民在中亭枭籴买卖各占地方发生的纷争而立。

碑文："公定界止，籴货诸人越界者罚戏一台。"

59. 漳州市漳浦县现存《渡船税记》残碑（图 2-41）

碑长 50 厘米，宽 25 厘米，半埋在榕树下石台边沿。该碑是研究漳浦县古代海运、渡船的有力物证。

碑文："……□纪船户因累年所招舵公……相算，妄招必致遂尔财，□无……天。舵公，□钱壹仟二百文。□□，三仟六百文。二仔舵公□□□□□六仟文内□钱四仟文……不□再凑。所借钱项□还明□利三分，如或他船招去，母利。至子小受目斗作三分，一份存□记为分不得隐匿。如有隐匿，公议合众立碑示众……拾月〇日谨白。"

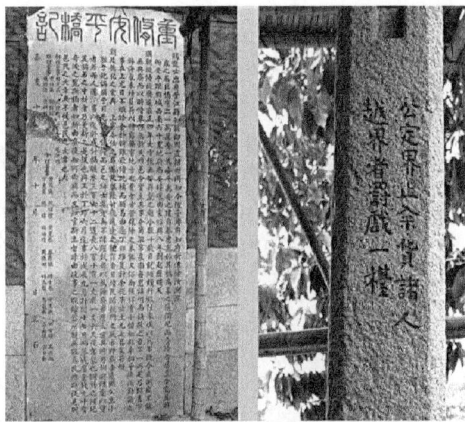

图 2-40　安平桥中亭《公定界止碑》

图 2-41　漳浦县《渡船税记》残碑

**图 2-42　嵩口镇古码头《重整义渡碑》**

60. 福州市永泰县嵩口镇古码头的德星楼下现存清宣统元年（1909 年）立的《重整义渡碑》（图 2-42）

明清时期，永泰县嵩口渡渡口经营有官渡、民渡、义渡三种形式，其中最为突出的是嵩口义渡。义渡有官设和民设之分，官设义渡的一切事宜均由官府负责，包括渡夫的管理、工食钱的发放、渡船维修及义渡租的催收等；民设义渡多由地方士绅发起的善堂类组织，如永济堂、义渡会等负责。义渡的设立或缘由公益或是治安考虑。碑文具体规定过渡收费标准及违规处罚措施。

碑文："钦加五品衔署理永福县潨门分司加五级纪录五次，记大功四次王（懋功），重整义渡章程开后：一喜轿过渡只准收花彩钱肆枚；一肩挑盐担过渡，须验明发票执照，每担准收壹枚，如无发票执照者，即行禀报盐馆呈究；一棺柩过渡不准索收取花彩钱分文；一过渡二更以后不准撑驾，如遇急事须盘查分明方可驶运；一渡船无论新旧，如有损坏，须修理坚固，不准糊涂滥用；一凡行旅过渡，无论外府县，概不准索取渡钱分文；一渡口渡租遇年查收，不准现行典质，亩数不敷情弊，违即追究不贷；一遇有大水过渡须照旧水记为限，如涨至满者不准撑驾；一上过渡如遇大水，满记不准串通下过渡盘运藉口勒索渡钱，违即一律重究；一撑渡须遵照章程，不准巧取生弊，察出严办。宣统元年五月。"

61. 泉州市东海镇蟳埔村顺济宫西墙嵌有民国元年（1912 年）临江乡绅耆同立的《公禁碑文》（图 2-43）

为防止外来驳船撞礁，乡人争先搬货引起矛盾，临江绅耆拟文公禁，勒之石碑。

碑文："公禁碑文：公禁驳船撞礁，不准搬载以绝祸端说。盖闻排难解忧，天理可……尝有驳舟运货，经越乡上舟界，偶遇风浪而撞礁，霎时水灌船舱，人货俱将就溺，呼吸存亡，哀声喊救，乡人临海，自不忍闻，或急驾舟救人，或代搬货。虽期所望获些工资，以酬劳理，甫料货搬移付给，工资不但分毫莫得，而且横遭反加，其故何哉？舟子不慎，不认错，则诬罪而陷害吾乡，商人血本无所归，则藉端而鱼肉吾里。小则诬以货不克重，苛敷偿人，重则捏以截途抢劫，恩将仇报，因之入衙喊告。官兵临乡致伏，贤良获害，禽犬不宁……以后凡有驳船撞礁……公同焚毁，指名报官，其货若无主追究，将货充公。所谓祸首作而自爱，良有以

图 2-43 顺济宫《公禁碑文》

也。须遵禁章，勿贻后悔是为说。另乡中有与人连财及运自己之货，并石湖界外逢有失船，抢取货物均不在此例。中华民国元年三月〇日，临江乡绅耆仝泐石。"

62. 漳州市漳浦县官浔镇五口社古渡口现存民国三年（1914年）立的《禁示碑》（图 2-44）

九龙江支流南溪流旁的官浔镇，为漳浦通往龙海、厦门等地的重要水上交通要道。民国初年，战争频仍，社会动荡，南溪水域的来往商船货船经常遭遇不测，行旅也屡遭抢掠，当地驻军为稳定社会起见，在古渡口竖立禁示碑，以起警告震慑之用。该碑高120厘米，宽40厘米。

碑文："□□总司令副官许〇，十四团第一营长马□下令：不准抢掳行旅，永禁勒抽货船。中华民国三年二月〇日勒石。"

图 2-44 古渡口《禁示碑》

63. 福州市台江区三保街吴厝埕古田会馆羽亭西边墙边现存民国四年（1915 年）立的《建馆碑》（图 2-45）

明末清初，闽省各府、州、县的商贾为便于经商，互通商情信息，在福州南台结成了以地域为纽带的"商帮"，并各自建立"会馆"。古田会馆内从右往左依次为："古田会馆记""收入各项""开支各项"。《古田会馆记》详细记载了该会馆的创始过程。该碑是由魏明然撰文，是研究近代闽江流域商业发展的重要史料，从中可以窥见古田商帮与福州城市商业发展的互动关系。

**图 2-45　古田会馆《建馆碑》**

碑文："古田会馆，经始于癸卯之岁，越六年成。明然谬承推举，忝董斯役，常惧陨坠，贻桑梓羞。今幸不辱命，克观厥成，谨举其崖略，以为诸君子告。明然窃维会馆之设，所以敦桑梓、联声气，俾乡之人商旅于是邦者，皆得收群萃州处之益也。古自唐宋以来，隶版图千余年矣。地理人文后先辉映，过来物产益多，商业寖盛而会馆独付阙如，邑人憾之。迄前清光绪廿四年间，谷黄商董陈必光曾与诸当事筹买地基一所，即欲兴建，无奈费巨款绌，迁延未果。先是，谷黄米商原有米捐公积以备会馆之用，是时为数尚微。必光之意，盖欲暂从缓议，冀款渐增而事易举也。无何而必光于光绪廿九年捐馆舍，明然因与商界诸君协算捐款，计存积仅千余元。众议金以会馆不可缓，于是年兴建便，并公举明然主其事，明然固辞弗获，免（勉）任其难，爰即鸠工庀材，就旧购之地，是荒是废，凡所擘画，初尚限于米商一部。翌年冬，柚、茶、焯诸商亦合并为一，于是各就所业，随捐随建，既不取盈于他物，亦无特别之捐输。今则丹青涂墍之华、染桶垣墉之美，已焕然其毕备，而综计出入尚有盈余。明然义务已尽，行当卸肩，□代归老于华峰剑阁间矣。用特略叙颠者，亦视今日而有加无已，斯固吾古田之幸，而明然所馨香而颂禧者也。民国四年岁次乙卯仲春。"

64. 福州市台江区三县洲大桥下竹林尚书庙现存民国十四年（1925年）立的《福建财政厅示碑》（图2-46）

该碑高100厘米，记录秫米（即糯米）买卖公私之争之事。在立碑之前，糯米在福州属于官方垄断，只有官方指定的人才能进行销售。此碑旨在破除糯米贸易官方垄断，允许民间行销。官方之所以要掌握糯米的经销，跟另一样商品——酒有关。糯米是酿酒的必备材料，而酒又是紧俏商品，也曾是官方专营。

碑文："福建财政厅示，撤销秫米牙勒石示文：闽产秫米，有关民食。前办官牙，业准裁撤。特再勒禁，永不设立。民国十四年三月立。"

图2-46 尚书庙《福建财政厅示碑》

65. 泉州市丰泽区东海镇现存民国十九年（1930年）立的《铁笔刻字工艺同人公约碑》

辛亥革命后，新式印刷业兴起，泉州木版书坊生意萧条，田庵、后坂、淮口等书坊面临生计危机，特于民国十九年共同立约勒碑，除重申旧例刻字工艺由父传子和招赘女婿可继承外，严格禁止三村之人将刻字工艺传给外人，并订出严厉的处罚规定。该碑由泉州涂门外的东海镇（乡）田庵村、后坂村、淮口村各姓雕版刻字工人共同镌刻，立在田庵村洪氏祠堂中。1949 年前后，因遭火灾祠倒碑毁，不复存在。现在的碑文是根据吴清潭先生《泉州法石资料汇编》抄录下来的，全文共计307 字。

碑文："铁笔刻字工艺同人公约：盖闻官有正条，民有私约，自古以来律有明证。忆念我三乡始祖费尽苦衷，学习铁笔工艺，历数百年皆以传子为宗旨。所后有无知之徒，越规设教，经本徒先代在日不能干休，禁立条约，其始数世，皆遵旧章，迨年代久远，后世不觉，视为具文。有一二犯其条规者，亦经照前之例处罚。兹再邀三乡董事，公同议决，重立条规：无论何人违法私教，公罚大洋三百元，并每乡梨园戏一台，酒宴一席。如以势力抵抗，三乡公诛。若宜开费，以大股均分：田庵三股，后坂二股，淮口一股，均不得推委。无论何人破获作证者，将罚金之数抽二成奖赏。倘敢对待破获之人，三乡负担。如该亲知情不报者，亦以相当之处罚，以警隐藏。如私教被众公罚以后，其学徒永远不得再操此业。自垂禁以后，无论寄居同禁该乡亲朋挚友，不准教授，即祖先无操此业者，亦不准教授。唯有承继、进赘之人不在例。至以下所列诸姓，皆承祖嗣来，以后不得增减。窃念刻字工艺虽各界人士皆有需要，然利路甚短，支用不敷，设无禁戒森严，恐怕将来各乡人等繁盛，挟隘生涯也，是为重禁垂后不忘矣。田庵乡洪、吴、施、柯、许、林，后坂乡施、刘、陈，淮口乡林，民国庚午十九年荔月〇日刊。"

66. 南平建瓯市南雅镇小雅村三姑岩现存民国二十年（1931 年）立的《小雅三姑岩山碑记》（图 2-47）

碑高 850 厘米，宽 40 厘米，为青石材质，共刻 413 字。该碑是建瓯司法公署就小雅村民丁某与白云寺山场纠纷一事所做的判决书。从这份判决书中可以看出，民国初年，司法、行政合一，县知事兼理司法仍是基层审判权的主要运作方式。

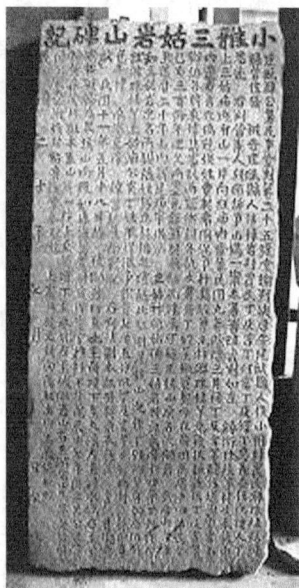

图 2-47 南雅镇
《小雅三姑岩山碑记》

碑文："小雅三姑岩山碑记：建瓯县公署民事堂判第二十五号堂轮判决□□：建瓯人氏小雅村农民……民国二十年七月○日给。"

附：三明永安市文庙现存清嘉庆五年（1800 年）立的《头渡碑》（图2-48）

碑文："古云：'为善不终，不如勿为。'又云：'莫为之前，虽美而弗彰；莫为之后，虽盛而弗传以人。'先祖次兰公因此处河门宽阔，难造桥梁，病涉者众，爰置渡船，乐捐田租贰拾伍硕，历招渡子，时济往来。其田交与渡子耕种，以给衣食。阅今百年无异。是先人乐善之意，固已为之

图 2-48　永安文庙《头渡碑》

前矣。近因渡子弄奸，私将渡田退与别姓耕种，并与耕种者□□去而贪刻□□，亦遂藉此射利。且我家子侄更或有从而作弊者，怪□渡子无

图 2-49　永安文庙
《捐田租为渡子费用碑》

头，渡船朽敝不顾。临河者兴叹，徒涉者忧危。我等追思旧德，正以盛美能传鲜终焉为虑。兹特将田换佃，谨竖碑牌，勒明田处于左，通知众姓、亲朋□为共相，垂顾以众，不朽则垂甚尔。计开洪沙口田：一塅坪分团早租岁招壹硕大；一塅瘦坑坑田晚租贰硕大；一塅相林窠塝坑坡岩窠田，□租贰硕大。嘉庆五年庚申三月。兰公裔孙竖立。"

附：该处于明万历十五年（1587年）立的《捐田租为渡子费用碑》（图2-49）。

碑文："合将显祖文五许公施舍二十九都洪四渡，谷田开后：一塅洪四大山

松林堀，又名枧瘦窠，租谷伍硕（石）大，牲三只；一埌洪四坂，又名麻公堀并麻公后门租谷柒硕大，牲三只；一埌洪四林湾老虎窠租谷贰硕五斗大，牲一只；一埌洪四渡村树堀，租谷壹硕三斗正。万历十五年十一月日，仁房、义房嗣孙祖松昌镗，仝立。"

# 第三章 福建古近代渔业管理碑刻遗存调查

◆

## 第一节 中国古代渔业资源管理

习近平总书记指出："治理国家和社会，今天遇到的很多事情都可以在历史上找到影子，历史上发生过的很多事情也都可以作为今天的镜鉴。中国的今天是从中国的昨天和前天发展而来的。要治理好今天的中国，需要对我国历史和传统文化有深入了解，也需要对我国古代治国理政的探索和智慧进行积极总结。"

中国是一个海陆兼具的文明古国。中华民族原始先民们在旧石器时代就开始靠海洋补充食物，与海洋打交道。海洋，哺育着中华民族的丰富智能，创造了灿烂的海洋文明。现存的中国史料典籍中，遵循生态规律实施渔业资源养护和利用的文字记载颇为丰富，"时禁制度"对渔具渔网的网眼尺寸等方面都有详细的管理规定。

中国自有文字记载以来涉及渔业管理的文献史料很多，早在上古的舜帝统治时期，就已经出现了专门管理渔业的官方机构。《史记·五帝本纪》载"益主虞，山泽辟"，即舜帝时期就设置了"虞"官，"益"作为当时的虞官首长专门负责山林和渔业的生产管理。西周时期则设置了较为系统完备的渔业管理机构，有"敷人""水虞""泽虞""川衡"

"川师""鳖人"等不同类型的渔官类型。其中，"敷人"负责渔业政策的制定及管理贡赋，系主要的宏观管理部门；"水虞"负责政令的执行，统筹安排渔业生产，"鸟兽成，水虫孕，水虞于是乎禁罝置，设阱鄂。泽不伐夭，鱼禁鲲鲕"①；"泽虞"负责管理国家重要湖泊的渔业生产，"掌国泽之政令，为之厉禁，使其地之人守其财物，以时入之于玉府，颁其余于万民"②；"川衡"负责巡视政令的执行情况，"掌巡川泽之禁令而平其守。以时舍其守，犯禁者，执而诛罚之"；"鳖人"负责具体捕捞，"鳖人掌取互物，以时藉鱼鳖蜃，凡狸物"③。《大戴礼记·夏小正》亦载："十二月虞人入梁。虞人，官也。梁者，主设网罟者也。"除了虞官之外，梁专门负责渔具管理。

春秋战国期间，各诸侯国的渔业管理亦沿袭了西周的官制，其中齐国的渔业管理最为完备。齐国接连海岱，海洋和内陆渔业资源丰富。管晏相齐之时，立"海王之国"为基本国策，采取各种管理手段发展齐国海洋经济，谋求"渔盐之利"。在机构设置上，内陆渔业"泽立三虞，山立三衡"，"泽之萑蒲，舟鲛守之；薮之薪蒸，虞候守之"，大小湖泊的渔业由不同级别的虞官守之，水生植物采集则由舟绞负责管理。"海之盐蜃，祈望守之"，设祈望一职专职管理海洋渔业。秦汉时期，渔业管理由位列九卿的"少府"统一管理④。

秦汉之后的各封建王朝亦沿袭《周礼》古制，设"虞官"管理渔业生产，"虞部，盖古虞人之遗职……后魏、北齐虞曹掌地图、山川、近远园囿、田猎、杂味等，并属虞部尚书。后周有虞部下大夫一人，掌山泽草木鸟兽而阜蕃之……天宝十一年又改虞部为司虞……掌京城街巷种植、山泽、苑囿、草木、薪炭供须、田猎等事"⑤。《唐六典·尚书工部》亦载："虞部郎中、员外郎掌天下虞衡、山泽之事，而辨其时禁。凡采捕畋猎，必以其时。冬、春之交，水虫孕育，捕鱼之器，不施川

① 左丘明撰，徐元诰集解，王树民、沈长云点校. 国语集解 [M]. 北京：中华书局，2002：170.

② 孙诒让著，汪少华整理. 周礼正义 [M]. 北京：中华书局，2015：1451.

③ 孙诒让著，汪少华整理. 周礼正义 [M]. 北京：中华书局，2015：372-373.

④ 阮元校刻. 春秋左传正义 [M]. 北京：中华书局，2009：4545.

⑤ 杜佑撰，王文锦等点校. 通典 [M]. 北京：中华书局，1988：647.

泽。"① 宋代的渔业管理依然由设在工部的虞官职掌，工部总职天下"山泽、苑囿、河渠之政"，下设的虞部（郎中、员外郎）职掌"山泽、苑囿、场冶之事，辨其地产而为之厉禁"②。明太祖洪武二十九年（1396年）改虞部为虞衡，并扩大了其在"时禁"及"时用"领域的权能："虞衡典山泽采捕、陶冶之事……岁下诸司采捕……皆以其时。冬春之交，罝罘不施川泽；春夏之交，毒药不施原野。苗盛禁蹂躏，谷登禁焚燎。若害兽，听为陷穽获之，赏有差……凡山场、园林之利，听民取而薄征之。"③《大清会典则例》载有"任虞以泽事……至于竭泽焚林并山泽树畜一切侵盗等事，应行禁饬"的规定。可见，清沿明制，变化不大。

封建各王朝的渔业，除了秦汉由"少府"管辖之外，均由工部下设的虞官所职掌，综合负责渔业资源的养护和利用工作。

古人渔业管理实践中，和渔具渔法相关的文字记载亦颇为丰富。《尔雅》中载古时的渔网类型有网、九罭（百袋网）、罬（大拉网）、罾、汕（抄网）、钓、笱、罶、罩、筌、梁、潜（罧）等10余种渔具。《淮南子》中亦有"钓者静之，罜者舟之，罩者抑之，罾者举之，为道异，得鱼一也"的记载，可见古代渔具渔法种类之多样。除了繁多的渔具类型之外，对于渔具及渔法的管理也较为具体，《礼记·月令》载"毋竭川泽"，《吕氏春秋·义赏》载"竭泽而渔，岂不获得？而明年无鱼"，均明文规定严禁竭泽而渔。《管子·八观》则载有"江海虽广，池泽虽博，鱼鳖虽多，罔罟必有正。舡网不可一财而成也"，捕捞渔业的网目尺寸必须符合国家规定；《孟子·梁惠王上》载"古者网罟必用四寸之目"，"数罟（密网）不入洿池，鱼鳖不可胜食也"，说明战国时期为了保护资源，禁止使用小于四寸的密网捕捞。此外，散见于帝王诏令中有关渔具规制的记载亦十分丰富，例如，唐咸亨四年（673年）高宗诏令："禁作籞捕鱼、营圈取兽者"；开元八年（720年）玄宗敕令："诸州有广造籞沪取鱼，并宜禁断"，即禁止用竹木编成的断水捕鱼栏

---

① 李林甫等撰，陈仲夫点校. 唐六典 [M]. 北京：中华书局，1992：224.

② 脱脱等撰，中华书局编辑部点校. 宋史 [M]. 北京：中华书局，1985：3863.

③ 张廷玉等撰，中华书局编辑部点校. 明史 [M]. 北京：中华书局，1974：1761.

栅进行捕捞作业，以防竭泽而渔。除了渔具渔法的管理之外，对于捕捞鱼种及尺寸大小，古代管理实践中亦有所要求。

《文子·上仁》载"鱼不长一尺不得取"；《孟子·梁惠王上》载"鱼不满尺，市不得粥，人不得食"，"鱼禁鲲（鱼子）鲕（小鱼）"；《淮南子·主术训》载"鱼不长尺不得取，彘不期年不得食"。古时渔业生产中实施"时禁"制度，先秦时代"禹之禁夏三月，川泽不网罟，以成鱼鳖之长"①。秦汉以降，各朝为了避免竭泽而渔，捕食幼鱼及鱼卵是被禁止的。

包括渔业在内的资源可持续利用的思想影响深远。"以时禁发"，合理安排渔业生产，严禁竭泽而渔，禁止绝户网，有效地养护了渔业资源，《秦律·田律》、汉代《四时月令五十条》、《唐律疏议》和《宋大诏令集》等封建法典均沿袭古制。

福建地处中国东南之海滨，山海相随，沿海居民以海为田，犁波耕海，海耕牧鱼。在古代，作业范围有限，主要在滩涂（退潮时裸露的地方）和近海作业。近海和江海港汊之滩涂是周边村民种养捕捞之场所，成为各港澳的渔民、船老大、掌盘鯆、渔行的行头等争夺的生存空间，时常引发诉讼乃至械斗。历代县府和当地士绅也就滩涂泥蛏埕和近海网位协商并订立规矩。现存的明清古碑刻就反映了当时士绅在滨海渔村海域和滩涂治理方面的种种方式。福建现存的古碑刻中有120多通是关于滩涂和近海纠纷"诉讼""调解"的公告及各港澳乡绅订立的"规矩"。

目前，从渔业资源危机的成因来看，主要为超越资源生长规律的人类无度的索取行为。发展海洋经济，首先要保护渔业资源，改善渔业资源生态状况。保护渔业资源离不开公权力，也离不开各地方宗族和乡规民约，应严格将人类对自然的获取限制在自然生态系统的稳定和平衡所能容忍的限度内。从长乐现存的港澳滩涂和近海管理的碑刻中，我们可以发现先人在资源利用领域的智慧。如刘氏族人根据鱼的生长与繁殖特性，从族规的角度严惩竭泽而渔式的捕捞行径。《道德经》云"执古之道，以御今之有"，应总结古人在渔业管理实践中所蕴含的管理智慧，

---

① 孙诒让撰，王文锦、陈玉霞点校．周礼正义 [M]．北京：中华书局，2013：301．

以及前人的渔业管理实践，为当今的渔业生产服务。

## 第二节　福建古近代渔业管理碑刻遗存

1. 漳州市云霄县东厦镇荷东村民居墙壁现存明万历元年（1573年）立的《山海碑》（图 3-1）

古荷步村包括今荷东村等村。该碑高 180 厘米，宽 80 厘米，碑文共 165 字。明万历元年（1573 年）之前，梁山南麓荷步村周边为多姓杂居。各姓之间经常为了"山海田"争执闹事。又据《云霄厅志》记载，荷步村民，人极剽悍，不遵礼法，官府拘传，均抗不到案。负隅山海，积习相沿。该保有生童，有举贡。烟户（户籍）多，良莠不齐，家长难以约束，致积习相沿，强悍成风，经常械斗。该碑为云霄最早关于乡规民约的记载，为研究明代以前乡规民约、民风民俗提供了实物佐证，具有重要考古价值。

图 3-1　荷东村《山海碑》

碑文："……荷步村背山面海，村前有大片水田，俗称'山海田'。渔樵两利，山可伐木采石，田可耕作播种，海可捕鱼捉蛏，堪称'鱼米之乡'。为了各姓邻里之间和睦相处起见，确保捕鱼、伐木、耕种有序，避免各姓争执闹事，各姓族长共同协商，立碑为证。并附有立碑人周建才、黄允元等人姓名。明万历元年岁次癸酉孟冬吉日立。"

2. 厦门市海沧区东屿村现存明万历十七年（1589 年）立的《漳贰守沈公惠民泥泊德政碑》（图 3-2）

该碑为海澄县长屿人柯挺立于东屿村。柯挺，字以拔，号立台，明代福建海澄县三都长江村（今福建厦门市海沧区）人。万历元年（1573 年）36 岁为顺天解元，万历八年（1580 年）43 岁考中进士，授

**图 3-2　海沧区**
**《漳贰守沈公惠民泥泊德政碑》**

南乐令，"减徭役，剔奸蠹，法庭无留狱，盗不敢入境"。后升任陕西道御史。万历十五年（1587年）陕西大旱，疏请发临德二仓谷二十万石赈济。巡按楚地，平定郧阳兵变。旋督南畿学政，鉴拔知名人士，以后多成名臣。万历年间，长屿雅称"长江"。

碑文："漳贰守沈公惠民泥泊德政碑：奏（癸）酉顺天府解元、□□赐进士出身奉直大夫、吏部……赐进士出身承直郎、应天府通判……长江地跨海，海时潮汐不可以耕，故其民□类多藉海为生，泥泊者承……自给，故辟然呼之为海田，非此，则吾长民之为生，亦戚矣。□□界，则自大……盖其时民事渔鱼习于浙之温等□鱼艘江舟百计，故□□□则此渔者……吾长民以之为生……国课之所关系，其不可以尚豪右壇也，较然□矣。有蔡姓汝□者……人也。与吾长……长民巽软，莫彼何也。既则入罪，民……吾中洲治……李洪、杨凤主、柯完……万历十七年□月吉日立。

3. 泉州市惠安县洛阳镇白沙一村慈保宫内现存明万历三十年（1602年）立的《白沙诸家海记碑》

该宫重建时，由于地基抬高，致使该碑刻底部文字被埋没。

碑文："白沙在惠十八都之南，地窄人繁，倚海资生。原产海一所，右自西汪桥，左抵大海，□空界。诸家种插蛎石，供赋赡家。连荡十九都，有半所曰大沪涂，与前塘□，螺石下界，船路□亦我乡□□。昔入势豪，恣害百端，幸入本县郑乡官家□，人沐恩传，而公子值吾景云者之加德焉，能承先命，造我肆百家无穷之利，壹百贰拾两，余付诸家为业。乡人计费，每家出银肆钱正，契议寄林朝阳□，各户收照。时遇重造收米，欲散花户，非田地升合者，比先收入杨楠户议□，推二十五户，周而复始，□银伍钱□丝，筹费粮差除蠖米外，每家议□□□，世相承海荡，予地豪不得觊觎。郑公子之惠，诸家之海与天地同终。□□□明万历三十年壬寅春□，正副郑纯魁、黄茂福会同二十五户，勒石于□□，□□□□子所户荡□，一所其米子孙，依商院断收取。郑元雍、刘子爱、杨元明、郑廷由、杨□□、杨存实、黄茂祯、杨友成、曾德成、庄子□、刘子寿、郑孟会、黄志选、杨思成、黄克诚、黄志寿、林朝阳、朱□□、何继芳、杨子富、刘南章、汪文庆、刘连生、杨思□、江子湖。"

**4. 漳州市海澄县明万历参政谢宗泽书的《邑令刘公惠民泥泊碑》**

碑文："三都地逶迤，独卢渐美倚山萦一带水，潮汐泥沙交而为泊，蛏蚬螺蛳诸鲜繁牣其中，居民朝夕采焉，足以自给，号为海田。泊之界，东抵钟林港，西至屿兜，南与长江毗限，北则渐之民有也。薪谷往来，鱼艘阗骈，时取渐之错，贩易交贸，上输课米一石二斗，下赡乡民数百家，历掌多年，共恬无患。迩有邻乡巨姓者，族豪人黠，瘠众自肥，集强砌堰，肆掠诸鲜。乡民苦之，相率走控。郡使君杜公，下邑父母，刘公鞠之，公细询舆论，具得其状，毅然谓匹夫无罪，牟利其罪。王土之毛，攘以宿饱耶？遂以法法其尤者，榜而立之界，俾黠者知慑，于是渐得长有其泊如故。喟然请颂于余，伐石记之。夫戏穗刑童，威行太屑，团丝剖姥，惠止一人？犹且驰愿吏声，扬徽治谱，乃若吾渐地卤民朽，仅仅疴瘘爬拾，极汗劬之状，冲寒狎冻，卒岁手龟足茧不得休，此其营生至戚，博利至纤，犹且卷奉老饕，管（菅）命无寄。沄沄众怒，其何以堪。我公一旦电灼而川导之，生阜□淑定画与民所谓龙舆潳泽则鹈鹕味消，龟荫丛著，则蝮蛇鳞远，惠我人斯式歌且舞，神君之德与水灵长，将有紫蚖如渠，洪珧专车。当合浦之珠还为邺漳之膏衍者，岂旋踵而瞻乐利哉？董安干之峭涧也。信于令敢于不善人，芳謩匪远。我似之一尺之锦，足以见长，旦暮拜纶，琐闱推阶，节钺有问，谏进海蚶淡菜何人者，则我公其选矣。不揣芜辞而为之志。公讳斯埭，号太容，丙辰进士，江西豫章人。"

5. 厦门市同安区洪塘镇石浔村昭惠宫内现存明万历三十二年（1604年）立的《禁谕碑》

该碑记述的是当时泉州府颁发的禁止豪强霸占田海、向百姓私抽各种税饷的政令。

碑高 280 厘米，宽 119 厘米。

碑文："同安县禁谕：同安县为欺国事，蒙分巡兴泉道朱批。据本县石浔澳渔民王应状告，蒙批：仰粮馆查报。随蒙本府通判陆抄词发县，拘提苏君恒、柯一会、李次廉等到官。审得同安之海有二：来潮至为水，退为地，产蛏蛤者，塘米也；塘之水深处，鱼虾出没。网罟佃渔，不分塘荡，听民下网者，课米也。若夫汪洋大海一处，卖与李次廉，次廉又转于柯进，凡渔□□，渔民不安，故有是告。细查苏君恒所书契书云：海坐东散洋洋等处，并无都图界址，止说翔风里。夫同安之翔风里广矣，内有九都十七图，孰为□□乎？查黄册□翔风里，遽欲柯、李授受，不知凭何推收乎？黄册不载米，明系官海，听民自取而无禁者也。而君恒作奸捏无不禁稽古契，以谁人财，在李与□□不知□□已管百余年矣。渔民昔何以相安而今何纷纷也？合苏君恒备原价还柯进其海，任渔民照旧取渔，宜置石碑禁示，永不许土豪请税，上□□□□□□□□。本府带管督粮同知杨转详，带管兴泉道右参政俞。蒙批：苏君恒以官海卖价，奸民之尤也。退出与公，其之立石为记，余如照依。蒙备行本县遵照，一而立牌禁示等□□□□。同安负山带海，山居者耕，海居者渔，各任其职以供贡赋。昔谓四民之中农最勤劳，不佞独谓四民之外，渔苦尤甚。一苇孤航，出入□□□□□□□□命谋，视耕人口老化者出而作，入而息，何如？且也□粮两税之外，农无别征，渔今则上下交征矣。盖曩者渔户有课无饷，惟□旁及船□通□□□□□□□□□□与因并征饷至六百余金有奇，视通省县独多，渔民始于两税外，输课重输饷矣。农之征二，渔之征四，若已□堪而有券无□，界册无址，坐□□□□□□□父母洪大人于李甫之告抑之不得，特示禁之不得，渔民愬于观察朱公，行之府县，县大夫王公考志册，详利病谳爰于上，大人见而题之，可其议，勒之石。彼欲以二人□一县之利，禁□塘，上□□课，□捕□□□□□等遵命示立石。以不佞水居，独知渔民之苦，请次其事而志之。不佞谊不敢辞。县大夫王公讳世德，号回溪，金华永康人。年方壮，联登辛丑进士。初仕同安，视民如子，而此其一端，□□□□□□□□□□□。万历叁拾贰年甲辰孟春之吉，浦西海叟林一材记。通澳渔户□□□。"

6. 泉州市泉港区后龙镇上西村龙泉宫内现存明天启三年（1623年）立的《皇明邑侯缪公全海功德碑》（图3-3）

《皇明邑侯缪公全海功德碑》又称"上西海界碑"。明天启三年县令妥善调解上西和萧厝的矛盾，上西村民立此功德碑。碑为花岗岩质，高252厘米，宽88厘米，厚18厘米，抹角首。碑文共16行，计650字，阴刻楷书，字径4厘米。碑额字径15厘米，内容记载明天启初年惠安县令缪全海断判上西、萧厝、后安等乡为海界争地等事，碑文中提到的"先年两经宦家占管"说明官宦对荡地也是觊觎许久，虽官府"立碑给帖"，但柯孟光鼓诱朱进，意图侵占，可见在利益面前，豪强官宦圈占现象屡有发生。

图3-3　龙泉宫
《皇明邑侯缪公全海功德碑》

碑文："九都有上西、萧厝、后安等处海荡，食海为田者，盖家家而世世也。始困于窠占，再困于献夺，而海线为防。自□使君商侯断归，涸而复苏。且众赖其租之入，以充乡内社稷二祭。诚恩彻幽明矣。毋何伤□□之者□弗置，遂有假此为媚资，乃坠其术中者，□欲踵前人故智，门庭村骎骎迫矣。众无奈群赴□□□□□□分巡。具泉道沈○哀鸣而恳断之。我上西因克复故业，遂立界于萧厝前大礁及龙盘尾，以志□□□□□□侯也。侯仁熙阳春，义凛霜雪，海甸狂澜，铁画回之。其词曰：'审得九都之后安、上西、萧厝等处，其□□一带，向系附近人民取利，倚之为命，且渔米赖以供纳。'豪右不得擅专，由来久矣。先年两经宦家占管，□□□按院商○断出，立碑给帖可据。一系张家赎回，契券现存，则应未为一方公利，若可请为大家之业。□前□宦家，不宜退出矣。乃有柯孟光者，系奔走之徒，鼓诱朱进朦胧诸产，进实不知前情，遂信而行之。致张家□救万命之词，是孟光之倡端发难，罪无可逃；而朱进之被哄图利，情则可原也。孟光仟徽，朱进免究，其海听张家照旧界碑管业取利纳米；附海土豪，亦不得恃强迫利，有妨小民。原给朱进示帖追销，户册海米除去。即□枭司曰'可'。今而后，业永奠，海无波，门庭绝骚扰之惊，社稷享居歆之锡。是我人前有商○父，后有缪○母，□而□将溺，较之拯既溺者，其功不更倍哉。于是狂走欢呼，群仰○天祝曰：'愿我侯○爵与商侯○，垆而未既也。'则□为之祝曰'愿我侯○子若孙之福泽，世世与此海相绵亘而又未既也'。则且以我侯○之功德并镌诸石，偕乡之父老子弟坐卧其侧，谈说其事，庶我

图3-4 振科村《至仁溪放生碑》

人之口碑，世世不朽，而我侯○之功德，亦世世不朽云。侯讳伯昇，号真我，乃浙之山阴人也。由领乡荐十拜三选为惠邑令。时龙蜚大明天启叁年季冬吉旦，沐恩九都上西居民万余人，仝立石。"

7. 南平市顺昌县高阳乡振科村村头与水尾各现存清顺治十四年（1657年）立的《至仁溪放生碑》（图3-4）

碑高100厘米，宽30厘米，厚10厘米。该碑文内容是奉劝村民爱护环境、保护河流和禁止乱捕杀鱼类的乡规定民约，是清朝顺治丁酉年三月由当时居住该村的四位张姓村民所立。

碑文：佛制五戒，不杀为先；儒敦五常，施仁第一。是知儒释两宗，仁慈一轨。本乡素称仁里，清白传

家。顷者恭迎翠岩古雪和尚驾临说法。雅等因与合乡公禁：门前一带溪流，上自田坝及小溪石岩前，下至水尾坝为界，求作放生溪，凡罟网、□钓、鸬鹚、烟枪、抛石等，概在禁内，不容毫犯。众皆允悦。和尚深□助喜，遂命溪曰"至仁"，桥曰"大义"。诚恐岁久禁弛，因勒石以垂永□。深体好生之仁心，常发菩提之善念。众宜恪守禁约，则福寿无□，子孙亦无量。倘有愚辈故违公禁者，罚银拾两以充公用。仰冀□代高贤共加仁爱，互相诚勉，悠久不替。至嘱。顺治丁酉年叁月吉旦，缘首杨彬雅、王岚予、张见晓、张斐英同立。

8. 漳州市云霄县云霄镇水月楼巷口现存康熙四十四年（1705 年）立的《遵奉宪行禁革商渔船只陋规碑记》（图 3-5）

碑高 230 厘米，宽 60 厘米，厚 13 厘米，全文 1675 字。该牌刻是漳州府漳浦县在云霄澳泊船处所革除商渔陋规的公文。碑文模糊，不能辨字。

碑文："遵奉宪行禁革商渔船只陋规碑记：……康熙四十四年四月。"

9. 漳州市龙海海澄豆巷埭内社妈祖庙边现存清朝康熙四十六年（1707 年）立的《邑侯陈公功德碑》（图 3-6）

埭内社的村民在陈世仪知县即将离任时，为其立碑，将其功德记录下来。陈世仪是浙江海宁人，康熙三十六年至四十九年（1697—1710 年）在海澄任职 13 年间，锐意兴利革弊，乔装下乡视察，将沿海被官兵和奸豪占据的蛏埕网桁判归原主；对官兵在浮宫渡口横索木材税和征收商贩行人钱财的不法行为，捕为首数人回县"庭笞"，并撤销霸踞诸税，一时名震漳南。

碑高 223 厘米，宽 83 厘米，厚 26 厘米，碑文共 420 字。

图 3-5　水月楼巷口
《遵奉宪行禁革商渔船只陋规碑记》

**图 3-6 豆巷埭内社妈祖庙《邑侯陈公功德碑》**

碑文："邑侯……古之在上者，有功德以及民，民爱之愈久愈难忘。虽其所茇舍之树，亦相戒勿翦伐，以缅想其遗泽。则今日我仁侯陈公之德，又焉可忘哉。夫建邑立社，相传已久……励精图治，一时善政、善教，如惠我民者，既周且渥……政简而有体……政治人和，颂声四溢……颂公之功、感公之德。"

10. 泉州市惠安县净峰镇杜厝村海边岩石上现存清康熙四十七年（1708年）立的《杜厝黄南海荡争执碑》

该碑记载清康熙四十七年，惠安的曾、吴、林、杨地方乡族对荡地发生争执。当时，主持判案的知县钱济世根据杜厝杨氏家族流播及现场勘验，明断黄南海荡属于杜厝。也就是说，除东莲杨氏外，其余姓氏，如曾、吴、林姓的村民均不得参与黄南海荡的开发利用。

碑文："康熙戊子年，蒙本县主老爷钱明断黄南海荡，着令东莲曾、吴、林等勒石界址，永远遵守，约正副地保、乡老仝立。"

11. 龙岩市宁化县四保魏家坊村现存清乾隆十八年（1753年）立的《禁碑》

清顺治八年（1651年）十月，宁化总镇王之纲，出师剿宁文龙，放火烧山，巫峡、阳城、赤上等地周围六七十里，山木俱焚。战后，有识之士强烈呼吁与率先垂范，开始植树。此碑现存于长汀县馆前镇魏家坊村（今称义家坊）南柴坑善福庵附近。碑文共13行，额题"禁碑"，碑文多漫漶。立碑的缘由在于禁止盗砍黄枧坑、魏家坊等村后龙山的竹木及禁止毒杀附近小溪之鱼。

碑文："立禁碑八将约黄枧坑、魏家坊等为严禁后龙水口松杉竹木盗贼、强丐、川溪毒鱼等事。窃惟后龙水口种植树木，乃人民风水之攸□焉。窃盗强丐属□□□□□□□吾□吾□乡内后龙水口久蓄树木，无

□近□无良之□，□□砍伐，剪□叶田园蔬果。□□□□□□□□□控，而乞丐者，藉乞为由，□□强砍□木，□急□财，偷鸡毒狗，夜则行窃。□□□□□□□□头者遣□流直下，拆破□为□胆。今经官全禀请□□，仍今勒碑永禁。凡有父母兄弟到此一庙，此碑了然在目，如官法在心。各宜告戒子侄，遵禁勒石。如有胆敢此禁者，一经提获，定严罚。如不遵者，禀官究治。立此碑永禁。乾隆壹拾捌年三月拾贰日，众立。"

12. 厦门市海沧东屿社区柯氏享德堂外现存乾隆十九年（1754 年）立的《督抚提臬道府列宪批县审详谳案》

碑高 112 厘米，宽 16 厘米。碑文刻于正面和背面。

碑文："皇清督抚提臬道府列宪批县审详谳案：海澄县三都长屿社柯氏始祖祐立公世掌社前、社后课泊，界自大埭，迤逦南抵陈宫屿，西乌斯港，过嵩屿、乌礁、白屿、斯坑洲、象屿等处。前朝被豪强侵占，至九世孙挺，万历发解，控巡海道陶〇批分府沈〇断：还旧掌。迨乾隆十二年，复被石塘社巨族谢创、谢兴、谢享、谢奇万等恃强侵占斯坑洲、象屿两处。裔孙贡生薰等出控，蒙廉明本县主太老爷汪〇批，送粮厅张〇审勘确情，出示饬禁。乾隆十三年五月二十三日，谢创等党众谢排、谢荣、谢颙、谢添、谢顺、谢颇裕、谢突等抄山掠海，经排头汛防验报，水师提督军门张〇饬查实报，通咨总督部院喀〇、巡抚部潘〇行司转饬府县究审，律拟通详，将谢创等各党分别枷责，追赔赃银，断定海泊归柯姓照旧掌管。今奉宪抄案勒碑。

漳州府海澄县正堂、加三级汪〇，为具报事。乾隆十三年七月十七日，蒙本府正堂、加一级、纪录十六次金〇信牌，蒙按察使司宪牌、奉官保、总督闽浙部院喀〇宪牌，案准水师提督军门张〇咨，据本标前营游击吴〇禀报，据长屿社民柯荣进喊禀：被巨族谢姓占围世掌课泊，抗违县禁。本年五月廿三日，党众抄山掠海，击碎房屋等情，具报到提督军门。据此相应咨达，请烦察照，希赐查严究，以儆刁风等因到本部院。准此，为查：党众肆横，屡经示禁，谢享等胆敢纠伙执械，碎屋割苗，甚属不法，行司查究，分别首、从，按檄详报，不得姑宽等因，奉此。又奉巡抚都察院潘〇宪牌，咨同前因，为查：大族纠众行凶，有干例禁。谢创等身为约保、族正，乃敢主令率众，击碎房屋，洗割谷种、地瓜、蚶苗，不法已极。行司飞饬严查，将在场有名各要犯查拘到案，先行重责四十板，逐一究讯，按例分别议拟通详，毋得玩纵等因。奉此，备票行府，仰县立即按名严拘谢刽、谢彩、谢月、谢享、谢奇万、谢顺、谢排、谢荣、谢林、谢耸、谢相、谢颐、谢科、谢预、谢莒、谢总、谢抚、谢祐等，并究出余党到案，先行重责四十板，录供通详等因。蒙此。

乾隆十四年二月廿二日，蒙县主汪〇亲勘审看：柯姓所居长屿社，三面环海，自西南转东，周围海泊，俱属长民课业，前明万历年间勒碑确据。原纳米八斗，至康熙年间又增级米八斗四升。谢姓住居东坑社，其海泊系伊社前，与柯姓海泊中隔象屿一山，不相连接。缘谢姓于雍正五年买柯东埭岸内之田，遂于埭外围埕采捕。贡生柯薰呈请示禁。业据谢享等投具，遵依退还。上年五月廿三日，谢姓以海泊蚶蛳系其下种，前往洗蚶，柯姓出阻。辄称有港东、港西之分，并乘柯姓抄缴碑文内有'东至东埭岸为界'字样，指其改换碑摹，抵制。今讯，据柯薰供称：'实因碑刻年远，字迹模糊，以致错填，并非有心改换。'查验碑文界址，原开'西至乌斯港为界，东则吾长民有也'，则东埭岸尽属柯业甚明。况埭内之田，现系柯姓出卖，是谢姓只有东埭岸内之课田，并无东埭岸外之海泊，不得以柯姓错填碑摹，控指其为影射也。至谢刽等党众毁苗碎屋之处，讯据谢姓各犯，照不承认。查柯姓当日挑有地瓜藤缴验，县丞到地查勘，有碎屋□迹。□□□□柯姓瓦屋，现有新瓦收整处所，则柯姓所控，岂属无因？除将谢刽、谢排、谢荣、谢颐、谢天，不行阻止之练保邱志诚已经分别责惩外，谢刽仍革去保长、再加枷号一个月；出名具控之谢兴重责四十板；同行之谢颐裕、谢突、谢享、谢（奇）万、谢顺各责三十板，足蔽厥辜。其海泊仍照原断，归柯姓执掌，谢姓只管岸内之田，不得再行争占等由申详。

漳州府宪金〇加看核□臬宪谳称'应请俯如卑府所拟，将谢刽仍革去保长，再行枷号两个月；谢排、谢荣、谢颐洗蚶起蚌。再复出名具控之谢兴即谢世兴，并同往洗蚶之谢颐裕、谢突原具遵依，又行抗断之谢享、谢（奇）万及同往较争，临审不到之谢顺，应请一并各枷号一个月，满日各重责三十板，仍于名记名下酌追银四两，给予柯魁等收领，以偿残毁麦薯并碎屋瓦之资。其东埭岸外海泊，仍照原断，归柯姓执

诏安县查禁，具报等因。蒙此，除行漳、潮司查禁外，合行示禁。为仰合湾大小商渔船户人等知悉，嗣后新造、补造，仍照例禀给科单，其余遭风损伤或年久枋片朽烂，割补塞漏，概从民便，免赴该司给单，倘有胥滋扰勒索，许即据实禀究，该船户等亦不得借端私造，致干察究。各宜凛遵无违，特示。乾隆贰拾年捌月陆日给。"

15. 厦门市海沧区后井村现存清乾隆二十四年（1759 年）立的《邑侯宁州陈公惠民海泊碑》（图 3-7）

乾隆二十四年，后井村村民周铿声向周泽购买了圭屿山园，山园与海泊相连，而这片海泊向来为周氏公产，百姓可随意采集各类蚝螺。周铿声自从购得山园后，便在海边营造屋舍，对往来海泊采捕者，一概强制抽分。京口人（今贞庵村京口社）叶鼎章在乡民的委托下将周铿声告于海澄县，海澄县知县陈瑛知晓后，便判周铿声有罪，除将其杖责外，更要求周泽赎回山园，而海泊仍为乡民自由采捕。海澄县知县将案件公布并立碑示禁，海澄县进士叶廷推因此撰《邑侯宁州陈公惠民海泊碑》文以为感恩。

碑文："《周官》：泽，虞掌国，泽之。政令既厉之禁，又颁其余于万民。禁之者，使玉府有所入；颁之者，使贫民有所资也。

**图 3-7 后井村
《邑侯宁州陈公惠民海泊碑》**

后世川泽，不尽在官，巨室豪族往往朝之。其弊至于专踞侵矣，不流涓滴，良可慨已。我朝令甲时申兼之禁，鲜有梗者。然未极贪咨，从亦弗较也。澄有圭屿，在海中央，潮汐一退，其错如绣，贫民视为海田，由来已久。乡先正忠愍周公方里居，时以屿为通漳形胜，醵金塔其上。郡之士大夫踵建文昌阁、天后宫及八卦城，碑文籍籍，轶在旧志。厥后属一家业，未详缘起。然所利仅薙草、垦荒耳。非尽笼而有之也。迩来土豪眈其区，约券私受，于是瘠众自肥。间有号饥，往拾螺、蛎诸海物。

足茧手龟，笭箸未满，横抽肆出，稍有为抗，即以枵腹饱其毒拳。孱孱者流，惟有束手裹足，尘甑晨枯而已。蕴利生孽，可胜言哉。兹幸我侯陈公府察民瘼，无微不照，又适汛弁陈廷显目击其事，偕一二耆老列款吁闻。庭鞫之下，水清镜明，立得其罪。既置顶法，钩其私券，断业旧管，永杜侵暴。自此豪丑一锄，海田复故。凡夫毛黑皙瘠之伦，句瘘爬梯，十百为群，千家举火，神君之泽与海波灿长矣。昔尹翁归治东海，收取豪民，案致其罪，以一儆百。薛大鼎沧洲，通舟楫于海壖，民复鱼盐之利。令我侯威惠兼行，弊除而利复，岂特比美循良，申令甲之条教，亦以原本经术合乎周官政令，颁其余于万民之遗意也夫。侯讳镆，号对溪。戊辰名进士，江西宁州人。莅澄以来，政教安祥，文风丕振，一科获隽七人，其它藏绩惠政不绝书。兹特举一事以见其概云。"

16. 福州市长乐区文岭镇黄岐澳现存清乾隆二十六年（1761 年）摩崖石刻《黄岐澳网位定界》（图 3-8）

石刻为乾隆二十六年长乐知县贺世骏所写的定界勘语，位于文岭镇石壁村，镌于猫山临海悬岩石壁处。刻字横幅，右起直书，并排 25 列，每列一般

**图 3-8 黄岐澳崖刻《黄岐澳网位定界》**

12 字。内容主要围绕网位界定。

定界勘语："审勘得董安生与池开忠互控网位一案，缘廿四都有黄岐、门口二澳，以青屿、铺洲分界，以北黄岐澳有董高二姓网位，界浦门口曾系青屿及池姓网位。顺治年间高姓将应得网位分载至平礁止，契卖林姓掌管，而林姓转卖于池耀忠。嗣至乾隆廿一年，池耀忠又转卖董安生为业，载明上至虎港，下至青屿，并将池手冯姓等姓原契统交董安生，则所称平礁即系贴近青屿，故或书平礁或书青屿。即董安生妄指平礁在下，图占青屿外铺洲之西池姓网位。三姓到县说话。勘讯青屿与铺洲劈直，契内既载以青屿为界，自应以有据之青屿为凭。青屿以西属

池，铺洲既与青屿劈直，则铺洲之南亦应归池掌管。断令铺洲之北给董姓照契管业，铺洲之南听池姓采捕，二姓永不计影占混争，如此重重，永遵从天意。乾隆二十六年七月廿日结。"

17. 漳州市官浔镇锦江村灵慈宫前右侧现存清乾隆三十年（1765年）立的《禁示碑》

碑文："漳浦县正堂何〇，为恩准示禁以裕国库，以保民生事。据上下何家族共呈前事词称'官浔洋有亩田三千余石种，专赖大埭及洪塘等处设有陡闸，积水灌溉所关其下，近有射利之徒，藉岸开拓筑埭为田，彼此效尤，沟渠浅狭，蓄水无多，稍旱立见涸渴，为害匪轻，诚不得不严加阻止，但恐时久弊生，非蒙明示勒石难垂久远，合亟相率匍呈叩乞恩准示禁，以便立石以杜后患，阖族沾恩'等情到县，据此，合行可禁，为此，仰该地里民人等知悉，嗣后毋使在大埭、洪塘埭诸蓄水等处，藉岸开拓，筑埭为田，致害课田。倘敢抗违，该家族即指名具禀赴县，以凭察究，毋得隐纵，及藉端滋事，致于未便，各宜凛遵毋违，特示。大清乾隆三十年二月初一日给。案在兵房。"

18. 福州市连江县壶江岛现存清乾隆三十四年（1769年）立的《禁海碑》

清初，为了防范郑成功等反清势力，政府加强了对福建的统治，于顺治十八年（1661年）至康熙二十三年（1684年）施行"迁界"政策。《禁海碑》内容为乾隆年间严禁福建沿海、马祖列岛上下竿塘、闽江口及壶江岛的乡民挂网商贸活动，禁令强制内迁。碑正文48字，部分字迹已无法辨认，碑中文字记录着对本岛禁海的范围和要求。

碑文："闽县正堂告示：上下竿塘（今马祖列岛）等岛，严禁挂网贸易，□□□除桩察，毋许奸民托迹，□□水师巡报，玩违必干访缉，勒石永远示禁，渔民寓目警惕。乾隆三十四年。"

19. 福州市长乐区潭头镇文石村现存清乾隆三十六年（1771年）立的《遵奉宪令碑》（图3-9）

碑文："署福州府正堂事俸满、澎湖分府加三级纪录十二次，又纪大功四次胡（承谋），为投生加死等事。乾隆三十六年十二月初二日，蒙按察使司张（嗣昌）宪碑，本年十一月二十四日，奉总督部堂钟（音），本司饬详，高长佳等呈控孙莹并家人书役林明、林通，需索规

图 3-9 文石村《遵奉宪令碑》

礼一案，议结缘由。奉批王和等如详，钟（音）饬照定例枷示满日，予以重杖，并责发落，分别退籍革役。澳保陈等，不预期传集船只，复鸠钱供应，殊属不合，一并革役。长乐县孙（岳荐），不能约束，姑照议饬大过三次，以观后效。仍饬府出示严惩。嗣后不许科敛供应，违者从重究处，余已悉缴，奉此饬牌，行司到府，将王和等发落，分别革役。并发示各澳口，刊刻永禁。嗣后商渔船只，换领牌照，编册烙号，照例办理，不许科敛供应，违者从重究处等因，蒙此除另檄该县，遵照发落，革役外，合得出亚示禁。为此，示仰并该澳商渔船户及胥役人等知悉。嗣后换给牌照，编册烙号，毋许该胥役人等，借端科敛供应。□□勒需索扰害，如有抗违，许被害船户指〇，赴府呈控，以凭立提，从重详究，决不宽贷，各宜凛遵毋违，特示。乾隆三十六年十二月〇日，长邑各澳商渔船户，全刊敬立。"

20. 漳州市诏安县梅岭镇宫口村天后宫现存清乾隆三十九年（1774年）立的《船户执照碑》（图3-10）

碑高200厘米，宽60厘米，碑文400余字。该碑记载清廷收复台湾后，康熙皇帝颁发"开海贸易"谕旨，并对出洋贸易进行严格的限制，出洋船户必须出具澳、里、甲、族等画押、保结，并在船身烙上字号姓名才给颁发执照。但诏安当地官员却以颁发执照为由勒索船户，碑文称"已烙四五百船，无人告发"。直到何一元等人揭发后，此事才引起乾隆皇帝的重视，他命令福建分巡巡海汀漳龙道彻查。后来，贪官污吏被提讯查办，政府考虑渔民出洋只是为了养家糊口，便为他们颁发执照，进而索财，并立碑警示。

碑文："钦命福建分巡巡海汀漳龙等处地方兵备道、加五级、纪录三次蒋〇，为吁宪察拯救深烈事，据诏安县民何一元、林守六、田居应、何秀之、杨其宗、杨君明、何尔佳、黄猛荣连名赴辕报呈称元等呈控司攒许善添烙船号苛索一案蒙准……害必益深，烈惨难胜言，千号万恳，伏乞□察，重情拯救，焚溺滨海穷黎，生生世世，永感鸿慈廉既矣，荣情据此除批示，外合行示禁。为此，示仰诏属军民人等知悉，嗣后港字各船沿港捕采，毋许司攒，澳甲差役藉端清边，勒索规礼，如敢抗违，据寔赴拘究。乾隆叁拾玖年拾贰月〇日给。发给船户何一元等执照立石。"

21. 漳州市诏安县宫外南墙上现存清乾隆四十三年（1778 年）立的《领课盐石碑记》

图 3-10　宫口村天后宫《船户执照碑》

该碑高 80 厘米，宽 72 厘米。

碑文："特授诏安县正堂加三级、纪录五次、纪功二次杨〇，为勒石示禁以弊窦事。据渔船户沈成等呈称：生长海滨，采捕船为活，凡有大小船采捕船只，分季别为大、春、冬、海，届期遵例按额领配课盐，前去采捕腌浸，成例已久。缘本年三月内，各照常例领配课盐，外司哨等复欲每只船加配伙食盐三石，不已匍呈，蒙批。据称该馆于常例之外欲加配伙食盐三石，虽为裕课起见，但未兑税加征滋扰，候即谕止。续据再呈为恩准勒石，杜弊除萌等事前来。查渔船出口，领给鱼盐，以资腌浸，至令发伙食盐三石，前据具禀，业经谕饬禁止，准即抄录原批，勒石示禁杜弊窦。除批饬外，准即勒石示禁须碑。乾隆肆拾叁年伍月〇日给，众渔户呈首：沈成、吴伍、林连等仝立。"

22. 宁德市霞浦县长春镇传胪城堡现存清乾隆四十七年（1782 年）立的《泥埕堂断碑》（图 3-11）

该碑为霞浦县传胪村养殖滩涂的官司裁决文书。

图 3-11　传胪城堡《泥埕堂断碑》

碑文："福宁府霞浦县正堂加五级、纪录五次钱〇，照得霞邑山多地瘠，百姓濒海而居者十之八九。每乡藉海作生活计，如种蛏种蛤，其□也，大路一带珧山如磨，潮汐往来，土地不能种作，尽为泥埕，亦有粮银完纳。乾隆三十七年六月间，五路有朱圣拯、朱若上、陈作然、陈□竣、林波然，经年互相控告，彼此争界。经前县勘讯立案，查朱景俸始则以编审田粮单内添注泥埕，如画蛇添足。且生迹不符，复后以田地移换海税并赋。昔澳杨季应争埕，经由前任朱景俸冒照抹销立碑定案，后朱圣拯复觊觎泥埕，图大泥港柄，改为处积港，冒抄朱景俸，另□摘移。同陈起朝等承揾控争海埕。经前府宪徐批

饬，朱圣拯毫无执业照据，不准再管泥埕。其大泥埕港柄以北归公，并饬□详罚照影射罪由在案。朱圣拯等抗遵宪断，复行强占归公官池，且越界占插。复经由前县勘明，大泥港柄实左上芦坑之左，斜指对面葛洪山鳅依陈飞远照内立界管业，自上芦坑直至杨朱界石，清出归公。因朱姓聚族种蛳以资，俯仰恐其业，即令朱姓承租，每年纳租乙（一）失千文，转入养济院，并令朱圣拯名下追出花利钱二十千文交公，为冒占者戒。后朱圣拯、黄忽于遵依内添出□照管业字据，于四十年贿嘱，经承援例报，□寔节实同照，汇报编入田粮册内。其术已行，习风乃炽，浸淫于四十六年，陈廷述等复行诉讼，经本县查案批饬，差保查覆并檄令杯混□司吴□，勘明地界址，照会前县珠划分限立碑定界，而朱圣拯等胆敢暮夜抄灭，将碑拉抬沉匿五路桥下，业经亲提集讯，即朱圣言等。从前诡计多端，当堂断结亦俯首无词。查核通案前后，其中前府宪徐〇批详结，至公且明，可以讼根永绝，后因给租追利，朱圣拯等复汇

录请照，报匿弊多大开，遂至漫延至今，案悬莫结。试问海水茫茫，至泥埕亦潮汐所经，如何□及朱家，请照不过藉以为据，便作异日侵占地步，诈伪已可概见。本县因业经升报撤令照，佼立界，已属矜全格外，近复牵党□抄，情殊可恶，若据实申详，不特朱圣言一伙人众，均□于结，即朱璋亦□□□□。始念当堂实供，从宽免其深究，仍檄令□涵司照，原定界址立碑，并即令陈廷述、林交烈等将此堂告刻于碑上，以垂久远，永杜争端。此判。乾隆四十七年三月二十二日。传胪澳奉钱〇县主刻立。"

23. 漳州市漳浦县旧镇妈祖庙现存清乾隆五十六年（1791 年）立的《镇人庙记》

碑高 123 厘米，宽 55 厘米。《镇人庙记》主要是明确庙产"蚝泊一所"的四至。乾隆十三年（1748 年），因诉讼，庙中主事将其典当给私人。越十九载，旧镇众善捐资赎回。为杜绝日后再发生此类假公济私事，特勒石公告。

碑文："湄洲天后圣母由来旧矣，置有蚝泊一所，东至汛防前头中石，西至本港渡船头，南至港心，北至本处各店脚，界址明白，岁支租税以供费用，至乾隆叁拾柒年，社有公案，当事者书券出典给为私业，于今拾玖载焉。此虽一时权宜行事，揆之于理实有未合，兹幸诸同志各愿输诚捐赀赎回原契，复为天后圣母缘物。令曰：此一蚝泊也，皆为公置之缘物，今为劝捐之缘物，其断不可使，后之人假公行私，擅为废置，藉口公业妄肆侵渔也，审矣。余曰唯唯，因述颠末，并胪列诸同志姓名，俱勒诸石，永置庙石。自今以往，该佃者慎毋得短欠租税，而社中各家子弟亦毋得任意捞取蚝苗，以干神怒，而渎公议也乎，是为叙。张云、张应珥、张延喧、余应同、黄材、陈明玉各捐银贰元，徐宗、陈嫣赐、林壮各捐银壹元，陈北喧、陈添宗、吴篇、康时美、林德元、黄扶、张光、张奕善、洪治生、林振泰、陈钵、陈水、林汝济、叶志远、林载欣、张瑚琏合顺铺各捐银壹拾元，林济捐银贰钱。大清乾隆伍拾陆年岁次辛亥六月〇日，董事弟子生员张云，信士陈北喧等敬镌。"

图 3-12　璧山崖刻《三乡公禁》

24. 泉州晋江市深沪镇璧山现存清嘉庆元年（1796 年）立的《三乡公禁》（图 3-12）

崖刻："官仔口系泊船之所，凡□□、石块不许丢弃澳内，诚恐船只出入有碍。违者罚戏一台。嘉庆己卯年花月三乡公禁。"

25. 福州市仓山区盖山镇阳岐村水部尚书祖庙门前现存清嘉庆九年（1804 年）立的《示禁碑》（图 3-13）

该碑为官府判例。事由为渔户林寿等祖上寄泊闽县潭尾（今南台苍霞洲旧河段）等港，以摆渡、采捕为生，并承担林大兴等户下渔课，后因"人多地窄、谋食维艰"而从"北港"（即闽江台江段诸港）向新岐、阳岐、苏岐、高岐、土牛、南屿等闽江南港各地分迁，进入侯官地界，由此而被侯官水夫头张开勒索"贴差钱文"，而林寿等认为他们属"不值徭"的渔户，不应该被强派"水夫差"，从而引发争端。从碑文中反复提及"侯邑前水夫头林森……混勒郑永顺贴差"，以及"张开……苛勒渔户郑天香等贴差"等"前例"且"久定章程，示禁森严"，可见这是一起渔户因被勒派

图 3-13　水部尚书祖庙《示禁碑》

"水夫"差徭而呈控具结的官司，其结果是以"严禁勒派"并多处立碑示禁而成为"例"。

碑文："嘉庆九年拾月〇日，特授福州府侯官县正堂加五级、纪录十次王〇，为违例勒索等事。本年九月廿六日准。署闽县正堂盛〇，本年九月十四日，据渔户林寿、陈位、刘宝、江兴、连林安、连发、翁成、欧八、郑德桂、林长、杨五、林兴受等呈称'窃寿等上祖系辖下潭尾等港渔户，摆渡采捕为生，递年应输台，辖林大兴等户渔课。迨至地窄人多，谋食维艰，或觅洲地，年供洲主完赋，兹批铰鱼埕，年贴埕主输课。接踵移埕，寄栖侯邑新岐、阳岐、苏岐、高岐、土牛、南屿等港。寄栖之下，在台承输渔课钱粮，在侯按户复有完纳四分八厘课税，两邑供课，征册串据确凿，历今多载，并无承值侯邑水夫之例。讵侯邑新充水夫头张开等，倚藉地棍，不照久规，胆敢欺噬，竟行擅率闽党多人，勒馈贴差钱文，寿等与较，恃众肆凶，惨不可言。泣思渔户原有供课、值徭之别，久定章程，示禁森严，开岂不知？寿等只应供课，不应值徭，岂容违例重勒？明系渔户易噬，放胆恣意鱼肉，若不邀恩禁止，焉解倒悬荼毒？且侯邑前水夫头林森，于嘉庆二年越邑混勒郑永顺贴差，顺控前台，示饬勒碑洪江示禁。岂现在张开于本年八月间，苛勒渔户郑天香等贴差。香等照案呈控，前陛主蒙移示禁，各在案，墨迹未干，复行横勒在开等，心切噬民，愍不畏死。但寿等身为鱼鳖，□□□生，惟有金恳政先除害，一视同仁，既承□□□迁移侯邑示禁，以拯水火，玉笔阳春，群渔颂德。切呈'等情到县据案。照先据渔户郑天香等佥控张开勒派水夫差钱，当所立禁，前任查明，张开勒派在案。兹据前查张开等复敢违禁混派，殊属滋扰，合就查案移，明示禁。为此，关诸清数查照，希即出示严禁水夫头张开等毋许仍向各渔户林寿等再勒贴差钱文，是及寅填，望切望速等由，准此合行示禁。为此，示仰水夫头张开知悉，自示之后，毋许仍向渔户林寿、陈位、刘宝、江兴、连林安、连四、连发、翁成、欧八、郑德桂、林长、杨五、林兴寿等勒取贴差钱文。如敢故违，藉端滋扰，一经该渔户等指禀赴县，定即严拿，究办不饶。宜凛遵毋违，特示。

署福州府闽县正堂、加五级、纪录十次蓝〇，为再恳恩全，求保渔事。嘉庆九年十月十六日，秘外弄陈位、刘宝、江兴、连林安、连四、连发、翁成、欧八、郑德桂、林长、杨五、林兴寿、林长、郑深栋、林国福、翁华贵、林兴受、江长萌、陈阔等，□□石前事词称'窃寿等上祖系辖下潭尾等港渔户，摆渡采捕为生。迨到地窄人多，谋食维艰，接踵移埋，寄栖侯邑新岐、阳岐、苏岐、高岐、土牛、南屿等港。在台在侯按年承输渔课，寿等历久两邑，只有供课，征册串据确凿，历今多载，并无承值侯邑水夫之例。伹侯邑新充水夫头张开等欺负渔户，胆敢籍闻，违例率伙勒馈贴差钱文，寿等与较，恃众肆凶，于九月十四日声讨叩案，合叩台阶，蒙准照案，移明示禁。苟蒙秘情开移侯主，饬承查明郑永顺、郑天香两次被勒贴差示禁旧案，并汇寿等两邑输课，征册串据，经给示各港晓谕在案。核清之日，寿等大港众渔，深感恩主鸿仁，莫不朝夕焚颂。惟皆此示，属保家救命之符，但恐日久不妥，风雨损坏，又虑开等头客。伏查旧案郑永顺，被勒贴差控，蒙明主示饬勒碑洪江禁革，顺等亦系渔户所禁情节，亦负勒贴水夫与寿等，现发□洪江，告示禁文石碑，合同示禁，庶群渔永保无虞，实为保□除弊之大总者也，玖税切呈'等情到县。据此案，照先从该渔户林寿等几报呈茧缫出巢，移明示禁在案。兹据前禁将合行勒石永禁。为此，示仰水夫头张开知悉，嗣后如遇差事派拨水夫，毋再向新岐、阳岐、苏岐、高岐、土牛、南屿六港供课渔户林寿等，勒索贴差钱文，滋扰累。如敢抗违，一经查实□□□，定即严拿水夫头正身，赴县以凭从重究办，决不姑宽。至港渔户名下应完课税，各宜按年输课，将如有拖欠，并干究办，各宜凛遵毋违，特示。"

26. 泉州石狮市蚶江古渡头现存嘉庆十一年（1806 年）立的《新建蚶江海防官署碑记》（图 3-14）

蚶江地处泉州湾口，襟崇武、獭窟（今惠安县），下带祥芝、永宁（今属石狮市），以日湖（蚶江石湖）为门户，以大、小坠（晋江入海处的两岛屿）为藩篱，内则洛阳、浦内、法石诸港（泉州市郊），直通双江（晋江与洛阳江）。乾隆四十九年（1784 年）蚶江被朝廷指定为与台湾对渡的唯一港口。嘉庆十年（1805 年）三月蚶江海防官署开工，翌年秋九月告成，历时 1 年零 6 个月。新建的官署规模宏大，总计花银13200 两。该碑立于蚶江海防官署内院，俗称《蚶江对渡碑》，花岗岩石质，长方形，圭首，高 234 厘米，宽 86 厘米。碑额阴刻篆书"新建蚶江海防官署碑记" 10 个大字。正文阴刻、楷书，记载清代蚶江的海防设施及与台湾鹿港对渡之事，系泉州府海防通判郑奎撰，候选教谕许温其书。该碑在"文革"初被破为两截，分别放置于厕所墙上和水渠上，后文物管理部门将其搜集黏合重立于原址。碑文记录乾隆年间政府在此地设立海防厅以加强管理并征税事。该碑是研究清代海防及海峡两岸关系的珍贵实物。1996 年，福建省人民政府公布其为第四批省级文物保护单位。

碑文："古往今来，官分职，职有治权，各视其命，以为崇义，凡以昭为制，重令也。丹江口为泉州总口，与台湾的鹿仔港相接。上襟崇武、獭窟，下带祥芝、永宁，以

图 3-14　蚶江古渡头
《新建蚶江海防官署碑记》

石湖为门，有大大小小的山石为篱。内城洛阳，内城法石诸港，直通双江。大小商鱼，往来利涉，其视鹿仔港，为直户庭耳。利所在，群趋若鹜，于是揽载越人，弊病丛生。甲、乙各有利弊之分，各立一方，议设正口，乃移福宁府通判于蚶江，专管挂验、巡抚台台运及近辖词，而以鹧鸪巡抚改隶。盖滨分防通津，派人驻守，若斯之隆也。顾建治之举，原议虽已成规，而在事者亦因经费困难而每虞度支绌。因循此二十年，大都已为郡城以为治，而又租口馆于蚶江，置丁胥焉。给癸亥冬代篆士职，念港紧要，责任匪轻，且当洋匪藤条，防宁尤难刻离，乃职愈殷而治未立，乌乎可言？陈于院院司，遵规守纪，领银三千六百余两，购前埯民地，累石定基，营建之。经乙丑春三月初一日起，是冬至，以台警停课，至丙寅夏六月续修，秋九月复修。后海面山，西南绕绕以周垣，外为照墙树栅，东西吹亭各一，前后厅事五进，左花厅一进，合神庙、科房、书室、旁舍、厨厕，共七百四楹。取其良，用其良。查账时，除了领销外，其余的零钱都被扣掉

了。所以蚶防一官乃有治，以为奉职之所。方今天子圣加意海疆，简舟师，严保甲，将大浸肃清，奠安商渔。以身作则，睹制度之崇闳，思虑之繁琐，何如战战兢兢者？其为三载之食，以治之，不遗余力，故略言颠末，俾后之君子，于事三言之，是也。

嘉庆十一年岁次丙寅秋九月吉旦，署理泉州府蚶江海防通判事、长垣知府、长垣知府兼宣政殿学士、同安许温其书。"

图 3-15　安溪县城隍庙
《清溪城隍造船碑记》

27. 泉州市安溪县城隍庙现存清嘉庆十七年（1812 年）立的《清溪城隍造船碑记》（图 3-15）

该碑高 210 厘米，宽 110 厘米，记载当年为解决每年春斋醮迎傩之资，置造溪船两条，自泉州运盐至安溪，并免收税费，取其余息以为醮费用。

碑文：吾闻之，为治者先成民而后致力于神。安溪城隍尊神，灵应如响，水旱疾病，凡有求必祷焉。宰斯邑者，有大疑狱，诀一质于神，无不立剖，以故崇祀维虔，每年春斋醮迎傩，不惜重费，礼节殷繁。在邑中者，乡纠四街，岁各举一人董其事。虽严礼尽物，咸秩叙而荐焉，不敢辞也。前任知县鸥海叶公，念答神贶无穷，民力有限，捐俸金，并鸠邑人赀，置造溪船二，交付每年董事，募工运货生息，以充醮费，裕免僃盐官料等役，自有斯举，邑民便之，所谓'先成民而后致力于神'此其是欤。余莅斯土，谂知县鸥海公宰邑善政，无非以敬待神利民为要，置造斯船，有合于'先成民而后致力于神'之义也。恐后之宰是邑者视为无关政治，故谨志焉，亦使知有其举之莫致废也，岂不垂休光哉，是为记。安溪县知县加五级、纪录五次夏以槐撰……汛防：林邦臣……嘉庆拾柒年贰月〇日，仝立石。"

28. 泉州市南门关港口现存清嘉庆十七年（1812 年）立的《奉宪示禁碑》

宋元以来，泉州沿海的商业港口与乡族保持着相当密切的关系，虽然有些重要的港口后来为官府所管理，但是港口的许多业务依然不能摆脱地方乡族势力的控制。

该碑是嘉庆十七年晋江县府出示禁止泉州南门关港口出海要道新桥一带地方乡族势力把持港口业务、苛索来往商船的条文。

碑文："奉宪示禁碑：特调晋江县正堂加六级纪录五次赵〇，为详请出示以安生业事。照得郡城新桥溪，上接安永，下通外海，商贾船只往来漂泊，络绎不绝。前现慈济、浯渡二铺居民、铺户人等，就于该溪填筑侵占……旋据慈济铺余有庆等佥称，凡有店后临溪，概系民地，原承印契，山□□□，每多冲坍，由来已久，不敢尽弛而起，是□□留余地，□固店屋，其淤泥浮积原基，旋积旋崩，并非实地，亦无侵碍水道。现在可勘，并恳出示，以标识端等情到县。据此，当即饬委捕衙查勘。去后，□据该衙勘复慈济、浯渡两铺情形前来，除准其免税并将原示吊销外，合行出示安业。为此，示仰差役人等知悉，自示之后，尔等务遵法纪，守分奉公，毋得藉端滋扰，俾居民、铺户人等各安生业。倘敢阳奉阴违，一经案出，或□告发，定行重处不贷，其各遵凛毋违，特示。嘉庆拾柒年陆月〇日给。"

29. 泉州晋江市深沪镇港阜社区海港边崖壁上现存清嘉庆二十四年（1819 年）刻的《澳规》（图 3-16）

该澳规刻于石，是璧山崖刻组成部分，系乡人为海港环境保护所立的禁约。

碑文："官仔口系泊船之所，凡□□石块不许丢弃澳内，诚恐船只出入有碍。违者罚戏壹台。嘉庆己卯年花月，三乡公禁。"

**图 3-16　港阜社区海港边崖刻《澳规》**

30. 泉州晋江市刺桐港三湾东石村妈祖宫现存清嘉庆年间立的《船中规条序》

碑文："盖闻虞柯作舟，锡嘉名于艅艒；青齐煮海，夸美利乎鱼盐。陆事寡而水事多，九嶷风云；船为车楫为马，古越生涯。吾乡僻处海滨，民贫地瘠。黄粱白糈，难供朝夕之需；霓帱云帆，快睹往来之便。南径湘楚，欣看鹢首群翘；东市燕齐，仅得蝇头小利。在昔巨川济□，既饶鹦鹉之舟；于今生齿日繁，不断芙蓉之舰。大则飞龙取义，任重万钧；小因驰马为名，日行千里。第念人□多而巧出，事积久则弊生。既意见之纷歧，复贤愚之乖致。使同乡共井，或尺寸之必争；泊岸依沙，更睚眦以相报。偷风积胃，不知其非矣。今后酌定章程，参访者百名十姓，询谋可否或闻……梓民可乐业而居，及而不劳□而治。务期共相体谅，勿蹈前愆。晋舶吴□，足方□其□□；越艆蜀艇，讵能拟其凫趋。檀木兰舟，□文梓之奇姿。和风解缆，旨苍鹰之□质。细雨张帆，利荟东南；

图 3-17　丁氏宗祠《泉州府示碑》

□□□□，□□□□。□□□□，人识指南之路；奇搜山海，舟有睹海之名。冶铜之制无闻，刿木之风依旧。喜南山之在望，瑞表麒麟；卜东石以攸居，祥征龙马。惟愿将来之恪守，毋忘此日志殷勤。所有条规，开列于左。黄宗澄，嘉庆……东石。"

31. 泉州晋江市陈埭镇门斗丁氏宗祠回族史馆现存《泉州府示碑》（图3-17）

碑文："泉州府示：该里渔贩等船，不许湾泊斗门石墙，致命有蹋坏取罪。"

32. 福州市长乐区吴航街道和平街现存清道光元年（1821年）署邑主周珩立于梅花蛏埕的《奉宪示碑》（图3-18）

江海港汊之滩涂和近海是周边村

民种养捕捞的场所，村民常因之发生纠纷、诉讼甚至械斗。历代县府和当地士绅都就滩涂泥蛏埕和近海网位协商并订立规矩。县之北隅后山澳至梅花的泥蛏埕，自城西至浪头鼻山止，计阔一千零五十弓。南自文章洲至北海水潮退处止，计深一百五十五弓。沿边村民因生计屡有争端。明季就勒碑永禁侵占。乾隆间，董薛徐陈等姓村民又因之纠纷，时任长乐知事贺世骏勘详断结，将该泥蛏埕收归公有，归后山澳管业。清乾隆年间，浪头山一带村民复侵占，嘉庆三年（1798年）判结并立碑宪示。因时任县丞周元梓原勘不实，引起纠纷，案控累年，牍积如山。嘉庆二十五年（1820年）县民林则和、胡而星等与后山民人陈时斗，互控梅花澳蛏埕一案上告

图3-18 梅花蛏埕《奉宪示碑》

到福建布政使衙门。道光元年三月初四日，福建布政使司孙尔准，派督粮道冯云骧等查核积年案卷和实地勘察勘丈，认定周元梓原勘不实。时任长乐县令周衍判定将嘉庆三年所立奉宪碑即行拆毁，同时于道光三年（1823年）九月长乐知县周公珩新立《奉宪示碑》两方：一立于浪头山（今不知所踪）；二立于县署仪门，1954年长乐县委县政府建设干部宿舍时，将其打碎成八块用于砌基础。后该楼拆除，2018年将该地辟为小花园，清理地基时将之翻出，移于和平街司马里"丕满厝"大埕。该碑记录了清道光元年为解决长乐滩涂管理问题，立碑定界说明的相关内容。该碑是研究长乐渔业生产、滩涂管理的重要史料，具有一定的历史和考古价值。

碑文："署长乐县正堂加五级纪录十次周（珩），为抗官阻勘等事。道光元年三月初四日，蒙福建布政使司孙（尔准）宪，札据县民林则和、胡而星等，与后山民人陈时斗，互控梅花澳蛏埕一案。经督粮道冯

（云骧），奉前总督宪董（教增）批司核详当经前司移提各卷详，委前福粮分府李，会同前升县杨〇勘丈。以浪头鼻山鼻尖取正，直下至北，海水潮退为止，立碑为界。东属梅花澳，界内自北至南悉属梅花泥埕，应听澳民照旧采捕、输税。西属后山澳泥埕，应归陈茂士等管业。毋许偏斜侵占滋事。其地沙港既在梅花澳界内。嘉庆三年所立碑文，现经该厅查讯，系前县丞周元梓原勘不实，及已故之陈茂谷朦混请给，亦应如所请，即行拆毁，以杜影射争占之端等由，详。奉（兼署总督部堂韩、巡抚部院韩）批如详，饬遵转饬立碑定界等因，蒙此合饬，勒石明示：以浪头鼻山鼻尖取正，直下至北，潮退海水为止，立碑为界。东属梅花澳，界内自南至北悉属梅花澳泥埕，应听梅花澳民照旧采捕输税。西属后山澳泥埕，应归陈茂士等管业。毋许偏斜侵占滋事，各宜遵守，以垂永远，毋违须碑。道光元年九月〇日给。"

33. 宁德市霞浦县沙江镇天后宫现存清道光二年（1822 年）立的《奉宪永禁》

碑文："祖上俞、陈、盛、曾、汤、朋等于康熙二十九年（1690 年）间，在前州徐〇任内，请给东西两崎印照：东至大倪文岐，西至山仔火烧湾，南至青流三屿，北至沙洽横港中沁。其界内网门土名'密前土列''港东土列''角芦屿''自墓''南门''砚稷'等处，共年纳官银八两四钱三分，判佃挂网采捕，租归该村天后宫作香灯之用……道光二年一月，俞□□、陈□□、盛□□、曾□□、汤□□、朋□□仝立。"

34. 泉州市泉港区南埔镇邱厝村祠堂内现存清道光四年（1824 年）定立的《邱厝海荡决讼碑》

该碑为清道光四年（1824 年）邱厝部分村民立。碑为花岗岩质，高 130 厘米，宽 65 厘米，直首角，阴刻，楷书，字径 3 厘米，内容记载清道光初年惠安知县叶秉礼判决邱厝、外厝、施厝等乡海界划分诸事。

碑文："制宪赵〇、提宪许〇、抚宪孙〇、学宪韩〇、泉宪吴〇、府宪王〇、周〇各批在案，特加分府衔惠安县正堂加六级、纪录五次、大功四次叶秉礼，为查明旧界，出示晓谕，以杜事端。案据东林铺氏邱尾淑、邱江淑、邱悌淑等与外厝、施厝等乡林青选、林道、施邦俊等控争海荡一案。兹据邱尾淑、邱江淑、邱悌淑出具甘结，内称尾等祖遗海荡一所，历载纳粮。邱恰盛等八户海荡，坐在邱厝乡前，土名'邱涵'，东至柯家龙目石，直下双礁石为界；西至乌屿沙坂分流为界。潮水流东处，邱家之海；流西处，系五班之海。南至海头墩沙金，北至架山及深水为界，此系旧界址。嗣后各管各业，不敢混争滋事等情。并据林青选、施邦俊出具甘结，内称伊等五班公海，坐落土名'南埔港'，东至乌屿鲎尾，西至鬼石，南至埭上陡门柳厝尾，北至青港分流为界。此系旧管界址。嗣后旧管各业，不敢越界混争等情。各前采当，经本县提讯，据两造供词与所具结内界址相符。谕令照旧各管各业，并将各结附卷外，合行出示晓谕。为此，示仰东林铺邱厝乡邱姓、外厝乡林姓、施厝乡施姓、蔡宅乡麦姓、山仔乡吴姓、林柄乡王姓人等知悉：嗣后尔等务须各照旧界，各管各业，毋许越界混占邱家海荡；邱家亦不得混占施、林公海，滋生事端。如敢故违，一经察出或被告发，定即严拿重究，决不姑宽。各宜凛遵毋违，特示。道光四年四月〇日示。董事生员邱绸镇、邱滋德，童生邱亨璧，乡人邱贡淑、邱孟淑，抱告邱丑、邱四、邱石同勒石。"

35. 南平建瓯市徐坍乡杨墩村的杨氏祠堂门口现存清道光五年（1825 年）立的《禁碑》（图 3-19）

碑刻高 200 厘米，宽约 90 厘米。碑文有 500 余字，题名"禁碑"。该碑记述了当时村民随意砍伐阔叶林，开荒耕种，导致水土流失严重的状况。为保持水土，相邻村民共同订立规约，严

图 3-19　杨氏祠堂《禁碑》

禁乱砍滥伐。

碑文:禁碑:瓯之西,山林荫翳,田膏土肥,由来旧矣。近因茶盛利薄,山主租卖客民开垦种茶者甚伙,抑知茶地不时刻掘,土松石浮,一经大雨,漂流田间。轻则泥填沙积,壅塞沟洫;重则土颓石崩,邱甸成山。租何从出?粮何从办?上有妨于国课,下有病于民生,且也夭乔殆尽,樵子心伤;道途泥泞,行人未便。甚有坟栽培,抨碑飞骸,是种茶之为害,匪独生者受其殃,死者亦蒙其祸。前制宪董〇并各大宪屡行示禁,我乡杨公等亦呈控在案,曾蒙县主□霍谕示,实贴村中,严禁境内山场,惟植椮桐杉竹以佐□□,毋许租山种茶有妨禾黍。今即事远年湮,案牍犹存,凡我乡人尚其凛遵,倘敢违禁,私行租卖客民种插茶丛,挨户出头,鸣官究治,决不徇私,此所谓禁开垦以保田畴,保田畴以重国课。异日田园饶沃,丰亨有象,我等岂不永享其福哉!爰集同人,勒金勒石,将所议条规开具于左,以垂不朽焉。计开:

一杨锦舒捐出本境永尾,土名土主庙后山场一片,公众培植乔木,获荫风水,凡外姓亲友暨我乡人等毋得盗砍,违者鸣官究治。

一上至埠塝石桥,下至本境高党岭拨,本山主及外来人概不许开垦种茶。或有不惜金者,私行贿赂,一经查觉,立即退租。若或得钱,罚出归公;如恃强滋事,即鸣官究治。再有前界至境内不许放火烧山,违者罚戏一本,任是亲朋,断不徇情。

一本乡门前大洲原是园地,虽各有主,因遇水荡,界限难分。今众情愿充出蓄留树木,日后请出界至,各园主亦不得恃强砍伐等□。

一上至渡舡岩头,下至黄泥岭尾,路旁树木不许砍伐,违者罚戏一本。

一本山主自留树木原为佐食之需,不许盗砍,违者公罚。大清道光伍年岁运乙酉贰月〇日合乡公立。"

36. 福州市长乐区梅花镇现存清道光七年(1827年)立的《梅花镇乡约碑记》

碑文:"……吾梅前临大海,舟商出入,或遇暴风,多虞倾覆。而一二湾民,只知捞拾货物,鲜有拯救颠危。于是有奸艄盗卖客货,弃船登岸,遂指所拾船板,称为纠抢,卸罪于地方,以致泾渭不分,无辜被累。以后子侄如遇遭难之商,宜先救人种德,且免奸艄肆毒。倘再仍故习，定即指名禀究……吾梅以海为田，割网之患往往有之。前升邑侯杨公清轮任内，按律究办，宁谧至今。第继踵匪徒避此适彼，其所割之网，或有利其便宜私卖之者。以后宜物伤其类，倘仍故习，密察出，立即呈究不徇……"

37. 宁德市霞浦县博物馆现存清道光十一年（1831 年）立的《国泰民安碑》（图 3-20）

碑高 218 厘米，宽 72 厘米，厚 9 厘米，共 17 行，500 字。该碑是一块官府告示牌，从碑文内容看，刻碑目的是保护当时贩运台湾大米等进入霞浦贸易的客商。据民国版《霞浦县志·义行》记载，当时霞浦遭受严重自然灾害，加上"地方户口增每繁"，米粮奇缺，需要外来船运米接济饥民，即碑文所说的"全赖台米接济"。但是，外来粮船进港后屡受衙役、营兵借口查验敲诈勒索，米商不堪其扰，不敢进港。"米商无至者，民间嗷嗷。"福宁府李姓学员见状极为愤怒，自费独往省城，呈辞力陈弊端，终获

图 3-20　霞浦县博物馆《国泰民安碑》

"宫保总督部堂孙批本司等会详议覆"，责令霞浦严令禁止不法行为。

碑文：特用州署霞浦县正堂加十级纪录十次记功九次陈〇。为遵命批会议详覆事。道光十年十一月初六日蒙……钦加道衔福宁府正堂郑〇，札开道光十年十月二十八日奉钦命福建布政使司〇、督粮道强〇宪札奉宫保总督部堂孙〇，批本司等会详议，覆福宁府学生员李大堃，且禀福宁地方……程镇宪〇陈县主派拨兵役招徕米船查禁私索。民食得以接济，诚若米商无至者，民间嗷嗷……批如详，终行遵办，仍候抚部批示缴。又奉钦命福建巡抚部院校韩〇批如详移行遵命办毋违仍候督阵部堂批示缴奉此合行饬加备札到府，即便移行遵照严查私索……全赖台米

进口以资接济，倘有兵役奸民人等私索米船例规，一经呈□，即……府行县蒙此查此案。先奉院司宪饬议，当经本摄县查议，详请俯如该生李大堃所禀，在……闻无扰累，自必源源踵至，似可毋庸招商给照，免致周折等情……为此，示仰……人等知悉，嗣后如有船户贩运台米进港，听其随枭卖，不得扰累阻挠，倘有兵役奸民人等私向米船索取，例规一经察出或被呈控，定即严拏究治，决不姑宽。各宜凛遵毋违，特示。道光拾壹年岁次辛卯二月〇日立。"

图 3-21 下田街《示禁碑》

38. 漳州市东山县铜陵镇下田街大庙头北极殿门口现存清道光二十三年（1843 年）立《示禁碑》（图 3-21）

碑文："调署诏安县正堂加十级纪录十次卓异侯升周立，为出示严禁以安商民而免扰累事。道光二十三年四月十八日，据铜山乡耆廪生许士英等呈称：'窃思铜山滨海居民全赖驾船在洋，或捕采、或商贩营生，但人之存亡，命数所定，外出日久，死失常有。缘铜民船只往南往北生理，寄居外地，以船为家，风云不测，难保无舵水病故，抑在洋被盗劫杀之事，历来均照街例，给伊家属银三十元，以慰其心，从无异言。近来人心不古，如遇水手在船病故，以及被盗杀死者，屡有听咬诬赖以及串蠹索诈，受其荼毒，难以胜言。英等街里目击难堪，欲抱不平无力，幸逢仁台新政除暴安良至意，野无冤累，合邑讴歌，仰仗鸿仁，示禁将来若有舵水人等在洋身故，被蠹恶藉端滋害不休，商民靡安。爰敢相率佥呈叩乞恩，循民情出示严禁，以省后累等情。'据此，除批示外，合行示禁。为此，示仰铜山军民人等知悉：尔等如有伯叔兄弟子侄驾船外出，充当舵水，不幸在船病故，或在洋遭风漂没，以及被盗劫杀者，务须按照议定旧规，向船主取银三十元，以为葬祭之费，以及水手在外港游荡跟船不及者，或图别利路即发祭、船回籍者，该家属不许藉端滋索，毋得听唆赖诈，如敢故违，一经访闻或被告发，定即确按情节照例究办。本县言出法随，决不宽贷，凛之慎之。毋违。特示。道光贰拾叁年五月二十九日，示发贴铜山大庙头晓谕。"

39. 福州市连江县苔箓镇黄岐北茭村现存清道光二十八年（1848年）罗源船户立的《转盐运使示禁碑》（图3-22）

该碑记录罗源帮商人林豫亨向督宪和盐法道控告连江县下屿馆盐哨勒配罗源县渔船的事端，请求盐法道禁止连哨勒配之事。该碑由罗源县渔户公立，缘于罗源渔户出海行至下屿洋面经常受到连江县哨捕阻挠，要求渔户必须到连江盐馆重新配盐，遂使得罗源帮馆盐滞销。该碑示谕各澳馆哨人等，不得为难出洋渔商，藉端勒配。

碑文："钦命福建等处转运盐法道加十级记录十次戴〇，为给示严禁事，据罗源帮商人林豫亨禀称："切亨承办罗源帮全赖在地渔

图3-22　北茭村《转盐运使示禁碑》

船领单配盐，出洋采捕淹浸鱼货。近缘连哨叶贤瑞，林十七等倚籍巡船名色，混请连邑主执照，每在下屿洋面拦截渔船，勒令重配。以致罗帮渔船户裹足不前，并不赴馆令配。陷亨引领莫能输销，课从何出？查嘉庆十七年间，蒙前道宪麟示禁，嗣后罗帮渔船出洋采捕，连帮馆夥哨等毋得留难勒拖阻挠，倘蹈前辙或被告发定即提辖究办等因在案。今连哨叶贤瑞等仍敢复蹈前辙，本年六月间经亨等禀蒙前升宪武批示，查行盐各有界限，即渔户出洋采捕配盐淹浸亦有限制，不容隔邑任意勒配。据禀连江县下屿馆盐哨混用执照，强勒重配。侯先饬罗连两县确切查明，

据实禀复，以凭出示严禁等因，并蒙饬行罗连查复在案。唯连邑主有心袒护，仍纵督哨叶贤瑞等在下屿洋面籍端勒索不已，沥情再叩恩准给示严禁。毋许连帮馆哨再行拦截，混用执照，勒令重配等情到道。据此查罗源商帮渔船出洋采捕，向系遵照定章赴馆配足官盐，随带淹浸承领贩单为凭。经过别处商馆不得勒令重配。前据该商林豫亨并船户余顺发等禀控连邑下屿馆盐哨混用执照，强勒重配索诈等情，旋据罗源县禀请查核示禁等由，复据该商具禀前情，除分扎罗源帮船户、盐户向遵定章赴罗源泉商馆领单配盐，随带淹浸出洋采捕，该哨捕等毋得拦截，混用执照强勒重配，籍端需索，以及强抢货物情事。自示之后倘敢抗玩不遵，复蹈前辙，一被告发，定行提辕从重究办。本道言出法随，毋稍轻试，凛之，特示。道光贰拾捌年拾壹月○日，给罗邑渔船户公立。"

图3-23　黄崎镇古城门《转盐运使示禁碑》

40. 福州市连江县黄崎镇北茭古城门现存清道光二十八年（1848年）立的《转盐运使示禁碑》（图3-23）

连江县洋面辽阔，北达西洋岛，南达南、北竿塘（即今马祖列岛），东达东涌岛（即今东引岛）。海岛众多，港口优良。进入渔汛时节，连江县渔民来此捕捞，水域相连的长乐县、罗源县等渔民也来此捕鱼。壶江湾虽属闽县所辖，但盐课由连江县属商人办理，两者合称为"连壶帮"。渔户必须配买食盐腌鱼，命令闽县、连江县令指派官差协助商哨巡查，以保证渔民赴盐馆配盐。对赴浙江洋面捕鱼的船只配盐，官府强调渔船应在所属州县配盐，命令渔船先配足盐斤再出口。渔船归来时，按船查验，不许盐货不符，不许混用浙江盐票。规定极为细致，针对不同商船尺寸规定携带的食盐数量，不同钓船所需配盐的数量，以及鲥鲕、带柳、鱼鳖、虾皮、虾蚱、蛏肉和虾苗一担的配盐数量，可操作性很强。

碑文："连壶帮地，四面环海，民食稀少，专藉商渔船只领配官盐，以疏课额。近因渔户人等贪利接私，置官盐于不问，以致滞销悮课。嘉庆十七年七月，据该帮商人林世通禀请，查照旧章定配。凡商船出口所需伙食盐斤，按船只大小配给。如梁头一丈八九尺至二丈以上者，每船配盐一百二十斤；一丈四五尺至一丈六七尺者，每船配盐一百斤；其一丈至一丈二三尺者，配盐八十斤；不及丈者，配盐六十斤；其不及十人或仅赴邻境小本经纪者，应令减半，每船配盐三十斤。至钓船出洋采捕，按照所带杉板，以定配额。带杉板一只者，每季各配盐六筐；带杉板二只者，每季各配盐十二筐；带杉板三只者，每季各配盐十八筐；最大钓船，带杉板四只者，每季各配盐二十四筐。如采捕其鯖鲖，每担配盐四十斤；带柳一担，配盆三十五斤；直繁一牲，配盐三十斤；虾皮、虾蚱、蛏肉一担，配盆二十斤。而娘苗一项，配销尤广，向例以天时之寒暑定配盐之多寡，如正二等月，每虾苗一担配盐二十斤；四等月，每虾苗一担配盐三十斤；五六等月，每虾苗一担配盐五十斤以上。"

41. 福州市长乐区东洛岛现存清道光三十年（1850年）立的《示禁碑》（图 3-24）

渔民以海为田，在海洋作业中，需要大量的食盐腌制鱼货，对盐的需求很大。连江县与罗源县、长乐县围绕渔船"作业洋面所属地配盐"还是"归属地配盐"，出现长达半个多世纪的争端。罗源、长乐等地渔户在本地官府和盐商支持下，纷纷以"各归各籍配盐"表达利益诉求。该碑由长乐县各澳船户于道光三十年所立，称"转盐运使碑"，又称"示禁讯兵扰民碑"。碑记录了长乐各澳渔商船户高元进等向盐法道请求重申旧定章程，各归各籍配盐，不准勒配之事。示谕各澳馆哨人等，不得为难出洋渔商，藉端勒配。

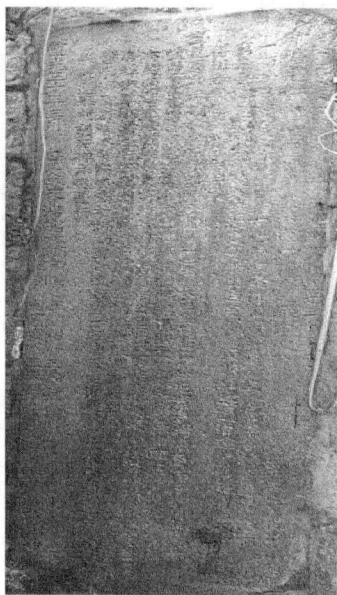

**图 3-24　东洛岛《示禁碑》**

碑文："长邑各澳渔商船户高元进等具呈，于道光三十年二月初二日案奉钦命福建都盐运使司法道加十级纪录十次戴〇，批准候查。照旧定章程出示禁止：一面分檄沿海各县遵照办理可也，并经壶江帮课馆禀请立定查程，各归各籍配盐清单，俾免穷渔逐层叠遭剥索。嗣后各澳渔商等船配盐完课请领贩单，经过沿途帮、埠、馆、哨查验放行，不得阻勒拖延有误潮市。并蒙盐道宪出示晓谕，勒石永禁，暨分檄连邑主、长邑主遵照办理在案。各澳渔商船户出洋采捕淹浸，务须照章完课，各归各籍配盐，请领贩单为凭。所有经过沿途各馆埠守捉，候潮亭治处所之边邑、北茭、黄岐、定海、小埕等渔馆哨人等，查有各埠贩单即当放行。毋得剥削穷渔，籍端勒配。倘验无贩单即行押令回籍补配，该渔户等不得营私漏配，馆哨人等亦不得藉端勒索。如敢故违，一经告发即严办不贷。各宜凛遵毋违，转示奉此，遵奉刻石，永远遵行。道光三十年三月〇日，长邑各澳船户：高元进、王乡利、王茂盛、陈长、翁振利、陈巨利、刘福利、王天兴、陈龙兴、曹用铣等勒石。"

**图 3-25　铜陵镇碑廊《蛏埕涂泥不许地棍豪霸占碑记》**

42. 漳州市东山县铜陵镇碑廊现存清代立的《蛏埕涂泥不许地棍豪霸占碑记》（图 3-25）

碑文："宪行府县立石永禁蛏埕涂泥不许地棍豪霸占碑记：漳州府诏安县正堂□〇……地棍豪霸占……铜陵山通洋武生王……"

43. 泉州晋江市东石镇白沙村张圣真君庙现存清同治七年（1868 年）立的《甘结碑》（图 3-26）

福建沿海渔民常因海滩地界纠纷不断，甚至引发乡邻械斗。该碑高 160 厘米，宽 48 厘米，记录清代因海荡界址不清引起械斗后官府处理的告示。该碑有相同的两方，另一方立在郭岑村。

碑文："同治七年四月〇日。谨奉

宪谕将甘结呈刊刻石碑。具遵依结状，白沙乡族长周核等，今在提府宪大人台前结得核等：白沙乡与郭岑乡，郭杨姓氛，因白沙乡后海海荡与郭岑乡前港海荡相连，界址不清，互相争斗致伤人命案，经控县勘验，屡断屡斗，历年以来两乡各有毙命。核等自知罪无可逭。兹蒙提宪大人亲临，格外施宽其已往之咎，不加剿办，提府讯问。今核等自愿将后海海荡无论何姓所管概行归官，各无争执。至两造被杀人命，仍归晋江县主验勘拏凶究抵。自结之后，彼此两乡族长均当结束子侄，永远和好，断不敢再滋事端。倘有不肖子侄敢以细致微嫌仍蹈故辙，复行争斗，各族长家长当

图 3-26　张圣真君庙《甘结碑》

自行捆送惩办。如家长族长敢于袒护庇纵，听凭大兵临乡从重剿办，核等虽死无悔。除将各字据当堂呈缴，并将此结各刊刻石碑，竖立两乡宗祠，并候委员到乡察验外，具遵依甘结是实。具遵依结状人：周核、周只、周和、周枫、周辖、周小滚、周帆、周宣、周浮、周敬、周余、张的全立。"

44. 福州市连江县马祖北竿岛塘岐村马祖民俗文物馆现存清同治八年（1869 年）立的《闽浙总督告示碑》（图 3-27）

连江县马祖列岛北竿岛塘岐村和马祖列岛北竿塘桥仔村各立一通石碑，其中《闽浙总督告示碑》现存于马祖民俗文物馆一层。清同治八年马祖北竿岛渔民因配盐贸易与连江帮盐商发生争执，连江帮商民援引盐法志载嘉庆年间案例，认为长乐渔户在连江洋面采捕应就连江帮配盐。此论遭到闽浙总督反驳，认为渔船出洋应该依照既有章程就籍配盐，遂通行告示禁止。

该碑有连江帮商民援引盐法志载嘉庆年间案例，不过，闽浙总督反

驳认为渔船出洋应该依照既有章程就籍配盐；换言之，即以何处之船配何处之盐。总督认为连江盐商借盐志旧案混淆视听，并借此需索渔户重新配盐，遂通行告示禁止。该碑为研究两岸经贸往来、马祖列岛开发、经济发展，以及与福建等地关系，都提供了极其珍贵的史料。

碑文显示，连壶帮盐商陈建丰勒配在连江洋面作业的长乐渔船，于是赴马祖列岛捕鱼的长乐渔民、长乐县归朴户黄连三向总督控告连壶帮盐商陈建丰的行为，请求总督给予示禁，得到的示禁批准之后，先后在北竿塘及筱埕镇立图碑。

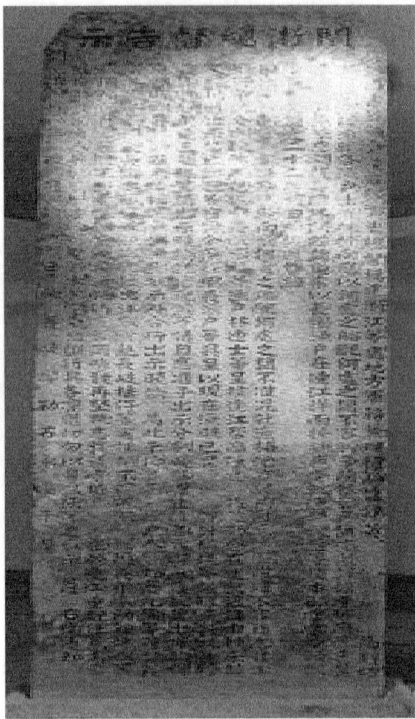

**图 3-27 马祖民俗文物馆**
**《闽浙总督告示碑》**

碑文："闽浙总督告示：兵部尚书兼都察院右都御史总督福建浙江等处地方军务兼理粮饷盐课英〇，为剀切晓谕事。照得沿海渔户出洋采捕，向应以何处之船配何处之盐，不容纷争。前据福建沿海盐法道详据连帮商陈建丰具禀，援引盐法志开载嘉庆年间前盐道案，以长乐渔户在连江洋面采捕，应令就连帮配盐等情。本部堂查渔配章程续于道光二十二年间，寻由盐道详经前代办督部堂官，曾批复应照章何处之船配何处之盐，不准混就渔捕地方配销。自应循照办理，不容藉旧案混行争执、分析、批饰。嗣据□甲长陈承福等，渔户林迎士等呈控，连江帮商陈建丰特强勒令在连配盐，请辖示禁。又经批道：出示禁止勒配各在案。今复据甲长渔户等具呈，以现在渔汛已届、□□□百计拖延等情，殊属藐玩。并据长乐樸户黄连三赴辕呈请出示，分别晓谕禁止。俾各乘时就籍配盐，出洋钓捕，免误汛期，并听勒石永禁，杜绝争端。除呈批示外，合行出示晓谕□，为此，示布各商帮渔户人等知悉；凡尔等籍隶长乐各渔船，务须就长乐本籍埠馆照例配盐出洋，照常赴长岐、桥仔等处采捕，不得买私□配。尔长乐埠所、馆伴人等务须循照旧章授配，不得索扰阻挠，致误渔汛。倘连帮商哨敢再坚执志依旧例，恃强勒逼，在于连江重配，任意需索阻挠。许该渔户人等据实指告以凭究办。本部堂令出维行，其各凛遵，切勿以身试法，□之□示□遵□右谕通知。同治捌年玖月拾肆日，给长岐澳勒石，永远示禁。"

45. 漳州市东山县铜陵镇风动石景区碑廊现存清同治八年（1869年）立的《渔网碑》（图3-28）

《渔网碑》原被废弃于东山县铜陵九仙山上，被人为拦腰凿断，1998年被镶嵌于铜陵镇风动石景区碑廊。碑高115厘米，宽80厘米。该碑记载着历史上铜山和金门水师保护福建海域的史实，为研究清代福建渔业史和闽台海防文化提供了新例证。

《渔网碑》碑文开头受损，所立时间仅为"□□八年五月十九日"。金门《严禁渔网陋规碑记》所立时间是清同治九年（1870年）二月，其内容与铜山《渔网碑》如出一辙。由此推断，铜山《渔网碑》所立时间应是清同治八年（1869）五月十九日。《渔网碑》反映出当时的铜山在福建省海洋渔业中具有重要地位。清代中叶的铜山，居民大半业渔，渔业生产已经相当发达，作业区域近则内海，远则今天的闽、浙和台湾海峡渔场。碑文反映出乾隆朝末年，海疆不靖、盗匪横生，兵丁与盗匪狼狈为奸，严重影响了东南沿海的渔业生产与财产安全。

碑文："□□八年五月十九日，奉诏安县杨○、奉本府宪杨○札、奉按察司康○札、总督部堂英○批。为示禁事，照得闽省沿海居民以海

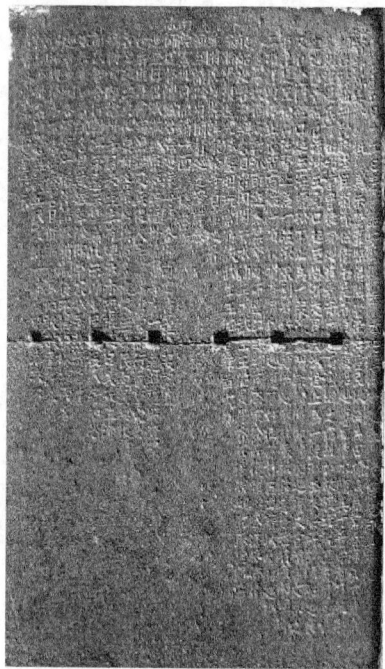

图 3-28　风动石景区碑廊《渔网碑》

为田，捕鱼为业。自海氛不靖，渔网每被窃劫，勒索渔户捐资保卫。于是有自雇艇船巡护，有请水师兵丁看守者，乃艇船多与盗通，兵丁惟知索费，徒有巡护看守之名而渔网之窃劫如故。嗣经税厘局司道议定《巡护章程》：自福州五虎口起至闽浙交界之沙埕止为一段，派李参将所部师船巡护；自金门镜口起至海坛松下止为一段，派金门郭镇所部师船巡护；又自闽粤交界之南澳起至铜山、陆鳌止为一段，派梁副将所部师船巡护。详奉批饬遵办，并将渔船、网捐二项，详明停止，仅留商船一项收捐济用，以资巡护。乃奸徒诈计百出，藉以雇船巡网为名，屡次借端勒派。即经□□□示禁，严行惩办□□矣。连江渔网户李家发等，复敢假公济私，借雇艇船巡看渔网为目，串同闽安水师兵丁武生王佑略等，各在澳按网收取，李参将拿获送究，殊属胆玩，当将该武生王佑略详革究办，并将连江县李家发等雇巡看渔网，税厘局司道请拨舟师督巡之案，详奉两院宪批司，一面移咨水师提督转饬沿海巡洋舟师，各照前定章程，分段认真巡查，毋得派收网费。暨饬福州、福宁等府，□□遵照，随军查拿，如有匪徒偷窃渔网，及兵役人等藉端勒索，即行严拿究办，在案。兹查兴化、泉州各属岛屿尚多，难保无奸民勾通兵丁藉端勒索，即福州等属，未经立有碑示，亦恐棍徒日久顽生，潜萌故智，合行勒碑，永远示禁。为此，示仰兵丁人等知悉，尔等应知看网名目业经革除，即李家发等□□自雇巡船看渔网名目，一概详请撤销。嗣后不得再以看网为名，勒抽规事，亦不得变换名目，藉端科派。倘敢故违，许各该网户指名秉控。无论兵民，定即一体严拿惩办，决不宽贷，各宜凛遵毋违，特示。"

46. 金门县金湖镇现存清同治九年（1870 年）立的《严禁渔网陋规碑记》

晚清的金门社会矛盾急剧恶化，经济日趋衰败，同时防守汛口的官弁积弊已深，缉盗安民，藉端勒索，甚至与盗匪相勾结，福建沿海渔民不堪兵丁索费，尤以兵丁与盗贼勾结祸害最大。金门金湖镇《严禁渔网陋规碑记》因受风沙侵蚀严重，碑文字迹已斑驳难辨。《严禁渔网陋规碑记》是金门县丞郭炳章所立告示，重申朝廷禁令。

碑文："奉宪裁革渔网陋规示，同治庚午年花月榖旦立，为示禁事，照得闽省沿海居民，以海为田、捕鱼为业，渔户为防捕鱼时被盗匪劫掠，渔网被偷，故有自雇艇船巡护，有请水师兵丁看守者，乃艇船多与盗通，兵丁惟知索费，徒有巡护看守之名，而渔网之窃劫如故。每规范捕渔户渔网保护，嗣经税务司道议定《巡护章程》，自福州五虎口起至闽浙交界之沙埕止为一段，派李参将所部师船巡护；自金门镜口起至海坛松下止为一段，派金门郭镇所部师船巡护；又自闽粤交界之南澳起至铜山、陆鳌止为一段，派梁副将所部师船巡护。详奉批饬遵办，并将渔船、网捐二项，详明停止，仅留商船一项收捐济用，以资巡护。乃奸徒诈计百出，藉以雇船巡网为名，屡次借端勒费，即经□□□示禁，严行惩办□□矣。连江渔网户李家发等，复敢假公济私、借雇艇船巡看渔网为目，串同闽安水师兵丁武生王佑略等，各在澳按网收取，李参将擎获送究，殊属胆玩，当将该武生王佑略详革究办，并将连江县李家发等自雇巡看渔网，税厘局司道请拨舟师督巡之案，详奉两院宪批司撤销，一面移咨水师提督转饬沿海巡洋舟师，各照前定章程，分段认真巡查，毋得派收网费。暨饬福州、福宁等府，□□遵照，随军查擎，如有匪徒偷窃渔网，及兵役人等藉端勒索，即行严擎究办，在案。兹查兴化、泉州各属岛屿尚多，难保无奸民勾通兵丁藉端勒索，即福州等属，未经立有碑示，亦恐棍徒日久玩生，潜萌故智，合行勒碑，永远示禁。为此，示仰兵丁人等知悉，尔等应知，看网名目业经革除，即李家发等□请自雇巡船看渔网名目，一概详请撤销。嗣后不得再以看网为名，勒抽规事，亦不得变换名目，藉端科派。倘敢故违，许各该网户指名秉控。无论兵民，定即一体严擎惩办，决不宽贷，各宜凛遵毋违，特示。金湖保、溪边、□湖□□□同泐。"

47. 泉州市丰泽区凤屿社区昭宝宫清同治十三年（1874 年）立的《凤屿渔业乡约碑》（图 3-29）

碑文记载清同治十三年，乌屿岛上的董渥淑与王杉良两户渔民家族，为打捞鱼苗起了争执，殴打致人受伤一案。当时的晋江县官府派官差传唤王网、王尺淑等及董焕典、董焕坛等当事人。根据王姓的口供：近海小鱼苗 2 月到 7 月为盛产期，在这 6 个月的时间内鱼苗还没有长大，如果此时有人捕捞，将严重影响渔业资源的发展。董姓多年来习惯使用罾网捕鱼，但突然禁止他们使用罾网，生计会出问题。于是官府做出裁决：董姓的渔民在接下来的三年时间，每年 2 月到 7 月鱼苗生长期

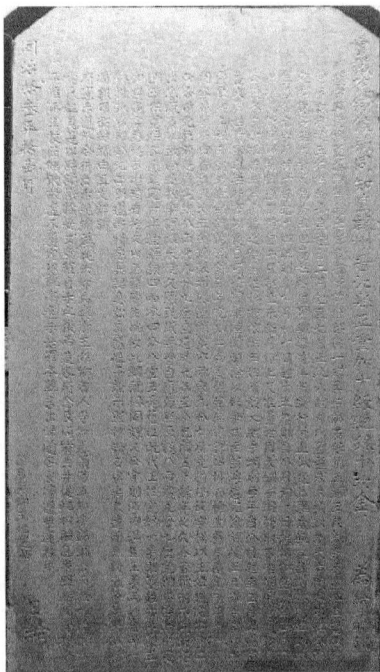

**图 3-29 昭宝宫**
**《凤屿渔业乡约碑》**

的时间里，只允许使用大网和手网来捕鱼。在 8 月到正月期间，小鱼苗就长成大鱼了，准许使用罾网捕鱼。县府处理了这场争执后以"给示"形式对本案件进行公告，把判决内容抄录下来，并刻在石碑上，要求渔民在鱼苗生长期不能用网眼过密的罾网捕捞，避免将来再起纠纷。

该碑镶嵌在昭宝宫主体建筑的墙壁内，正面朝向宫内大堂。碑为花岗岩质，表面打磨平整光滑，长方形，碑顶两端抹角；碑体通高 198 厘米，宽 60 厘米，共 827 字。该碑反映了古代重视渔业资源保护的意识。

碑文："赏戴花翎候补同知直隶州晋江县正堂加十级纪录十次金〇，为给示晓谕遵守事案。据董渥淑等与王杉良控诉截抢殴伤一案，业经饬差传集王网、王尺淑等及董焕典、董焕坛等质讯察。据王姓供称：小鱼种自二月起至七月止，此六个月内鱼种未大，捕取者大有关碍，不得令董姓捕取等语。其言颇为有理，但董姓习用罾网历有年所，骤行禁止，似觉为难。当经本县断，令董姓以本年为始，自六月初一起；十四年则自七月初一起；十五年则自八月初一起，均扣至次年正月底止；准其暂用罾网捕鱼。其余自二月起至未断月份止，只准董姓用大网、手网捕取，不准擅用罾网，致伤鱼种，各有妨碍。若三年届满之后，董姓如能依照王姓所设大网、手网，则每年自八月起至正月止，鱼种长大，两姓均取，则无所言。以后自可将罾网陆续消除，以杜争端，至该澳应完渔课，据说王尺淑告案□禀，自任上租王朝瑾所纳该澳渔课每年完银二两，董事姓并无完课。串据两检查旧卷道光元年十一月间李前县任内有岛屿澳王朝瑾银埘，察渔课银六两零九分七厘先行代征字样，以王姓现完全□二合前免原额是应定银八两零九分七厘，查道光元年至今已阅五十余年之久，今昔情形不同，讯□出息既多，以致两造控争，课银未便久悬，致岁无着，自应饬照原额八两零九分七厘完纳。本县酌中定断王姓董姓各宜纳完一半渔课银四两零四分八厘五毫，董姓既代王姓完纳一半，则董姓亦即□王朝瑾事票，为恐不准，稍有拖欠，以免藉隙生端，似此纲，既相同课又公完，则海内湿生，王、董两姓且可一体捕取。以昭公允，两服遵断，情愿具结息讼，自应准予给示，照抄勒石以垂久远，而免将来争议□□□□，将讯明断结缘由，具文详请府宪示遵外，合行出示晓谕。为此，示仰乌屿乡王姓老人等知悉，尔等须知本县调洽两姓乡老□□，爱民起见，是以谆谆劝谕，妥立章程，自示之后两造各须念及同乡共井，从此和睦息事，照□以求安生□□，不准再生枝节。倘敢故违不遵，定以藐断违示治罪，本县言出法随。各宜凛遵毋违，特示。凤岛岚乡王姓寔贴。清同治拾叁年十壹月○日给。"

48. 福州市长乐区潭头镇二刘村港玄帝庙现存清咸丰十一年（1861年）立的《禁抽水捕鱼虾碑》（图3-30）

清咸丰十一年孟夏，潭头镇二刘村刘氏立于坝桥头玄帝庙《坝内水塘禁捕碑记》。

碑文："先贤里东偏有大路，吾刘氏先人之所，旧造百石粼粼也。历年久，崎岖难行，二三老人思修而平之，询谋人同。爰募多金，为工食费，乡之人咸踊跃焉。庚申冬，诹吉兴工，而阅月工竣。路之北有坝桥，圮已久矣。即以所余金而重修之，便于行人

图3-30　二刘村港玄帝庙
《禁抽水捕鱼虾碑》

举，以悠然，以为便也。谚云'一举两得'，其斯之谓欤！计桥之费二百千，而结路友佣工之费二百千，而赢□勒于石，聊以寓绳代之意云尔。公议大路一派田塍，两面须当仝作，如有违者，宗祠议罚严禁。贮坝内之水，原为水塘，毋得妄传闸板，不许私抽以捕鱼蟹，如有违者，宗祠议罚。报信者得赏钱一千四百文正。清咸丰岁次辛酉年孟夏吉旦立。"

49. 泉州市南门关港口现存清同治十一年（1872年）立的《奉宪富美渡头碑》

碑文记载，清代中后期泉州最重要的出海港口南门关码头商品货物的运输装卸业务，是被富美渡头和土地后渡头的两帮地方脚头所垄断的，他们不但占据临溪土地填筑侵盖，还把持港口码头的运输装卸业务。为了扩大各自的利益，他们还经常恃强越占他人的业务，致使纷争斗殴。同治十一年晋江县政府为了维持码头的正常运行，不得不颁文示禁。

碑文："钦加五品顶戴调署晋江县堂加四级随带加二级纪录十次彭○，出示谕禁事。同治十一年四月初一日，据聚津铺民姜琅、李总、陈九、邱赐、蔡□、邱注等赴县佥称，窃富美渡头，凡系南北台湾外洋船运□五谷杂货等物归富美，脚夫夯挑起水。其土地后渡头，向系安湖永内山，由东西两溪载运麻片、五谷、杂货，以及由蚶江、惠安载到土产之免单五谷，皆归土地后脚起搬。其有青单之货物，归苏、福、宁郊行中脚头自行起栈，与两处渡头脚人无干，历久如斯。兹许颁不以此帮薯干系，是由北运到之物，竟敢恃强越占，当蒙提讯，质令史时备钱三千，缴给周铎敷伤，深感仁政盛德。仰荷堂断，以有免单者归土地后，无免单者归富美渡等谕，捧诵之下，曷敢置喙。但土地后有免单者，系安湖永内山由溪载运麻片五谷杂货，及蚶江、惠安载到土产、五谷等货。若不明定章程，统以有无免单而论，则将来难免又复影射纷更，势必再生争竞之端。遗祸靡止，缠讼无时。计穷势迫，缕陈下情，佥乞俯察下情，批示定章，以杜滋端，而抚屏良、感恩戴德切叩等情到县。据此，查富美、土地后等处渡头，先据许秀成、邱注以混占争，货物，殴伤许轻、周铎，赴县互控，请验物究办，经本县验明各伤，分别填单附券饬差，便集许秀成，即许领及邱注、姜琅、史时到案，责讯断令二比。以后凡是内山永志南配来有免单各货者，归于土地后渡头脚夫挑运；如由蚶江、惠安，以及各海口配到各货有清单者归于富美渡头脚夫夯挑。内中五谷、杂货，有免单者，仍归土地后渡头脚夫运载。其外洋、台湾运来五谷、杂货，虽有免单，应归富美境脚夫起运。业已明白示谕。取具二比，依结缴查完案。兹据呈前情，除此示外，合行出示谕禁。为此，示仰土地后、富美两处渡头脚夫，以及行户居民人等知悉，自示之后，务须恪守遵定章：嗣后，凡内山永南配来货物，以及蚶江、惠安载到五谷杂货有免单，均归土地后渡头许秀成等雇脚运；如蚶江、惠安等海口配到各货，有请免者，以及南北、台湾、外洋各海口船载五谷杂货有免单者，概归于富美渡邱注姜琅等雇脚运。该脚头须凛遵照章夯挑，毋许再行争占，倘敢故违，一经被告到案，即差拏从严究办，决不姑宽，各宜遵凛毋违。特示。同治拾壹年陆月二十四日给，发实贴晓谕。"

50. 泉州市后浯渡码头现存清光绪元年（1875年）立的《奉宪示禁碑》

地方政府虽屡屡出文示禁，但当地乡族势力及乡族利益仍把持港口码头业务，所谓"强龙难压地头蛇"，官府示禁的效力总是难以得到长期的维持，往往成为一纸空文。泉州市后浯渡码头一带的李姓家族长期"混争把持、抽取租税，以及开垦搭厝盖"，而且敢于把此前县府衙门的示禁碑文擅自琢改。光绪元年泉州府正堂再示禁。

碑文："奉宪示禁：钦加三品衔调补泉州府正堂加十级纪录世袭骑都尉徐〇，出示晓谕以杜争端事。案，据晋江县国子监学正黄谋熙等称……南关外浯渡港渡头，本系各处船只往来经商、起落客货之所，经王前府出示，永作公地，不准把持抽税、开垦盖屋在案。而生员李玉中胆敢琢改前府碑示，并以别处粮串影射争占，实属荒谬万分，本应治以枉害之罪，姑念俯首认非，从宽免其究处。除黄谋熙等契买屋地仍令照契管业，并檄晋江县李姓应纳钱粮六两零责成图承查明实在地址，按照永春会馆会章，勒令照数缴纳外，合行出示晓谕。为此，示仰阖属绅士军民人等知悉，所有浯渡港沿溪一带浮地，未经本府断定，仍作商货公地，准各经商堆积、起落货物。经此次示谕之后，倘李姓或各色人等，敢再藉端混争，把持、抽取租税，以及开垦搭厝盖造，准即指名具禀赴府，以凭饬审，尽法惩办，决不姑宽。其前府示碑，现被琢改，核与原示不符，应与晋江县新立界碑一并销毁，俾免日后仍起争占之渐。其各凛遵毋违。特示。光绪纪元岁次乙亥十一月。"

51. 宁德市蕉城区漳湾镇五都蓝田村太尉宫现存清光绪二年（1876 年）立的《勒石禁碑》（图 3-31）

碑文："钦加同知衔署宁德县正堂加十级纪录十次陆〇，为出示严禁事，本年十一月十三日，据说民人陈朝礼、吴克朱、陈永长、吴方仁、吴家乾等呈称：缘礼等世居蓝田村，背山潮（朝）海，因以田园无级，须靠土埕谋生，原礼上祖公共有通业海埕，坐落本村面前，东至青甲店，西至米头港，南至大涂岗，北至泽囷头，四至明白，通村公管，按户收租，以供该埕看管范□所用。海水发生蛉蜅挖蛤，孙厉利的居民采取营销生，前于康熙年间曾

图 3-31 太尉宫《勒石禁碑》

蒙钱邑侯出示严禁，一向相安，历管迄今，数百余年无异。不想迩来世风不古，多有不法棍徒，偷取锄洗。偃蒙何许彭三邑主叠示在案，嗣因右溪村棍陈招松等到埕窃取，绝获被抢，控蒙〇同前主差获陈允康一名，限跟布脱。未蒙重究，以致命今又突出南门外陈开豪、刘樊、陈春瑞等串仝黄安等伪称埕主，以蓝家土名五胶墧蛏埕，影占礼等七条墧蛤埕，致相互控不休。蒙〇仁主慈恩，讯结断。礼等出钱给付荣等以作工木退佃息争。明将承判，批字当堂圆销，着令五胶墧蛏埕断归黄姓管业，其七条墧蛤埕仍断还礼等村内居民采取挖蛤，永远度生，如前管业。当经三面允愿，各遵断究案，礼等但恐将来复有不肖棍徒希图贪利，特强越占，抑或窃取盗洗各情，若不金恩〇仁恩出示立碑以垂久远，村民待慈再难涉讼不已，再情金乞台前，俯察明情，〇恩准出示严

禁，以杜争端，以安公业。合村均感功德无量。顶祝切是等情，本县据此，除呈批示外合行出示严禁。为此，示仰蓝田村人等知悉，嗣后七条墈出花蛤，准归该村民采取，如有棍徒占扫花蛤强洗，许该村民人指名呈控，赴县以凭拘究。该民等亦不得藉端越占，察出一律严挐惩治。自示之后，务各遵照毋违。特示。遵命右布知悉。光绪二年十二月十五日给蓝色田村寔贴。"

52. 厦门市同安区五显镇后肖村明云殿前现存清光绪三年（1877年）立的《告示碑》

碑文："钦加知府衔即补清军府、摄理同安县正堂加十级纪录十次刘○，为出示晓谕事。照得上厝乡武生叶荣春和后肖乡陈唱互控池塘戽水、捕鱼、毁谷、抢掳各等情一案，当经本县提讯察看阅，叶荣春所缴合同约字，公亲均不承认，其为不足凭信，已可概见，复敢□据多人，混行生事，大属玩法。本应严究，姑念两造邻乡，从宽断令：'池中鱼水，仍归陈姓管业；水在池外沟余流者，准叶姓公用；池鱼与叶姓无干。后自，叶姓不得再事争水、夺鱼，陈姓亦不得闭塞水沟，以敦和好，而杜讼端。'除取具两造遵依甘结附卷外，合行出示晓谕。为此，示仰两造该乡人等知悉，尔等务须约束族众，依照堂断，永远遵行。嗣后毋许藉端争执。倘敢故违，一经访闻，或被告发，定即严挐惩办，决不宽贷。各宜凛遵毋违，特示。光绪三年五月二十四日给控首。道宪李信暨后肖乡案内同事家长：贡生彭思诚、彭州衲、李双、李烙、陈胆、林设等仝立石池北之官前。"

53. 泉州晋江市安海镇白塔下现存清光绪二十三年（1897年）立的《告示碑》（图3-32）

该碑表明清代官方对沿海商渔船只往来实行严格的管理。碑高145厘米，宽65厘米。

碑文："钦命福建全省陆路提督军门节制各镇统领达字建威等军程○，特再示谕事：据泉州守参将禀，据中军守备禀，据安海汛专防把总苏玉壶、协防伥先千总苏连元禀：沿海口岸船只往来，迭奉大宪责成：守口员弁按船查验贩运何项货物，开往何处贸易采捕，梁头丈尺若干，舵水人等几名，领何字号牌照。船照相符，书篷烙号，方准放行。倘有不符，或贩禁物及未书烙，私带炮械，不遵挂验，即行截留详办。光绪

图 3-32 安海镇白塔下《告示碑》

十一年复经藩宪定章，分别准否出洋，由守口员弁照内加盖小戳。十三年又奉前提宪孙〇示谕，责成守口弁目严密盘查。本年六月又蒙转奉札准格奉督宪牌：据瑞安、玉环、温中左各协营合禀，温属洋面闽船往来不遵书烙，私带枪炮，人船与照不符，在洋为盗。请饬闽属守口文武一体书烙等情。办通行具移营，如过□石湖等澳商渔船只，着命照章报验书烙。再敢抗违，即将人船截留解办，各等因依查。卑汛鸿江澳，船只往来不绝，自应遵派目兵，认真访查。无如前领示谕日久无存，以致该澳棍徒串揽各船户，并不照章报验，私自出口。禀经移县委派员役协拿究办。仰恳转读申明定章出示晓谕等情到守备参将转禀到本军门。据此，查沿海商渔船只出入，例由守口文武查验，以杜匪船私带军器出洋伺劫。迭经示禁，饬遵在案。据禀前领告示日久无存，棍匪串揽，船户不遵报验私自出口。应准照案补给，俾知遵守。除檄县一体示谕并究营遵办外，合再示谕。为此，示仰沿海商渔船户人等知悉：尔等务须遵照定章，请给牌照，书篷烙号，出入口岸应即赴汛报验，毋得私运违禁货物或私带军器、藏匿匪类等项情弊，以致人照不符。一经守口员弁察出，定将该船先行扣留，一面饬县按律惩办，决不宽贷，各宜凛遵毋忽，特示。光绪贰拾三年六月廿七日给，发安海汛勒石。"

54. 宁德市霞浦县沙江镇竹江村现存清光绪三十三年（1907 年）立的《海蜇乡禁》（图 3-33）

沙江镇竹江村是福建著名渔村，本村村民发明了流刺网捕捞马鲛鱼的技术。这项先进的捕捞技术在福建沿海地区至今尚无人能出其右。

竹江村至今还保存着"种蜇割蜇""排罾网鱼""打塔捕鱼""蟹舍囚鲟""滩涂溜板""锄挖章鱼""滩涂钓鱼"等古老而传统的渔耕劳

作场景。

碑文："海蛏乡禁：为严禁私篱以杜争端事，吾乡孤屿，以海为生，海埕产蛏，原示大公而养众命，奈乡人往往预篱，据为己私，强者多得，弱者向隅，致酿争端，利反成害。兹公议严禁，永无私篱，即有力栽种其蛏，种当在南泥沙胶五桥外等处，割取篱产蛏之地，五丈外始许。栽种自禁之后，如敢故违，定当将蛏充众，一面公议重罚，决不徇情。光绪三十三年六月，阖乡公禁铸立。"

55. 福州市永泰县嵩口镇古街尾古码头的德星楼亭现存清宣统元年（1909年）立的《重整义渡碑》（图3-34）

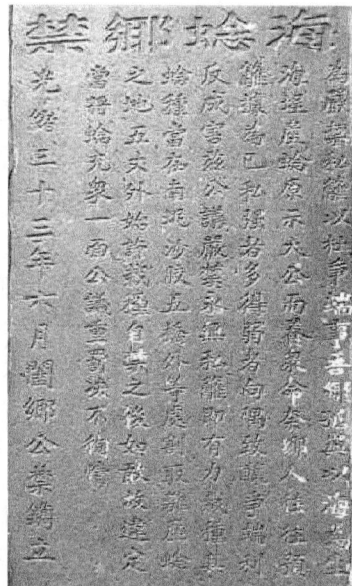

图3-33 竹江村《海蛏乡禁》

该碑详细写明渡船收费标准及违规处罚措施，规定了过渡安全要求等10条，并要求撑驾者担负渡船上查私盐的职责。立碑者为当时任漈门巡检的王懋功。

图3-34 德星楼亭《重整义渡碑》

碑文："重整义渡碑：钦加五品衔署理永福县际门分司加五级纪录五次记功六次王（懋功），为重整义渡章程列后：一喜轿过渡，只准收花彩钱肆枚；一肩挑盐担过渡，须验明发票执照，每担准收壹枚，如无发票执照，即行禀报盐馆呈究；一棺枢过渡，不准索取花彩分文；一过渡二更以后不准撑驾，如遇急事，须盘查分明，方可驶运；一渡船无论新旧，如有损坏，须修理坚固，不准糊涂滥用；一凡行旅过渡，无论外府县，概不准索取渡钱分文；一渡田渡租，递年察收，不准先行典质亩数，不敷情弊，违即追究不贷；—遇有大水过渡，须照旧水记为限，如涨至满者，不准撑驾；—上过渡，如遇大水满记，不准串通下过渡盘运事，藉口勒索渡钱。违即一律重究；—撑渡须遵照章程，不准取巧生弊，察出严办。宣统元年五月〇日给。"

56. 宁德市霞浦县三沙镇东澳村天后宫现存清代立的《海难救护告示碑》（图 3-35）

该碑高 170 厘米，宽 40 厘米。该碑为清代地方政府文告，乃福建巡抚衙门与闽浙总督衙门关于救护海难船只的联合通告，由霞浦县知县将其镌刻立碑。碑身虽有部分缺损，但碑文主体基本保留。这些碑对于研究霞浦县有关航海历史和对台、对外通行交往，以及妈祖文化的传播具有不可多得的历史价值。

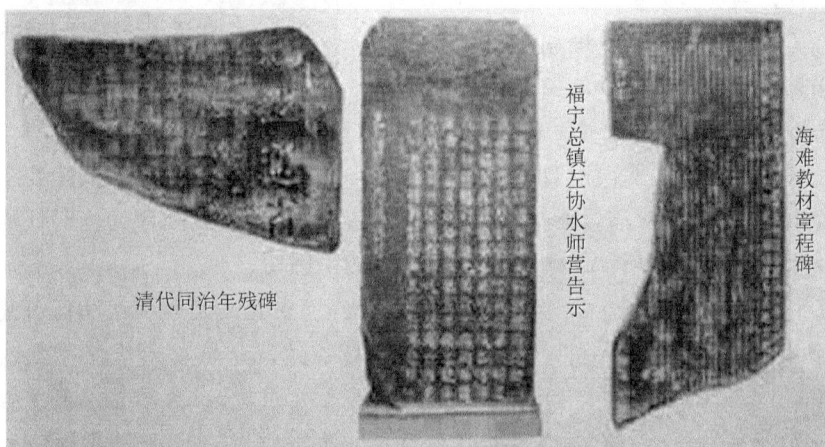

清代同治年残碑

福宁总镇左协水师营告示

海难教材章程碑

**图 3-35 东澳村天后宫《海难救护告示碑》**

碑文："海难救护告示碑：兵役奸民人等私索米船……阖邑军民人等知悉，嗣后如有船户贩运台米进港，听其随时粜卖，不得扰累阻挠……壹年贰月〇日给。"

57. 泉州晋江市安海镇安东桥头现存民国元年（1912年）立的《公禁碑》（图3-36）

该碑高60厘米，宽27厘米。

碑文："公禁：不许小船缚索栏杆，不许蛏埕占入桥边，不许污秽停在亭前。"

58. 宁德市蕉城区漳湾镇五都蓝田村太尉宫现存民国十七年（1928年）立的《陈季良①判决海埕碑》（图3-37）

该碑又称《奉宪碑》。1926年12月10日，海军第一舰队司令兼闽厦海军警备司令陈季良率领驻泊福州马尾等地的海军第一舰队，易帜归附国民

图3-36　安东桥头《公禁碑》

革命军。11月1日，南京国民政府任命杨树庄为国民革命军海军总司令（兼福建省主席），陈季良为国民革命军海军第一舰队司令，率领第一舰队驻泊福建的厦门、马尾和宁德的三都等地。民国十七年，宁德县蓝田村与县城月爿坪黄承箕（字星野，碑记误作"星墅"）、黄承志（字笃夫）兄弟因海埕划分问题发生纠纷，双方各不相让，最后上告省府。时陈季良任海军第一舰队司令兼闽厦海军警备司令，驻守福建。蓝田士绅通过吴重妹的关系找到了陈季良。陈季良通过调查事件经过，合理判决，使双方心服口服。为此，黄氏兄弟往福州陈季良府邸致谢。同年11月30日，陈季良以兼闽厦海军警备司令的名义下了一道公函，确定了蓝田所辖滩涂面积，委托宁德县县长邵焯发布施行，加以保护，并刻碑为记。这块石碑至今仍完好保存在蓝田太尉宫。

碑文："奉宪碑：宁德县政府为出示晓谕旨宪奉：国民革命军宁福

①　陈季良（1883—1945年），原名世英，字季良（"庙街事件"后以字行）。福建省侯官县（今福州市）三坊七巷文儒坊人。毕业于江南水师学堂第四届驾驶班。1925年2月6日，陈季良升任海军第一舰队司令兼闽江海军警备司令。1926年12月10日，陈孝良率领驻泊福州马尾等地的海军第一舰队易帜归附国民革命军。

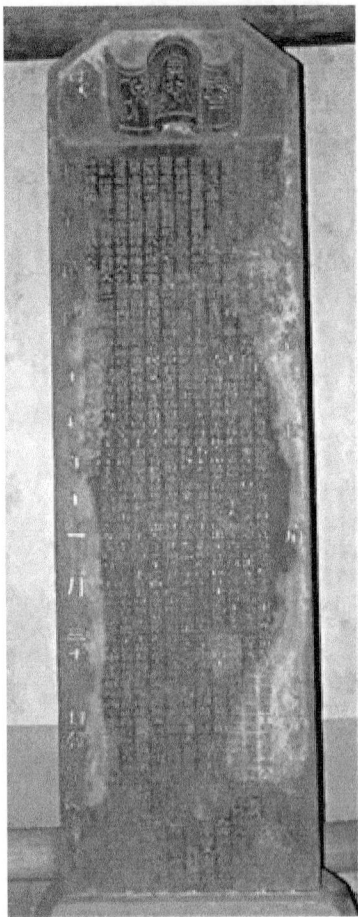

**图 3-37　太尉宫**
**《陈季良判决海埕碑》**

海军警备司令部明开：据蓝田村乡长绅耆陈瑞恩等呈称：窃恩等，陈吴姓自唐代前后迁居宁德县东门外蓝田村，计有五百余户，丁口达三千余人，生寡食众，恒有不给之虑。幸乡前海面海底产有鱼虾蛏蛤蝤蝏等物，数千人生活仍有所托，故乡间前辈为慎重商权起见，历经呈请宁德县出示保护前清光绪二年，又经宁德县陆县长出示严禁，内列明四至。东至青甲店，西至米头港，南至大土岗，北至泽圂头，四至以内所有海面海底生产物利均归恩等采取，历管无异，奈近来人心不古，盗风滋炽，益以土豪劣绅狼狈相倚，明取阴占，防不胜防，窃念沿海居民均赖钧部保护，明沥前情伏叩察恤，恩等数千人生活准即出示保护，严禁盗占等情到部，除批示外，相应函请会同驻防陆队出示保护，以杜争端而安公业等因正核办，间复据蓝田乡陈瑞恩、吴作金、陈大秀、吴熙金等呈称：窃恩等蓝田村面前有内外海埕，内埕上至溪，下至金蛇背面崎跤，左至矮坪港，右至天饶横港台；外埕东至青甲店，西至水里港，南至大土岗，北至泽圂头，合乡陈吴等姓计百余家达三千余人，自宋以来，皆藉两埕以供衣食，前清康熙间有匪徒希图觊觎，曾蒙钱邑侯出示严禁，继蒙何许彭三邑主叠示在案，光绪二年又蒙陆邑侯出示立碑。本年突有黄星墅遣人到恩等外埕界内取蛤，声称有契五纸。恩等问彼既已有契，前此何不管业，且阅其契：无向，地名中有不符，或占恩等界内，或跨恩等界边，咸思其契非预设混税瞒粮，即影射移宁伪造等情，恩等仍恐乡众忿斗，遂议起诉，乃有公亲出劝，以乡众与闻两造如有受饬案入刑庭，必有罪者；若提民诉案，在民庭久缠不休，费时失业，靡特耗费难堪，不如出大洋一千二百元，送与黄家，而黄家立约并将所执五纸契取出，三面标照，无论何处地方，所有出蛤，永远归蓝田乡采取。惟光绪三年黄家买得何慕孙水涨鱼埕，系在恩等内埕水面，黄家只能照契管理水涨鱼埕，水底物与黄家无干。据契，时误载蛏、蟟、蚶、蜅与蓝田无干，然此据原无产蛏、蟟、蚶、蜅，亦应声明，以免含混。此后仍恐有人到恩等界内侵占蹧跶以害蟟苗，谨将约字呈请盖印，至内埕外埕两埕四至，恳请分注明明白白，合并出示，以保物权等情。据此，除将批示抄粘约字之后骑缝加盖县印，发还收执，以资遵守外，合行示仰合邑人等一体知照，所有蓝田村内外海埕。内埕上至溪，下至金蛇背面崎跤，左至矮坪港，右至天镜横港；外埕东至青甲店，西至米应港，南至大土岗，北至泽囝头，以上界内出蛤均归蓝田乡永远采取，外人不得侵占蹧跶，倘若敢故违，定即严行拘办，其各凛遵，切切。特示。中华民国十七年十一月三十日发，县长邵焊。"

# 第四章　福建古近代社会管理碑刻遗存调查

———————◆———————

## 第一节　福建古近代社会管理

习近平总书记指出："治理国家和社会，今天遇到的很多事情都可以在历史上找到影子，历史上发生过的很多事情也都可以作为今天的镜鉴。中国的今天是从中国的昨天和前天发展而来的。要治理好今天的中国，需要对我国历史和传统文化有深入了解，也需要对我国古代治国理政的探索和智慧进行积极总结。"

中华民族五千年的文明史，给我们留下了丰富的文化遗产。福建地处东南一隅，一千余年来，聚族而居，地狭而人稠，各姓氏为争夺生存空间和水源、山林、田地等矛盾冲突不断，无论县府还是士绅，都着力于建构乡村的治理体系，留下许多社会治理的碑刻遗存。为践行"让收藏在博物馆里的文物、陈列在广阔大地上的遗产、书写在古籍里的文字都'活起来'……为人类提供正确的精神指引和强大的精神动力"的号召，把老祖宗留下的"共建共治共享"乡村治理文化遗产守护好，实现在传承与创新中焕发新的光芒，为提升基层社会治理现代化水平服务，笔者对福建古代社会管理碑刻遗存进行了调查。

中国自古以来就十分重视人与自然的关系，关注生态环境的保护。

秦国宰相吕不韦招揽天下之士编成《吕氏春秋》时，有人问其中要点，吕不韦明确回答，就是要调整天、地、人的关系，使之和谐，要点则在于无为而行。《吕氏春秋》的《十二纪》系统地介绍了一年十二个月的天象规律、物候特征、生产程序，以及应当分别注意的诸多事项。其中，涉及生态环境保护的内容，特别值得我们重视。例如，孟春之月，要祭祀山林川泽之神，所献祭品不得用雌性禽兽，当月还禁止伐树，不得毁坏鸟巢，不得杀害怀孕的动物和幼小动物，不得取禽类的卵。仲春之月，禁止破坏水源，也禁止焚烧山林。季春之月，禁止用弓箭、网罗、毒药等形式猎杀禽兽，也不许伐取桑树和柘树。此外，还有孟夏之月不许进行大规模的围猎、仲夏之月不许烧炭、季夏之月禁止砍伐山林等规定。

《孟子·告子上》说，齐国都城临淄附近的牛山曾经草木茂美，但因为位于都市的近郊，人们随意砍伐，还能够茂美吗？当得到雨露的润泽，山上的新芽嫩枝又会生长。在山上不知节制地放牧牛羊，山就会变得光秃秃的。所以说，得到滋养，万物都会生长；失去滋养，万物都会消亡。孟子富有哲理的名言"苟得其养，无物不长；苟失其养，无物不消"，包含着生态平衡的思想。古人认为山林可以保持水土、调节气候。如果砍伐林木没有"时禁"的话，是会导致水旱之灾的。可见古人很早就已经发现山林植被有涵养水分、提高空气湿度、增加降水的作用。古代护林的礼俗制度还包括定时采伐，以保护山林的再生能力；禁止野焚，以保护山林及鸟兽昆虫；禁止砍伐幼树，以保护山林的天然更新。

西汉中期以后对生态的保护更为明确，《汉书·宣帝纪》记录了元康三年（公元前63年）六月诏，其中宣布春夏两季不得破坏鸟巢、探取鸟卵、射击飞鸟。春夏两季不得破坏鸟巢的制度确实得以实行，诏令行政部门认真监察，不许违犯"四时之禁"。其中，有关于生态保护的内容，如"孟春月令"有"禁止伐木"的条文，又解释说，直到八月，大小树木都不得砍伐，待秋后"草木零落"时才可以有选择性地砍伐。孟春还有不许破坏鸟巢的禁令，甚至规定空巢也不许毁坏。破坏空巢的禁令执行到夏季。如果巢中有鸟和鸟卵，则全年都禁止破坏。又规定，只要是不伤害人类的蛇虫，在九月之前都不得杀害。怀孕有胎的动物则是全年"常禁"。不得杀害幼鸟的规定，也同样是全年"尽十二月常禁"，是保护幼弱走兽和飞禽的禁令。

汉初名臣晁错在一篇上奏皇帝的疏文中发表了有关生态环境保护的意见。其中说道：让德政普及，使得天上的飞鸟、地下的水虫草木等都能蒙其泽，然后才能使得"阴阳调""风雨时"，维持良好的生态秩序。这种试图以人为因素影响"天"的意志的主张，其实体现了比较开明的生态意识。汉宣帝时，御史大夫魏相上疏引述《明堂月令》的内容，主张顺应阴阳四时执政。他说：执政者的行为"奉顺阴阳"，则"风雨时节，寒暑调和"，"灾害不生"，五谷丰登，表达了社会愿望，也成为传统乡村社会缙绅订立的"乡规民约"的重要内容。福建各地乡村大量保存劝善惩恶为目的的"德业相劝、过失相规、礼俗相交、患难相恤"，以及生态保护等相关的乡约和族训规条。总结和研究福建省古近代乡村社会治理及环境生态爱护的规条，汲取其中积极、合理的成分，具有十分重要的现实意义。

据不完全统计，福建省各县市（区）金石志和田野调查遗存，现存有 560 多方社会管理类的碑刻。

## 第二节　福建古近代社会管理碑刻遗存

**图 4-1　状元井**
**《袁爷断便民汲井功德碑》**

1. 漳州市长泰县城西街景元坊状元井现存明宣德五年（1430 年）立的《袁爷断便民汲井功德碑》（图 4-1）

状元井凿于明初，碑是为避免井的周围土地受到挤占而立。碑高 160 厘米，宽 40 厘米。

碑文："审语：状元井，三面原有空地，各阔五尺许。林光隆乃盖屋罩占，以致汲井不便，街众抱愤。公呈，仍着拆开四围，留五尺余地，以便众人之汲水，且毋令沟水下注，以致井泥不食也。天启二年壬戌仲夏吉旦，景元社众立。"

2. 泉州晋江市罗山街道玉髻峰下现存明正统十二年（1447年）的《纳粮》崖刻（图4-2）

碑文："盖是都第二图无征秋米五十石，致累里甲贫窘。正统丙寅，予膺里长，值年荒，先贷完纳，俟岁稔资甲助偿，人犹患焉，况取之无制乎。乃会十班，请县定派均陪，众皆曰：'善。'殆恐久废，爰勒于兹，以劝后之君于存恒心、积阴德，慎勿厚敛，以为子孙长久之计云。岁丁卯季秋丙午，西江林良吉志。里班林茂春、蔡世治、蔡圭、蔡郁、蔡添寿、郑应祖、许甄、陈敬、林四仔等命工勒石。"

图4-2　玉髻峰下《纳粮》崖刻

3. 泉州晋江市现存明嘉靖元年（1522年）年立的《翁吴禁石》（图4-3）

碑文："翁吴禁石：不许翁、吴二姓坟边添葬、栽种柏木。岁壬午阳月，诸公亲仝立。"

4. 漳州市云霄县火田镇高田村风竹自然村双峰岩现存嘉靖五年（1526年）立的《禁示碑》（图4-4）

明成化七年（1471年），云霄下涂楼村吉檀越主朱业叟移建双峰岩，并兴筑堂庭楼舍。捐舍缘田受种充给香灯，付住僧耕掌，以供子孙讲读，祈求上进成才。该碑是漳州府推官黄某为严令禁止村民砍烧岩周荫木所立。碑身高133厘米、宽52.2厘米、厚13.5厘米。上端对削抹角，周围直线饰框，宽3.2厘米。冠首为篆书"皇明"，字径9.5厘米；正文共10行，楷书刻制，字径2~3厘米，现保存完好。

图4-3 晋江市《翁吴禁石》

图4-4 双峰岩《禁示碑》

图4-5 东坂村
《东安戴氏祭田碑记》

5. 漳州市漳浦县佛昙东坂村现存明嘉靖三十五年（1556年）立的《东安戴氏祭田碑记》（图4-5）

该碑记载东坂戴氏祠堂田产。碑高174厘米，宽76厘米。

碑文："自仁人一体之学亡，而报本和亲之俗不降于世，至有骨肉兄弟之亲征利攘，攸以不能保有其家，无复本原之遑恤，予每论世而伤之。金浦戴元标氏颇富而崇义，遗语其子珊，必立祭田、义田以成未就之志。无何，元珊亦卒，元标适室施能成君子之美，刈汀州之田贰拾亩以供祀事；刈前坑之田拾亩以给疏河。语宗人曰：'吾子珊固脱息无儿，嗣招庸弗甚焉，侧室郑生子嗣聪，齿尚未龀，吾欲赖先人之灵鉴，招以存暖，其尚靳族党之仁，为吾重暖而恭招也。'族子君擢属群戚，介国子生公望氏请予为记。予惟良门旧姓所以久安者，以仁人礼义耳，礼义生于仁仁，固人之所以生者也。元标氏泊其室俱能存仁厚之意，以隆祀和亲，荀嗣招能行其意以爱暖，是曰能友。嗣暖能沂其意，以和招，是曰能悌。戴氏诸宗，能行其意，以辑洽其兄弟，是曰能和。仁厚生生之机，其克永世勿坏矣，仁者方以万物为一体，矧于兄弟？奚必形骸同离于里，而后为亲，而宗族本支之谊，颇以孤幼而忍戕之耶？兹举实仁孝之道存焉。有人心者，本仁之意，可以（油）然生矣。书以记诸。大明嘉靖三十五年丙辰春壬三月既望宗子君擢立。赐进士出身、大中大夫、河南布政司参政、前吏部郎中、晋江遵岩王慎中撰。"

6. 漳州市漳浦县墓后村清泉岩寺现存明万历八年（1580 年）石刻《朱姚二侯谳断石碑存证》（图 4-6）

石刻高约 120 厘米，宽约 80 厘米。

**图 4-6　清泉岩寺《朱姚二侯谳断石碑存证》**

碑文："梁山木水，军民樵溉。前姓柯大宝占山抽分，蒙姚爷拟罪断给。今大宝、林京截筑□磨，告蒙朱爷断折彩，应以□彩忿。若非再三审勘，将为强族得志矣！太昔，蒙二侯天地之动，又虑弊生之患，相率叩给示碑，时诵于前，垂鉴于后。大明万历八年柒月〇日。蒙准竖碑人：陈太、莫让、詹应、马睿、陈华。

图 4-7　蔡厝村乡贤祠
《青阳乡约记》

7. 泉州晋江青阳镇蔡厝村石鼓庙乡贤祠现存明万历十六年（1588 年）立的《青阳乡约记》（图 4-7）

该碑为县级文物保护单位。碑高262 厘米，宽 91 厘米，篆额《青阳乡约记》，字径 11 厘米；正文阴刻楷书 965 字，字径 4 厘米。明嘉靖二十四年（1545 年）由四川布政使洪富撰文。石碑主要内容有：相劝，德行；相规，各自省察；相友，即礼俗相交；相恤等要互助四个方面。该碑记载明代嘉靖年间里人庄用宾在青阳主持乡约、改良风俗、维护治安的史实。

碑文："夫乡之有约，古也；而约正之名，委重于士夫者，自吾郡守方南王公始。公立法之意徽矣。盖以末俗滋伪，讼端蜂兴，所望于士夫者，以身率物，为陈太丘之表正，为王彦方之劝谕，为蓝田吕氏之乡约，庶几俗可治而讼可省，是故立斯名以责其实也。然立之未久，官去而遂废者，岂法之病哉？其故在士夫以杜门谢事为高，而不屑于任怨；有司以权柄下移为讳，而不常以任人。法虽良而罔克有终者，此耳！求能终其事，以无负有司委托之初意，以厌服远近不一之人心，予于方塘庄子见之。庄子讳用宾，字君采，方塘其别号也。与予少有师生之分，及长为同年之雅，予知其深矣。盖其天性聪敏，心事磊落，夙承乃考石泉公之训，年未三十，联魁科第，由大行历刑曹，出为浙之金宪。方繁节古人，锐志当世，竟以忤时宰，落职家居。而余羁薄宦，别之累年。至嘉靖乙巳岁，予丁外艰而归，闻其为约正，甚整齐严肃，间适有荣□林君昭德、赞政赵君銮、岁廪生庄君苗、耆长张君文玺、庄君子泽、庄君朝采、庄君文宗、郡庠生庄子天兴相率诣予曰：'吾青阳一乡，合居二十七八都之民，烟火弗下数千，而附篱之乡累万，然未易以绳束而一之也。矧膏粱子弟，动逾礼度；豪家僮仆，恣意采樵；甚者强凌弱，众暴寡；以至盗贼横行无忌，民罔克胥匡以生。向者举方塘庄子于官，庄子辞弗获而任之有年矣，乡民倚重焉。撼其实有可言者：吾乡有石鼓庙，旧宇倾圮，庄子捐己赀而一新之，于是崇明黜幽，迁佛像于其东西旁；而中为众会之所，悬条约于堂；至朔望偕诸钜姓四十人抵其所而申明焉。分为十甲，每岁庄姓偕诸钜姓各二人分董其事。务在相劝相规，相友相恤，有善者与众扬之，虽微不弃；有犯者与众罚之，虽亲不贷；抑强而扶弱，除奸而御盗，解纷而息争。由是凡子弟以礼相轨，僮仆以法相检，乡族以睦相守，鸡犬赖以宁，百谷果木赖以蕃，沟渠水利赖以疏。德辈嘉其行谊，欲镌诸石，敢丐公之文以垂不朽。'予闻其言而壮之。呜呼！士君子鼎立天地间，抱道于身者其素也。然在庙堂则行之庙堂，在藩臬则行之藩臬，在郡县则行之郡县，在乡党邻里则行之乡党邻里。是故行因乎遇，遇因乎时；时有通塞，遇有显晦，而道则不以通塞显晦拘也。庄子弗获究所施于庙堂、藩臬、以被郡县，而施之乡党邻里者，如此亦可谓有功于物而不负所举者矣！视彼退居乡里，举生平之廉名而尽丧之，与夫虚糜廪禄而民穷且悍不能为之所者，相去竟何如耶？《易》云：'有亲则可久。'庄子为舆论所推如此，则可谓有亲矣。吾知其因人以自信，履旋以终誉，则予不文之言庶足以昭德考行，信今而传后矣。庄子虽遭郁于时，夫何歉乎哉！而林君辈好德慕义之心胥可录也。是为记。嘉靖二十四年岁次丙午冬十月吉旦。赐进士第大中大夫四川布政使司左参政邑人新斋洪富撰。万历十六年岁次戊子春三月朔日乡人：庄畏、彦杰、储望、士特、顺之、士耽、学乐、中权、从吾、廷柱，张乔梓；王廷臣、朝阳，赵复生、李日章、陈有翼、李日浚、林云乔、蔡应角、际会、际可、际汲、晋可育、日谨、天材、惟成、明虚，张一元、天华，赵次孚。生员：林清源、李芳、蔡思正、思谟、立勋、立吉、立爱、立敬、日望、佳徵。士绅：献卿、明盛、明睿、士和、启心、赵君锡、林清流、苏继波、王廷弼、李日温、文渊、文瀚、文漫、伯元、仲元、叔元、张子健、志伊、张允樗、林肇符、张瑞图、庄维绩，庄履睦书；士英、国祥、用理、士利、一材、士畴、尚炯、梦麟、尚赞、廷琏、临民、民怀、廷献、学文、颜范、启新、正臣、朝龙重立。"

图 4-8　港头村林氏宗祠
《皇明黛峰林氏世祖祭田记碑》

8. 漳州市漳浦县佛昙镇港头村林氏宗祠现存明万历十七年（1589 年）立的《皇明黛峰林氏世祖祭田记碑》（图 4-8）

该碑为嘉靖二十六年（1547 年）进士、山东布政使司右参政王春泽于万历十七年撰文，记载林氏始迁漳浦始末及捐祠田事，碑高 230 厘米，宽 100 厘米，四周刻卷草边饰，碑额刻双凤图案，篆书"皇明黛峰林氏世祖祭田记"。

碑文："吾浦林姓以科名显者称，二望族皆自丹云巨崧钟英毓秀。其一为□□大宗伯家。而黛峰林氏，则从其祖雪梅公始迁于黛山之麓而名者也，四传而侃庵公起家进士，历典名郡。其孙郡伯成斋公曾孙宪伯碧潭公、相继成进士，人父□□甲于漳郡，余与城□公生同年，髫时各以意气相期许，迨入宦、罢归亦相取次，故诸为绅来余爱公雅号同志。辛未之冬，公尝过我曰：夫祭先河，重本也，风木之感，人子同情，吾族子廷植屡以修谱为请，责诚在我。于是北罗旧谱，探本穷源，恻然有感。谓雪梅公为林氏始迁之祖，乃汝锡公实生雪梅。先年随长子松迁祀于泉郡洋埭，代更久远，灌献无凭，殊非始祖之意。乃萃族人，揆情酌礼，特祀公以长，至之日，乃依洋埭旧题，曰世组□学士汝赐，神主一切馨香等费，成斋公特捐已赀，创田租六十顷余，费金一百二十四两，皆公以义起□，迄今且二十年。林氏子孙之心安，则雪梅公之心亦安。仁人孝子之用心，顾不远矣欤。夫□君子瘟乎高谈，皆能为源本之思，比临财贿德，□□□□，弗□有蝉翼视之者，以方成斋公，此举何如哉。余逮见其先乡贤小溪公轻财重为行谊。赏捐租百余顷，守学官以□贫生，今其□□捐租于家庙，以先族人虽其积德累行源则然哉？自末俗视之，则麟角凤毛矣。语曰：积善庆余，此天之可必者□，成斋公存日所歉者玉树□森繁耳。于今长君□□择时而奋，余见之知其非□矣，次君咒且成□绩学有文名，额角隆□□必此宗伯家勋伐，成□□后身盖饶为之。余今殊衰病谢客，顾独以子姓礼□接其二郎，谂知其家吉庆事，自以念成斋公，如存喜可知也。夫非独余言也。善庆名堂成斋公，固先持左券矣。辛未过我之言，今犹在耳，是夫有关于世族欤？□□且十载，其族姓思公之德，共立石于家庙而追诵之，盖欲其世子孙，俟有兴者□。公志于无穷也。微余语者为槐庭君，盖公所云族子之别号也，慕义不苟取与绰□季父风云。万历己丑春三月望日，赐进士出身大中大夫山东布政使司右参政、眷生王春泽顿首拜撰。

兄弟：确典、确升、确辉，主簿确初、寿官、确翼、确完、确萱、确爵、确玉、确旦、确志，生员侄：□椿、建植，生员一凤、一硅、叠□、□□□、□□、癸炜、一源、一清、时春，生员□□、玄宣，生员□□、绍熊，举人有焕，监事爱□、一龙、一檀、□□，生员□绍，副使□春、□章，生员□愈、□绾，监生荣春、肃春、霁春、一恭、□密、一槐、日就、□存，生员□粟、□春、士炯，侄孙：应光，生员应观、应选、应球、应宾，生员凤畅，生员应旭、应翘、应□、应勉、应积、云□，生员隆监生□澄，主事□炳、元□，监事元泰，生员源盛，□秀生员□□、元□、□集、径枫，仝立石。"

9. 漳州市永春县现存明万历十八年（1590 年）欧胜大立的《山界合同》

石刻："立合同人欧胜大，二三都横口，祖有受产山一所，坐贯本处顶心仑，与四五都景山柯穆宗山场前山头隔界毗连。近因插杉，互争山界，不一，构讼本县，见年陈兴留（领）回处分，前来会集二家，同到山所从公踏勘，均分界址。自张翁坑头欧荣贵小所杉林头小仑，直上至山顶水流内面深垵，系穆宗管耕；水流外面，俱是胜（大）祖山，上直山顶分水为界，下至欧荣贵杉林头直上为界，亦是胜大山场。恐年久，子孙混争，凭中议定合同为定，日后子孙，不许二家混占。如有此情，执山界二合同陈理。恐口无凭，立合同为照。其穆宗原管山场，上至山顶，下至张瑶显插杉箍，系胜大先买，候砍伐之日，其地付还穆宗掌管。即议将欧胜大原买张瑶显杉箍，因管不便，尽将此杉并地付还柯穆宗祖管，胜大不敢阻挡。再照。万历十八年正月吉日。立合同：欧胜大书，男：欧秀六，同立人：欧荣贵。"

10. 三明永安市现存明万历二十六年（1598 年）立的《禁矿祛弊记碑》

该碑为永安县府禁止随意开采铁矿、冶炼矿石、破坏地脉、影响民生所立。

碑文："禁矿祛弊记：邑人萧时中撰。自邑有铁贡额，射利者每藉以滋蠹，不知额有常数，启有常所，即所以治。缘数以贡，孰云不宜，且公移云，毋毁坟墓，毋坏田畴，重民计也。今射利者不念，惟私是逞，察其可入始焉，唆之以细，乘其间隙，遂号召丁夫，锄夷其葬骸，践躏其植穗，挖损疆土，所经为墟。兹者莲花山之东为邑治祖脉，其小干自白水漈过行，散为二十八都东西洋、北坑、北峡、虎溪、洪坑、黄狮坑、黄村等乡，前畬屏风山等处，为庐舍千烟，为民数万计。昔曾经兴造者欲沿此启挖冶矿，以数乡民噪止。今春，冶场又欲图为启取，乡众合议，集里老陈永福等连佥赴县控愬。君侯乃单车至其地觇之，果属有干地脉，恻牒不虚，禁永不许启取。于是，福等谓中熟知地宜，共征一言为记，以志侯至仁覃被八乡民庶草木命脉于深长也。铭曰：咨冶铸兮规巨利，驱丁夫兮日万簣。截地脉兮岣嵝陂，地脉伤兮庶命毙。吁攸塈兮察真泪，临荒僻兮开高睇。伸众志兮神君惠，惠泽流兮千百世。万历戊戌，乡民陈永福等立石。"①

11. 漳州市漳浦县佛昙镇鸿儒小学门前明万历三十七年（1609 年）立的《邑侯黄公立游孝子祭田碑记》（图 4-9）

该碑原立于佛昙镇园东村中，现移至鸿儒小学门前，记述黄氏族人捐戏祭田事。碑高 270 厘米，宽 98 厘米。

碑文："鸿江之滨，有隐君子焉，家世业儒，恒学操行，以孝友闻，盖自省藩某大夫而下播谕而褒嘉扬□之，前感艮孙公□邑侯慎公□□其事于坊堂学官，念其殁三十余年矣，乡无孝梓贤，不肯皆稽籍游孝子云，启厥所由，十七岁祖母王氏□□以气归君□□分□□□□□志不愧父风，如厄行感于盗贼，焚顶格于神明，刻本祠事，趋请叩墓庭者，无朝夕风雨怠，语以示伯林公□世亭文中乎今□邑侯田□黄公□□间曰：奕世敦孝仍叙其事为实，族善停既又俞士民之请，各捐金有差，为立祭

① 裘树荣. 永安县志 [M]. 清道光癸巳年（1833 年）重刊雍正刻本.

田，于开□庄凡二十余亩，以供孝子之祭，无□之记而以□□□□之巡司官盖侯加惠于孝子之门，举一调百，以率先济民以风，日表之为人子者属第子员颜成捧□之士于余。余□决舆□庞之风□于人为孝弟故圣贤谕士而刊于首，称谕为仁而立其本谕仁义智礼乐而归其于本也实也。皆庞□真心也，即表异同熙之心也，不□动之则民□不兴不倡尊之则民心不一，民有同悬心而侯有同民风□盖赏月吉演经。

圣谕六章以易俗导教，令人人酣畅，其意趣岂于孝子之门重加惠云。或者谓孝子苦节之贞，非中庸之道，古有为□而诚粪秽者，□□牏者□寒子者均以孝廉要其本，真不自断漓耳，孝子以苦节全其君，侯以全真垂孝子更为□其精禅图其人□□□世后佺岂肯苟难者哉？不

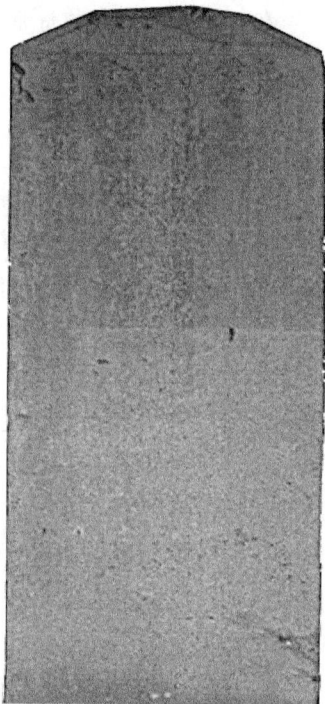

图4-9　佛昙镇
《邑侯黄公立游孝子祭田碑记》

□吾乡不渺好修士而游，门独以世孝称，则信乎好德之公也。公则一，一则岂真□世风益励彼荐练士□好善乐施之□□乐风世之义与之哉？诚若亩数租，须御潮筑堤舆输纳自征成规，则侯仁言我族牍□故不书谕道其风世之大者侯名应举，万历甲辰进士，时万历己酉年月吉旦。赐进士出身资政大夫南京工部尚书、前南京都察院敕提督广东广西学政邑人朱天球撰文；赐同进士出身通议大夫户部左侍郎、前大理寺卿经筵太常光禄太仆三寺卿、吏部文选考功二司郎中邑人卢维祯篆额；钦差整饬宾江兵备、广西按察司副使陈公相书丹。事右都御史南监生杨一揆、戴植忠、林浮□，缙绅副使赵范，进士陈镛，知县康日章，乐助，副使杨守仁、杨春熙，知县林罗熊，副使林汝诏，会魁林茂桂，训导戴□□，生员杨守俊、林孚卿、杨学曾、康□东、杨志□、杨志□，乡宾陈□□、黄云鹏、陈希□、康采蘋、颜德□、陈□□、陈团□、朱笃敬、杨道曜、杨学陆、康承芳、陈□□、陈心庸，贡士戴筑□、杨守伯，举人杨

烈、戴辉让，本县褒旌魁带□人杨正、杨加艮，捐银砌立，林盛德，院道庆蒋倘，又生员杨守皆捐金并碑一面□□□□□纪文林之□。亲照□田不准命报佃甲，每租石，务照原始估定贰钱，时征文契租册批□□照，不许侵占扰害御潮察提不许行饮之□□立辟示□□□。"

12. 漳州市云霄县火田镇高田村风竹自然村双峰岩现存明万历三十八年（1610年）立的《双峰岩碑》（图4-10）

嘉靖五年（1526年），漳州府推官黄某严令禁止砍烧岩周荫木。万历三十八年七月，朱业叟众房曾孙镌立此碑时，既铭载祖恩业绩，又重申地方功德；既严示僧信不得侵占和废置祖迹，又诫勉子孙光大前业、广种福田、回报佛恩，即足以万世吉昌等，突出结族建岩兴学的公益性。结语还称，立碑者谨选择吉祥日子树此碑刻，旨在让祖先良好的品质和德行留传后世。碑中借"护法伽蓝大王勒石"的佛道咒令、"神用鉴之"的神鉴因果来劝世人向善，赋予佛教普度众生、济世利民及神鉴因果以劝世向善的内容，突出民间结族建岩兴学的公益性，具有较高的地方民俗文化研究价值。

图4-10　双峰岩
《双峰岩碑》

该碑为花岗岩红米石质，并配有底座。碑高133厘米，宽52厘米，厚13厘米。上端对削抹角，周围直线饰框，宽3.2厘米。冠首为篆书"皇明"，字径9.5厘米；正文共10行，楷书刻制，字径2~3厘米。

碑文："皇明佛从西方传教，蚤矣。诸郡已寺观之崇祀，无论即草莽而结族盟之刹，在塑法身并置田焉。双峰岩先是曾祖业叟公眺胜由东山故址迁此地。建堂庭楼舍，一为子孙讲读所舍。本岩前四种二石，充给香灯，付住僧耕掌，时成化之七年也。阅嘉靖五年，经本府推官黄议略，祖欲捐赀管买临掌后，给予严禁荫木频炬。邑父母功令，盖山高水长，祖迹与佛教并演不穷矣。历世逾久，守府济处后，此敢有藉口废置，乘机侵占及僧徒为奸者，天诛地灭。倘子孙有说光大前业，广种福田，神用鉴之，奕代吉昌，谨涓吉善垂。护法伽蓝大王勒石，以志不朽云。时万历三十八年七月，吉檀越主朱业叟二房、三房、四房、五房孙仝立石。"

13. 漳州市东山县陈城镇湖塘村林边菜市场边现存明万历三十八年（1610 年）立的《邑侯郑公封沙惠农功德颂碑》（图 4-11）

该碑立于明万历三十八年秋，为封沙造林碑。碑高 225 厘米，宽 96 里米，厚 15 厘米，碑额篆书横写，正文楷书，全文 1048 字。碑文记载，明万历年间，环海而居的东山岛是一个飞沙肆虐、水源奇缺、土地贫瘠、贫穷落后的孤岛，"每当秋风一起，十田九压，没受其害者百无一二"。"每高飙四起，沙砾俱飞，俄顷之间，桑陵易向"，严重威胁老百姓的生存环境。万历三十七年（1609 年）四月，时任诏安知县的邑侯郑化麟巡视至管辖的"五都"碧浦（今湖塘村）时，见民不聊生，不由怆然泪下，发出了"风沙之下，民何以生，民何以赋"的感叹。

为治理风沙灾害，他"令民用草安沙，并禁其开掘"，引导农民勤劳耕作，取得了一定的效果。"乃仁人动天，于安沙之日辄赐霖雨，如是者三，故不旋时而白沙含青草也。及秋大风沙不为害。今春收麦者数十家，收薯数十家，兹又禾苗秀郊圻矣。"碧浦民众为感其美德，特立下了这方《邑侯郑公封沙惠农功德颂碑》。该碑为研究古代东山岛封沙植草造林、抗击风沙灾害，提供了珍贵的资料。

图 4-11　湖塘村
《邑侯郑公封沙惠农功德颂碑》

碑文："赐进士文林郎□□镇江府推官治年弟蔡宗禹撰文，赐进士文林郎浙江东阳县知县……每当秋风一起，十田九压，没受其害者百无一二……万历三十七年四月，时任诏安知县的邑侯郑化麟巡视至五都碧浦。公讳化麟，字文兆，别号芝山，浙之嵊人也，登顺天进士……风沙之下，民何以生，民何以赋……令民用草安沙，并禁其开掘：

——其沙田之可垦者，听不任则勿垦。

——田垦而沙不病，邻者听病则勿垦。

——濒海而当风冲者勿耕，垦则罚。

——沙积之墩勿垦，垦则罚。

——田间之广陌勿垦，垦则罚。

——诸凡不毛之区，悉封草以扃之，随其域而毕力焉，高旷夷衍不任独力者，众为俱致者……昔子瞻守杭，捐罚田之利以堤湖，又复于旧，溉田千余顷，杭人至今赖之，诩曰：苏公堤。今公一至我都，遂去其风沙飘阔之害，童赪之墩，庚而绿野。百世下望而思公积者，将无曰郑公墩哉……阎乡立石。"

14. 泉州市晋江县灵源街道灵水社区灵源山现存明万历四十年（1612 年）立的《示禁杜害碑》

吴姓乡官祖坟因为自己出游而被附近居民侵占，泉州府示禁。

碑文："凡系吴乡官坟茔界内草木生枯，不许擅行侵伐，亦不许纵放牛羊践害。如有不遵，许社首及墓客指名呈报，告提究罪，枷号示惩，决不轻贷……万历四十年正月〇日立。"

15. 漳州市漳浦县赵家堡现存明万历四十七年（1619 年）立的《筑堡碑记》（图4-12）

该碑为漳浦县对赵义要求筑堡的批文。碑高230厘米，宽105厘米，1975年被炸裂成五块，今修补复原。

碑文："漳州府漳浦县为垦给示，修堡捍卫，造福一方事，本年正月初七日蒙带管分守漳南道詹〇批，据本县十七都积美社赵义呈称，'近蒙宪示许乡社择便筑堡，以防

图 4-12 赵家堡《筑堡碑记》

不虞，以固民生。念义父赵范从浙宪归休后，卜迁官塘地方，僻伏山中，自买地土，备工围筑土堡。经前任分守道高呈咐，外计墙门二百余丈，仅容数舍，聊防窃盗。去年风雨漂塌，近时警报彷徨，堡外四民村居星散，诚恐变生叵测，守御无所。议照旧堡开圹地址，更砌石基，增设马路女墙，平居则守望相助，遇急则身家各棒，有备无患，有基无坏，事关地方，具呈恳乞恩准，给示执照，以便兴筑'等情。蒙批仰漳浦县查议速报。蒙署县理刑馆萧○看得倭情叵测，桑土宜周。矧值承平日久，土堡颓坏，尚遇警息，其何赖焉。今赵义所呈给示修堡防守，为身家虑非，喜事也，拟应俯从，具由申详本道，蒙批准给示修造此徼，蒙此合就给示晓谕。为此，示仰原呈赵义知悉，即将本堡自备工料，协力砌筑坚固，须示。万历四十七年二月○日给。"

16. 泉州市惠安县博物馆现存明天启七年（1627年）立的《示禁碑》（图4-13）

碑文："本学立守泮池水夫一名，每月三次浚通水道，取水入池。已置租地二斗五升，付与管耕准贴工食，如有懒惰，定行罚究。特谕。天启丁卯季秋穀旦立。"

17. 漳州市漳浦县盘陀镇通坑村大深坑口石牌垅现存明崇祯三年（1630年）立的《通坑堪断升稯碑记》（图4-14）

碑高290厘米，宽137厘米，座高45厘米，碑额中间刻旭日祥云，"皇明"两字分刻两边，下刻"院郡府县堪断升稯碑记"。

碑文："漳州府漳浦县正堂，为给示立碑，以强豪并以征国课事，据程有宠等呈给，就本处官山大梁脉内，开垦田园山畲，耕种什物。地民陈拱良等强势伯征执程元勋□臬，首批本府查报，蒙施太爷明断，悉归

图4-13　惠安县博物馆
《示禁碑》

官山听人樵葬，仍将新开垦田畲，召人纳税升科，发县大勘，蒙文□程有宠等田畲东□后门山，□后旧火烧山，水坑山、冈仔山、官埔分水山，大母湖共大畲七亩四分八厘；两旁畲客厝山，甘棠山，猴屎石、公

**图 4-14 通坑村**
**《通坑堪断升礵碑记》**

婆石、山田畲计丈五亩九分；岗旁大尖山、红泥山、赤崎湖田畲计大二十六亩四分四厘；北旁□仔崎、白头石、岩仔至泥□田畲，计为二亩三分九厘，田盛山地总计四十四一分，应纳税银二十七两七钱八分，应升科官米二石九斗一升。漳州□户遍第，征纳其县，由府转院司批允，并返□□等礵银完解本府贮库外，切宠等遵断，升礵国课求征应之，豪强影者混占，皇乞立碑，以杜争端等情到县，据此合行示。为此，示仰原垦业户程有宠等，各照分下开垦田地山畲，立碑定界，掌管耕□纳粮，不许豪强横据，倘若敢有故犯，定行依律究

治，决不轻贷，特示！本府施法□□□审得漳浦之西南有大梁山者，如皆官山，近视为之大小，分据掌管，业成有主之物矣，其山有二十四面九十九峰，乃地民陈□良与其兄拱良者，雄踞三面，计管峰十八，细分三千有九仑也，居民之欲其欲田者，俱出税纶，后是相巨拱食□□以享官租，□其如贫民之艰，于樵牧何据，相巨山中木，拱良田六亩，耕种已久，今即此六亩之田，着租巨管业余贷作官山，听人生□交并仍行，据县勘有杂□田园，除拨拱良等六亩外，畲田一十四亩，余地田十六亩五分，着原垦各户纳礵充府升科相巨拱良应□□重究，念闻□多□官山，升人得以堂管今首纪相巨没故，站导杖拱良，以治其贪，并随招详报，蒙济□升税，陈拱良私占官山所得子粒，已多□追为□，依例校赎，程有宠等新垦田地，如议纳税升科，拱良名下六亩有无升科、未见审明乡府行院核实，将纳礵升科，缘徭竟银合于衙门示行缴府，侵占仰县即查，拱良六亩有无升科，并返业户主有宠等，纳礵银六十七两七钱八分，批差解广贮库外，缤蒙本府给禀，奉□门□批，据本府申详，程有宠等纳礵率饷，缘徭各户税银八十九两二钱五分，乃每年之数耶，亦

绝宝之数耶，拱良六亩，再另报明贮库，见银充勘勒贮用，不得挠动之，又奉院蒙府，妥审得程有宠等、新垦田畲，已经县勘寅察亩数重分别纳征升科册报在卷，□本□□报白无容熬矣，如纳樸银乃绝费之数，一输以言不得再输，通例皆然，至纳樸载米二石九斗有奇，已行该县造册入户，此又十年得以缴，仅下在此□经奉称命□明等□县徭申报本院奉批，既查绝卖数□将见银贮库，不得轻挪，钦布政使司批候，抚院详查，又蒙□分守漳南道朱批，仰报抚院勘查缴。崇祯三年二月穀旦立石。"

18. 厦门市集美区浒井村现存《祖先遗嘱二则碑》（图 4-15）

碑文："祖先遗嘱二则：私贪祖地，混废祖池，非后裔；祖厝门口请勿堆积杂物，希各自重。"

19. 漳州市漳浦县现存顺治十四年（1657 年）立的明《东张印梁先生澍德碑》

碑高 150 厘米，宽 80 厘米。正中刻"东张印梁先生先生澍德碑"，行楷盘刻，每字 20 厘米见方。小字碑文难辨。

碑文："乡宾张公，讳国经，字一洲，号印梁，万历己酉领乡荐，天启壬戌成进士，以县令考选南铨，回籍候缺，时鳌北新楼方址锐顶如大呈民多凶祸，共苦无赀可更，诉于公，公捐五十金，易其制，至今安之。守道俞公以清海掩骼，崇祀于鳌，岁久祠圮，自出工费修之。祀为二民

图 4-15　浒井村《祖先遗嘱二则碑》

间分文，惟死者无稼舍撰以收之。葬者无所，买地以冢之。北街水泄愈低，埋石以阑之，鳌山渡海起峰，东江石堆累累，龙脉也，戒勿□，清兵入浦，疑鳌民舆海外通信，欲屠以兵，公力保其无他意，乃得杨总镇给世子王明示，以缓之，民乃复苏。沙地中有小殼取厌者利者，谄请饷以饱其私，伤地理妨众命，力陈于公以止之，控道府县示禁焉，兑抽什饷。此三事在通鳌文，非止施冥之所以有限持举火者，宗戚待媳嫁者，

倾囊与之，而解纷利济，莫胜纪也。官大参，加光禄卿，致仕。此在鳌言鳌耳。其浦邑施德别有记，故不悉。交甲科，省济林公，羞济郑公，调善蔡公，丹喜林公，擎南陈公，皆有道长者，但遇升平，或限于年，惟公当乱世，享遐龄，施德独多，故诸茂木弟纪石以昭示来兹。公有祖讳精通，允宗排难养族侄读，尝乡饮其德，果膺二代赠典。人称善报，所宜并记。赐进士两浙巡按御史李瑞和，赐进士户部观政蔡而烷，赐进士广东韶州推官林翰冲，户部主事卢堂，乡进士江西监察御史佺若化，赐进士益若仲，生员林翩、蔡钲吉、丘□、林士弟、陈定、郑名标、郑兆和、张旷璟、吴弥某、郑郡郢、果启、署陆、蔡世密……顺治十四年丁酉榖旦。"

**图 4-16  饶氏宗祠祈丰宫《禁淘矿碑》**

**20. 龙岩市上杭县中都镇黄甸村口饶氏宗祠祈丰宫大门旁现存明末《禁淘矿碑》**（图 4-16）

该碑高 72 厘米，宽 42 厘米。字体正楷镌刻。碑文规定：村中溪流的河沙，不许采挖。如有违，以处罚；情节严重的，送交官府处置。村民恪守碑文规定，恪守禁止淘砂采矿，为生态环境的村规民约。

碑文："禁淘矿碑：溪中矿沙，有关风水；通乡会议，不许淘取。自口及源，永远禁止。犯禁拿获，公罚不贳。如有刁顽，呈官究治。黄甸同乡立。"

**21. 莆田市仙游县博物馆内现存清康熙六年（1667 年）立的《免差徭碑》**

该碑是关于畲民的告示。该碑上方刻一篆书"清"字，碑文以正楷阴刻。

碑文："圣王御极，皇仁浩荡，凡民间一切差徭，蒙谕查实豁免，况雷、蓝、盘三姓畲民原无一定住籍，散□，自食其力。沐历代洪恩，载入流烟册内，概免一切差徭。如福州各属畲民现有勒石优免。独兴属（兴化）□例动欺孤丁单姓，诸色杂差丛集，畲民是以疾于奔命。

本年五月内，畲民蓝圣时□等永保畲民生聚等事，具呈总督部院大老爷高○蒙批府行县查例。幸蒙本县主正堂加一级萧○，照例具详并饬示禁在案，但恐年久月深，风雨损坏，谨勒石。圣朝浩荡之恩，督宪矜恤之仁也。谨志。时龙飞岁次丁未年，戊申之秋。

畲民蓝圣时、朝容、雷永雪、蓝元长、振□、元贤、秀□、祐□、圣□、□妹、□□、雷□□、钟□□等同立。"

**22. 福州连江潘渡贵安村汤岭街现存清康熙二十二年（1683年）立的《廉政碑》（图4-17）**

连江潘渡乡，是古代福州到温州的主要通道，温泉资源丰富。宋朝时曾在贵安附近的仁山设置驿站。达官贵人行役于此喜泡温泉，流连忘返。但途经的官员都由贵安接待，增加了当地村民负担。清康熙二十二年（1683年），连江知县王仁灏，革除弊政，废除官员及公务往返由贵安接待中午伙食的规定，从而减轻民众负担。民众感其恩德，立碑赞颂。朴实的廉政碑在当今仍有现实意义。

石碑高180厘米，宽60厘米。今当地人称之"廉政旌表碑"。

碑文："连江光临里，值省道之冲，凡邑宰参谒上司及公务往返，中伙概出本里，现役益创自明季。里中富室之私敬也。近沿成例，吏书夫役供亿浩烦，里民病之。无锡王侯讳仁灏，号通林，来宰兹邑，廉其情，饬示禁革，夙弊顿除，勒石志德云。清康熙癸亥正月吉旦，光临里士民公立。"

**图4-17 贵安村《廉政碑》**

图 4-18　黄氏宗祠《廿七都山碑记》

23. 漳州市龙文区蓝田镇蓝田村黄氏宗祠现存清康熙四十三年（1704 年）龙溪县立的《廿七都山碑记》（图 4-18）

明末清初漳州（龙溪）地区长期遭受战乱及自然灾害，重建工作进展缓慢，城郊野外遗骸遍野，极大影响了百姓的生产生活。当时，身为地理学家的曹家甲任龙溪知县，便设立三所"义塚"。该碑高 100 厘米，宽 78 厘米，为龙溪县知县所发布的公告。此碑是告示龙溪县百姓要把廿七都的官山（包括闲置山地）利用起来，设立"义塚"，即旧时收埋无主尸骸的墓地。这样，有些光棍汉穷困潦倒死后，族人或慈善团体出资将其埋葬，可以避免出现尸骸遍野的凄惨局面，对保护环境卫生起到了一定的作用。碑文列举了廿七都的很多山川，要求当时的"乡保长"对所负责的山川空地进行摸底调查，然后上报记录在案，作为埋葬遗骸之用。该公告明令禁止土豪劣绅侵占墓地。该碑中详细的山川记载，对研究明清时期乃至当今漳州地理有着很重要的史料参考价值。

碑文："漳州府龙溪县正堂曹〇，为捐赀择地以设义塚事，蒙本府信票蒙本道宪票仰龙溪县相择义塚，给人埋葬等事，蒙此俾廿七都乡长黄来开报官山，现有□□□□至外覆船共九仑、飞天蜈蚣仑、风吹罗带仑、瑞竹岩仑、马厝仑、□□、莲池仑；三峰山共三仑，孩子仑、□□仑、□□仑；螺蛳吐纳仑、□□仑、火坑□□仑；外土地公仑、□□□仑、□□□仑、水磨坑仑、打石坑仑、觉几石仑、天鹅守邱仑、蛇仔仑、马鞍仑、半岭亭仑；内土地公仑共六仑，鹅鸡仑、釜尖仑、石鸡仑、梧桐仑、大湖山仑共三仑，石昌头山共五仑；外磨山共四仑；保寿院仑、□□□□、堆云岩共三仑；聚奎岩仑共五仑，石室岩仑、梧桐仑、石坑仑、上山蛇仑、覆地虎仑、猛虎跳墙仑、□□□仑、内覆船等仑；到县□此，俱经本县亲临踏勘，给为义塚，合行出视晓谕。为此，示仰该都人等知悉，所有停留各棺。每枢给地葬一丈，横阔八尺，就于无碍处所□葬，不许侵他人旧坟，致启争端，及将葬遇者，棺椁来赴乡保长报明五十日期，听该乡保汇报本县存案。如有劣豪光棍假培灵□，希图射利或是恃强霸占，藉称买卖，以他人旧棺作私者，该乡保立即禀报，以惩严□□法处置，倘敢不徇，既立行仗毙，决不姑恕，即此特示。康熙四拾三年正月〇日立。"

24. 泉州晋江市鲤城区八卦沟旁现存清康熙五十二年（1713 年）立的《许氏祖庙禁约碑》

碑文："苦读勤耕，分阴之晷须惜；改过迁善，昨日之非永除。如敢故陷覆辙，仍行赌荡，或被族中察出，或系他人告发，无分远近，不论尊卑，会同通族家长于祖庙中，本人重责三十板，仍依禁例罚戏一台，酒八筵，并究窝赌，一体责罚，以为鉴戒。倘有顽抗，定行呈官究处枷责，决不徇纵，以乱禁约。康熙五十二年五月〇日。"

25. 漳州市芗城区天宝镇洪坑村现存清康熙五十七年（1718 年）立的《鸿湖社会禁牌》（图 4-19）

碑嵌在芗城区天宝镇洪坑村"庵后间"古厝的外壁上。碑高 80 厘米，宽约 40 厘米，共 104 字。该碑在 20 世纪 50 年代被泥土掩盖，2014 年古厝重修时被村民重新嵌入墙里。

碑文："公立禁约，各宜恪遵；如或故违，小则会行罚，大则呈官究治。所有约条开列于后：—族人不许犯尊欺弱、窃取物件；—前埕不许架棚、作厕、栽植果木；—湖干不许开井、筑园、起盖小屋；—湖内不许私渔、放鸭、混取泥土。康熙五十七年戊戌仲春吉旦，公立石。"

26. 漳州市诏安县官陂村保福庵现存清康熙五十八年（1719 年）立的《保福胜境碑》（图 4-20）

该碑高 150 厘米，宽 69 厘米，厚 18 厘米；座脚宽 22 厘米，深 9 厘米，厚 18 厘米，碑文 421 个字。

碑文："……公讳也宣、林公讳益崇，至正十年募缘创建保福庵，喜舍庵地一完。大檀樾化首陈诏、张子可、张琚、蔡元、钟秀、刘熙、刘幹、王美、张良、李显、黄基、颜助、谢阁等，大明丁丑年募缘重兴置田租一百二十石，陈诏公自舍田租三十七石，坐址俱吴坑三村等处。大檀樾张公讳日升，乙酉年捐资重修后殿，喜舍赤竹坪田租五十石，庵前田租三十石。化首张孕璞、信官张讳兴、介宾张威远、乡宾张仲德、张基荣、张君宠、生员张鸿猷、张必的、张维梓、信士张在、张明、张钦等□僧住持，捐资募缘，重兴前殿。信官林讳万禧偕弟万祺，喜舍庵前田租二石，信官张讳程舍银十二两，信官张讳瑛喜拾银十两重兴净室，信士张文儒、张国务喜舍本庵后园各一厢。以上等项缘田共租二百三十九石正。递年权实租二百一十二石正，永为当祀香灯，长保无疆福泽！谨登姓名，勒垂永志。大清康熙伍十八年岁次己亥孟夏吉旦，住持僧净机立石，率诸徒子孙谨记。"

图4-19　洪坑村
《鸿湖社会禁牌》

图4-20　官陂村
《保福胜境碑》

27. 漳州市诏安县现存清康熙六十年（1721年）立的《奉宪示碑》

钟黄金一支系明末移居诏安县官陂陂头山，占山为家，在此生息繁衍。武生廖朝缙、监生廖钦远等人恃强凌弱，借修陂修圳之名，试图侵伐钟姓祖山树木，屡起争端。钟姓多次向县衙请求严禁廖姓此等行为而未果。直至康熙四十五年（1706年），钟黄金一纸诉状告至汀漳道宋致，其判决结果是此山此树当归"钟家当管，不许混砍"，两家亦是无异言。萧县令并将此次审结刊诸于碑。钟、廖两家第一次交锋，钟家讨回公道，争回山林所有权。汀漳道宋致所据，一是陂头山为钟家祖山，二是此山本有界限。以祖坟丘墓证其为钟家祖山，以山界为证向廖家告知不许砍伐界限内之树木。而廖家"以系公用"为名，作为逃避惩罚的借口。想必此处"公用"当是指其旁的陂圳这一水利设施。康熙五十九年（1720年）二月，廖姓率众砍伐钟姓祖山，被钟姓阻止。同时，廖姓将此事告上衙门。漳州府知府李秉衡亲自审查此案。其结果是钟姓照旧管业，而廖姓被斥责为恃强欺凌、借端觊觎和控词妄告之徒。此次审结，钟姓是无可厚非的大赢家，其理在情在。而廖姓，正如碑文中所说的那样，他们是借"修陂"之名，强行侵砍钟姓祖山木材，于理于情，皆不成立。钟、廖的第二次交锋，钟姓再一次据理而胜。

碑文："青天本府大老爷李（秉衡）奉五十九年审结，巡抚察院大老爷吕（犹龙）宪批勘审武生廖朝缙、监生廖钦远等逞强籍占钟黄金祖山，断十愆学戒，饬山归钟姓照常管业。谨院谳语：看得诏安二都官陂社地方有田三千余亩，系廖、陈、吴、王、钟、蔡等姓之业。悉赖溪流灌溉，因田高水低，昔人设陂开圳蓄水，导入田内。每年修砌，分股定界，由来久矣。缘陂之陂头山，钟姓祖居其间，栽培树木以为坟荫。廖姓恃强，每欲藉端砍伐。故从前各向该县请禁，互申未结。迨四十五年，钟姓赴本道宋控批，萧（永域）令勘审叙详，蒙批断钟家当管，不许混砍，始无异言。迄今十余年。讵本年二月间，廖姓复率人砍伐，为钟姓所阻。廖朝缙等以判案霸山等事赴宪具告奉宪批令卑府勘审明确等因。卑遵即提齐讯，据廖朝缙等偕称，陂岿原属公山，廖姓亦有葬坟二首；据钟威等供，祖居一百多余年，修有火路为界，界内系属钟姓丘墓。其陂向系焰（照）股派修，并无在山砍树。卑府随同两造亲赴查勘，其陂量长八十五分，俱系小木条、细束石，横砌水内，以茅草垫塞，并无用木之处。复到陂岿山踏勘，周围火路约两里余。前临大路，偏右有钟姓楼寨，后悉系钟姓丘坟。再勘廖姓两坟乃在火路外田边。复吊里老人等咸供'钟姓住居、丘坟，年已久远，系其斯地'等语。从此查官陂系分股承修，钟姓不在派修之力。廖朝缙等供措砍木之东路，又勘无树木，年于此山伐木修陂之说，系属于钟。廖姓明系恃强欺凌，借端觊觎。而廖朝缙、廖钦远逞强影争，控词妄告，查系监生头各祭学岁，饬禁饬徵。戢其官陂，仍饬焰（照）旧分修，萧令原陂押令拆毁。嗣后不许再有借端争砍，致于严谴，各取遵行具报。今将勘过缘由，绘图陈详，伏候宪台批夺。奉院批语，该府勘明此山：东垄并无树木，廖姓两坟在火路之外，据此山原征米四石，后归田亩完粮，其呈豁免等语。查山田无粮，各有各圳，不仝从无，并将归完纳。输此豁彼之理，明系遁词，往历年东垄砍木修圳之说，悉属子虚。姑如详将廖朝缙、廖钦远、廖学钦，饬山石钟姓照常管业，其官陂并饬照股承修，萧令原碑拆毁。嗣后毋许藉端砍木，永杜争端，取遵依报查，认照。康熙六十年岁次辛丑菊月。"

28. 厦门市思明区思明南路厦大水库山路边现存清雍正三年（1725年）《高明宫绿地记》石刻（图4-21）

该石刻为雍正三年三月，"塔头林克永、林克弼、林克笃"为买这块地立的石碑字据。该地原为林业年家的地，中人是"周子显"，买地费用共"花银九两"。前面的文字就将这块地的四至范围表述清楚，当时"林业年"欲"卖地葬坟"，乡邻们认为坟地在此"冲伤本社"，于是大家"花银九两，买为绿地"，"每年佃种，租银四钱五分，收为本社，济整公用，恐年久被人占，故勒石以

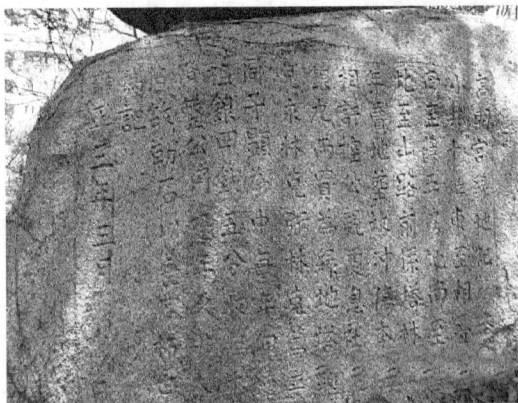

图4-21　厦门思明区《高明宫绿地记》石刻

表不朽也，为记，雍正三年三月"。

碑文："小共十坨，东至相台下，西至薛五房地，南至巷路，北至山路。前系塔林业，上年卖地葬坟，冲伤本社，致相诉控，公亲处息，社众相银九两，买为绿地，塔头林克永、林克弼、林克笃，立周子显为中。每年佃种，租银四钱五分，收为本社，济整公用，恐年久被人占，故勒石以表不朽也，为记，雍正三年三月。"

29. 泉州市龙湖镇龙王庙前现存清雍正三年（1725年）立的《大清廉明县主太老爷叶明示功德碑》（图4-22）

龙湖原为官湖，为共有之湖。明初始征渔税，米四石二斗六升，折

银一两五钱零，有渔户许、翁、留、林、吴五姓承纳。清康熙三十年（1691年），施府势炎，占龙湖为己业，沿湖之村民下湖取苔鱼者，须先提签例银三钱，各户年收税银达三十余两。雍正二年（1724年），沿湖百姓不堪其虐，龙湖亭许俊倡沿湖十六村耆上告于晋江县府，知县叶祖烈受理后亲到龙湖勘查。雍正三年秋七月，该湖仍判归官有，沿湖诸姓居民可自由采捕，众湖民感恩，为立碑颂德。该碑高246厘米，宽90厘米。

碑文："大清廉明县主太老爷叶（祖烈）明示功德碑。本都龙湖一口，系田园之灌注。附近居民故纳正供之钱粮，又配附征之课米，皆许俊等同乡历年完输、管掌无异。迨康熙三十年间，施府势炎，强占代纳湖米，设签横征，民遭酷剥，惨难尽言。兹雍正三年，幸逢廉明县主太老爷叶莅任，俊等湖民相率呈苏○，蒙准到

图4-22　龙王庙《大清廉明县主太老爷叶明示功德碑》

勘，示禁不许施姓仍前霸占横征，湖南民照旧输纳捕采，顶风沥涯。该将明示勒石于左，永垂不朽。特授州正堂管晋江县事在任守制叶为炎势之横征靡极，滨湖之残黎万惨，沥泣明威，少存孑遗事。据龙湖等乡许俊、留进等公呈前事称：'俊等乡附龙湖之滨，所有田地矿业赖湖息以资生，或取湖中草蔬为粪水者，或取湖中湿生为日用者，种种生意，诚俊等滨湖残黎不可缺者也。故历代至今，湖民受纳课米四石贰斗六升，载在额征印册现据。岂意施家炎兴以来，湖滨已有横征税粮，凡下湖者，迫令必先向伊领签，每签例银三钱，方全性命，稍乡愚尤知者，炎丁炎干，如虎如彪，立拿剐刑殴□□□灰，所以乡民不得不俯首而待命也。计其签，年不下六七百银。计其赃，年不下贰百余两，犹知计科莫违，年代完纳些须课米，难掩横征大罪。独不思今圣明盛世，爷包宣命，抑权势，除豪强，岂容羊

狠狠贪。俊等孱弱畏威，本不敢诉，只以横征靡极，脂膏已尽，虽生犹死，舍死求生，无奈会众议明，所有本湖课米，速守分急公，照旧完纳，毋致横征万惨为妥。故此敢沥情会乞残黎于一笔，发明威于此，勒石示禁，严饬不许仍前横征，则数千之子遗赖以更生矣'等情到县。据此，除现在查明严究外，合就示禁。为此，示仰龙湖等乡□□□□知照。嗣后湖内草蔬湿生等物，准尔等照旧急公输课，下湖采取，不许施家仍霸，逆令领签横征。敢有抗违，许公呈人等联名到县具禀，定行严拿究治，断不轻恕，慎之毋忽，特示。经承黄弘耿。沐恩子民龙湖亭：许二、许俊、许四；后山：王英；仑上：留进、卢明；五斗：张明；庄厝：庄国兴；翁厝：翁友；陈店：陈维，仝勒。"

30. 泉州市鲤城区江南街道东浦社区锦浦黄氏祠堂现存清雍正十一年（1733 年）立的《黄氏阖族禁示碑》（图 4-23）

图 4-23　锦浦《黄氏阖族禁示碑》

碑文："盖闻孤魂诡节，宜感典益之始。显宫室禁长深焉，兹之封故祭约与扫仪，并切观闻忾授两俭。环峙盗生，爰获诛罚重轻，云：宗派公镐田族鹭玉浦，祥称鼎右鸟象之谶，房长感动钟灵牛脉之挺正，厚应共保此誉，据何可凭焉。俟践前有典之范，祖坟之旷纵，已经会众划新堆，于汜时也。恐未申禁条，不无再蹈覆辙。嗣后冤鸣，狼喉眼粕。磁灶童子山以及湖头金柜石壁等处，濮翁仲巍峨，祖宗功德，如在瞻；华表挺立，后人受敬益深。不得藉言合沟以侵先人兆域。倘或任移附葬，必会各房起边矣。从前诸坟准安已益图于谱牒，如后日旧穴欣葺无改移以给更，仍年年出粮三百贴公事祭费，依将低人一等折钱汇拾交值祀轮收，众议金同询谋，若一山川永固，所以妥我光灵魂，□□以光我后绪，用勒贞珉于不朽，以矢益裔于毋忘云尔。雍正拾壹年癸丑月拾端月冬字日，黄氏阖族立。"

31. 厦门市思明区万石莲寺海会桥侧现存清乾隆三年（1738年）兴泉永道按察使司立的《示禁碑》（图4-24）

清乾隆年间，万石莲寺周围多被墓葬占用，山间多采樵、放牧，因此损坏山林、五谷、蔬果、田地。清乾隆三年，兴泉永道按察使司副使朱叔权以泉防厅名义在万石岩刻石示禁，严禁在"万石岩界地混给占葬，以及樵采树木暨纵放牛羊践踏五谷蔬果"。该石刻反映了清代中期官方维护寺庙权益和山林生态环境的状况。

碑文："兴泉永道、按察使司副使加一级朱（叔权）为蒙发勘定山界等事。查万石一寺，创自明季，乃僧维信师祖向定远侯（郑联）募地建盖，历管已经五世，

图4-24　万石莲寺《示禁碑》

其岩宇之前后左右，业经本道饬（兴泉永道）厅立石定界在案。兹据呈请，合就勒石永禁。为此示禁，厦岛军民人等知悉：嗣后如有不遵禁令，胆敢仍前，复将万石岩界地混给占葬，以及樵采树木暨纵放牛羊践踏五谷、蔬果者，许住僧、该地保长立即赴泉防厅衙门具禀，以凭严拿究处，其各凛遵毋忽，特示。乾隆三年四月初一日○给。"

32. 泉州晋江市龙湖镇后山乡龙湖湖南现存清雍正九年（1731年）立的《官湖碑》（图4-25）

该碑为双面石碑，正面为清雍正三年（1725年）镌的《廉明县主太老爷叶明示功德碑》，背面为雍正九年镌的《官湖》告示。该碑系时任晋江县令王之琦据上司批示，对雍正三年县令叶祖烈审理许、留、翁、吴、林等五姓控诉施家"势占民湖"一案将龙湖判还五姓裁决的复议和修正，即将龙湖充作官湖，公众使用，不单属许、留等五姓照管。

碑文："泉州府晋江县正堂王○，为势占民湖等事，蒙护理本道事本府正堂郭○宪牌准，布政使司潘○咨奉总督部院刘○批：'兴泉道朱○审详龙湖一区缘由，奉批该道议详此案，主持公道，利及小民，殊有

不负监司之任。仰布政司先将龙湖历系官湖众处摘由抄看，咨送纂修通志馆查核入志。其额征课米无多，亦应官为主宰，庶百姓得以永远享利。如仍令许、留等伍姓派纳，其后不无复起启讼端。该司可再为酌核妥议，百世无弊之良法，通详批示，勒石湖边，照鉴缴'等因。本司议覆得龙湖课米四石六斗六升，共该征银一两七钱五分九毫，就官地租项下银两办完，余剩仍充书院公用。将许、留等伍户免其派纳，仍删去册内户名，断其枝蔓等缘由，奉批如详转饬，遵照勒石湖边，永垂照鉴，取具石摹送查，并再移知纂修志馆核照，仍候抚都院批示缴奉。此又奉巡抚都察院赵〇批，'本司详同前由，奉批如详，取碑摹送查。仍候督部院批示缴奉。此备移到道，仰县遵照，实力奉行，勒石湖边，永垂照鉴。取具石摹四本申送'等因，计粘抄本道核准一纸等因，又蒙本府行同前因，蒙此除课米，递年就地租办纳，将许、留、翁、吴、林等姓册内花名删去，并施家宗祀龙湖税银一款，饬令铲去外，合核勒石照鉴。为此，示仰该都各乡人等知悉：此湖官输课米，应任听小民钩藻、捕取湿生，共受其利。嗣后永不得私相买卖，并豪绅侵占。其许、留、翁、吴、林等姓与施姓敢有抗断，定拿严究。各宜凛遵毋忽，特示。雍正玖年捌月〇日勒石。"

图 4-25　后山乡《官湖碑》

33. 漳州市漳浦县旧镇铺尾妈祖庙前大石上现存清雍正十二年（1734 年）立的《庙产碑》

旧镇铺尾妈祖庙，明中期构筑于巨石之上，背依古寨，面向大海，庙边存崖刻。该崖刻内容为清雍正十二年确认的庙产租佃方式、租佃额等，由认佃人勒石。碑高 118 厘米，宽 62 厘米，以天然岩石作碑形。该碑主要是明确庙产"蚝泊一所"的四至。乾隆十三年（1748 年）曾因诉讼，庙中主事将其典当给私人。越十九载，旧镇众善捐资赎回。为杜绝日后再发生此类假公济私事，特勒石公告。

碑文："仝立：认佃耳孙、正福、廷浔，今来佃浔。始祖和认佃：由一园前去，出银修前堘岸口与内岸门，开剥水源，得钱量什宝一应节佃自理，□每年种每冬纳定粟一斗，计十人当为准，报□祖祠内，径倡梁不敢火升合，不许与总佃异姓人。倘侍倡，不应暨堘、前堘，无力填集者，众等将此佥定日□佃□，作不敢租执，至日后荒埔再惩成田租谷，照熟年种数缴纳，或有一处减收，并未及上一种租，不敢承租。兹恐人心不古，爰是立石，以志不忘云耳。雍正十二年十一月○日，仝立，认佃人：耳孙、祝毅廷勒石。祥德、添和、俊国协记。"

34. 厦门万寿岩寺海会桥旁现存清乾隆三年（1738年）立的《兴泉永道示禁碑》

清乾隆年间万石岩寺周围多被墓葬占用，山间多采樵、放牧，损坏了山林、五谷、蔬果、田地，故立碑以禁。石刻在万石莲寺海会桥（图4-26）侧，高125厘米，宽146厘米。

**图4-26　海会桥**

碑文："兴泉永道按察使司副使加一级朱○为蒙发勘定山界等事，查万石一寺，创自明季，乃僧维信师祖向定远侯募地建盖，历管已经五世，其岩宇之前后左右，业经本道饬厅立石定界在案。兹据呈请合就勒石永禁。为此示禁，厦岛军民人等知悉：嗣后如有不遵禁令，胆敢仍前复将万石岩界地混给占葬，以及樵采树木暨纵放牛羊践踏五谷、蔬果者，许住僧、该地保长立即赴泉防厅衙门具禀，以凭严拿究处。其各凛遵毋忽，特示。乾隆三年四月初一日给。"

35. 龙岩市永定区西陂村现存清乾隆六年（1741年）立的《琉璃金灯季石碑》（图4-27）

清康熙年间，彻云僧担任住持，募集琉璃金灯，购置田产，用作点长明灯之资，留下了一块《琉璃金灯季石碑》，嵌于前殿入门右侧。

碑文："灵鹫山，吾之福地也。自僧飞来创建山门，嗣后僧彻云拮据捋茶，历尽辛勤。数十年来，香灯长熠，钟鼓常鸣，二僧之力也。第琉璃金灯未设，不足以佐佛光之普照。爰于康熙五十四年，僧彻云持簿来，恳谋立灯季，各剧金壹钱，计股分领，历有年矣。扩充利息，置买

图 4-27　西陂村《琉璃金灯季石碑》

季田。今勒石碑，以垂久远。永供常明，丕显佛光。凡我同季，既锐心志于始，尤平意气于终，则金灯焜耀，福自天降矣！是为引。今将田亩及规例具开于后……大清乾隆六年辛酉岁季春月。"

36. 漳州市漳浦县清泉岩寺前现存清乾隆九年（1746 年）蔡湘书写的地契《清泉岩传灯遗产记碑》（图 4-28）

碑高 140 厘米，宽 70 厘米。石碑立在主殿东侧大石面上，为乾隆九年蔡湘立，记载住持功德及庙产。蔡湘（乾隆十年登进士第，官至翰林院庶吉士），蔡新的兄长，为使蔡新安心仕途，他侍母不出。

修养甚高的蔡湘及其族人子弟在乡间地位崇高，他们关爱清泉岩，在清泉岩潜修禅宗，为表示对佛祖的虔诚，特将属其所有的寺庙周边土地奉献给清泉岩寺。

碑文："清泉岩传灯遗产记：夫清泉之为佛门香火地也，由来旧矣，前乎惟诚师翁者代有传人，许在别录。自师翁振兴道教，为黄檗传灯以来，历今又三世矣。夫三世之中，沧桑海田，昔是今非者，不知凡几。独念师翁毕生道行，阐扬正宗，浦人士共见共闻之外，其慎审，付托尤越寻常万卜者，非亲承其泽，无由知师翁付俾之至意，非躬任其责，亦奚知先师受托之苦心，创业守成，后先辉映，履斯地者，忍忘缔造之艰，承其后者，罔念贻谋之远，是尚可以为人子孙乎？

图 4-28　清泉岩寺《清泉岩传灯遗产记碑》

师翁置田三石二斗五升种，为本岩香火赀，当示寂之顷，召大众曰：清泉乃山僧经营拮据，为黄檗继脉地也。今将岩事并田园果木一切物具，付与徒孙永慧住持掌管，凡我子孙须体山僧遗意，毋得混争。此后听永慧择贤子孙，世世相传可也。先师受托以来，日夜兢兢，罔敢失坠，亦于示寂时，将师翁遗产付谦承堂择人传授，嗟嗟师翁之嘱，先师也知明处当，可谓克绍遗徽矣。先师之付谦也，恩重义长，保无自底，不类有负薪传乎？爰自受托以来，耕烟垦雨，惴惴焉，惟不克任是惧，虽敝墟折蛸，尘芜香积，不敢轻掷，升斗以贻先人，若非谦之苦守使然，亦诸佛列师，冥冥中有以默相之也。今而后吸云嚼月为吾事，打鼓敲钟付别人。谨延青岩，印湖，滋园诸老先生到岩照阅，将原田种叁石贰斗伍升暨岩中一切器物，尽付继席来舟主掌，择人付托，继继承承，振宗风而绵法派，无负山僧之托，则无负师翁先师两世相传之苦心矣。室内底塔前洋田仲乙石叁斗，许厝坡垅仔口田种乙斗伍升，坑仔口田种乙斗松柏脚田种玖斗，乌坑垅田种肆斗，崩山下田种肆斗。乾隆九年正月穀旦，蔡淮书、僧衍谦立石。"

碑侧刻：清泉岩山界，上至岗仔岩山，下至田，东至四领山，西至岩坑，其山中山下施主有佃，栽茶杉者，公议一九分佃，栽柏木及荻树者，公议三七分，永以为例，己卯重阳立石。

37. 厦门市博物馆现存原立于麻灶乡乾隆十二年（1747 年）立的《厦防分府示禁碑》

碑高 164 厘米，宽 68 厘米。因林氏侵占黄姓祖祠宗社土地，为此示禁。

碑文："特授泉州清军海防总捕驻镇厦门分府、加三级胡〇，为恩准示禁以彰永久事。乾隆十二年十月十三日，据黄钟伯等佥呈，'缘本年八月间，邻乡陈福将园地贰丘谋先富豪，林克隆，乘夜欲葬小棺，冲伤黄姓祖祠宗社。族众知觉较阻，呈官究处。时陈、林□□□小棺抬回别处安葬，园地付黄承坐充租，以为永远祀产□□遵依恩恩，准给示禁勒石'等情。据此，合就出示严禁。为此，示仰□□外姓暨麻宠乡居民人等知悉：嗣后毋许在于黄姓本乡祖祠宗社前后坐向一概山地盗买盗卖，并恃强葬伤，亦不许可黄姓不肖子孙勾谋别姓，影藉混占，以及坪上园址，假造虚堆，起盖寮间，筑厕池，致启讼端。倘敢故违，许该族房长即行具禀本分府，以凭按法严究，混占起迁，决不轻恕。各宜凛遵，特示。乾隆十二年十月〇日示禁。"

**38. 漳州市诏安县南诏镇溪沙尾朝天宫内右墙现存清乾隆十四年（1749年）立的《大老爷费示禁碑》**

碑高174厘米，宽78厘米。

碑文："大老爷费〇示禁：溪沙尾朝天宫崇祀太后元君，护国庇民，为历代所褒封，各朝所加敕，春秋祀典煌煌。其庙前左右暨戏台地，系沈姓明仁、春德喜舍，不容有所侵占而冲塞也明矣。因被土豪沈胜、沈院、沈寺、沈富、沈岳、沈卓如、沈丁等，故筑侵占雍塞明堂，士女往来为艰，此神人所共愤，官法所不宥，以致生监、社众暨约，练保等葡呈。本县地此踏勘，果系不堪。饬合拆毁，清还旧址。但恐怖日久，不无觊觎再筑，仍谕丈量弓步，使东西南北立明界限，以杜后日侵占雍塞之弊，立石示禁。弓步间例，自庙左虾须巷口起，至东铺滴水止，共量贰拾捌弓半；庙尾北铺滴水起，至南铺滴水止，量明拾壹弓；庙右滴水起，至东铺滴水止，共量贰拾捌弓半；横中央沟边墙界起，至北铺滴水止，量明玖弓；虾须巷口起，至南沟边止，玖弓。

具呈生监：沈轩元、薛陵、沈启贤、沈云纪、沈大内。社众：沈神、沈就、沈裕、沈五、沈保、沈汉、沈达三、林荣祖、薛曰晃、施于骥、吴起雍、陈奇漠、陈奇权、陈志远、许捷约。练保：沈呈芳、吴天、沈志道、沈石、沈耀华、谢振明。房头：沈禄、许补、张振、郑佛、何通。乾隆拾肆年捌月〇日"

**39. 泉州同安市应城山罗汉峰现存清乾隆十七年（1752年）立的《阖邑绅士公禁应城山罗汉峰掘砂伤坏县脉碑》**

清乾隆十七年，同安县绅士为禁止在应城山罗汉峰掘砂，立石示禁。

碑文："地灵人杰，古今不爽。考同安县治自三秀以发源，洎五芦而结穴，堆阜耸伏，蜿蜒透迤，惟应城山为最要。宋朱子簿时，于此山筑堤补其脉，造峰耸其势，所以保护县治，载在邑乘。奈何前人筑之，后人毁之；贤人造之，愚人坏之。自是官多诖误，俗多忿争，士气颓坠，民风衰薄弊，盖有自来矣。乾隆十七年，署县篆陈公鼎阅同山之奇秀，悼同俗之嚣陵，不惮跋涉，相度源流，乃由人脉之山凿石挑砂，实阶之厉，慨然以兴利除害为愿任，吁闻大吏，刻石禁止，种树累土，以补其缺。大功未竣，复回原任。署县篆熊公定猷奋然绍成之，更出示令，保练马快巡缉禀究，各遵依以防其后。俾将坏者复完，将衰者复隆。视朱子之筑堤造峰心源若接焉。同人感二公之德，寿诸石以纪之。"

铭曰：咽喉银邑，冈岭钟祥。紫阳过化，凤美仁疆。无何俗变，龙脉戕伤。士民涸瘵，鲜获吉康。昊穹降福，宰得贤良。补天成地，严禁叙详。勒碑纪德，石寿并长。大清乾隆十七年阖邑绅士。

40. 厦门市集美区后溪镇许庄村坂头水库后苎溪内官寨的狮头仑纱帽山巨石上现存清乾隆十九年（1754年）题刻的《奉宪》告示（图4-29）

崖刻高224厘米，宽145厘米。

碑文："奉宪，豪恶康珠、康洁等造契谋蠹弊占卢銮、卢士等世管山地树木，乾隆五年至十五年历控未伸，越十六年八月内，赴前任福建巡抚部院藩制宪鸣冤，奉发福建分巡兴泉永道宪曰：查讯，随奉吊案，提犯于十七年八月初三日堂审：山地

图4-29　纱帽山崖刻《奉宪》告示

树木，奉断对半分管，县承张达掌嘴，当堂立谳：查康、卢两姓所缴山契，均属年久无征，但两家各缴叶姓原契为据，则此山为康、卢公共之物业。卢契已经抹销，康契亦抹销。着原差协同该地保乡老及两边族长到山周围，丈明所存树木，逐一查明分配：近卢坟者归卢，近康坟者归康，山地照现在葬坟处所，不拘斜直，只要及近均匀、各半分管。插立界石，书明丈尺，造具清册二本，各□画押报缴盖印，以杜日后争端。县承张达另候发落。宪差黄名登、地保刘秉义、乡老刘日淑、两边族长卢月淑、康浩淑等尊宪，同到卢、康公山周围、踏明均分：以牛心石、官寨、客仔岭至狗湖尾、中仑垂下、羊桷仑脊分水，琢书界石。南面一带有康坟，亦有卢坟，山地分康管；猪母运、释迦坍、纱帽山内有康坟，亦有□坟，山地亦分康管；又以狗湖尾、中仑垂下、羊桷仑脊分水

起，至观音仑及龙溪山一带，系卢坟、卢姓住屋，山地树木、分为卢管，现有□仑等处山地有卢坟，亦有培植松木，亦分卢管。登明册内，造具二本，缴报道宪亲裁。现奉印发二比承领管业续奉檄行。县主太老爷明为赂蠹情确等事，奉前任巡抚部院潘面发：该县保民卢銮等告康珠等争山一案到道，业行该县检送原卷，前来当堂鞠讯，查验卢、康两姓所缴山契、俱属明季叶姓出卖，年远无征，其中界址亦难遽定。后因该山栽插木植长大，彼此互争，历控不休，则此山从前当为卢、康公共之物业。卢契已经抹销，康契亦抹销。附卷随着原差，协同该地保长、乡老并双方族长到山周围，丈明所存树木，逐一查明匀配：近卢坟者归卢，近康坟者归康；山地树木，照现在葬坟处所，不拘斜直，只要及近均匀，各半分管，插立界石，书明丈尺，造具清册二本，各画花押，报缴盖印，以杜日后争端。去后续保长刘秉义，乡老刘日淑、族长卢月淑、康浩淑等到山分界，造册缴查，并报卢、康两姓各具遵依。前案效此，除将遵依存卷造缴山册，印发二比，各执为据外，所有吊查县卷，并卢抹销契单合就发回。为此牌，仰该县官吏照依事理，即将发来原卷计一十六宗，并卢抹销契单，推批共三条查收存案，以杜两姓日后争端。县承张达控改卷宗，仰即重责二十板发落，报查本案。乾隆十九年三月〇日著。"

41. 宁德福安市龟湖山天后宫现存清乾隆二十二年（1757 年）立的《天后宫祀典田亩碑记》

该碑叙述了天后宫祀产确立的过程，彰显了知县黄彬协调回归天后宫祀产的功德。

碑文："……福邑官殿众商鼎建于龟湖山巅，颇具杰特之观……复捐银生息以为春秋享祀、神诞庆祝之需。第恐积铢锱，权子母，殊非经久之计。适有慈云寺僧人将本寺田贰顷叁拾肆亩零赁与薛某。"遵照奉文设法募赎之议，请将天后宫生息公银赎回本田，以资祀典。经首事陈维屏、郑殿膺等给银陆百两仝僧赎明。事在乾隆十九年三月，夏侯（瑚）任内，具禀立案。因调任会城，未经分管判承。豪强奸佃，乘机争夺。幸逢黄侯（彬）临位，励精可务，废坠咸修。念事神治民，厥政维均。矧天后祀典在定国勤民、御灾捍患之列，尤不可一日缺者，岂容不法之徒兼并吞？爰属督捕方少尹将赎产按亩清厘丈量，除归慈云寺焚修，以壹顷伍拾肆亩贰分陆厘捌毛四忽，缮册用印，给天后宫管业。即以庙器立粮干召良佃耕作，择诚实董事递季公储，变价输课之余，用勷祀典。洵历久不敝之良法！自此黍稷升香，烝尝勿替，灵栖神格，永讬湖山。而我黄侯此举，所关诚非浅鲜，其功德亦与之并垂不朽矣……本官首事仝勒石。"

42. 厦门市思明区厦港嘉禾里曾厝垵西边社现存清乾隆二十三年（1758 年）厦防分府立的《西边社厦防分府示禁》石刻（图 4-30）

在乡村社会的观念中，坟墓的好坏关系着子孙对去世祖先是否"孝顺"；从发展的角度讲，坟墓是影响子孙命脉的重要象征性资本。为杜绝族内子孙盗卖坟地现象，族长、房长就迫切需要官府参与到族内事务的管理中来。在官府的支持下勒石立碑，禁止子孙盗卖坟地，禁止异族盗葬，更加具有权威性，也使宗族在维护本族坟墓等相应权利的时候有充分的法律依据。乾隆年间黄氏宗族因族内有盗卖坟地的现象，所以在官府支持下竖立了该石碑，以示禁止。该石刻高 197 厘米，宽 120 厘米。

图 4-30　厦门嘉禾里曾厝垵
《西边社厦防分府示禁》石刻

碑文："特调泉州海防总捕、驻镇厦门分府加三级刘〇，为恳恩示禁，以塞弊窦，以保祖坟事。本年十一月二十三日，据嘉禾里仓里社族众房长黄永达等禀称：'窃永达等聚族二十二都仓里社，承祖遗下本乡公山一所，土名圳岵赤矸头灯山，列葬历代祖茔，并无他族坟墓。缘子姓日繁，力农是赖。公议许就荒埔报垦，以及山麓盖寮，年供薄税，世作祀费，不准售人盗葬戕祖，延今百余载，相传无异。讵世风日下，人心不古，迩年来，一二不肖孙子妄听地棍勾引，或藉己盖寮屋，贪金盗卖造坟，致他族涎图戕祖。客岁曾经公出银项赔赎，今年又有效尤，计谋阴鬻。此虽子弟之不肖，实亦杜塞之无方。因思各处乡山多有蒙宪张示，达等乃佥议循例恳恩给禁，俾远方咸知着落，庶地棍不开弊窦。伏乞俯察舆情，恩准给示，严禁盗卖。祖骨蒙泽，合族载德'等情。据此，合行出示严禁。为此，示仰附近居民及黄姓阖族人等知悉，嗣后务须遵照，所有圳岵赤砂头灯山既系通族列葬历代祖茔，该子侄不许私行盗卖造坟，并不得藉耕园搭盖寮屋，贪金转售。附近居民及远方人等毋得私自承买。如敢故违，许该地保同族房长指名，前赴本分府具禀，以凭追究。该族众亦不得藉示，侵占他人物业。各宜凛遵毋违，特示。乾隆二十三年十二月〇日给，仓里乡族众房长黄国圭、国标、国永、泰元、禹文、兴权、瑞芳、兴模、兴咸、永智、子霞、仕华、永达、永清、永位同勒石而立。"

43. 漳州龙海市榜山镇雩林村现存清乾隆二十四年（1759 年）立的《示禁碑》（图 4-31）

碑文："漳州府龙溪县正堂加四级、纪录五次陶（敦和），为仰恳全恩，示禁以杜后争事。据举人许清奇、许大才，禀生许梦奇等具呈前争斗，称：'窃奇等始祖，唐开漳袭封宣威将军世镇南诏，葬在山北安

图 4-31　雩林村《示禁碑》

乡。墓碑据裔孙户部主事许隆远、温州镇许凤勒石，据原有全等历掌数世。因奇等住居靖邑马坪鸾远，被峒棍于山左肩右坟前占墓垒兹，除山左占葬稍远，姑容，不敢具告。其迫近坟前肩右，占葬之郑复成、郑奕、魏椿等，均属切要坟地。台控蒙堂断，锁押郑复成。三坟起迁，祖宗孙裔俱感洪恩。兹奇等祖山尚剩余地，就坟地量起，上至山尖十七丈，下至路十四丈，左空山六丈四尺，右空山四丈五尺。诚恐日后地棍横强，如前占葬，又成一番告案。而今终讼于后，特应预请禁于今日。合情相率，简呈伏乞全恩示禁。□□动□□

地，以杜后日争端，阖族讴歌情'到县。据此，合行永禁。为此，示仰所属附近人等知悉，嗣后不许在许宦祖山前后左右界内盗葬坟墓。如敢仍前恃故违，许即指名呈县，以凭按法究治。毋违，特示。乾隆二十四年十月〇日给。"

44. 泉州市寮仔街天后宫的外墙现存清乾隆二十五年（1760年）立的《奉道宪示禁碑》（图4-32）

古泉州"涨海声中万国商"，相伴生的专门从事装卸货物的"掎桌户"，常受到流氓地痞欺压。为求生计，掎桌户上告泉州府衙，在官府下达公文后，寮仔街保长把公文刻上石碑。碑高116厘米，宽60厘米，残碑。

碑文："己卯年四月初二……本县主正堂……泉州府正堂……兴泉东道宪奉……公事系掎桌户……如敢故此违，许……凡敲诈、勒索危害百姓者，一旦被抓将受到重罚。乾隆贰拾伍年贰月吉日。"

45. 漳州市诏安县南诏镇东关街东岳庙内前天井左侧墙现存清乾隆二十六年（1761年）立的《本县主林公奉宪革除灰窑德政碑》

图4-32　寮仔街天后宫外墙《奉道宪示禁碑》

该碑高230厘米，宽68厘米。

碑文："惠民之政有二：兴利也，除弊也。兴利难，除弊尤难。除数十年豪猾宿弊则尤难。除数十年豪猾宿弊，见诸下车数月，盖旷古罕见矣。东关福广通衢，沿溪一带，土豪填塞水旁筑为灰窑，累累相望。每烟光蒙蔽，行人过客，目迷口哑，窑旁居民以熏蒸死焉。夫杀人者死，律有正条，而窑雾杀人，独脱法网。杀人而免于死，是遭杀者惨更甚。□□人者，罪尤浮于大憝也。乾隆十七年，前邑侯奉宪饬严禁，务令移置。而巨猾狡计，多方延遏，居民痛心疾首。如何也，申之以邑侯，重之以宪禁，而无如何焉，则终无如何矣。终听其毒气熏蒸，日临于死矣，呜呼哀哉。乾隆二十六年，邑侯林公，讳彩云，号其聪，潮州海阳人。署篆两月，爱民礼士，颂声载道，民喜其命之，□□□□□之有，清除于□公，公恻然关情，下令除之。土豪聚谋，冀延以免。而公稔知其弊，不令延也。沿溪灰窑，即□□□，所迫近居民者，移置别处，并不许盖筑为铺，以碍水道。数十年薰蒸之害，一旦消除。于是居民踊跃舞蹈□□□，举手加额，以为自今而后，死灰其不复燃矣。噫嘻，公莅诏数月，而豪猾宿弊，一旦剔清，□□之□□□□□□。公莅此土，吾诏之民不尤幸欤。是役也，民不能忘，爰寿诸石，以此甘棠之咏。赐进士第出身，江南太平府繁昌县知县陈天阶顿首拜，赐进士第吏部观政陈丹心、赐进士第吏部观政林名仝顿首拜，赐进士第许名标顿首拜，举人吴叶芳、林传芳、许开士、杨美华、林雪从、吴叠元、林光殿、方廷基、林国栋、林开先仝顿首拜。阖邑生监许作楫、林从龙、杨英南、胡梦峦、林嵩、林克珍、翁勉昌、林起骏、林开业、林心□、林文荣、朱耀明、林如彪、林克锐、沈懋进、钟云龙、林逢盛、江兆凤、沈砥柱、李国标、林文丛、叶茂春、吴廷昌、李文苑、林轩昂、林太极、林槐茂、沈元宽、许大力、林豪杰。乾隆二十六年岁次辛巳荔月穀旦。"

46. 厦门市鹭江道草仔垵虎头山水涨宫内现存清乾隆二十八年（1763年）立的《奉宪示禁碑》

碑高148厘米，宽58厘米。该碑反映的是乡村社会自发性配合官方管理的实况。

碑文："奉宪示禁：泉州府同安县石浔司加一级金〇，为恳恩示禁，以肃庙宇、以奉神光事。乾隆二十八年正月二十二日奉兴泉永道谭〇军师牌内开：本年正月十五日，据林助具禀前事，词典称：'窃助祖父林却缘海氛变迁，躬奉天上帝宝像逃入内地保护，举家安宁。幸圣朝平定海疆，开复厦岛。祖父来厦，同乡耆民募缘，选择草仔垵海墘起盖庙宇，建造上帝宝像，朝夕焚香祝诵，叩答神恩。四十余载，凡四方八达来商海船只俱到庙祈求者，靡不威灵感应。祖父殁，父林成承继，恭奉三十余载。父殁，助承先人遗训，相继朝夕焚祝。幸逢宪天荣任，恩赐示禁，饬着保甲不许结党行凶打架、聚众赌博生事，合厦官民咸沾雨露。兹迩来本庙内有地棍日夜相率聚赌，甚至酗酒喧闹，秽污神光。助经同本社耆民劝诫不听，会全约练保赶逐，去而复聚，况系海滨，巡查弗及。诚恐宪察罪责匪轻，合切沥禀，叩乞宪天大人恩赐示禁，严饬练保查明禀究，庶庙宇得以肃清，而祈祷有灵矣。阖厦讴歌公侯万代'等情到道。据此，合饬查禁，理作照依事理；查助词内所禀情节，速即出示严禁，毋许地棍相率聚赌酗酒，秽污神光，仍将示禁日期具文报查。等因奉此，合此出示晓谕。为此，示仰附近兵民人等知悉，嗣后如有棍徒相率在庙闽聚赌及酗酒喧闹者，许该练保同林助等指名具禀，本分司以凭严拏详究。该练保等倘敢徇隐不报，察出一并究处不贷，其各宜凛遵，毋违特示。乾隆二十八年〇月〇日，立碑。"

47. 漳州市平和县五寨乡侯门村埔坪林氏"世德重光"土楼内现存清乾隆三十年（1765年）立的《民约碑》（图4-33）

由于家族人口较多，长辈们提议公约立规，并征得全体人员同意，以维护大家共同生活的环境。

碑文："一议楼门厅内外不准积柴草、灰烬、粪篮；一议楼内水仔已筑完美，不准再插易火；又楼内天井不准编围瓜圃，栽插花木；又楼内门口埕不准编围瓜圃，栽插花木。乾隆乙酉年，本楼内诸人公议立。"

48. 漳州市诏安县南诏镇东关街东岳庙内前天井左侧墙现存清乾隆三十一年（1766年）立的《示禁碑》

该碑高158厘米，宽47厘米。

碑文："特授诏安县正堂加五级、纪录五次陶（浚），为乞恩示禁等事。本年三月十二日，据东关保林彩、林邦彦禀称：'诏邑东岳庙，系喧讲圣谕之庙，岳神系合邑保障之神，所关甚重，不可亵渎。近被附近居民竟将岳埕晒晾粟粒，岳庙内坛弹棉花，并有无籍棍徒聚集赌博，以及病丐投宿，种种污秽。若不禀明示禁，神人靡宁'等情。据此，查东岳庙宇理宜清净以妥，神灵岂容污秽。除饬保巡查前项，聚赌棍严拿

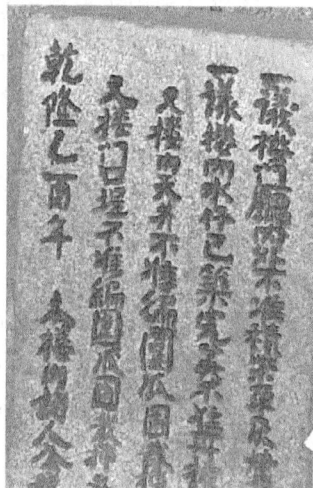

图4-33 林氏"世德重光"
土楼《民约碑》

禀究，并驱逐游丐往来外，合行示禁。为此，示仰附近东关居民人等知悉，嗣后尔等不得仍在岳埕晒晾粟粒，并于庙内坛弹棉花秽亵，及纵容子弟燃点火烛，致有不测。倘敢故违，许该练保立即指名禀究。该练保等，如敢藉端滋扰，察出究革不贷。各宜凛遵毋违，特示。乾隆叁拾壹年贰拾陆日给。公讳浚，号让泉，安徽滁州人也。莅诏多善政，不能遍及，但此禁除污秽，便民好恶，诚为乐之君子，民之父母，下令日久，不无废弛，合邑人等是勒石永禁不朽云。"

49. 南平武夷山市星村镇黎源行政村大源自然村朱氏家祠右墙上现存清乾隆三十三年（1768年）立的《永禁千秋碑》

南平武夷山市星村镇黎源行政村大源自然村为朱熹后裔聚居村落。朱氏家祠大门右侧墙壁中嵌有一方乾隆三十三年（1768年）刻的《永禁千秋》碑，碑高102厘米，宽46.5厘米。此碑为禁赌家训。

碑文:永禁千秋:乾隆三十三年岁在戊子，大吕之中，合族立禁赌碑，以维地方事。窃思赌博一途，原系恶习，失时荒业，贻害不小，矧大源一姓之乡三百余家，非若杂姓错处，岂可任伯叔弟侄人等群聚而赌，以致殴打灭伦，流离，莫顾外人之耻笑，背祖训之格言。兹与合乡公议，共立禁碑，上至坳上碓下，下至水口村庵，俱不许私自偷赌。至于不肖子弟背地私开窝赌者，一经拿住，罚出练银贰十四两存众公用外，又罚戏三台。倘或恃强，连禁不遵公议者，即鸣官究治，决不轻恕。此系合乡公禁，非为一人之事，各宜禀慎，毋忽。

禁首朱杬昆、伯、和、珍、彪，光饶、誉、宪、佐，艾瑛茂、祖文润、垂维仝立。"

50. 泉州市新罗区苏坂填溪仕渡堡现存清乾隆三十八年（1773年）立的《通族会禁碑》（图4-34）

事由是清朝"三藩之乱"和统一台湾后，社会安定，人口繁衍，"室庐相接"。诏安县的渡堡坂内居住空间狭窄，村落人满为患，村民中有人私自挖坂填溪为埕，并企图在新埕上建新屋，致使"坂挖则叶伤而花不茂，室筑则溪狭而水不通。顾兹地理为伤实多"。乾隆三十八年（1773年）全族公议订立规约禁止，并勒《通族会禁碑》示禁。此碑体现出福建沿海居民已具备朴素的自然生态保护意识。该碑记收录到《福建乡规民约》一书中，具有代表性。

碑文："通族会禁。吾乡，诏名区也。良峰峙其北，天马列其南。河版本号萦带，四面旋绕。昔之名师号谓出水莲花，坂曰叶坂。祝云：'有花有叶，富贵绵绵。'是乡者英杰辈出，后先实辉映焉。兹因族姓蕃衍，室庐稠密，族内诸人每挖坂填溪为埕，并希图起筑为屋。不知坂挖则叶伤而花不茂，室筑则溪狭而水不通，顾兹地理为伤实多。此西南之处所，宜禁止填筑者如是。至于东北面梅祖之佳域在焉，间圹之地乃明堂局面，所关非浅，起筑房屋必伤祖茔。爰是公议会勒诸贞珉。嗣后堡外不论东西南北，一概不许填埕筑室，违者公革出

图 4-34　溪仕渡堡
《通族会禁碑》

户，断不狥纵。开载条规于后，永垂不朽云。计开：—议堡外东西南北，所有圹地，不许筑屋开厕；—议叶坂各处圹塘，不许围筑、移岸改筑，并不许坂内岸脚填砌稻埕；—议溪边塘墘各照旧址，不许再填，有碍水道，并不许堡脚堆积粪土。乾隆三十八年岁次癸巳端月〇日，公禁。"

51. 宁德市福安县甘棠镇田螺园畲村清乾隆三十九年（1774年）《福宁府石碑文》

碑文："福宁府霞浦县正堂加五级、纪录五次曹〇，为呈请立碑等事。乾隆三十九年（1774年）六月二十一日，据畲民钟允成等具陈前事，词称：'成等始祖乃高辛皇帝敕居山颠，自食其力，不派差徭，历代相沿，由来已久。叠蒙历朝各宪布化宣仁，案炳日月。迫康熙四十一年（1702年），又蒙董州主赐立石碑，永禁各都乡保滥派畲民差徭。各县石碑现存可考。惟州前（即今府前）石碑被毁，各都保遂有滥派、索贴之弊。成等呈恳府宪徐〇，蒙批候檄饬严禁，毋许各都保滥派尔等差徭，并索贴差务，俾其各安生业可也。合请金恳伏恩准立碑，永彰鸿案，衔结不朽'等情。据此，为查畲民钟允成等，前蒙本府宪徐檄行出示严禁在案。兹据前情，除核案批示外，合再示禁。为此，示仰各都保

人等知悉：嗣后务遵照宪，毋得仍前滥派畲民差徭，借端索贴扰累，并索砍竹木等项，俾得各安生业。倘敢故违，许准受累畲民，指名直禀，以凭拿究。各宜凛遵毋违，特示。乾隆三十九年八月十二日给。"

### 52. 三明市泰宁县大田乡大田村村部现存清代嘉庆二十五年（1820年）立的《泰宁县正堂吴示》（图4-35）

清代，泰宁县大田乡称"大田市"，位于闽、赣两省的交界处，是一个商业贸易的聚集点，也是龙蛇混杂之地，聚众赌博成为重大社会问题。当时知县巡查大田市后，立此"禁赌"石碑，言明赌博对社会的危害及惩罚规定。碑高155厘米、宽64厘米、厚11厘米。碑的上端横刻着"泰宁县正堂吴示"七个大字，为禁赌碑。此碑原立于大田乡大田村老街，在"文革"期间被破坏埋于地下，2012年旧供销社地块重新建设，挖地基时被发现，改立村部。

图4-35　大田村《泰宁县正堂吴示》

碑文："泰宁县正堂吴示：为严禁赌匪事前本县亲诣大田市，查有游棍匪类纠党聚赌，凶恶横行，殊属不法。今将赌厂概行拆毁，一迳出差严拿究办。为此，示合保绅耆居民人等知悉，严禁赌博钱、花会、恶党凶徒，以除民害。此禁该地饭店不许留歇外地赌棍、匪类，免致在地滋扰。如违者，许尔等据实禀究，嗣后寻获棍徒设局开赌，纠党逞凶，并许协保捆送，以惩究办，决不稍宽，此谕。嘉庆二十五年五月〇立。"

附：三明永安市文庙现存清嘉庆二年（1797年）立的《奉宪禁碑》。碑文："奉宪禁碑：本县正堂严罗吉大老爷。—禁地方居民人等不得窝家容留，开设花会，并合伙赌博。—禁：外来流丐及本处籍民，不许入境，结连强讨，屯聚古庙、桥廊、聚废寮、车碓歇宿。—禁：地方田禾、田中疏菜，鸡鸭□□，□偷摸窃弃。—禁：山场砍竹木、春冬两笋，不许潜入，窃砍挖掘。—禁：寺庙工场坟墓，不许刈草刴木，折龙绝脉，砍断风水等……一体照禁。以上各条，如有故违，许诸人等协仝保甲，严拿解究。嘉庆贰年八月初十日。"

53. 厦门市思明区厦门大学水库边现存原东边社在乾隆四十一年（1776 年）刻的摩崖石刻《厦防分府林氏坟山示禁》（图 4-36）

石刻高 150 厘米，宽 180 厘米，共 275 字。该石刻为官府林氏坟山示禁文，从一个侧面反映出清朝时期厦门地区的政治、经济、法律、民事、民俗情况，是个很好的历史文化研究实证。

碑文："特授泉州海防总捕驻镇厦门分府加五级纪录五次张〇，为恳恩示禁，以安幽魂事。本年七月十七日，据监生林云广具禀前事，词称：'切广父安葬厦

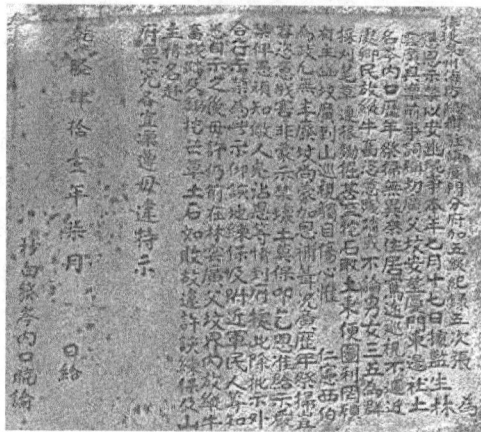

图 4-36　厦门大学水库边《厦防分府林氏坟山示禁》崖刻

门东边社，土名岑内口，历年祭扫无异，奈住居窎远，巡视不周。近处乡民放纵牛畜，恣意践踏；或不论男女，三五为群，采刈芒草，连根锄掘，甚至挖石取土，乘便图利，罔顾有主幽坟。广到山巡视，触目伤心。惟仁宪西伯为政，凡无主废坟，尚蒙加恩补葺，况广历年祭扫，岂容恣意戕害？非蒙示禁，壤土莫保，叩乞恩准，给示严禁，俾愚顽知儆，人鬼沾恩'等情到府。据此，除批示外，合行示禁。为此，示仰该地练、保及附近军民人等知悉。自示之后，毋许仍前在林云广父母坟界内放纵牛畜、践踏及锄挖芒草土石。如敢故违，许该练、保及山主指名，赴府禀究，各宜凛遵毋违，特示。乾隆肆拾壹年柒月〇日给。抄白发岑内口晓谕。"

54. 泉州晋江市博物馆现存清乾隆四十三年（1778 年）立的《青阳蔡家公订规条》（图 4-37）

该碑高 114 厘米，宽 53 厘米，是清乾隆四十三年青阳蔡氏使用公置坟地的规约，计有七条。规约从墓葬次序、排列、距离、规模做出具

图 4-37　晋江市博物馆
《青阳蔡家公订规条》

图 4-38　西埔村
《诏安县正堂郭示碑》

体限制，旨在有效利用土地，保护自然资源。蔡氏族人勇于对当时盛行的觅风水、做大墓、分贵贱、序昭穆等殡葬陋习进行改革，珍惜、保护每一寸土地，确是很有见地。

碑文："我蔡与苏家买断此地，与祖山毗连，受产米柒分，以为吾家子孙殁后埋葬棺柩。公议规条开于左：一公订此园就后岸一截排列接葬，上截葬完方就下截排列接葬，不得进前退后，偏左斜右，参差混葬。一公订只许殁故之日准其安葬，倘年久崩塌重拾，准就原穴安葬，不得移徙。一公订不许到别处拾骸移葬此地。一公订葬坟前后只许隔离一尺。一公订不许恃强贪穴混筑虚堆。一公订不许开筑栏山、砂水、墓埕占地。一不许先葬者恃强阻挡后葬之人伤后塞前事端。倘不遵规条者，先行闻众公革，不许分胙，仍会同前程族房闻官究治。乾隆四十三年四月。阳蔡立石。"

55. 漳州市东山县西埔镇西埔村现存清乾隆四十七年（1782 年）立的《诏安县正堂郭示碑》（图 4-38）

该碑记录了清代沿海治理风沙灾害的努力。其中，出示连坐法方式，期望乡民遵守，以求实现风沙治理。

碑文："诏安县正堂加五级十次、纪录记功三次郭〇，为恩给勒石示禁，以……□□里民陈松等呈□住居五邻滨海案一□□泛滥海……年田因庇舍……全赖沙上生草，以御风势，草去沙飞……雍正十一年奉□□，东蔓草□园掘土，必致□沙□害田园庐含关保恤，细且恐较□事，开滋起如端含再出示勒石，扉禁，为此，示诏五都兵役人民知悉，嗣后沿海东赤港，不至涂斯尾一带凡有田土沙埔沙洲之草永禁，不许锄掘，如敢不遵、准凉农民投鸣练保，挈获禀究，妇女有犯，坐夫。男幼童有犯，罪及家长，决不宽贷。各宜凛遵毋违，特示。乾隆四十七年○月○日立。"

56. 泉州晋江市金井镇乌云山现存清乾隆四十八年（1783 年）立的《乌云山示禁》崖刻（图 4-39）

该石刻为保护山体的禁示，体现了古代的环境保护意识。

碑文："十五都福全绅衿乡耆呈奉县宪示禁，不许远近民人戕挖乌云、铜钵等处山石。如违闻官究治。乾隆肆拾捌年拾月○日勒石。"

57. 龙岩市上杭县蛟洋镇华家村现存清乾隆五十一年（1786 年）立的《永远禁碑》

碑高 100 厘米，宽 58 厘米，立在该村凹背自然村的三岔路口。该禁碑反映了华氏宗族对祠堂后龙山与水口环境的重视。

图 4-39　金井镇《乌云山示禁》崖刻

碑文："永远禁碑：—禁：通乡境内永不许停留烧窑、铸锅，如违，赶逐。仍将田主、屋主议罚；—禁：祖堂后龙山周围一带永不许挖泥取石，如违，议罚；—禁：水口山罗星及众买谢屋山顶永不许盗砍树木杂枝等项，如违，议罚。以上数条风水所关，摘其至要，余规悉载纲簿，如敢犯禁，永不宽恕。乾隆丙午岁，通乡众立。"

58. 莆田市城厢区梅园元妙观三清殿现存清乾隆五十一年（1786年）立的《奉宪示禁碑》（图 4-40）

碑文："奉宪示禁：……乾隆五十一年。"

**图 4-40　元妙观《奉宪示禁碑》**

59. 三明市沙县凤岗镇大洲坊淘金山现存清乾隆五十二年（1787年）立的《禁示碑》

清乾隆五十二年，介宾、管士喀等佥呈知县邹人敏批示，在大洲坊立碑禁止乡民破坏淘金山树木。

碑文："龙脉关系通县，各宜加意栽培。小民唯利是图，只知取予之便，日事斧斤，以致秀灵濯濯，殊堪痛恨。今据各绅士呈词恺切，足见为顾地方。准出示严禁：该处来脉土石草木毋许损掘砍伐，仍捐廉俸，以资善举。"

60. 龙岩市长汀县濯田镇太原王氏宗祠"笃亲堂"现存清乾隆五十五年（1790年）立的《捐资建祠小引碑》

碑文："四郎公嗣孙捐资建祠小引：凡事之不沮止而成功者，虽曰天时，岂非人力哉？吾族来自蔡坊，未建不迁祠庙。今居尚义，幸立百世之基，猗欤休哉！溯厥颠末，功在题捐，生息数年，遂尔告竣。虽间有公帑，莫给鸠工，咸曰：微首事捐资之力，不至此帮。志之以弁群伦，以引后人，非谀也。念世嗣孙郡庠生勋具撰，乾隆伍拾伍年春月榖旦。首事逊理、为信、邦彦、象龙、森阳、旭龙，仝勒石。"

61. 厦门市同安区博物馆现存乾隆五十六年（1791 年）立的《同安大路尾保公禁碑》（图 4-41）

碑高 180 厘米，宽 65 厘米。该碑为同安县大路尾保所立的公禁止碑，记载大路尾保林、张、黄、柯、童、苏、吴七姓宗族告诫族人的乡规民约。

碑文："仝立公禁人大路尾保乡老等，为预防匪类，以敦风化、以睦乡邻事。盖闻里以仁厚为美，风以学庞为高。当今圣朝励精图治，教化维殷。不法之徒，严加纠诘，务使商贾农工，咸敦赋分之业；父老子幼，共享粒食之休。此其至意，不可不思也。窃念官有正条，民有私约。保我民素号善民，固无恶习。但恐民居稠密，姓氏不一。贫穷易入于无耻，顽梗易溺于非义。不为以事虚事，而设条规，必至贻玷风声，以负国法。其惩之于后，孰若儆之于前？爰集各姓耆老仝立禁约曰：

凡我同约之人，既约之后，各督子弟循规蹈矩，毋或相争相欺，弗听调处；毋或不事生业，聚党赌博；毋或盗窃财物，为非作

图 4-41 同安区博物馆《同安大路尾保公禁碑》

恶；毋或令人在保，藉端剥掠；毋或不事隐容匪人，以扰邻右；毋或飞灾横祸，坐视不救。犯此条禁，鸣众攻之。特顽不遵，从官究治。此系至公，不必逞强。倘若敢徇私，同罪惟均。人外方求化，多属恶类，藉丐为名，前已经呈官示禁在案，尤当廓清，而保内丐子亦不许强乞肆横。庶乡里不至扰害，而风俗之淳厚，自此益成矣。爰用申禁。乾隆五十六年〇月〇日，阖保勒石示禁。林、张、黄、柯、童、苏、吴。"

62. 厦门市集美区灌口镇顶许村下许宗祠内现存清乾隆五十七年（1792年）立的《灌口凤山祖庙碑》（图4-42）

碑高42厘米，宽65厘米。

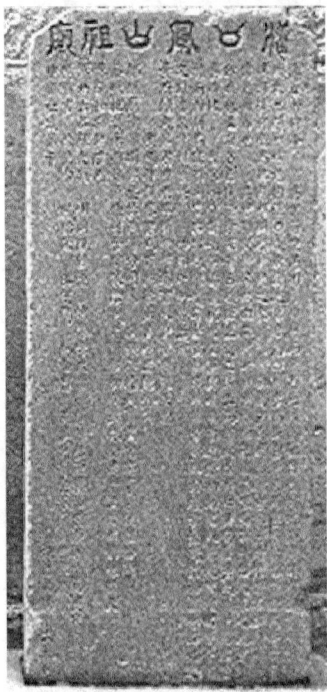

图4-42 下许宗祠
《灌口凤山祖庙碑》

碑文："盖闻自义率祖庙貌之修，所以报本追远，识渊源之有自，綦重矣哉。我祖自汉入闽，历唐、宋、元、明以迄国朝，绵瓜蕃衍，诗礼相承，流风未远，众等多惭绳武而建庙崇祀，叙述功德，不敢忘也。始祖潆公，汉上柱国、左翊将军，统兵戡乱，镇于同邑，遂家焉。嗣后曰兴公、曰舆公，踵起滋大。世传其地曰营城，今吾宗之家庙，是其故址也。阅宋天禧间，别分宗派。则祖宜公为一世，二世权公以明经登治平元年进士，三世虚斋公，四世顺之公为同邑开先理学，从祀紫阳。伛川公、日新公复明经登进士，成斋戒公、愚亭公、质轩公、殊轩公继之皆递前光。殊轩公子三，岁进士梅斋公，我季房祖也，数代仍居为季房小宗，自十一世至十七世祀焉，亦以似以续之，义也。越明季，十九世祖文学崇极公相上呈之土，经营筑室，偕子振世公、振薰公居焉，有楼曰月明楼，其中堂祀十八世祖岐山公，递延子姓。经百余年，及乾隆乙未岁，长房家欣公倡议合力新之。值己酉夏，洪流圮坏，先灵莫妥。长房孙伯烈乃鸠众共谋，建为小宗，高下广狭悉前规，砍材耆石，实实枚枚，堂设屏风以安神座，爰议座上制龛，中左右格分之，中祀岐山公、振世公振薰公以及伯烈、伯服，捐财力与读书成名者，均得配享；其左祀长房神主；右祀次房神主，约定例，毋庸纷更。以辛亥小阳兴土，嘉平进主，迄今告竣，共靡白金贰肆百陆拾大员。长房伯夔、仲武等捐银柒拾大员；次房众等捐银壹百大员，余则伯烈董理其事，捐银贰千贰百玖拾大员，而总其成。上承先祖，不裕后昆，宜镌诸石垂之永久，俾子孙得溯渊源，引于不替也已。

并公议叁条开列于左，计开：

一议，洁净庙宇。凡治丧事者，不许擅入于内；

一议，农具、家器及五谷、六畜等物概不许堆入；

一议，庭除阶砌，各宜整洁，不许堆积粪土，以致污秽。

乾隆五十有七年岁次壬子桂月〇日公立。传古堂刻。"

63. 漳州市芗城区芝山公园现存清乾隆五十七年（1792年）立的《龙溪县示禁》（图4-43）

碑文："特授漳州府龙溪县正堂加六级军功加五级纪录□〇，移请示禁以安祖坟具准。署右营中军府沈〇，□□敝府籍县诏安。祖系前朝指挥使葬在郡城北门外葬□□，余载因离家寓远，累被隔棍盗□坟堆觉较押还现□□□和尚躯将坟□盗剥为图，又有张喜在界内均堆□坟□□□，奉调安署右协□□，于本月初七日到坟谒祖……□仍行示禁，以安祖坟等因，准此，除□□□和尚……押还，合行外，合行定界示禁。为此，仰诸邑人等知悉，□□许可愚顽，再行剥培守府沈祖坟，如违察出立拏法究不贷，各宜凛遵毋违，特示。乾隆伍拾柒年捌月〇日给。"

图4-43　芝山公园
《龙溪县示禁》

图4-44　厦门市博物馆
《厦门海防分府奉宪示禁碑》

64. 厦门市博物馆现存清乾隆五十八年（1793年）立的《厦门海防分府奉宪示禁碑》（图4-44）

碑文："有无赖之徒就地两边擅盖草棚，日假营□□□□赌，奸究往来其间，商旅几为不宁。仍复假藉奉神，起盖庙宇，拥塞路头，货物难通……毋许仍在打铁路头两旁搭盖草□□□奉神，起盖庙宇，拥塞路头……凡值月承办物件，永远革除，惟征及地租悉系番银，仍具领倾熔，以凭批解。自示之后，倘有青役人等擅冒名色采办物件及影射地租，发兑银两，许该铺人等即指名察究，决不宽贷。"

65. 宁德市霞浦县松山村现存清乾隆五十八年（1793年）立的《靖海宫祀记》（图4-45）

该碑又名"松山澳靖海宫田园桁租赐宫碑记"，为霞浦县松山村天后宫庙的香灯之需，主要由渔人家族供给。碑文中详叙了宫庙恒产。

碑文："……壬子春澳民见神像庙宇亟宜重修，禀明旧管神业，蒙县主许，郡主甄恩为清查本宫田园山并南北两桁租息。谕令设簿勒石，转行署县主许立案，俾首事照额轮流接管，以垂永久……计开旧管田亩园山南北两桁各号地段亩数：一亩坐落二十五六都洋坑地方，土名前丘，受种一箩，又号土名坑园，受种六斗；一亩坐落二三都江边地方，土名新门，受种八斗；一亩坐落二三都赤岸地方，土名坝尾，受种七斗；一园坐落本澳地方，土名官后、官门前、大坪园、大筧丘、水清园、官

图4-45 松山村《靖海宫祀记》

仔后、大官前、山后、后湾，各一所；一旧管南桁海地，坐落长表泰子帽，土名官仔、叠石、瓦窑、圭爬，各一所；一旧管北桁海地，坐落佛堂，土名小门、高山北、钓鱼壑、马墓，各一所；一旧管本澳网门，坐落火焰山，土名崎兜，共计六口……本宫首事仝勒石。宫庙首事、董事：张□□、程□□、林□□、陈□□。"

66. 厦门市集美区灌口镇顶许村下许社大祖祖厝现存清乾隆六十年（1795年）立的《许氏季房祠堂碑记》

碑高195厘米，宽80厘米。

碑文："礼曰：万物本乎天，人本乎祖。故追溯渊源，识发祥之孔远；分别宗派，知传世之非虚，所关綦重矣哉。众等名微德薄，不能聘步前徽，而重修庙宇，聿兴祀业，窃有志焉。谨按家谱而历溯之，我始祖漱公，汉上柱国、左翊将军，统兵戡乱，镇于同邑，遂家焉。厥后曰兴公、曰舆公，踵起滋大。世传其地曰营城，今吾宗之家庙，是其故址也。嗣后曰兴公、曰舆公，英英继起。迨宋分别世绪，则祖宜公，别号西安，为一世创造西桥，载于邑乘；二世权公，明经登进士；三世虚斋公；四世顺之公，理学名儒，从祀紫阳；五世岠川公；六世日新公，俱明经进士；权公与岠川公崇祀乡贤；七世成斋公；八世世愚公；九世实轩公，至十世殊轩公，子三，始分孟、仲、季三房。我季房岁进士梅花斋公裔也；十二世和廛公；十三世淳轩公，仍居同邑，皆祀同邑家庙；十四世廷雍公，择亭台坂之地经营成室，偕子纯雅公、纯晃公及孙懋精公等而迁居焉。培植先业，克构堂基，遂为季房小宗。堂中正位设屏置顶座，自十一至十七世祀焉。越国朝癸亥岁，年久荒颓，佥议伯祖荐庵公地基一座，给三十六金补葺而新之。左翼祀诸神，右翼以伯祖祀焉。甲寅仲秋，狂风暴雨，墙壁倾坏，长房孙伯烈爱鸠族众随量捐财，计丁效力。乙卯仲春，因仍旧址，砍材砻石，复制龛、安神位、孟秋工成，共靡白金叁佰伍拾柒大员。伯烈捐银壹佰贰拾大员、伯巧捐银柒拾大员、伯纵捐银伍拾大员、赖商、赖尧、赖权、龙元各捐银贰拾大员、伯璋捐银拾大员、赖赞捐银捌大员、赖欣捐银陆大员、赖爵捐银伍大员、赖由捐银肆大员、伯尊捐银肆大员、赖厚捐银叁大员、伯珍捐银叁大员、伯教捐银叁大员、赖连捐银贰大员、赖泽捐银贰大员、赖提捐银贰大员、伯伴捐银贰大员、伯脱捐银贰大员、伯菱捐银拾大员。聿董厥成，数世神灵，实式凭之。

第思有庙必有祀，有祀必有业。十一世以下、十七世以上所积田产几经变迁，恐有祀无业，难为永远计也。兹伯烈捐银肆佰大员、伯扶捐银捌拾大员、伯阁捐银陆拾大员、伯陶捐银贰拾大员、家宗捐银贰拾大员、赖赞捐银肆大员、赖厚捐银叁大员、赖由捐银叁大员、赖连、赖泽各捐银贰大员、伯珍捐银贰大员。顺之公存银廿九大员，系本房与仲一、仲二所分，应分二额，庵后公地，银壹佰陆佰大员，共银捌佰壹拾大员，置田生息，轮流收租以供祭费。议定春秋两祭，每祭七席暨粿品，上妥先灵，下裕后昆。是役也，非敢谓肴功于祖，亦使有志绳武者，念世德而加绎思云尔。爰勒兹碑，以示不朽。并公议四条，开列于左。计开：

一议，洁净庙宇。凡治丧事者，不许擅入于内；

一议，农具、家器及五谷、六畜等物概不许堆入；

一议，庭除阶砌，各宜整洁，不许堆积粪土污秽；

一议，庙堂内香火各甲轮流供奉，周而复兴。

乾隆六十年岁次乙卯孟秋〇日公立。"

67. 龙岩市武平县永平乡帽村田段里方氏"光裕祠堂"墙上现存乾隆年间立的《祠堂规条》

帽村方氏光裕祠堂左右两边厢房的墙面上各有一块石碑，左右墙石共立规禁十四条。

左面墙上规定七条碑文：

"一上厅除吉凶两事，永不许人私放杂物、食饭、牵布、打线、喧哗等项。

一两廊公共之所，闲日只许放几桌食饭、永不许私放高大物件。两房倘有吉凶，立即拿开，任凭吉凶之家办事。

一天池及左右詹弦并腹，永不许洗浴、洗衫、放鸡鸭等件。

一正栋左右间房及厅堂，永不许作灶、安仓、风车、笼罐、摩石、茑箕、灰草等项。

一两边煞巷及内围坪，永不许放茑箕、柴草，照墙永不许晒衫。

一塘池及两边池弦，永不许架葡棚。

一左右屋前屋后，永不许再搭被晒。"

右面墙上规定七条碑文：

"一正栋并左右横屋地基俱属祠内二房公屋，不分地，每植纳地租早谷三升。

一正栋近身煞巷包横屋檐共一丈二尺。

一右横至一摆背后，抽出沟路五尺。

一主横屋两摆中抽煞巷一丈，包檐路在内。

一左右横屋首三植一丈四尺八寸高，以下蹶落鳌用来不许加高。

一左右煞路通用出入，永不许安借棚、鸡栖、浴槽。

左右墙石共立规禁壹拾四条，如有恃强不遵者，逐出祠外。"

68. 漳州市平和县九峰镇黄田村曾氏祠堂现存清嘉庆二年（1797年）立的《霞楼约束碑》（图4-46）

此碑立于嘉庆二年正月，曾氏族人中有人偷了邻居的财物，被当场抓获，由于无颜面对父老，这个小偷服毒自杀。长者"元觉"等人主持此事善后工作，要求家属自行将服毒的小偷埋葬，不得闹事。而偷盗恶习，有损黄田村"文武世家"的形象。于是，村里的族长会同家长、房长订下这份公约，约束曾氏族人。村规规定，如有村民偷蔬菜水果等物品，被当场抓获的，要送官处理。当时曾氏族人担心奸诈之辈以偷盗行为栽赃陷害纯良、弱小，故在其中言明，需细细纠察；同时，不得以嫌疑之名进行拷问，需搜出赃物，证据确凿方可送官，送官费用一应由族内公费出。如果小偷没有当场被抓获，要家家户户搜寻，

图4-46 曾氏祠堂《霞楼约束碑》

大家要配合不得阻挠。如果发现有谁当小偷、窝藏赃物的，就拆其房屋惩戒。此碑碑身有断痕，现已被曾氏宗亲做了简易修复、保护。

碑文："我祖显荨公贻谋燕翼，创产出统为子孙昌俊之计，昔备矣。凡我子孙所当上，守国法家规，士农工商各安其业，礼义廉耻时存于心，庶无愧于祖宗仰望之意也。近因子孙、旧故，人心不一，间有一二子侄为习俗所染，终日赌博恶习，窃盗为事。上不顾父母，下不顾妻儿，无耻玷辱我祖寔甚焉。因特立家规勒石并训：倘仍前不悟，如盗蔬果、衣服、猪、鸡、牛、羊、田禾，併踰揭穿窃等项，当场抓获者，众房务必送官究治；无当场捉获，失主知觉者，当邀众，鸣锣家接察，不得阻扰。又有盗物，被失主当场失手打死，及盗物被失主搜出，自己服案。死者，其父兄当自收埋俱，不许图赖。若生端图赖，众房公严之坟

忌，永不许兴忿。现今嘉庆二年正月念六日，有不肖子侄盗窃邻居物件被失主抓获，无颜相见，服毒自死。文□守谕令其父兄自行收埋，并无生端。其后自当依例，□顾我祖派下子孙宜遵约束守规矩，永继仁义之习，弘扬谆厚之风。寔所厚望者勉之勉之。再者，本有坐赃及藏赃在家者或家成为贼窠，仍将其屋拆毁；又本房子侄若盗及外房及异姓物件，被失主捉获者，照以上约内条规，一体行事；又外房及异姓人有盗我本房物件被失主捉获者，送官费用应公理。嘉庆二年正月○日。家约。元才、云文、圣元暨三房等仝立石。"

图4-47 攀龙门《禁示碑》

69. 三明市永安贡川堡攀龙门现存清嘉庆五年（1800年）立的《禁示碑》（图4-47）

碑文："延平府永安县正堂加五级纪录十次童○，为录下流芳等事。据□魏宗扬呈称：贡川浮桥被水冲坏……等……亦不得藉端滋事致干并究，各宜凛遵毋违，特示。嘉庆五年□月○日给。"

70. 厦门同安区五显镇后塘村牛磨店颜氏宗祠澹斋内现存嘉庆七年（1802年）立的《澹斋小宗祠规约记》

碑高27厘米，宽43厘米。规条严格限制家族子弟把读书之地化为住居之所，乃至戕秽宗祠。

碑文："澹斋小宗祠规约记：斋以澹名，志澹也。自曾祖乡宾讳畤，字启九，号端朴，乳名乌官，俭朴宅躬，家颇苟合，延师教子。祖庠生讳孔宗，字希卿，号龄斋，乳名椿官，兄弟同时采芹，爰构和善斋，为课读之处。胞伯父岁进士讳溶公分居他乡；父，国学生讳莹，字肇玉，号宽广仁，乳名惠官，笃嗜诗书，雪斋萤窗，亲自课督，寅仅博一衿，弗克恢振家声，早岁奔波舌耕，迫至晚年，此斋倾颓。窃思先人创建，不忍坐视废坠，因鸠功侄孙宜、梁、浩及胞侄等修理，又恐后来子孙玑一二愚顽强亚者，占为私屋，强入斋居住。于是公议将此斋作小宗祠，奉祀龄斋公、宽仁公、肇平公神主，亦仍为书斋教读。日后子孙不昆据，占为家居。此乃为后嗣子孙鼓励读书，绳其祖武之计也。至于东边池上小屋四间，系寅自构以为教读偏房，后来寅自己子孙，亦不准分作家屋居住以戕秽宗祠。此系公议定约，为镌诸石，以存斋壁，垂志久远云。

计列祠堂中规条：

——四时八节及每月朔望，轮流香火，不可缺失；

——子孙不得强占此祠居住，如敢有犯者，公同革出，问官究治，倘若有不肖之徒，起此贪图之心者，灭绝后嗣；

——祠内及祠宅不准堆积柴草、五谷，如敢有犯者公同立即搬出问罚；

——不准在祠内教习拳棒、开设赌场，犯违者公革问罚；

——祠内两火房公置眠床，为宾客寝处，不得占为私寝，违者公革，搬出问罚。

嘉庆七年夏月吉旦，宾、美、寅镌志。此系公约规定条勒志。"

71. 厦门同安区博物馆现存嘉庆九年（1804年）立的《同安县教谕训导示禁碑》（图4-48）

同安县教谕训导示禁碑，清嘉庆九年立于同安孔庙，碑高205厘米，宽79厘米。

碑文："乾隆五十九年，奉督学部院赵为申明定例，不许贡监文武生员育当社长、社副、保正、乡长，滥充滥派一应地方杂差名目及率据役混禀，致滋扰累，皆干例禁，概行禁止，垂示久远。嘉庆九年五月〇日，教谕吴若海、训导傅吕立。"

图4-48 同安区博物馆《同安县教谕训导示禁碑》

**72. 泉州晋江市现存清嘉庆九年（1804 年）立的《许氏坟山示禁碑》**

碑文："……此山一带山石尽卖与许宅为坟荫，凡界内不得琢坏戕伤龙脉……处无良棍徒，胆□原族□，盗砍植木，削掘坟墓，放纵牛羊，践踏五谷，不念国课枚关……使山园祖坟得保，国课有资，生民有赖……嘉庆九年十二月。"

**73. 三明市将乐县光明镇山头村螺蛳墩现存清嘉庆十四年（1809 年）立的《乡规民约碑》**（图 4-49）

图 4-49　螺蛳墩《乡规民约碑》

碑石是墨色板岩，长约 1 米，阴刻楷书，约 570 字。此碑对缉盗防匪、保护农田、保护林木、禁止偷盗赌等做了详细的规定。

碑文："特授延平府将乐县正堂加五级纪录五次唐○，为严禁匪徒流丐窝留扰害以靖地方而安民业事兹奉……—禁，本村纵放牛猪鸡鹅鸭类在田剪害禾苗者田主捕获外，定行公罚；—禁，本村后龙水尾神坛坟头鞠留荫木不许盗砍，如违重罚；—禁，盗砍苗竹窃伐杉锄挖稚笋捡拾蔬菜物各有主违者公罚；—禁，田□道塝锄挖葛藕□害□业，定行重罚；—禁，本村各处杂木山场原为樵薪之用不许屠烧种菜违者全划毁，并行议罚。嘉庆十四年八月初七日告示发山头村刊。"

**74. 厦门市集美区灌口镇凤山祖庙现存清嘉庆年间立的《灌口凤山祖庙规条记》**（图 4-50）

碑高 161 厘米，宽 71 厘米。

碑文："—定每年轮值总理一人，即于三月初一日支集各铺税银，务必充全，他便开费。不得徇私挨延，致店税不清。如涉私，闻众公罚；

—定每年之总理该店税共收若干、演戏杂费若干，务必列明榜出，粘贴庙口，以便众人眼同之，方见无私。若数月不符，以及滥开无著者，通众公罚；

—定凡庙中有建置公物，要举行公事者，务须先期鸣金号召合灌前程、家长齐集合议，不得藉轮值总理之名，擅自主意。如有自专未妥者，闻众公罚；

—定税店之人每年核心税银若干，务须于三月初一日全交总理，收去应用。倘有刁难或推托稍宽并拖欠不清者，总理立即闻众逐出，不许再税。如总理与为隐匿，一体公罚；

—定所有公店破损应该修理者，住店之人出请各家长眼同，酌量开费。如公项有伸，则从公项支出修理。如公项无伸，则值得头之总理科派人口出钱。总理不得侵支店税，以损公用。其修理开费多少，仍须存根榜样明，以防侵渔之弊。"

图4-50 《灌口凤山祖庙规条记》

75. 泉州市文庙现存清嘉庆十五年（1810年）立的《示禁碑》之一（图4-51）

碑文："泉州府儒学会同晋江县正堂赵〇严禁：文庙泮宫栅栏内外，不许排列货物及作践污秽，如违，挐究不贷。嘉庆十五年肆月〇日，绅士仝立石。"

76. 泉州市文庙现存清嘉庆十五年（1810年）立的《示禁碑》之二（图4-52）

碑文："本府正堂金〇示禁：文庙栅栏外不许侵占搭盖，排买货物，污秽作践，如违，立拿重处。嘉庆十五年肆月〇日，绅士仝勒石。"

图 4-51　泉州市文庙泉州府学
《示禁碑》之一

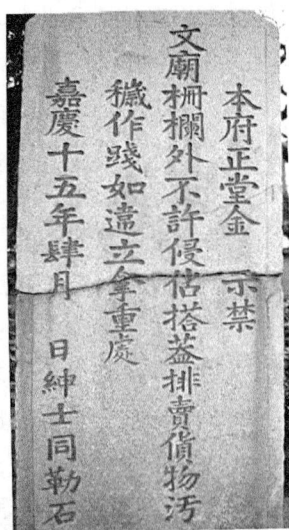

图 4-52　泉州市文庙泉州府
《示禁碑》之二

77. 厦门市同安区莲花镇云洋村后洋社现存清嘉庆十六年（1811年）各房长公立的《后洋社郭氏公禁碑》

碑高 165 厘米，宽 43 厘米。

碑文："一祠堂后园林及大埔上草根，概不许损折削刮，违者罚戏一台；

—樵采者勿砍人阴树，勿于坟边百步取土、挖石、割草、掘根及屋后过脉处，均犯此禁，从重议罚戏一台；

—耕田者勿断人水道，勿偷放田水，违者议罚；

—村内不得窝赌，不得招伙聚赌，违者从重议罚戏一台；

—村内无赖年少窃田野五谷瓜果，人知其名□有据，则解官究治，须自改悔；—地方公□，义所难辞，查照田亩，向捐公钱，其事可无推让计较之嫌；

—兄弟、叔侄辈果被侵凌陷害，冤莫伸，均照匀□，如系自行惹事，不得援此为例；

—村内有事，惟尊长之言的听，不得□恃悍，或自作聪明，妄生议论；兄弟、子孙照限完粮，勿拖欠，致累族人。嘉庆辛未年〇月〇日，众等立。"

78. 金门县金湖镇现存清嘉庆十八年（1813 年）十一月立的《严禁戕损占耕邱良功母封茔碑记》

碑文："金门粮补分县金氏：毋许践踏戕损、占耕等事。倘敢故违，准该家属查实呈明本县，严拿详办，决不姑宽，各宜凛遵毋违，特示。嘉庆十八年十一月〇日立。"

79. 漳州市芗城区南山寺现存清嘉庆十八年（1813 年）立的《示禁碑》（图 4-53）

南山寺，原名"报劬崇福禅寺"，始建于唐开元二十四年（736 年），原为唐代京官陈邕被谪后南迁漳州所建宅院，因建筑堂皇被诬为造宫殿造反，为避祸遂改为寺院。寺坐南朝北，中轴线上自北而南依次为山门、天王殿、大雄宝殿、法堂；左右有喝云祖堂、陈太傅祠；石佛阁、德星堂、地藏王殿、福日斋。南山寺为禅宗临济宗喝云派发源地，其分灯闽南和东南亚各国，成为喝云祖庭。南山寺是漳州市唯一一座全国重点寺院。

图 4-53　漳州南山寺《示禁碑》

碑文："署漳州府龙溪流县正堂加五级纪录五次廖〇，为毁祠辱祖等事，据举人陈遥源，武举陈万象，监生陈光玉，生员陈祖望、陈暹、陈庠、陈鸿，武生陈英元，家长陈光允、陈景南、陈日，童生陈春等呈称，伊始祖建祠堂南山寺边，因孙子分居莺远，嘱和尚照顾，被附近陈武略、陈光焕残毁等情。据此，除伤差拘究外，合行出示严禁，为此，示仰居民及外方人等知悉，尔等毋许仍前在举人陈逢源等始祖祠内秽亵，以及残砍松枝、挖掘卖土，倘敢不遵，许该家长同看守僧人指名，具禀赴县，以凭究治，各宜凛遵毋违，特示。嘉庆拾捌年捌月廿一日给，勒石，祖祠晓谕。"

80. 厦门市思明区筼筜港尾头山美仁宫美仁前社现存嘉庆二十年（1815年）立的《美头社公禁碑记》

筼筜港尾头山商渔杂处，乡亲们立下公禁条规，社民遵守约束，安居乐业，风俗淳朴，因此取了"里仁为美"之义，改称"美仁社"。碑高130厘米，宽60厘米。

碑文："公禁碑记：盖闻官有正条，民有私约，窃我美头社滨海而住□之□□初设□□□□□□□□社人，放纵牛羊猪马，在冢践踏，仍敢锄草掘土□□□□□□□□□□□□□子弟□赌博之惨，遂生盗心，任意□□□□□□□□□□目击心伤，殊堪疾痛。近有□□□□□□□□□□公禁。既禁之后，凡我社人，务□□□□敕其子弟勿得违犯。谨列条规于左：

一禁，不许放纵牛羊猪马□□□践踏，以及砍伐荫树，锄草掘土，违者罚戏、罚饼。如恃强不遵，呈官究治；

一禁，不许本社开设赌场。违者罚戏、罚饼。如恃强不遵，呈官究治；

一禁，不许本社窝贼，勾通匪类，窃家物、六畜及横盗渔舟、缯网。倘被捉获察出，其□□闻众，呈官究治。

嘉庆贰拾年贰月〇日，美头社众乡长等立石。"

81. 龙岩市新罗区适中镇缘岭颜氏复圣家庙外墙镶嵌清嘉庆二十年（1815年）立的《告示碑》（图4-54）

碑高91厘米，宽50厘米，共461字，记载了清嘉庆年间，祖籍龙岩适中镇的浙江巡抚颜检得知其位于龙岩适中缘岭的四世祖坟地被外姓侵占，委令其家丁邓云前来龙岩州递交诉状，要求州衙予以查处，时知龙岩州事者刘作明接报，随即调查，并出告示禁令，以晓军民共知。

碑文："告示：特授福建龙岩直等州正堂加五级、纪录十次刘（作明）为严禁妨碍祠宇墓事。照得人必左祖祠、祖坟，遇□□子孙者孰不欲保其祠宇、坟墓默佑其孙会况，报本追远之道，皆在于此，乃岩俗恶风，每有羡人善地随起侵占之心，不知有伤阴骘，干犯王章。本州莅任之初，深悉此风痛，出晓谕：凡具天良者皆当唆改此。地方最重之事，亦本州之所急欲惩治者。兹据浙抚颜宦家人邓云禀称：'家主系广东连平州人，现任浙江巡抚，其祖居福建龙岩州图岭地方，由闽迁粤已历数世，而闽主祠墓经久无碑，奈本年家主、族人祭扫，见四世祖祠、祖坟为他姓私葬数处，伤碍龙脉，伏恳给示严禁，前后左右毋许锄挖侵占'等情前来，除批示外，查颜抚旱之四世祖等祖祠墓既在该处，地方子孙自应不时于护，岂容他姓侵占，亦岂容匪徒伤碍，且数世子孙俱为封疆大吏，其祖先墓式例有定制，与民祖坟不同，更不得越占。合行严禁。为此，示仰该处颜姓子孙并居民人等知悉，此后毋许抢颜姓祖祠祖坟前后左右，开造庐窖，占地图葬及砍伐荫树。该处地保与颜姓子孙随时悉心查察，共保祠墓。倘敢占地筑窖，砍伐松楸，不论同族与异姓，立即检缚送州禀候重

**图 4-54　龙岩适中镇缘岭颜氏复圣家庙《告示碑》**

惩，该保人等亦不得藉此示而诬言善良，妄挚泄忿，将此示寔贴该处墓道左颜姓宗祠，以晓军民等知禁令，特示。押。嘉庆拾年拾月○日给。"

82. 泉州市丰泽区后茂乡祀公宫现存清嘉庆二十一年（1816 年）立的《后茂乡告示碑》

该碑为清嘉庆二十一年四月，泉州知府徐汝澜为禁止乡民等在泉州后茂乡开山而立碑示禁。该碑曾被人为推倒断作三段，后接竖在祀公宫内壁。又立小碑七石在各行脉处。

碑文："署泉州府徐汝澜为示禁事：照得泉郡东关外后茂乡，地近清源山，乃系发源入脉之所。前因屡被附近居民挖掘窑土，开筑碧厕，有伤源脉，当经前府示禁在案。乃愚民无知，仍复任意开掘射利，殊属玩违。查永春、仙游交界之白鸽岭，亦系泉郡发源之处。先被官民树立路碑，开筑碧厕，业经本府因公驻州，当经会同永春州捐资填塞迁移，百姓咸皆悦从。在隔属尚知凛畏，岂本辖转难遵奉耶？除现在捐与诸绅士给资填塞外，诚恐将来无知匪徒，再行开掘射利。合行勒石示禁。为此，示仰附近居民知悉。自示之后，尔等毋许仍在该处挖掘窑土，开筑

礜厕，致伤源脉。倘敢故违，许该地保及董事人等指名禀究。保约涉私容隐，并予责革，决不宽贷。各宜凛遵毋违！特示。嘉庆二十一年四月〇日给。"①

图 4-55　南山小学
《琥珀岭示禁碑》

83. 漳州市龙溪蜈公庵姜园亭南山小学校园内现存清嘉庆二十一年（1816年）龙溪县立的《琥珀岭示禁碑》（图 4-55）

该碑是保护琥珀岭山体，严禁滥伐树木。古人保护山体树木的自觉意识，值得今人借鉴学习。

碑文："漳州府署理龙溪县事，军功世袭恩骑尉加七级、纪录十次、大功一次□〇，为……严禁等事。嘉庆二十一年正月二十八日，据张正、张宗、张德相等佥呈……张家历掌祖山一仑，址率厢委秸保，号琥珀岭坐东朝西，上至豆山顶，下至……为界，遍载荫木，内葬祖坟二十四首，带祀园三十五，正坵四十、土地庙前……赁租户粮银二钱四厘，原给陈章佃耕，收租贴课。章故，两孙□□佃……图谋霸踞，仍将坟旁余地开垦、培墩，盗砍松荫，正等巡知，

较阻不理……绘图粘串控。蒙朱前主批准，差拘讯究，棍始惧罪，恳托公亲营……还租具结，叩准前主销案。讵附近隅发强庭贪成性，□□仍发……究怨怸愈，害讼向□了，辗转反思，保全茔祀，惟有仰恳上恩鸿慈……遵，永杜觊觎，理合望光。葡恳叩乞窠行西伯仕政，恩准示禁，俾出……据此除批示外，合贴三晓谕。为此，示仰南路一带地方诸色人等知悉……非己有道遗不招□，乃得仍在，张正等世管琥珀岭坟山内

---

① 周学曾等撰修，晋江县地方志编纂委员整理会整理. 晋江县志 [M]. 福州：福建人民出版社，1990.

□□樵……夫……自示之后，倘敢不遵，许该山主指名具禀或投交地保，扭解赴县……惩办，不宽贷，各宜凛遵毋违，特示。嘉庆二十一年贰月十二日给实贴，琥珀岭晓谕。"

84. 漳州市龙海市角美镇埔尾村现存清嘉庆二十四年（1819 年）立的《林氏义庄碑》（图 4-56）

祖籍龙溪县廿九都白石堡莆山社的台湾板桥林家，于嘉庆二十四年，在龙溪故里过井社筹建永泽堂林氏义庄慈善机构，两年后义庄完工。义庄设有赡赈基金。板桥林家将在台湾淡水海山堡水田四十三甲八分四厘二毫（折合 637.9 亩），充为义田，年收稻谷除去消耗掉的部分，实收一千六百石。这些稻谷按年运回祖地，供给同宗贫乏族人之用，特地向台北地方官府和漳州地方官府申请立案，福建漳州府正堂立义庄碑，以彰义举。林氏义庄，全称"永泽堂林氏义庄"，全国重点文物保护单位，位于福建省漳州市龙海市角美镇。始建于清嘉庆二十四年，占地面积 4500 多平方米，房屋 99 间，建筑面积 2500 平方米，砖木结构，悬山顶，四合院构造。院中墙壁上有 12 块道光元年（1821 年）义庄建成时镶嵌《林氏义庄碑记》，由十二块精磨的黛黑页岩石组成，宽 3 米，高 1 米。碑文由清代书法家吕世虞小楷书写，内容为办庄宗旨和赡赈条规。碑文记载筹建义庄的主要经过和办理赡赈的经济来源、经理人员配备、义庄管理规则等。林氏义庄为当时闽省著名的慈善机构之一。

图 4-56　埔尾村《林氏义庄碑》

碑文："林氏义庄，道光元年春正月。福建台湾府北路淡防厅徐〇，为置立义庄叩恳详咨立案等事。嘉庆二十四年七月二十二日，据原籍漳州府龙溪县童生林国栋呈称：窃栋父林平侯弱冠来台，寓居治下兴直堡新庄街，克勤克俭，积置田业，迨强仕之年，力图报效，遵例捐纳同知……嘉庆二十年，解组回籍，伏读《圣谕广训》有曰：'笃宗族以昭雍睦，置义田以赡贫乏。'钦遵圣谕，化民励俗之至，意愿将在淡水自置海山保水田四十三甲八分四厘，充为原籍本族义田，年收佃租，除完供耗谷外，实收谷一千六百石，按年寄回内地龙溪县白石保吉上村潭头村，赡给同宗族人贫乏之用。延请族中诚实心正两人经理其事。第是自己之业，充为本族义田则属公产，欲垂久远，应禀请地方官，将所充义田另立永泽堂户名注册。俾得永远充粮，以杜族人外人侵欺、私行典卖。而栋世世子孙，亦毋得藉祖产，擅典私售。为此，谨遵父命，备陈下情，叩恳俯赐，据情分别详咨台湾道府宪、原籍漳州府暨龙溪县，出示立案，并请饬房照契注册……计缴承买田业印契十四纸，并粘规条清单壹纸。据此，查该员将自置田租一千六百石，捐作全族义田，以赡贫乏。殊属仗义可嘉，未便壅于上闻。自应详请立案以彰义举……福建漳州府正堂加五级纪录十次，嘉庆二十四年八月〇日。"

85. 南平市光泽县城现存嘉庆二十三年（1818 年）立的盐政管理《公禁陋规》（图 4-57）

食盐作为国计民生的重要物质，历代由官府专卖，各级都设有官员管理盐务。省设有盐运史，县设有盐书负责对盐业的管理、征税、稽查、监督等。光泽地处闽北山区，与江西交界。当年陆路交通困难，食盐运输靠船筏水运，往返时间长，运量少，供应比较紧张。光泽当时的盐书万全却利用食盐紧俏之机，无理地规定民众购盐要经他批准，到盐房领折才能购买，并从中盘剥，敲诈勒索。该县监生裘臣写状向省官府控告，引起了总督和巡抚的重视，认为事关民情、有损皇恩，于是令省承宣布政使司、提刑按察使司、盐法道三家派员进行核查，严加究办。经过查证，盐书受杖刑，被革职。随后，为了规范对民众食盐的管理和供应，准许由县举人陈禹昌拟写《民盐章程》，对购买、领折、供应等食盐管理环节进行了详细规定，经县衙审核当年七月施行。民众由各都乡自备盐折，送盐馆签印，每月持折向盐仓买盐，以后每年二月向盐馆换新折，不需经盐书之手，减少了中间盘剥，从而保证了民众食盐的正常供应。勒石铭德，以永垂不朽。

该碑高 150 厘米，宽 70 厘米，镌文 214 个字。碑文记述光泽民众当年抗争盐业官吏贪财勒索不法行为和争取到食盐供应正常的事件。

碑文："公禁陋规：奉宪督抚董史批发，藩宪明、藩宪庆、盐宪孙审实，监生裘尹臣控告盐书万全勒索民盐领盐批折陋规一案，照例拟详复。已蒙将盐书发目杖革在案，又蒙县宪任俯察舆情，准举人陈禹昌等呈请民盐章程在案。自本年七月为始□□。各□都乡自行备折，赴盐馆签戳。每月持折向仓买

图 4-57 南平光泽县《公禁陋规》

盐，不经盐书之手。无从勒索□，许尔后每年二月准带盐折向盐馆换立新折，毋庸向盐房领折，所有积弊概行永革，万民欢悦，欢声载道，勒石铭德，以垂不朽。皇清嘉庆二十三年岁在戊寅仲冬，上浣吉旦。洪济坊立。"

86. 三明市将乐县光明镇际下村树里自然村水池边现存清嘉庆年间立的《勒石永禁碑》（图 4-58）

20 世纪 70 年代，有村民将此碑搬进自己家里砌猪圈，后来放在水池旁当搓衣板，碑上的字迹逐渐磨损。石碑为花岗岩材质，呈碑高 160 厘米，阴刻楷书，约 560 字。碑上列有不得引诱良民子弟同场聚赌、防火、护林等八条乡规民约。

碑上上方刻"勒石永禁"，正文是"特授将乐县正堂加五级……嘉庆□□年"，落款是"漠源都际上际下山头阳加山上地椰俚同立"。

87. 厦门市同安区博物馆现存原立于新民镇蔡宅村清嘉庆年间立的《垂戒后世碑》（图 4-59）

该碑为同安县六寮乡新民镇蔡宅村卓氏订立的族规。碑高 156 厘米，宽 63 厘米。

碑文："垂戒后世：时龙飞岁在玄黓执徐则月榖旦，仝立革条人、众族长等，为严申祖训，以振遗风事。窃思往制虽遥，传流宛在。尊卑莫辨，名分曷敦？兹缘六寮乡不肖孙……违祖训而故此犯。从等佥议，将一家革出，不准入庙谒祖，嗣后如敢再犯者，依此为鉴。庶几长幼知徽，不失传家之雅化；甲门有辨，永怀我祖之休风。爰立碑铭，置旺庙内，以垂奕祀于不朽云尔。爿附禁条开一左：

一禁：不许与仆隶流辈缔姻；洎素无姻谊者，俱不准冲昏头脑；

一禁：不许盗买公业及戕贼公林、讹赌剽掠、草窃耸祸。诸弊枚举，难以悉数。各宜凛遵宋检。纵逾笵貌听，闻众声罚。恃强肆志，鸣官治究。族、房长等鸠集鼎建。"

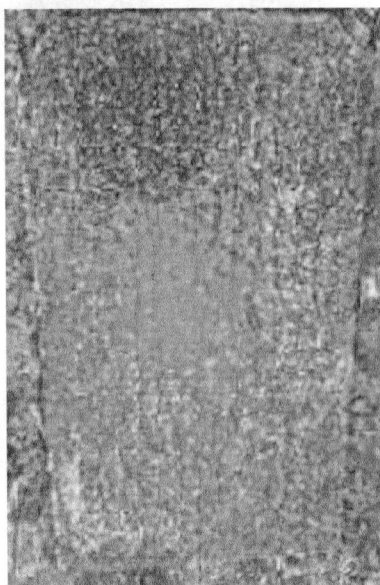

图 4-58 树里村《勒石永禁碑》

图 4-59 蔡宅村《垂戒后世碑》

88. 泉州石狮市蚶江镇莲塘村现存道光二年（1822 年）六月《公禁碑》（图 4-60）

碑高 62 厘米，宽 44 厘米，厚 13 厘米，嵌在环村旧渠道的残垣断壁上。石碑上载"公禁"。

碑文："不许赊欠、赌博，违者公仝呈官治究。族长乘护、谋锦、世力、明、概、巍，芳志赖、绸□□、□□肖、知题全敕。道光二年六月族长立。"

89. 漳州市东山县东山村张氏公厅墙壁现存清道光三年（1823年）立的《禁示碑》（图4-61）

该碑高38厘米，宽28厘米。道光年间该村赌博成风，更有外来不务正业之徒，设局引诱村民参与，有人因此沾染上赌瘾，幻想以赌暴富，以致淳朴民风不再，民怨四起。村民对赌博者深恶痛绝，为约束不良风气传播，清道光三年二月初八，张克安、张达侯等长辈召集族人商议禁赌办法，制定了严厉的惩戒条规，以正村风习俗。碑文言简意赅，赏罚分明，有效遏止了赌博的蔓延。作为禁赌物证，它的告诫内容对如今的社会公德教育仍有现实意义。

碑文为："初八祖子孙公约：世世不许暗赌赊数，违者输赢难多。闻知众人，公责杖惩，断无取还。若用钱银担赌而家人不知，亦决勿讨。至于田涂为国计所关，尤宜严禁，倘人偷担，罚饼二百块，各家分过，庶为劝勉。克安、达侯、芳渊、碧峰、仲交、一专等仝立石记。"

图4-60 莲塘村《公禁碑》

图4-61 东山村《禁示碑》

90. 厦门市滨海街道黄厝村溪头下社宝海棠现存清道光三年（1823年）立的《溪头下社公禁碑》

碑高175厘米，宽59厘米。该碑记录近代乡村社会人口流动少，聚族而居，往往具有排外性，当时在乡村治理方面具有一定的合理性，也折射出闽南乡村社会具有排他性。

碑文："同立公禁约人溪头下社林、陈。窃惟吾乡地处海滨。恪承先训，佃渔为业，不敢作奸犯科。近来人心不古，风俗变迁。前有不肖引诱外属之人，搬眷到村居住，素习非为，盗窃成性。族人林允被窃地瓜，巡捉遭殴毙命，挈眷回归，不惟控命无伸，而且恃强掳人勒赎，波累至惨。近复有此等人色，故智复萌。爰集族长公同佥议，自兹以后，凡我林、陈二家子侄敢有仍蹈前愆、将厝业诱付外人居住，当闻众公革。如或违禁，不遵约束，民鸣官究治，所破资费就引诱之人是问。谨立公约，演戏闻众，勒碑示戒，以垂永远。道光三年四月二日，立公约字人林世、林先、陈花、陈石、陈泰、陈协、陈赞〇公立。"

91. 南平邵武市和平镇狮形山下现存道光三年（1823年）立的《合市公白碑》

和平镇为古时福建出省通道之一，早在后唐天成元年（926年）就有五日一墟期，每逢墟日赶墟者多达五六千人之众。清道光三年对街道进行修整，整顿集市秩序，并在和平街街口立禁碑一块。碑高120厘米，宽43厘米。

碑文："道光三年，合市修理街道。此处狭窄，上下人多，两边不许堆积卖物，违者公罚。"

92. 漳州市诏安县南诏镇东岳庙宫内天井保生大帝殿左侧墙上现存清道光五年（1825年）立的《示禁碑》

该碑高90厘米，宽52厘米。

碑文："调署诏安县正堂加十级、纪录十次、记大功三次徐〇，为严禁棍徒在庙滋扰，以安神灵，以肃庙宇事。照得东岳庙崇祀大帝为全邑保障，声灵赫濯，惠泽群黎，理宜谨敬供奉，以安神灵。访查该处庙内，每有一种棍徒聚赌、酗酒、睡卧、喧哗、任意滋闹，实堪愤恨。除饬差驱逐外，合行出示严禁。为此，示仰所属军民人等知悉，尔等应知庙貌，为神明灵爽所凭，当存敬畏，以荷嘉麻。嗣后务须恪遵示谕，毋许在庙聚赌、酗酒、睡卧、喧哗，亵渎滋扰。倘敢不遵，许绅耆练保人等，指禀赴县以凭，严拿究治，决不姑宽，毋违特示。道光五年四月十二日给。"

93. 南平建瓯市徐墩镇杨墩村杨氏祠堂门口现存清道光五年（1825年）立的《禁示碑》

该碑高300厘米，宽70厘米，禁碑全文500余字。题名"禁碑"，碑文记载了当时毁林开山造成的危害，提出了植槠、桐、杉、竹等保护山林的措施。

碑文："瓯之西，山林阴翳，田膏土肥，由来旧矣。近因茶盛利薄，山主租卖客民开垦种茶者甚伙，抑知茶地不时刻掘，土松石浮，一经大雨，漂流田间。轻则泥填沙积，壅塞沟洫；重则土颓石崩，丘甸成山，租何从出？粮何从办？上有妨于国课，下有病于民生，且也夭乔殆尽，樵子心伤；道途泥泞，行人未便。甚有占坟栽培，抨碑飞骸，是种茶之为害，匪独生者受其殃，死者亦蒙其祸。前制宪董，并各大宪屡行示禁，我乡杨公等亦呈控在案，曾蒙县主□霍给示，实贴村中，严禁境内山场，樵槠桐杉竹，以佐□□，毋许租山种茶，有妨禾黍。今即事远年湮，案牍犹存，凡我乡人尚须凛遵。倘敢违禁，私行租卖客民种植茶丛，换户出头，鸣官究治，决不徇私，此所禁开垦以保田畴，保田畴以重国课，异日田园饶沃，丰亨有象，我等岂不永享其福哉。爰集同人勒金勒石，将所议条规开具于左，以垂不朽焉。计开：一杨锦舒捐出本境永尾，土名土主庙后山场一片，公众培植乔木，获阴风水，凡外姓亲友暨我乡人等毋得盗砍，违者鸣官究治。一上至埠墙石桥，下至本境高党岭坡，本山主及外来人概不许开垦种茶。或有不惜金者，私行贿赂，一经查觉，立即退租。若或得钱，罚出归公；如恃强滋事，即鸣官究治。再有前界至境内不许放火烧山，违者罚戏一本，任是亲朋，断不徇情。一本乡门前大州原的园地，虽各有主，因遭水荡，界限难分。今众情愿充枇蓄留树木，日后请出界至，各园主亦不得恃强砍伐等□。一上至渡舡岩头，下至黄泥岭尾，路旁树木不许砍伐，违者罚戏一本。一本山主自留树木原为佐食之需，不许盗砍，违者公罚。大清道光伍年岁运乙酉贰月○日，合乡公立。"

94. 泉州晋江市陈埭村丁氏宗祠现存清道光五年（1825年）立的《公禁岸途碑记》（图4-62）

该碑高156厘米，宽61厘米。

碑文："一禁：龙头官岸途修……以日倘被水冲崩，不准挖起……

处如违罚戏一台；一禁：杨枝岸自重修两次，日后倘被水冲崩，不准予。掘别置，如违罚戏一台；一禁：鲤鱼洲途次一带务须照顾，不得蹭跶。谨……记道光乙酉年葭月吉日。丁……"

95. 厦门市同安区莲花镇澳溪村麒麟山石佛洞前现存清道光五年（1825年）的石刻《同安镇澳溪安乐村公议》（图4-63）

高90厘米，宽150厘米。

碑文："公议：安乐村素来淳风，本是蕞尔弹丸之地，士农工商，安分守职。近有匪类之徒，日则借丐为由，夜则诱盗入乡。世风不古，测度难防。爰是合村乡老公议，守望相助。谨此约条，开列于左：一禁，不许外匪冒丐入乡，以及村居一二不肖，不守安分，盗窃瓜果，生端滋事。违者公议（移檄），呈官究治。道光五年乙酉月〇日，安乐村诸乡耆公立。"

图4-62　丁氏宗祠
《公禁岸途碑记》

图4-63　莲花镇
《同安镇澳溪安乐村公议》石刻

96. 福州市鼓楼区于山现存清道光六年（1826年）立的《禁止乱挖土示禁碑》（图4-64）

该碑立于清道光六年，此碑是林则徐长子林汝舟的岳父陆我嵩任闽县知县时立的禁止乱挖山土、防止水土流失的示禁碑。

碑文："闽县正堂陆（我嵩）示仰城厢内外军民人等知悉，不得仍在于山私挖黄土，该寺僧亦不得仍前容隐滋弊，倘敢故违，一并拿送，赴县严究，各宜凛遵，毋违特示。道光六年三月立石。"

97. 三明永安市贡川镇临津门城门下现存清代道光十二年（1832年）立的《示禁碑》（图4-65）

碑文："严禁不许竖柱霸排，致损堡城。违者重罚，决不虚言。道光十二年壬辰四月，阖堡公立。"

图4-64　于山《禁止乱挖土示禁碑》　　图4-65　临津门城门下《示禁碑》

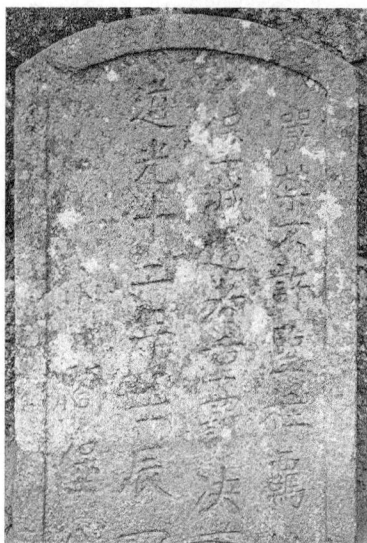

98. 厦门市同安区五显镇后塘社颜氏宗祠现存清道光十五年（1835年）立的《同安后塘颜氏祖祠禁约规条》

碑高27厘米，宽43厘米。为族众间相互制定的规约，具有民间性。

碑文："祖祠禁约规条：

一禁，不许祠内晒曝五谷，堆积杂物，祠门首并上：下埋堆积五谷柴草；不许祠内椅桌、烛台等物，不肖子孙搬去家用；不许社中演戏，适逢下雨，搬入祠内演唱，戕害宗祠，起意之人灭绝后嗣；不许祠后焙荔枝、龙眼干，戕害庙宇；

一禁，祠宇口南面，自芳有龙眼树一株，伤碍祖祠。众等公议银十二员交伊子收入，树砍洗为公地。后嗣子孙不得恃强占为盖屋、栽插；厘芳店口旷地基壹所，系祖公基址，后来子孙不得恃强盖屋，伤碍祠宇，如敢抗违，各房衿耆，闻官究治；不许祠堂口旗夹缭缚牛羊，污秽朝廷名器；每月朔望，香火值祭，东头子孙不可缺失。以上各禁约规条，如违者族众公革，罚戏一台。道光十五年四月〇日，族众合约。"

99. 厦门市湖里埭辽现存清道光十五年（1835年）道尹周凯立的《禁示碑》（图4-66）

碑文："本道周（凯）示：附近各乡村居民人等知悉：林后乡埭田今已归义仓管业，并非薛家之物。尔等务须约束子弟，毋许再在田间偷取五谷、茅草，私挖岸石，毁掘沙土、涵枋等，如敢故违，立拿重究不贷！特示。道光拾伍年柒月〇日〇给。"

100. 三明市将乐县南口镇蛟湖村杨氏宗祠现存清道光十七年（1837年）立的《蛟湖杨氏整复原祠禁条》（图4-67）

图4-66 湖里埭辽《禁示碑》

杨氏宗祠，又称"龟山公祠"。始建于清康熙年间，为三进，五开间，硬山顶。是纪念和祭祀杨子江、杨时及蛟湖历代杨氏先祖而建。杨铉（字我铭，庠生），与其弟杨镇（字我顺，国学生）、次弟杨铨（字我衡），三兄弟倡建并出资金，由蛟湖合族捐资鼎力建造。

碑文："蛟湖杨氏整复原祠禁条：一禁篾匠作篾器，残害地基左右傍柱；一禁诸匠祠堂作工，吵闹先贤祖宗之所；一禁本族从便打豆放麦，以及存夯斗篾折诸件；一禁私情邀赌开宝学拳采戏，搬祠棹椅物件；一禁正月上元迎神关马，招屎尿污秽，以害先灵；一禁演戏触动浅薄山龙，以荫了人物，但乡村比不得府省州县龙脉，也再则〇光赵公现有祠堂序说恐犯〇忌辰被累，后祠子孙，务须个匕体认禁条。如若犯禁，立即重罚钱叁仟文，以为祠堂公用；不遵者，鸣〇官究治。族长抡徽仝阖族谨题。道光十七年岁次丁酉仲秋月立。"

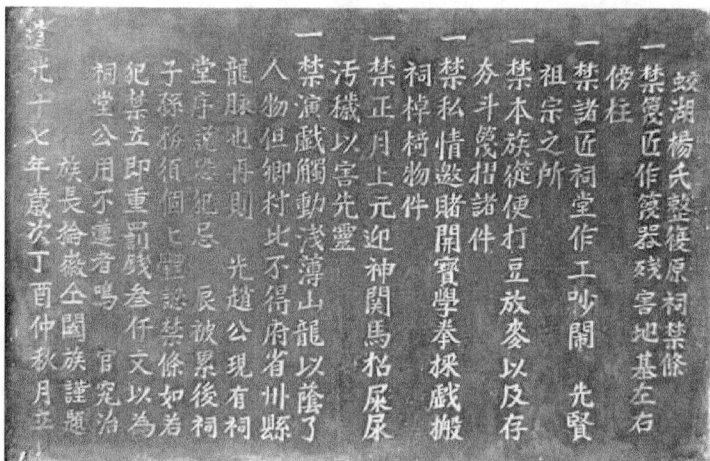

**图 4-67 杨氏宗祠《蛟湖杨氏整复原祠禁条》**

101. 南平武夷山市五夫镇兴贤古街上现存清道光十八年（1838 年）立的《农事禁令碑》（图 4-68）

碑高 85 厘米，宽 40 厘米，被埋的部分约有 13 厘米。石刻碑文布满灰尘和青苔，但上部隐约。碑文下边有三至四行字被埋在地下。碑文表明当时官府对百姓农事生产的重视，记载着清代农事时节饲养家禽、田间管理等的规定及惩处办法。

碑文："自古上五甲黄龙圳早田……愿，钱拾余千文。五甲……严禁：黄冬未割，不许放鸭……黄冬割清放鸭落田。冬至……鸭落田，放至次年

**图 4-68 武夷山市五夫镇《农事禁令碑》**

清明……谷种落田不许放鸭，如有故违，鸣官究治。道光拾八年〇月〇立。"

102. 南平邵武市拿口镇上山坊村现存清道光十九年（1839 年）立的《合乡公禁碑》

碑文："……—禁：不许挖冬笋，限至十二月廿八九，开禁二

日；一禁：厂内不许造烟笋，过夏十日可准别人往山拾笋；一禁：山内杂木竹不许盗砍。如有故违者，公议罚钱伍仟文正，决言禁止也。"

103. 厦门市思明区滨海街道曾厝垵后厝社林氏西河祠堂内现存清道光二十年（1840年）立的《林氏公禁碑》

宗族内亦多有对家族间、地方社会共有设施禁约，对宗族田产的流转加以限制，从而凝固了族内地权。碑高46厘米，宽54厘米。

碑文："仝立禁约人、族长林俊杰、攀贵、有路等为剀切伸禁事。窃维我族僻处丘侧，所承耕地甚是偏小，历管诸山并无广大，各房俱有安葬亲坟及植柏木、耕种五谷，乃我族人治生利赖。惟求长策，不许将山擅给外人盗葬，损截族山坟脉。惟愿本族纯一，毋使异姓混杂，可得山川百代，依旧子孙奕世瓜瓞，幸以歌于斯、哭于斯、聚国族于斯，岂不美乎哉！若以彼有姻我有戚，人情所钟之有在，宁无词矣乎？未免损伤为碍，便见较短争长，反为不美。至山毛柏木概诸产业，各有主掌，不许窃取盗伐。牛乃农家所赖，不得不蓄；羊能毁伤五谷，殆可禁绝，且无荒于农。山中锄草，不许在该坟伐毁，以全阴阳，均得咸安，而流传世代，永远之无虞。今者，合将此诸产地山源，早为区处等事，剀切防禁，毋使奸徒宵取旰窃，滋蔓弊端，是以爰集众房佥议，音觞播告内外人等周悉：自今伊始，泐之禁约条规，永悬祠内，勿得觊觎。倘敢故违，应严究处。谨将议定各款条规开列于左：

一禁，族中承管各处公山，惟我本族人等可得自行开垦、栽种、剪葬坟茔，其亲朋戚属自今以后，均不得徇情相以售卖；

一禁，族中人等自此定议以后，决不许蓄饲羊只。因近来牧养众多，残损山埔、五谷，见者莫不触目伤心。是仝议约：自此除尽，永不许复养。嗣后若有羊只在我山界内纵踏，虽亲邻，准将羊只扭归没法；

一禁，通山所植柏木，一为培养山川秀茂，地脉兴隆，亦为我族之盈亏而置，倘敢盗取折砍及盗取山面瓜谷被获者，本族亲邻概行严究，会仝通族合力争□□□□□□；

一禁，阖族私产，若系山巅开辟之所，莫堪征粮者，准其自耕糊口，均不得擅自私□□□□□风水，倘本族择地卜葬，有碍该产，听其削筑成坟，现耕之人不得藉词争较等事□□□□；

一禁，阖族私产及外姓田园，虽各经明买拨粮之业，凡在我本山界内，倘欲卖做风水者，□□一体当充银二十两入公，以为添贴禋祀等费之资；

一禁，凡我候山所葬坟茔，毋论本族至于异姓之坟墓，概不许锄掘草木，以及故纵牲口，在彼喂草、践踩，违者故纵，罚戏、酒警斥；

一议约：每季删零柏枝，当先取出五千斤入公，为聚胲成裘之资，然后照股均分。若是删掘柏丛，依时照办，多寡增加入公可也；

以上数条设立禁约，列明周悉。其余社禁条款，另载在社众公约内。若有过犯，查检禁约，照常办理议行。但愿我辈洗心立志，向善克振，共守天伦，礼义为重。谨遵规约，共相体贴为妥，切不可视为虚文。嗣后如有过犯之家，定即照上规约核办，决不徇私。特此布闻！

道光二十年岁次庚子葭月廿二日全立公禁

族长：长房林攀贵、二房长林俊杰、三房长林有路全渺告白。"

104. 泉州市晋江县深沪镇东垵社百公庙旁崖石上现存清道光二十一年（1841年）刻立《东垵公禁》

《东垵公禁》崖刻是一方保护海洋环境的石刻。

碑文："不许沿东垵□□打屿石、□违者□□。道光二十一年九月○日公立。"

105. 漳州市漳浦县石榴镇盘龙村原文昌宫清道光二十二年（1842年）立的《文昌宫碑》（图4-69）

碑高180厘米，宽84厘米。

碑文："敬惜字纸，本朝廷之重典，亦闾里之良规，兹我林姓同志鸠集公建一亭，喜捐田业银圆以充公项，作永远计，俟有赢余，卜择吉地，与建文昌宫，以为义学，上承圣天子崇文之雅化，下启我乡民尚道之体风，谨将题捐名字，登列于左：

**图4-69 石榴镇《文昌宫碑》**

恂艾祖书租捐银贰拾员，生员林世超派捐田壹斗，坐址灰坡仔，税肆石，乡宾林茂安派捐田壹斗，坐址柯仔林，税贰石捌斗，增生林以匡捐田壹斗，坐址窗莹中圳，税贰石贰斗，乡宾林国香派捐田捌升柒，坐址白沙，税贰石，林门孀妇吴氏捐田捌升，坐址坎顶，税贰石，职□林逢泰捐田壹斗，坐址白沙，税贰石，太学生林王瓒捐田捌升，坐址鸡脍岭，税贰石，乡者林元音捐田壹斗，坐址龙眼湖，税贰石，乡□林直德派捐田壹斗，坐址白沙，税壹石，新□□贰石肆斗，壹坐址白沙，壹坐址白沙墩顶，共税玖石陆斗，以上用合配田亩伍钱伍分，贡生林□兰捐银壹员，林素朴派捐银陆员，林涨捐银肆员，林任捐银肆员，林老生捐银叁员，举人林宽派、林对杨派、林直诚派、武生林一清、林太、林天露、林允元、林杞、林郁、林浣、林门孀妇王氏、林门孀妇陈氏，以上各捐银贰员，林闻仁派、林俊明派、林福、林向、林新、林宗泽、林茂、生员林逢晋、生员林逢泰、林珍、林古敏、林汉昭、林树、武生林飞龙、林拱、林巷、林承敬、林榜、林梗、林培元堂，以上各捐银壹元。道光二十二年岁次壬寅葭月谷旦○。攀龙大水保社仝立。"

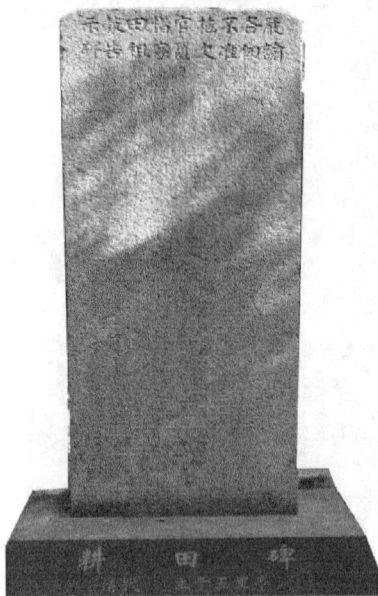

图4-70　五里亭《严谕各佃不准拖欠官置惜字田租谷告示碑》

106. 福州市五里亭现存清道光二十三年（1843年）立的《严谕各佃不准拖欠官置惜字田租谷告示碑》（图4-70）

鼓山镇后浦村耕田碑《严谕各佃不准拖欠官置惜字田租谷告示碑》，是闽县正堂严谕闽县崇贤里二图地区，即五里亭周边租种官田的佃户们应交好地租的告示碑。碑高270厘米、宽88厘米、厚17厘米，碑文约2000字，碑文字迹虽经风雨侵蚀，仍然可辨认出它们的计算单位精确到"三分六厘七毫五丝七忽"，反映了清代福州农民租种国家耕田的土地制度和置惜字田习俗。该碑模糊漫漶。

碑文：“严谕各佃不准拖欠官置惜字田租谷告示碑：闽县正堂严谕闽县崇贤里二图……大清道光二十三年四月二十五日。”

107. 漳州市东山县保存清道光二十四年（1844 年）立的《调署碑》（图 4-71）

该碑为诏安县韩知事严禁当时后澳村民在黄道周祖坟前后取土掘石，就连黄姓族人都不得在此营葬，否则将严拘究治。

碑文：“调署诏安县正堂加五级纪录韩〇，为出斋严禁事。本年七月二十八日……后澳村民在黄道周祖坟前后取土掘石……严拘究治……道光二十四年捌月〇日给，铜山……”

108. 南平邵武市莲花山寺往官磜的山坳路口现存清道光二十六年（1846 年）立的《公禁鸭子来往碑》（图 4-72）

该碑立于通往洋坑、大竹等地的驿道上。碑高 80 厘米（含底座），宽 40 厘米，厚 6 厘米，碑文用楷书刻写“公禁鸭子来往”，规定禁止鸭子来往范围和违禁者惩罚数额。

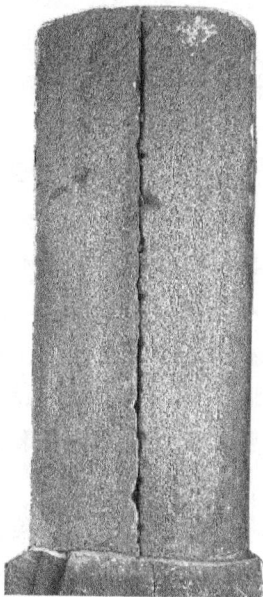

图 4-71　东山县《调署碑》

图 4-72　莲花山寺《公禁鸭子来往碑》

碑文："盖闻天气动于上，而人为应之；人为动于下，而天瓮从之，是故风雨晦暝，饥馑荐臻焉。本天时之告，灾未始，非人事之感召也。窃愚众等，世住莲花山耕种。历年秋季，每多暴风，吹坏五谷。四处无风，唯敝别处有之。众皆骇然，不知其故。诸父老传闻云：祥云山有鸭公神，凡遇鸭子往过一番，必有一番大风。先年也尝禁止，今秋试验，一一不爽。于是众等重申禁约，每年立秋禁至立冬止，百日之内不许莲花山往过。如有不遵者罚钱三千文。谨列碑申禁预告，四方鸭子客人知音共谅。上至程家山止，前至西坪止；左至张家坊止，右至官礁止，道光二十六年○月○日，秋立……"

109. 漳州市漳浦县赤土乡浯源村卢厝社仙峰岩路边土地庙旁的大石头侧面现存清道光二十七年（1847年）立的《福升缘碑》（图4-73）

图4-73 浯源村《福升缘碑》

该碑记载庙产事，碑刻于石室壁上，凹雕碑形，高132厘米、宽75厘米，额首刻"福升缘"三字行书，正文楷书。

碑文："仙峰岩，有明古刹也，岩前后左右山林及坑内田园，本前人所建，以供香火，至今数百年矣。载日既深，凤有己□士，致使僧徒云散，供奉疏如。癸卯春，生员卢兰陕、武生陈□□、信士陈檀，林宝，林翰等束延象珍上人徙南山，坐镇山门，供兹古佛。丁未秋象珍暨徒南山，募修禅室新构西厢而为之。为废瓦颓垣者，易而为习禅胜境矣，落成后，象珍既然发慈悲愿，将所建田业舍入此岩，添油香费，以兹事商于卢兰陕，陈檀并解元陈则□，爰约自今以往，凡岩之山树田园，与象珍所施田棠业，止尔象珍本派徒弟住持此岩，看管收成，其余别派僧徒以及本派□出者，如致混争此业，众共革之。议成，闻诸予，予喜象珍之大布，连于斯岩而诸君之克成，其美也。是为序。

刊闻象珍和尚分施田业：

一日大小七坵受种子六斗坐址在拓林□口山社前，土名商厝大丘，受种子三斗，坐址在下洋，土名石陇口；

一佃田一丘，受种子一斗半，坐址在下洋，土名菁田，配粮二八都二图三钱六分□，钱米一升五合五分正。道光二十七年腊月谷旦，庠生张鸣楼志。"

110. 泉州市永春县横口乡云贵村单拱石桥桥头现存清道光二十八年（1848年）立的《奉宪示禁碑》（图4-74）

碑文："钦加府衔永春直隶州正堂加十级纪录十次王〇，为示禁事。道光二十八年十一月二十三日，据大鹏岩垂云寺僧克恭呈称：'缘大鹏岩垂云寺崇奉如来释迦，祈晴祷雨，福庇无疆。历朝以来，寔为本州瞻仰之地，即为阖属名胜之区。前因开山住持矢志皈依，创业维艰，香火无资，兼以附近辖豪藉端滋扰，几欲别图云游外方，以避其祸。迫蒙列宪荣莅，出示严禁，无许戕害。仰伏宪威，始得安居。戒奉佛，香火不息。诚宪恩之普被，亦佛日之增辉也。兹逢仁宪重莅，敬神礼佛，为民造福。耕谷回春，草木沾惠。恭等益励清规，愿守勿替，但该寺所有粒积产业，均为香火祀典之资。特恐岁月递迁，贤愚不一，附近辖豪欺僧，贾祸或贪租，而

图4-74 云贵村
《奉宪示禁碑》

串谋以获利，抑恃强而踞田以霸耕，以及培植荫树杂木、山场园地，种种欺占，祸难言尽。非蒙仁宪格外施恩，准予勒石垂谕示禁'等情到州。据此，除批示外，合行出示勒石严禁，为此，示仰合州远近军民人等知悉，自示之后，该寺所有山场园地俱已查，开粮颂勒诺示石。嗣后永资香火，护持名胜，毋许恃强侵占，有不肖法徒亦不得勾通作弊致干法惩，一切荫树杂木，俱不许戕害滋扰。倘敢故违，一经指控，定即拘案，以豪霸侵欺论罪。凛遵毋违，特示。计开寺产清单于后：一田山土

名大鹏岩地等处民产，共贰两捌钱叁分壹厘伍毫；一山土名浮芋叶等处寺产，共贰钱伍分；一田土名马鞍格等处屯产，共贰钱叁分玖厘。道光二十八年十二月〇日，发大鹏岩勒石。"

图 4-75 念山村
《遵示永禁碑》

**111. 南平市政和县星溪乡念山村**
现存清道光二十八年（1848 年）立的《遵示永禁碑》（图 4-75）

碑文："署政和县正堂加五级纪录十次博〇，为遵情示禁事。据监生余品方、廪生余观英、瑞麟，民人余木秀、余应刚、余明汉、余应荣、余承学、余应巽、何才胜、余汀弟、余才清、余观锡、余锦滔等具呈仝叩恩赐示禁，合村……该乡环村种树木。既该乡众之力，亦为一村气脉所关，培植成材……左右四处留镇树木，自应给示谕严禁，以垂远久。为此示禁，仰诸色人等知悉，尔等须知：环村荫木一村之气脉攸关，整乡……殊非容易，自应各自尽乡谊，父戒其子，兄勉其弟，勿得私自砍伐……气。自示之后，尔等倘敢故违，一经告发，本县定即严挐究惩，决不宽贷……各宜凛遵毋违，特示。道光贰拾捌年柒月吉旦立。"

**112. 厦门市海沧区龙海白礁慈济宫**现存清道光二十九年（1849 年）立的《示禁碑》（图 4-76）

碑文："钦命候选道署福建漳州府……仝恳一体示禁等事。据守……吉年欧阳植林，维申叶……卖，悉归里书之推收遇事等资钱一百文收入院则已足酬其劳，不到日志谕禁以重国课而恤良善，除……尽粮户人等知悉，尔等务须遵……收过户不得多方藉索，推单造……是官商冥顽不灵，不堪化导，许被索……饬地方起见，言出法随，决不宽贷。道光贰拾玖年。"

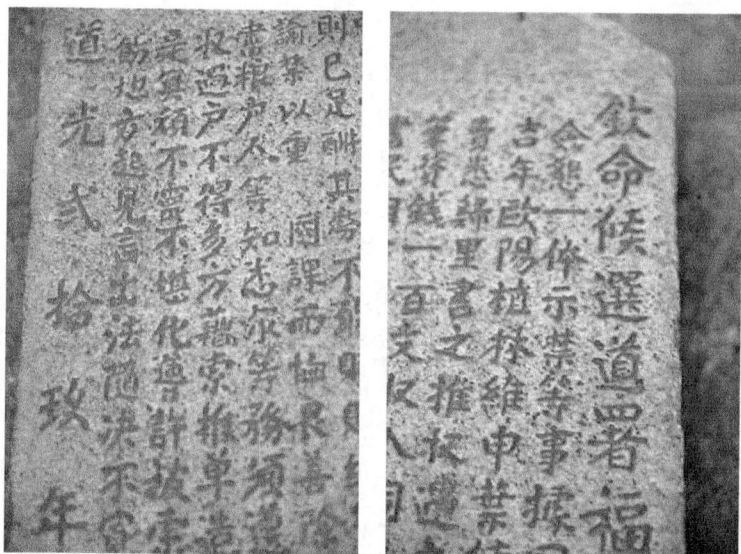

**图 4-76　慈济宫《示禁碑》**

113. 三明永安市博物馆现存清道光三十年（1850 年）立的《禁示碑》

碑文："特授永安县湖口分司，为奉宪联甲严禁匪类、花会、赌博、窝娼一体，永远禁止，道光三十年六月。"

114. 厦门市同安区洪镇石浔村吴氏祖家庙内现存清咸丰四年（1854 年）立的《本乡海地牌记》

碑高 124 厘米，宽 56 厘米。

碑文："本乡海地牌记：为勒石以杜冒混，以期永远事。窃顶大厝内扬蟾、观严、瑞玉；下厝内次周各承祖父置管海地，一名叶海，在大泥西；一名郑海，在泥东。叶海系次周管业，郑海系扬蟾、观严、瑞士玉管理业。兹因年久，无知者争图混合占，各执一词。诸衿耆不忍坐视，出为调处。二比甘愿仝立约字，各□双港仔泽路大泥边公溪为界。诚恐日久再为混争，合亟勒石示我后人，以志不朽。咸丰四年八月日，公人：黄子克、陈连捷、王天赐；族长：钟英、造意、玉川、扬造、扬祥、大愚、嘉忠、扬抗、大沛、大楫仝勒石。"

**图 4-77 北极殿《示禁碑》**

115. 漳洲市东山县北极殿现存清道光二十三年（1843 年）立的《示禁碑》（图 4-77）

碑文："调署诏安县正堂加十级纪录十次卓异候周○：为出示严禁以安商民而免扰累事。道光二十三年四月十八日，据铜山乡耆廪生许士英等呈称：'窃思铜山滨海居民全赖驾船在洋，或捕采、或商贩营生，但人之存亡，命数所定，外出日久，死失常有。缘铜民船只往南往北生理，寄居外地，以船为家，风云不测，难保无舵水病故，抑在洋被盗劫杀之事，历来均照街例，给伊家属银三十元，以慰其心，从无异言。近来人心不古，如遇水手在船病故，以及被盗杀死者，屡有听咬诬赖以及串蠹索诈，受其荼毒，难以胜言。英（许士英）等街里目击难堪，欲抱不平无力，幸逢仁台新政除暴安良至意，野无冤累，合邑讴歌，仰仗鸿仁，示禁将来若有舵水人等在洋身故，被蠹恶藉端滋害不休，商民靡安。爰敢相率佥呈叩乞恩，循民情出示严禁，以省后累'等情。据此，除批示外，合行示禁。为此，示仰铜山军民人等知悉：尔等如有伯叔兄弟子侄驾船外出，充当舵水，不幸在船病故，或在洋遭风漂没，以及被盗劫杀者，务须按照议定旧规，向船主取银三十元，以为葬祭之费，以及水手在外港游荡跟船不及者，或图别利路即发际船回籍者，该家属不许藉端滋索，毋得听唆赖诈。如敢故违，一经访闻或被告发，定即确按情节照例究办。本县言出法随，决不宽贷，凛之慎之。毋违特示。道光贰拾叁年伍月廿九日示，发贴铜山大庙头晓谕。"

116. 漳州市东山县铜陵镇保存清咸丰五年（1855 年）立的《黄山界碑》（图 4-78）

诏安县知事杨福五感慕黄道周的孝行，将山界四至丈量清楚，立下《黄山界碑》以警示后人，不得盗葬。

碑文："黄山碑界序：……黄石斋先生忠端公，兹里……咸丰乙酉年阳月穀谷日……"

117. 泉州市晋江崇正境现存清咸丰八年（1858 年）立的《示禁碑》

碑文："……晋江县教谕李企文、淡水厅教谕李烘、举人李敬宗、副贡生王周、训导李超元、李抡元、州同衔郑步赢、金拔魁、游击衔林占春、卫守御林士龙、贡生林士魁、廪生洪辉光、蔡景瑛，生员王启元、郑金桐、郑廷椿、武生杨绍华，职员林士官、乡宾陈作霖、苏世昌等联名上书，泉州东西各厢……以口角细衅，酿成打架之案，贻害居民，实非浅鲜……事权不属，劝化为难，而近在里闰，心甚戚焉……胜得铺的崇正境……风俗尚为淳厚，士商各务生业。曾于道光年间设立乡禁，

图 4-78　铜陵镇
《黄山界碑》

书于庙壁，故无东西之名号，与不争者已阅数十年矣。但生齿日繁，贤愚不一，同里之内不无秀民，游手好闲，赌博听戏，熙来攘往，难免启衅生端。若不预行请示严禁，仍各重加约束，诚恐习俗移人，害伊胡底不已，沥情金恳，为民作主，恩准给示晓谕崇正境居民等，务须倍遵约束，各务生业，不准藉称东西名式，滋生事端，贻累良善。如有不遵，许即送究。庶风俗日厚，间阎人安，咸感切呈……务各约束族众子侄，守分安业，毋许藉称东西境名式，互相纠众帮斗滋事……咸丰八年八月○日立。"

118. 漳州市漳浦县赤土乡浯源村卢厝社仙峰岩路边土地庙旁的大石头侧面现存清咸丰八年（1858 年）立的《漳州府告示碑》（图 4-79）

石刻碑风化严重，字迹难以辨识。

碑文："漳州府告示碑：□□□□等事，咸丰八年十月初一日，据该漳浦仙峰岩住持僧南山，赴府呈称：'缘山师父僧象珍在日，遇县胥陈新友，□后事陈其陈生等托珍踞典，捐赎串下葬，差□伙到岩异横扰索，经庠生张鸣楼，监生卢兰、陈瑞贡生□□□仝珍叩，前怨遭□□为陈均批饬县从究，未究各在案。据奈因前年匪挠郡城，浦邑案□□被禁□□徙施十忿珍，

前业□伊有名□案。匪徒于六年一月截抢租谷不还，后欺珍已故，屡串棍匪，乘乱结党，到岩任意强取横索，□扰难堪惨。山岩僻在高峰上，离乡居有六七里，□□之人出护不已，于此二月间，赴前宪□叩请示禁，荷批饬县先行，出示严禁一面□拘□惩在案，讵牛含控复时在县催□，违宪批，□仍□不遵办，匪扰愈横，此入月间，岩山柏木□被残毁，非蒙宪恩亲自示禁，仍发饬县，终遭罔过匪扰莫止。情切□光呈批跪叩，乞一片慈心恩准，新自示禁，强匪徒长威，匪扰得止，僧居得安，沾盛切叩'等情。据此除呈批发该县，并拘讯究外，合亟出示，为此，示仰该处附近居民及士庶军役人等知悉，嗣后毋许结党于仙峰岩内，任意强取横索兹事。自示之后，如敢故违，定即差拘解府究惩，断不宽贷。凛遵毋违，特示。咸丰八年拾月〇日给告示。示知仙峰岩晓谕。"

119. 南平市政和县星溪乡念山村现存清咸丰八年（1858年）立的《乡禁碑》（图4-80）

该碑记载清咸丰八年念山村村民联名请求严禁滥伐林木，政和知县严禁滥伐林木告示，严禁滥砍滥伐。碑文模糊不清，大体之意是禁止滥砍树林竹木，禁止乱掘竹笋，禁止强占公共场所，禁止偷拾榛籽，禁止随意放牧等五条。

图4-79 仙峰岩土地庙
《漳州府告示碑》

图4-80 念山村
《乡禁碑》

碑文大体意：

—封山：不准砍伐，田勘头山林，以一丈二尺高为限，从田边往上量，丈二以下的地方，山主、田主、村民均可砍伐，只禁外地人砍伐。

—禁笋：不论冬笋、春笋，未经竹林山主允许而偷掘者，一概公罚。

—禁放鸭入田：当年要娶亲嫁女者，允许放牧二十只，并在鸭仔身上做特别记号。此外谁家田里发现其他鸭时，可以在原地打死，但不可拿回家吃掉。

—禁拾田螺：农历四月初一起禁拾田螺，五月端午节初一至初三准用火照拾三个晚上，（风俗习惯端午节要吃螺眼睛才会亮）白天也不准下田拾螺。

—禁挖鳝：时田上埂禁止下田挖鳝，鳝由交租人抓，不许损坏禾苗，如有损坏，赔偿。

—禁抓鳅：也不准毒泥鳅，由交租承包抓鳅，损坏禾苗赔。

—禁私自养群鸭：牧养群鸭的人，要交鸭田租，限定时间出窝，不得超过时间。

—禁偷榛籽：农历十二月初一以后，方许没有榛林的人上榛山拾榛籽洒榛，违者公罚。

—禁猪入田：乡村各门路口都有栏栅，破栏放猪入田者公罚。

—禁赌：凡聚赌者，从重公罚。

120. 泉州晋江市陈埭镇江头村广源宫现存清咸丰十年（1860 年）立的《巡道示禁碑》

碑高 138 厘米，宽 15 厘米。该禁示缘黄姓族小丁稀，屡受陈姓欺凌，表明官府对民间两姓之间的纠纷亦力图加以解决。

碑文："调署福建分巡兴泉永海防兵备道潘〇，为示禁事。照得黄传机与陈苎互控一案，两造滋讼不休。又因陈苎等关押同安县，以致案悬莫结。昨经委员将陈苎等四名提供到，复传黄传机、陈苎等当堂讯断。缘黄姓族小丁稀，屡受陈姓欺凌，因上年各乡械斗蔓延，将黄姓住屋拆毁，□赎洋银肆百员，以致黄姓不甘，赴辕呈控。本应将陈姓举办以示惩徵，姑念乡愚无知，从宽断令陈姓赔补洋洋银叁佰员与黄姓四家盖屋之赀，以后两造各□和，不得仍挟前嫌，致命生枝节。如果陈姓再敢任意欺凌，查出定即严究，决不宽贷。除当堂各其遵结存案外，合行示谕，为此示给陈、黄两姓知悉：自示之后，尔等务各身自安生产，毋乃蹈故辙，致干查究。其各凛遵毋违，特示。咸丰十年七月廿六日○给。"

121. 厦门市湖里区禾山镇县后村尚忠社陈氏宗祠诒燕堂内现存清咸丰十年（1860年）立的《重建诒燕堂碑记》（图4-81）

碑高177厘米，宽77厘米。

图4-81 陈氏宗祠
《重建诒燕堂碑记》

碑文："《礼》曰：君子将营宫室，宗庙为先。我始祖凤弘公由金浦石门徙禾山寨上乡河墘，至二世祖永隆公承培基本祖春生公绪业，始居尚忠乡，越今三百余年矣，未有建祠崇奉，綦非古君子尊祖敬宗之意也。十余年来，□将五世祖承唐公应份瓦屋两进，坐南朝北，一□厝、一墙围，改建祠堂。而灿公、乔公、顺公、发公各派下俱献厝底，株公、全公、继公、葱公各派下仞献厝面。碍鸠未齐，旋议旋寝。未几，护厝及墙围倒为平地，仅存前后两进，损坏不堪，每遭风雨，神座俱被透湿。孙子虽多谁能，触目伤心，而兴木本水源之思乎？幸有分居厦门裔孙昌期出银肆佰叁拾员，住居本乡裔孙超元出银叁佰零叁员、腾辉出银壹佰捌拾伍员、应陵出银壹佰肆拾贰员以倡之，复有裔孙锦秀出银壹佰员，文东出银捌拾伍员，智能铵出银陆拾大员，光唐公派下出银肆拾叁员，智曾出银肆拾员，元烈出银肆拾员，文类出银叁拾员柒员以佐之，更有裔孙龙公派下、实公派下、取公派下智梦、元裕分房，厦门裔孙智来公派下元万各出银贰拾员以成之。于咸丰己未四月兴工，迄十二月而庙告竣，并护厝及庆成计用银壹仟陆佰员有奇。落成之日，颜之曰诒燕堂，取'诒厥孙谋，以燕翼之'之义焉。是举也，厥功懋哉！佥曰：应陵、昌期、超元、腾辉四人出金倡首之力，睿智曾、智铵、文东三人董理其事，亦与有劳焉。然究其始终，赞成、总理、庶务者，则王少霞先生也。敬勒此碑，以示不忘云尔。禁约开列于左：

—我族以‘仁义礼智，元亨利贞。孝悌忠信安富尊荣。祖宗垂裕，孙子守成。克绍家业，迺毓俊英，三十二字为昭穆序次；

—禁，祠堂以清净肃穆为主，不准堆积柴草，披晒五谷，违者议罚款；

—约，后人进主，中龛不得再进；左龛壹主定银肆佰员；右龛壹主定银叁佰员。若廪、增、附随酌议减，惟科甲及五贡免银；

—约，祠堂内自六世至十一世神位、禄位俱承唐公派下，而光唐公仅进一神位，该派下许与春冬并上元祭祀，若年节、忌辰及诸事概不得与。敬明以杜争端；

—约，□用不敷，议将顶护全座付昌期、超元承管，下护贰间付应陵、文东各管。该人各补足，候有公项，约备银壹佰伍拾员向昌期、超元取赎；备银伍拾员向应陵、文东取赎。若未取赎，该管主不得转付外人。敬明以防混杂；

—约，公连下护厅壹间，崇奉各私房祖先。其年□祭祀俱承唐公派下经理，亦要清净，不得稚积什物及作宠下。至下护厝壹间，□□文□公派下，他人不得混掌，该派下不得转付外人，声明以免弊端。

大清咸丰拾年，岁次庚申桂月榖旦，阖族公立。"

**122. 泉州市丰泽区东海法石社区真武庙大殿外现存同治四年（1865）立的《泉州府正堂示禁碑》（图4-82）**

该碑原立在真武殿（也称真武庙）附近的崎头山，1998年因修筑公路被砸成三段，上面一段不知去向，下面两段被今东海镇法石村文物宗教管理处的温太平抢救回来，由村委会出资黏接补缺，重立在真武殿后边的空地上，有个别字句讹错。现碑高117厘米，宽72厘米，厚10厘米，共240字。

碑文："钦加道衔署泉州府正堂加十级、纪录十次程〇，为出示严禁事。照得礼崇庙祀，固为神佛凭依，而人杰地灵，端赖山川毓秀。本署府访问晋江县三十五都法江铺地方建有真武大帝庙宇一座，崇祀有年，庙后余地土色紫赤，乃龙脉发祥之处，为之乡风水所关，近有附住乡民常于庙后掘土挑用，竟成陷坎，残伤风水并坏庙基，现谣传该处绅耆雇工挑土填满，若不出示严禁，难保棍徒等不再有偷情事，合亟勒碑示禁。为此，示仰该处乡民人等知悉，尔等须知庙后至崎头山等处掘土伐木锄草，以及牛羊践踏蹧跶，俾护风水而固庙基，如敢故违不遵，一经绅耆指禀，定即严拏究办，决不稍宽贷，各宜凛遵毋违，特示。同治肆年拾壹月○日给。"

123. 泉州南安市丰州镇桃源村傅氏祖厝现存清同治七年（1868年）立的《公禁碑》（图4-83）

碑文："公禁：一禁，祠堂龙身不准开厕池；一禁，祠堂前后不准栽树木以及堆涂粪；一禁，祠堂护厝顶不准枝曝等物；一禁，祠堂内不准收贮物件以及枝晒五谷；一禁，祠堂内管棚并椅桌等物不许借用。以上七禁违者闻众公诛。同治七年九月○日，董事绅耆仝立。"

图 4-82　真武庙
《泉州府正堂示禁碑》

图 4-83　傅氏祖厝
《公禁碑》

124. 厦门市湖里区禾山镇县后村岭下社叶氏惠德堂内现存清同治七年（1868年）立的《赎典里书代理合约碑》

碑110厘米，宽40厘米。

碑文："本乡赎典里书经管交托蒲珪代理，二比合约字稿，立石为志。

立合约人：嘉禾山岭下乡老贡、瑾、亨、凛等；同安莲花山溪流东乡蒲珪。切为定明收书应费事。缘后安保岭下里书原系叶殿谈管，前有典过，吴水收管。今因从中愿付岭下乡备契面银赎回加典，出钱陆千文，再立契字，付执为据。即将此经管，凭中公议，交付溪东乡家蒲珪代理，三面言约：每一斗种，推收笔资钱四百文。开立户名，每一户笔资银一大员，里书费每年每钱银陆文。既约之后，各无推诿，亦不敢争长较短。倘若不遵所约此经管，听其岭下乡收回自理。凡遇尽买团地，亦应推拨入户完纳，如敢控积钱粮，不从推收，听其照例办理，并不得刁难。此系二比甘愿，各无反悔，滋端异言。恐口未凭，仝立约字二纸，各执一纸存炤。

作中人：同安莲山头生员。

代笔人：粮承蒲珪。

同治柒年六月〇日，仝立约人禾山岭下乡老贡、瑾、亨、凛；同安溪东乡蒲珪。"

125. 邵武市和平古镇清同治七年（1868年）县府立的《示禁碑》（图4-84）

邵武和平镇地处闽西北，建置始于唐朝，是福建省历史悠久的古镇之一，是一处全国罕见的城堡式大村镇。其众多古建筑是极具特色的古民居建筑。

碑文："钦赐□五品衔□职即补县正堂特授……并□县存案外□行给示，泐知悉，自从田亩□须□豆养鱼不……小，仍敢偷窃……扭送署□，以枷责示众，于事主毫不干系，本分县为地方……契约□，即核考差等，亦是同乡共井，案情不得妄索堂……准该绅指名

图4-84 和平镇《示禁碑》

禀究，各宜永遵勿违，勒石特示。同治戊辰七年四月。"

126. 泉州市永春县湖洋镇桃源庄府家庙现存清同治七年（1868年）立的《庄氏坟山奉宪示禁碑》

左侧竖嵌清同治七年修祠时所立的"奉宪示禁"碑一通，该碑由永春州府出示，碑文细述桃源庄氏家庙及先祖墓葬变迁情况，告示周边

居民条文，要求保持庄肃。该碑文由身任甘肃西宁道台庄俊元撰，禁肆横混侵、盗葬、栽种甚将庄氏祖坟毁害。

碑文："尔来世风不古，附近庄山等乡，欺吾等族分隔远，遂将坟山界内，肆横混侵、盗葬、栽种，甚将祖坟毁害，又将锦绣山七世祖坟龙脉斩断。种种欺凌，屡阻不理……盗葬他人山场有例禁，侵占名宦坟山更干法纪。自示以后，如有在庄姓坟山墓内盗葬盗种，斩断来龙，盗砍树木，增建坟墓种种侵害者，一经查出，或被告发，立即饬令究办。同治七年九月秋进士翰林院编修、甘肃西宁道庄俊元同宗人等勒石而立。"

127. 泉州市永春县大鹏山下鸡心石现存清同治七年（1868年）崖刻《修筑永春大鹏山龙脉碑记》（图4-85）

大鹏山的山脉走向被永春人视为"龙脉"，人们极为重视对其生态的保护。清同治七年，黄文炳等人捐资千余元，在知州翁学本协助下完成"改造自然"的壮举，并立碑记之。

崖刻："城之北，有峰岢然，昔人取其象之轩举而名之曰'大鹏山'，曰'云梯'，盖桃源之主山；右侧出一峰，俗称'学龙'，两峰对峙，形如文笔，蜿蜒而下，直抵城阙。比多坍塌，脉络几断，堪舆家以'兹山人文攸关'常深惜之。丁卯夏，予牧是邦，乡父老述所闻以修筑请□。予考《州志》，自宋迄明，理家继起，会状联登，入国朝初，人文亦不复少，而近自周君凤翔以后，不获题名雁塔者，此八十年。因思乡父老所请，未为无据，且兴作视牛。爰其时，幸得年报丰稔，□于此时大为经营，尚复何时。本年绅户黄文炳、颜文华、郑金文主、林吉英、林隆兴、郑兴文、刘文扬、查智梁、刘帮英、林永美、王万成等十一人慷慨输资壹仟壹佰元，董其事余正中、周同彩、郑金城、方扬祖等，启工于戊辰季秋三告竣，聒人者大力心平，地锥覆一箕簏，吾往也有者……戊子于斯，遂信于请。君子生于斯长于斯，聚国于斯，今而后其地灵人杰，爰殆人杰而地愈灵也，乡父老不可谟言……徐□始末而勒诸石。同治柒年岁次戊辰冬十有二月。楚南翁学本兰畦氏撰并书。"

图 4-85　大鹏山崖刻《修筑永春大鹏山龙脉碑记》

128. 宁德福安市蟾溪村吴氏祠堂现存清同治十年（1871 年）立的《茶碑》（图 4-86）

蟾溪一带是福安大白茶的产地。清朝时，村里制茶产业达到鼎盛，几乎家家户户都制作白云山高山茶。村里为了保护茶山、发展茶业，吴姓和杨姓族人在村口立起了《茶碑》，分别为杨、吴二姓各一通。

碑文："茶碑。本村所有茶树递年立禁，防守窃采及放牧牛羊等，各户捐钱文置买田亩，以为长久计，亦盛事也。今将各捐户开名于后：

左面：杨

首事：开椿、大盛、日兹、维凌各五千文。大乾、际春各一千八百文，大文一千六百文，朝祥、顺元、瑞灿各一千二百文，瑞禄、日开、大惟、日富、光裕、淑

图 4-86　吴氏祠堂《茶碑》

庶各一千二百文，大孝、大余、允茂、光盛各一千一百文，日觉、詹民、淑仁、淑礼、河凌各一千一百文，顺兴、秀官、坤即、大春、大富各一千文，廷富、开兵、江凌、日旺、日秀、日金、日祥、开富、文成、景禄，各一千文。

茶碑右面：吴

首事：世丰、进兴，各五千文；阮久林，一千八百文；连兴，一千六百文；明树、发树、达树、新树、开树、光森、尚献、尚贡、尚员、桂祥、学如，各一千二百文；瑞长、连其、光升、光达、光文、光住、光官、福官、翁树、海官，各一千一百文；尚兵、明海、赖瑞林、陈明奎、学龙、（学）元、（学）林、（学）端、（学）德、（学）寿，各一千一百文，日寿、江瑞、（江）森、（江）贤、彭仁贵，各一千一百文；芳树、德树、光茂、尚赠、光兰，各一千文；景铨、尚林、许景奎、李学明、顺义、（顺）华、（顺）灿、（顺）明、（顺）富、（顺）福，各一千文。同治十年七月吉日立。"

129. 漳州市漳浦县赤湖镇后湖赤水村清水岩祖师庙厢房墙中现存清同治十三年（1874年）立的《舍庙产碑》

该碑记载漳浦清水岩祖师庙庙产等事。碑高50厘米，宽40厘米。

碑文："立卖契人赤水陈蝉，有承祖父公山一所，坐趾在石人山脚十八份，东至园脚，西至岗仔内，南至岭仔长，北至园脚，各有四至，抽出一份卖与本岩住僧林敬昌出长承买，实出英银八员。又卖过公山一所，坐趾在岗仔内山六份，东至石人山，西至观音山，南至瑄仔山，北至松脚山，各有四至，抽出一份卖与敬昌出长承买，实出金钱四千大员。银钱亲手全中交完，将二份山付与银主堂中，二比两愿，日后子孙不敢生端反悔，日恐无凭，今欲有凭，立石为记。二位为中人慨代中人经。同治十三年二月，住僧林敬昌立。"

130. 漳州市现存清光绪二年（1876年）立的《奉宪示禁碑》（图4-87）

碑文："兵部侍郎兼都察院右副都御史巡抚福建等处地方提督事务米粮丁〇，给严禁赌博以除民害事。照得闽省……等项名目繁多，花会则在……历无……光绪二年六月□日，漳州府沈〇立石。"

131. 厦门湖里区殿前村正庙前现存光绪二年（1876年）立的《福建巡抚禁示碑》（图4-88）

清代民间社会广泛存在着纠纷当事人自杀却被家人诬赖是别人所逼的"架尸图赖"现象，反映了资源分配不公及人们生存权利等深层社会问题，光绪二年初，福建船政大臣又奉命兼署福建巡抚丁日昌①在福

图4-87　漳州市《奉宪示禁碑》　　图4-88　殿前村《福建巡抚禁示碑》

①　丁日昌在任江苏巡抚任上就发出《饬通各州厅府县将严禁自尽命案图赖告示捐廉勒石》："为札饬事，照得江苏地方，每有自尽图赖之案，江北尤甚，大为民累，业经本部院会同爵阁督部堂，颁发告示，严禁在案。近月以来，此风稍息。是文告之用，尚可藉以启迪愚顽，保全良善。惟是恶习相沿，已非一日，欲使痛为涤涤，尤应垂示久远，合行札饬。札到该某，即将旧发严禁自尽图赖告示，捐廉勒石。其现有城隍庙者，立石庙门外，或立石城门外，务使万目共睹，百年不刊。诸君子现宰官身，具菩提愿，他日去思有碣，遗爱有碑，谅不惜一勺之廉泉，为地方省无穷之人命也。其示文勒石后，仍用榻送备查。此札。"这道饬令也是出自江苏巡抚丁日昌，在苏州碑刻博物馆，现在还大体完好地保存着当年吴县奉命镌刻的这通石碑，碑文如下：《吴县抄示严禁自尽图赖以重民命碑》："吴县正堂汪，抄奉太子太保武英殿大学士两江总督部堂一等毅勇侯曾、兵部侍郎兼都察院右副都御史江苏巡抚部院丁为严禁自尽图赖以重民命事，照得自尽人命，律无抵法，而小民愚蠢，每因细故，动辄轻生，其亲属听人主唆，无不砌词混控，牵涉多人，意在求财，兼图泄忿。经年累月，蔓引牵连，被告深

建各地（包含台湾府）立此碑作为警告，并列上大清律法规定，并指出"如有实被自尽命案牵连者，准即摹揭石示，赴地方官呈诉，以免施累"，这种恶俗应该不少见，而且相当严重。厦门前社立碑严禁，碑高190厘米，宽77厘米。在集美区灌口镇双冠庵内也存有一通相同内容的示禁碑，碑额题"抚宪丁示"，碑高172厘米，宽154厘米。为台湾恒春城西等地所留下的数块同名碑之一。如，台湾原先存放在南门前，现已移回西门，真品现藏在恒春镇公所。

碑文："兵部侍郎兼都察院右副都御史、巡抚福建等处地方提督军务兼理粮饷丁（日昌），为严禁自尽图赖以重民命事。照得自尽人命，律无抵法；而小民愚蠢，动辄轻生。其亲属听人挑唆，无不砌词混控，牵涉多人，意在求财，兼图泄忿。本部院莅闽以来，查该各属命案，此等居多。而地方官不详加勘审，任凭尸亲罗织多人，辄即差拘到案。乡

受其害。夫父子、兄弟、夫妇，皆《札饬查明开征不贴简明告示各州县详记大过一次》：为札饬事，照得州县为亲民之官，所谓亲者，一言一动，皆可使百姓共见共闻，内外既不隔阂，膏泽方可宣布。苏省田地，科则繁多，每至征收钱漕，丁书差保，据为利薮，高抬银价、低作洋价者有之，以下则指为上则者有之，正供之外勒索串票脚费者有之。小民之脂膏有限，书差之欲壑无穷。每念及此，未尝不恻然痛心也。本部院在苏藩司任内，曾经通饬各州县，于丁漕开征时，将田地山荡，分别上、中、下科则，注明应完银数若干，合钱若干，洋钱作钱若干，刊刻简明告示，遍贴郊隅，明白晓谕，使愚夫愚妇，一目了然，以免书差高下其手。此法本为至美至善，并屡经各牧令将刊刻示式，呈核在案。兹查本年上忙，开征已久，仅据嘉定、武进呈送示式，登注亦未详晰；其余各州厅县，均未呈送，访查亦无张贴告示之事，殊堪诧异。岂各州县怠玩成风，视上司札行竟同废纸耶？抑以书差浮收为分所当然，必将此示秘而不宣，方可任听若辈需索中饱耶？刊贴告示，所费无几，有益于民而无损于官，并非窒碍难行之事。本部院去年抄札商，颖秀唇焦，至再至三，相去曾几何时，该州县已视功令如弁髦，奉书差若神明，积习深痼，一至如此，非严加针砭，不足生其警惕，合行札饬。札到该县，立即查明，将已开征各州县未将告示刊刻张贴者，详记大过一次，该府州有督饬之责，未能先期诰诫，亦应由司申饬；一面将示式分送院司衙门查核，并饬各州厅县，嗣后开征钱漕，务当一体遵式，明晰出示，以杜需索。该牧令匡居坐诵，自命何等，何至一行作吏，遂尔与民生疾苦，漠不相关？勉之、勉之，毋谓吾言为迂阔而不近事情也，并即分别录报咨行，切切。此札。札苏藩司。"就此，丁氏复有信函致江苏布政使，进一步解释他决意处罚这些人的原因："查苏省钱粮科则繁多，书差视为金科玉律，往往秘而不宣，愚民亦遂忍气吞声，任其勒索，务盈欲壑而后已。今若将百姓应完丁漕银数，定为折钱若干，多贴简明告示，使愚民一望而知，所谓微者彰之使著，秘者揭之使宣，书差又何从施其鬼蜮之技哉！各州县匿而不贴，固属误于因循，亦难保无从中分肥之念；不然，此等易知易能之事，又何所惮而不为耶？务祈大声疾呼，庶能发聋振聩。此间兵燹之余，民气凋瘵久矣，我辈若不于催科抚字中为之刮垢爬痒，民困何由苏息？一灯相对，不觉言之絮絮。幸同志谅其苦心，抑须择尤撤参一二人，庶不致密云不雨否？乞明早惠临一商。"

曲小康之户，一经蔓引枝牵，若不荡产倾家，则必致瘦毙囹圄而后已。公祖耶？父台耶？祖父之待子孙，果如是耶？除严饬各府、厅、州、县，如此后有将自尽命案滥行差拘良民，以致无辜受累者，立即分别严参外；合行剀切晓谕。为此，示谕所属军、民人等知悉：尔等须知，人命至重，既死不可复生；公论难诬，千虚难逃一实。况父子、兄弟、夫妇，皆人道之大伦，死而因以为利，是虽腼然人面，实则禽兽不如！本部院现经严加通饬：凡自尽命案，均限一月审结。倘有耸令自尽、诬告图赖等情，即严究主使棍徒，一并从重治罪。则尔等纵或自拼一死，总不能贻害他人；且亲属虽欲逞习，一经审出实情，不过自取罪戾，亦无人肯与贿和。是不但死者枉送性命，不值一钱；即生者因此又犯刑章，更属无益有损。本欲害人，适以自害，徒为雠人所快，复何利之可图？何怨之能泄乎？韶为反覆筹思：与其枉死无偿，听他人之入室；曷若余生自爱，冀饱暖于将来？且本部院业经严禁书差需索，尔等如有身受重冤，尽可沥情控诉，并不花费分毫，又何必自投绝路，至以性命博锱铢哉？嗣后务各自爱其身，勿得逞忿轻生，希图诈害！该亲属亦不得听唆诬告，枉费诪张！逐条开列于后：

——子孙将祖父母、父母尸身图赖人者，杖一百，徒三年。期亲尊长，杖八十，徒二年；妻将夫尸图赖人者，罪同。功缌，递减一等。告官者以告反坐，杖一百，流三千里，加徒役三年。因而诈取财物者，计赃准窃盗论；抢去财物者，准抢夺论。

——词状止许实告实证；若陆续投词牵连妇女及原状内无名之人，一概不准，仍从重治罪。

——赴各衙门告言人罪，一经批准，即令原告投审。若无故两月不到案，即将被告证佐，俱行释放。所告之事，不得审理，专拿原告治以诬告之罪。

——控告人命，如有诬告情弊，照律治罪，不得听其拦息；或有误听人言，情急妄告，于未经验尸之先，尽吐实情，自愿认罪，递词求息者，果无贿和等情弊，照不应重律，杖八十；如有主唆，仍将教唆之人照律治罪。以上皆系律例明文，何等严切！本部院当经饬属，将此示泐石城门。尔等安分良民，如有实被自尽命案牵连者，准即摹拓石示，赴地方官呈诉，以免拖累，各宜凛遵，切切！特示。遵右谕。光绪二年七月二十日告示。"

132. 厦门市集美区灌口镇纸上头亭村现存清光绪三年（1877年）立的《灌口人和堂碑记》

碑高78厘米，宽50厘米。该碑下端残缺。

碑文："人和堂：盖闻官有正条，民有私约。兹五甲头人等共捐银□□□春秋二祭，以冀子孙甲第。惟议者乡党和睦礼□□□□相欺，上下恪守，以为规矩方圆至也。第恐我辈□□□□酿成祸端滋事，当先报明家长齐赴祠堂中公断，□□□□，不许涉私，袒庇是非，生机之人察觉强鸣众公罚，□□□□声明，致贻浩费，钱银无论多寡，自己倾家产业□□□□厥后五甲家长公议，暨丁种筹办，以振义气，且□□□□人和堂竣严规矩，正道播四方，以彰昭穆，流芳百世□□□。林沟后甲捐英银壹百伍拾大员；楼仔甲捐□□□□□□□□，山西甲捐英银伍拾贰大员；□东甲捐英银□□□□大员，□□倡议，□整镌刻，记载碑铭，以垂不朽耳。光绪叁年腊月榖旦董□□□立。"

133. 漳州市南靖县书洋镇书洋村石壁现存清光绪三年（1877年）立的《告示碑》（图4-89）

碑高220厘米，宽100厘米，厚15厘米，有442字。碑文记录清光绪年间书洋村萧姓村民与亲戚王练在山脚"筑有坡圳引水灌田"，坡圳被洪水冲垮，便砍伐树木卖钱用来重建坡圳，但因砍伐树木引发山体"崩塌"，萧姓将其告到县衙，时任南靖知县"亲历各乡密访"，现场调解矛盾纠纷，并立碑，约束双方"安分守己，各管各业"。

碑文："钦加同知衔署南靖县正堂加十级、纪录十次黄〇，为示谕事案据县民萧瑞持等与王练等互控争山一案，业经本县亲诣查勘，明确该处山脚有溪河一道，王姓筑有坡圳引水灌田，对面名为大陂；山有三份仑，形式最上有一峰属王，以下属萧，相安已久。衅缘曩者该山树木茂盛，王姓坡圳或被水冲崩，即砍伐该山树木卖作工资为之筑塞。近因山木砍伐，坡有崩塌，势必无所藉资，乃王姓辄挟昔年萧姓因被失牛只，据捉王练之嫌，捏指该山昆连之观音坐莲、店仔后、马蹄、金牛轭岭等山，俱为大陂山，朦混争占。本县亲历各乡密访，莫不众口一词，其为王姓挟嫌混争，已无疑义。本县悉心参酌，劝令萧姓捐助坡费六兑番银伍拾员付交该家长王练收存买业生息，以为日后修理坡圳之费，应免藉口滋事。除将大陂山最上一峰仍归王姓掌管外，其自中仑以下观音坐莲、店仔后、马蹄、金牛轭岭等处一带山木概归萧永远管业，嗣后王姓人等不得再行混合争，取其两比甘结，谕准出示，勒碑严禁越砍，以垂久远，而杜争竞，合行示禁止。为此，示仰该处王姓人等知悉，尔等务须安分守己，各管各业，不得藉端图谋混合占越砍。自示以后，倘有违犯，一被呈控到县，定即严拘究惩，决不宽贷，各宜凛遵毋违，特示。告示。光绪叁年七月〇日给。该处晓谕。"

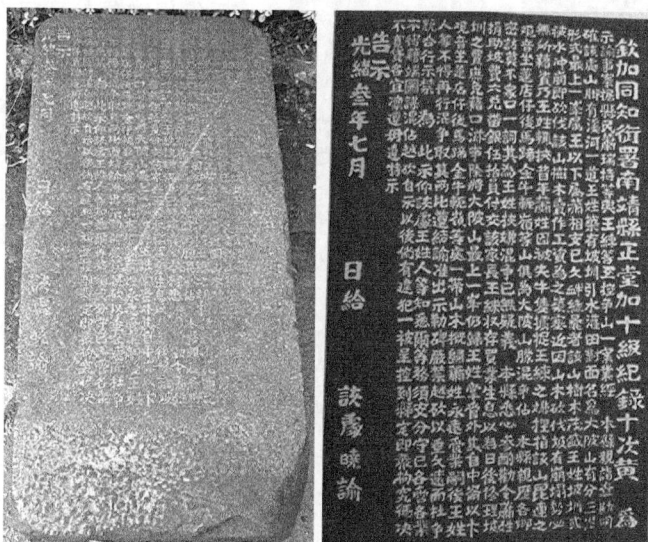

**图 4-89　书洋村《告示碑》**

134. 泉州南安市金淘镇金淘书院现存清光绪四年（1878 年）立的《征收粮银再示谕碑》（图 4-90）

该碑内容是基于光绪二年（1876 年）清廷颁布的完钱粮法规，而后在光绪戊寅年（1878 年）由"南邑十四都"的谢友仁和一众乡绅耆耄共同立下石碑，碑文则详细刻录着"完钱粮"的细则，如"每完地丁钱粮银一两"，还声明"如有违抗拖延亦予严拏究办"。换句话说，这则碑文告知众乡邻如何"交公粮"。碑刻中写道，民众可以互相监督，新旧的粮银都要交，如果有不交的要报官究办。碑文中还告诫地方官员不可以多索取，不可以中饱私囊。可以说，这是让民众也来监督官员了。该碑记录如何征收粮税，见证了古代泉州民间的粮税制度，反映了当时的社会状况。

碑文："皇清福建巡抚丁葆桢，奉福建巡抚部院，为恩准照示勒石以事久远，特授延平府调署泉州府正堂加一级、随带加二级、纪录二次董○，为出示晓谕事。照得闽省钱粮民间向用制钱折纳由官易银上库，系属听从民也。先蒙前署藩宪议定征收钱粮银价，详奉通饬示谕，其推收过户产业，亦由前升府章○，议给县胥户粮钱文，禁止不准违示浮收各

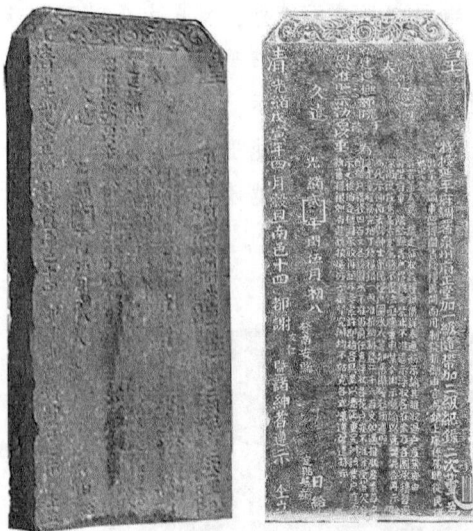

图4-90 金淘书院《征收粮银再示谕碑》

在案，乃各图承积习过深，尚复任意多索，寔属愍不畏法，亟应重申禁令，出示晓谕，以免□混合，再示谕。为此，示仰南安县绅士、军民、粮户、图承人等知悉，尔等务须遵照宪定章程：每完地丁钱粮银一两，准折纳制钱二千六百文。如遇推收产业，每户酌给户粮钱四百文，各该图承不准仍前任意浮收，各花户亦不准分厘滞欠，自示之后，倘各□图胆敢再额外多索，许即指名具呈，以凭从重究办，该业户应完纳旧粮银，如有违抗拖延，亦予严拏究办，决不宽究，各宜凛遵毋违，特示。光绪二年闰五月初八日给，发南安县寔贴晓谕。光绪戊寅四月榖旦，南邑十四都谢友仁暨诸绅耆遵示仝立。"

135. 厦门市湖里区林后社薛氏宗祠内现存清光绪四年（1878年）立的《林后村薛氏公告》

碑高164厘米，宽65厘米。

碑文："署泉州厦门海防分府徐○，为出示晓谕事。本年四月二十七日，据生员薛胜辉、乡老等仝称：'窃辉等世居禾山，林后、庵兜两社毗连，同宗共祖，分作四房头，公建大宗祠堂，址在林后社中。所有祖祠社后一带旷埔弓围，俱以田岸界限：左边透角至义仓公馆下横沟，沟上有树为界；右边透角至路为界，并无与别姓交连，乃系本族二社公

地，承先训约，历守无异。迩来多有不肖子侄或恃辖近而私侵筑，或恃强蛮而擅自占造，以致互阻生端，屡欲酿祸。辉等忝属族中绅者，虽经叠次训斥，以期敦睦，但是人众既杂，贤愚不一，亦有遵守约束，亦有逞习肆横，未免因此角斗，恐伤和气，不成体统。辉等爰集共议，公同立约：凡此公地，不论庵兜、林后两社人等遇要起筑房屋者，须当鸣众妥议，不碍祖祠，无违乡规，不准强横擅侵占筑，违者请究。如此杜渐，免生后患，合亟相率金恳仁宪善政化民，体念敦爱睦族，恩准给示晓谕，俾乡愚有所畏守，庶免阻扰生端，皆赖恩施之教，殊感戴鸿慈于无既。呈请示谕'等情到本分府。据此，除批示外，合行出示晓谕，为此，示仰林后、庵兜两社薛姓人等知悉：凡此公地，尔等如有欲行起盖房屋者，务须遵照公约鸣众妥议，方准筑造，不得恃辖逞强，混行侵占，以致酿事生端，有伤和气。自示之后，倘敢故违，许该社绅耆指名禀究，立即拘案严惩，决不稍贷。各宜禀遵毋违，特示。光绪四年五月初十日给。

林后祖祠为合族四房肇基之祖，妥先灵、荫后嗣，胥于苫焉。系祠后有旷埔一所，为祠来龙，亦后靠也，关系甚大。虑后从居狭，或因而盖屋戕伤，致滋争端，旭如先生因敬祖睦族，防微杜渐，于光绪四年间首倡赴官递呈，给示垂禁。兹欲勒下示远，而四房人等金谓埔系伊房世管，争执甚力，几于构衅。中系薛姓戚谊，出为力劝，议以薛机厝后一带为止，明立限界，载在合约，归四房私业以外，埔之周围俱为祖祠公地，永远禁止开戕。如有无关之地欲筑房屋，须合族公议，项归祖祠公款，不得私也。仝立合约一样四纸，各执为据外，合就示后批明，以垂久远。合族孙子，敦和气、敬祖宗，福祉未有艾也。

光绪九年五月廿五日，公人沈志中；长房流、伙；二房蟾、明；三房考、喻；肆房体、港仝立。"

136. 宁德福安市穆阳镇缪氏祠堂现存清光绪五年（1879年）立的《穆水天后宫碑》

该碑记载福安市廉溪上游穆阳镇缪氏祠堂由信众捐资生息、鼎建宫庙，庙田出典、重修宫庙，赎回典田、重置庙产等事。

碑文："……本村天后宫，自乾隆四十九年，某等先人虔诚捐资，轮流生息。至嘉庆五年，相基择址而庙始建，则告成固有自矣。而肃庙貌以定神栖，炉火更不可缺，是以余公讳其政者，乐善好施，舍田数亩，作本庙香灯祀典，遂赖以不坠焉。无何圣母寿诞，鸟篆常清，而年湮代远，庙宇罔肃观瞻，前廊后寝半皆倾圮。尔时，首事目击心伤慨然，有志修举，又因工程浩大，费用浩繁，庙内并无别矣。无奈将庙田估价出典，以为修整之需。此虽首事一时权宜之计，亦有举莫敢废之理？故如是也。兹幸明神呵护，某等锱铢充积，所有出典之田俱已赎回，特以各契递年交管。恐日引月长，未免有遗漏之处，故建议将现管田亩地塅秤数，暨给照之葛南坂园坪，勒载碑石，以垂久远。庶使后人得以一览而知。至庙内倘有续置产业，以及公项钱文，各首事子孙务以同心协力，共襄盛举，以承先人之志，毋得觊觎，致干咎戾，是某等所厚望焉。大清光绪五年己卯岁次秋八月，董事等仝立。"

图 4-91　文儒坊《公约碑》

137. 福州市鼓楼区文儒坊口北墙现存光绪七年（1881 年）立的《公约碑》（图 4-91）

碑高 220 厘米，宽 80 厘米，阴文碑刻共 48 字，每字约 12 厘米。

碑文："坊墙之内不得私行开门，并奉祀神佛，搭盖遮蔽，寄顿物件，以防疏虞。三社官街，禁排列木料等物。光绪辛巳年，文儒坊公约。"

138. 泉州市晋江县池店镇御辇村现存清光绪九年（1883 年）立的《告示碑》

碑系晋江县令邱某为判断地界所发告示。

碑文："晋江县正堂邱示谕苏张两造人等知悉：尔等务须遵照堂谕，各管各业，嗣后断管界内，两只准做园，不得再行起坟，以及互相侵占，滋生事端。如致故违，定即提究。其各凛遵毋违，特示。光绪玖年拾月〇日给。金呈人：苏圭（淑）、施淑、钞（淑）同勒石。"

139. 泉州市石狮鸿山镇东埔村"四世一品"祠堂现存清光绪九年（1883 年）立的《示禁碑》（图 4-92）

鸿山东埔村里几个族房（房头）在一百多年前为琐事互相斗殴，这种矛盾成为当时村里经济发展的一大障碍。为解决东埔村斗殴事件，当时县官亲临该村办理此案，因念涉案人都是一族之亲，故召集各族房德高望重的宗亲代表为证，立碑禁令，今后不准再生斗殴，如再发生定要严惩。

图 4-92　东埔村《示禁碑》

碑文："钦加三品衔补用道泉州府正堂加十级纪录十次徐〇，钦加五品衔署理晋县正堂加十级、纪录十次邱〇，为出示晓谕事：有东埔乡邱姓族房互斗一案，蒙县亲临到办察。悉海滨愚民，罔知法纪，致相互斗。俯念该乡系一本之亲，不忍严办。著令族绅约束，开予自新之路……公议条约：订口角不准放火、放船，带刀刺人；不准少年行路相侵；公亲赔补一概清楚，如有小忿，先投引东八房，一面报明台郊公亲，不准急起祸端……亟宜公议规约，以杜后患，非蒙宪威晓谕示禁，奚以儆乡民而敦族睦……是以出为调处，并请城隍尊神驾临乡中，是借神道以设教，实仗宪威而劝和……除批示将案注销外，合行照抄议约，出示晓谕。为此，示仰东埔乡诸色人等知悉：尔等务须各照后抄约逐一遵行，永息争端，共获相安之乐；如致故违，一经访闻或被告发，定即严行拿办，决不宽贷。"

140. 泉州晋江市池店镇御辇村现存清光绪九年（1883 年）立的《告示碑》

碑高 187 年厘米，宽 47 厘米。该碑为晋江邱县令为判断地界而发布的告示。

碑文："晋江县正堂邱〇，示谕苏张两造人等知悉：尔等务须遵命照堂会谕，各管各业，嗣后断管界内，两只准做园，不得再行起坟，以及互相侵占，滋生事端。如敢故违，定即提究。其各凛遵毋违，特示。光绪玖年拾月〇日给。佥呈人：苏圭（淑）同勒石。"

141. 厦门市海沧区温厝村宁店社龙山宫现存清光绪十年（1884年）立的《重修龙山宫碑记》

该碑高 168 厘米，宽 90 厘米。

碑文："重修龙山宫碑记：澄邑治之龙山乡，其地有庙，号曰龙山宫。自前明建有数百年，其神盖祀保生大帝及原祀诸神，亦在其庙。祈祷灵应，瞻拜展诚，神因人而钟灵，人依神而获补。乃有不戒于火，画梁龙栋、龙蛇毁于回禄；宝像幢幢，金碧委于泥沙。过客兴嗟，里人心伤。第修筑工费浩大，难以为理。通信示予先行，倡捐激劝，复□叔侄来即我谋，急公好义，尚有不數。遣男康泳旋里督理，择吉兴工，悉心经营，尽美又尽善，俾神有所依，栋宇巍焕，快落成乎哉！捐金芳名，共为勒石，奕世流光。此予区区之心，总求无愧，亦以成善事云尔。是为序。总理、把东大妈腰李妈赛拜撰并书。

李妈赛捐金贰仟伍百大员；联益号捐金壹仟员；清吉捐金贰百贰员……（以下捐金者略）

总合收捐英银四千八百一十二员，附文捷捐英银伍拾员。一总开起盖庙宇全备，计去英银四十九百五十四员。

附禁约条规：

一禁，不许宫内及部口晒暴、收被五谷，囤积什草，违者议罚灯彩。如再过犯，重罚英银二十员充公。仍就不遵，佥呈究治；

一禁，不许打铁借寓及什色人役投宿。或聚集窝赌，社人引诱，庙祝徇请，一切议罚严办；

一禁，不许儿童毁画庙壁，并拾炮纸、什草、灯油灼跋，焚烧、损害器具，查出议罚伊父母补金；

一禁，不许酬神金钱在宫内焚化，许在宫中金炉或向外金亭，倘有触伤物器，不论男妇，按轻重议罚；

一约，社人庆吊演戏，应用棚帆诸物或筑厝移用，事毕应即搬藏，勿被风雨损坏，违者坐赔；

一约，庙祝管理庙门，早晚启闭有时，打扫干净，安顿整齐，如有违约者，通知家长议罚；如庙祝有违，立即并罚。

以上禁约俱宜遵守，如当社家长有违犯，立即依法条规议罚，不得徇情，违者该家长坐罚不贷。

光绪十年岁次甲申仲夏月吉旦，督理把东雷珍兰李康泳暨李三畏、□□、清茶、春梯、新生、七六仝立石。"

142. 厦门市同安区博物馆现存原洪塘乡三忠村朝拜埔光绪十二年（1886 年）立的《公禁碑》（图 4-93）

碑高 140 厘米，宽 36 厘米。碑文模糊不清。

碑文："示禁。自绍本公开设间里，载插刺围，因窃取损坏，存者无几。今再培植，倘敢故违，罚戏一台，神诛鬼责。见者来报，赏钱贰百，决不食言！光绪十二年，朝拜埔公约。"

143. 南平市政和县星溪乡念山村现存光绪十三年（1887 年）立的《严禁群鸭碑》（图 4-94）

因村民饲养群鸭，影响作物生长，故缔结公约，禁止将鸭子放养在梯田里，立"严禁群鸭碑"。碑高 80 厘米，宽 50 厘米，300 余字。

图 4-93　三忠村朝拜埔《公禁碑》

图 4-94　念山村《严禁群鸭碑》

碑文："严禁群鸭：立禁群鸭。官有正条，民有私约。坊闻吾处，田土坵狭水浅，但有愚民，缴有群鸭，在田养雇，干天水涸，连旱遭禾，早晚耕种，秋候合抢。青黄半吞群鸭入田，青遇黄食，耕粮□□坐税，下思空寒苦躬耕，爰酌议严禁：不论赤冬光田，不论□严禁。渭水温流田瘦禾伤，纳国家粮，天庇国□熟庶，既祀畜减禾言定，家国……生出罚约，议约呈禁者，上至□□，下至……右至沙仔坑合水为界，禁群鸭，违者送官究治，莫谓言及不早□□。光绪十三年十一月○日给。余屯村等处合乡公禁。"

144. 厦门市同安洪塘镇石浔村之吴氏家庙内现存清光绪十九年（1893 年）立的《石浔村房产契约》

碑高 76 厘米，宽 55 厘米。

碑文："仝立约字人烈清、抽水、□□等。今因□□盖前进，抽水出为阻挡，幸傅元侯令诸衿公谊，将清大门口埕，该地日后不得开墙起盖，以及东势后厝外，该地□□后园墙起盖。其抽大门口水涵□□地虽系君明买的，公谊听抽开□□乎！以作公地，庶无后患。恐日无凭，□为勒石以垂永远。光绪十九年八月，立约人、知见证人……

145. 厦门市同安区洪塘镇石浔村吴氏家庙内现存清光绪十九年（1893 年）立的《橹下二三公议碑》

碑高 100 厘米，宽 51 厘米。

碑文："橹下二三公议：溜江渡头，遇我轮值。□□□□，不许包理。同是本社，价高是理。邀外人共，重罚是拟。本社之人，有要包理。必须闻众，共相参处。依时定价，庶免多事。光绪十九年○月○日勒。"

146. 建瓯市水源乡桃源村现存清光绪二十年（1894 年）立的《禁碑》

碑高 120 厘米，宽 65 厘米。据碑文意思，清末世风日下，尘污飘入桃源，村里有些人偷挖竹笋、盗砍树木，糟蹋田园禾苗，强占公共场所，破坏生产，损坏公德。光绪二十年（1894 年）村里民众公议，订立了五条禁约，并勒石立碑为村规。

碑文："尝思官有正条，民有禁约。念我乡来龙山林以及溪边树木，本系前人培植遮荫风水而然也。又有我等竹木原为生发糜涯，则日用有资，何可盗砍妄掘？即桥亭庵庙，亦宜清雅，方足壮圣神之光也，乌可堆贮杂物？尤有境内田土栽种禾稻谷麦，农人何等艰苦，实望秋收冬成可供百口资粮，何堪任意私放鸭对糟蹋禾苗，并毒害鳅鳝螺虾，是以我乡公仝酌议禁约数条，敬立石碑，各宜凛遵毋违禁约，如有犯禁者，即公罚线戏三日三夜，猪肉三十斤，红酒三十斤，看见报信者，赏钱四百文，决不徇情，特此告知。而今而后，各宜遵之凛之，不敢犯此禁约，视同儿戏，是则我辈之所望也，是为序。

今将禁约条规开列于后：

一禁来龙山林并溪边树木不准砍伐，即林内也不许烧灰。

一禁竹木各管各业，不许盗砍，更有冬笋、春笋，也不许蒙混妄掘。

一禁各庵庙、桥亭不准贮柴、寄寿木，并不许占桥亭造红釉。

一禁桐梣立冬后三十日拾取。

一禁境内田不准私放鸭对，并毒害鳅鳝螺虾以及耘田带篰拾取。光绪二十年岁次甲午花朝月○日穀旦。"

147. 泉州晋江市赵氏坟山现存清光绪二十年（1894年）立的《禁赵氏坟山示禁碑》

清朝末年晋江县乡贤的赵氏坟墓不断遭受地方不良势力的侵扰，地方官员立碑保护。

碑文："乾隆年间，遭黄姓盗葬，经赵元斌呈控。至嘉庆年间，复经赵虎续控，蒙断迁还给示。道光、同治又被陈姓盗筑虚堆，伊父子先后控，蒙差勘押画，彭前县示禁有案。伊等恐年久告示淹没，奸人复图盗葬，抄示绘图，佥恳再行示禁等情。定经前县饬勘在案，兹据吏书赵汝芳等呈缴谱志。催据该差勘覆前来，除批示并将谱、志发还外，合行示禁。为此，示仰三十六都及附近诸色人等如悉：尔等须知，赵姓坟墓系属前代乡贤。自示之后，毋许在赵姓界内仍前盗葬，以及纵放牛羊践踏滋事。如敢故违，一被指控，定即尽法惩办，决不宽宥。光绪二十年陆月○日立。"

148. 泉州晋江市安海镇前埔村附近大路边现存清光绪二十一年（1895年）立的《宪禁碑》（图4-95）

该碑高132厘米，宽52厘米。

碑文："钦加盐运使衔准补兴化府署理泉州府正堂加十级、纪录十

图 4-95 前埔村《宪禁碑》

次张〇，为示禁事。光绪二十一年三月十七日，据晋江县八都安海街区职员洪时修、曾保德、王奕光、许国栋赴府佥称：'窃以崎岖之路必修，创成端赖于君子；坦荡之途复折，颠败实起于小人。原安海之大路为泉南之要冲，上通南惠两邑，下达漳厦诸关，车舆之运载维繁，行旅之运载不少，岁月愈多，剥蚀愈甚。故其中艰难万状，险阻异常，遇雨则虑其滑泥，涉水则忧其病足。修等目击情伤，爰与同志共议募修，并建宿雨亭于途中，便行人遇雨之宿。本应佥乞示谕在案，诚恐经费浩繁，斡旋匪易，虽有其志，莫图其功，幸而见义有人，捐赀罔惜，得集腋以成裘，俾有夷而无险。自安海北门起，至古陵后市止，考其时则有二三年之久，计其程则有四十里之长。睹周道之坦途，既创成之有自；念附乡之颓俗，当颠败之是防。尝见贪鄙无知之辈，或思小利，盗卖以肥其家；或思便宜，挖取以供其用，创于前者遂不免毁于后焉。修等思欲久长不坏，不得不佥乞恩准给示勒石，以杜戕毁。如乞施行，沾感不朽，切叩'等情。据此，除批示外，合行勒石示禁。为此，示仰军民诸色人等知悉：尔等须知修路盖亭，所以方便行旅，集资修理甚非易易。自示之后，务宜互相守望，如有故意毁坏该处道路、雨亭及偷挖石块情事，许即投保禀候，拘究罚修以示惩儆，仍不得挟妄指，致干究诬。其各宜凛遵，特示。光绪二十一年四月〇给。"

149. 厦门市海沧区东孚镇鼎美村小学现存清光绪二十二年（1896年）立的育婴堂《告示碑》（图4-96）

该碑现已被人为分解为两块。

碑文："赏戴花翎特授泉州府正堂随带加一级、纪录七次郑〇。湖前府批准照办亦在案，本府查税契一项叠表，上宪通饬并经前县核定训章，本已详尽□似毋须另议……其间刁主泛滥或从中须克减……本道宪立案□，合行出示晓谕。为此，示仰合邑郡民人等知悉，各宜遵照，毋违特示。光绪二十二年十月三十日发。"

**图4-96　鼎美村育婴堂《告示碑》**

150. 泉州晋江市灵源街道灵源山灵源寺后殿右墙壁现存清光绪二十三年（1897年）立的《告示碑》

碑文：钦加同知衔、本任永安县调署晋江县正堂加十级、纪录十次叶○，为出示严禁事。本年九月十二日，据诸绅董暨乡耆等会称：'窃南关外五都有灵源山，高秀耸拔，绵亘数里，山之巅有灵源寺在焉。其中崇奉观音大士，自隋迄今千余年，历代香火极称灵盛，凡有疾苦尽蒙拨救，为合郡人士所素敬。后殿离前殿五百余步，地弥高，境界弥峭，相传隋代常有紫云盖上，故别号为紫云寺，坏于前明间，基址尚存。迨癸巳年九月间，佛祖诣普陀进香回寺，住持僧惟芳暨徒传宗儿请绅董复议重建。四方题捐兴工，现将告竣。供奉佛祖，殿宇幽洁，诚为禅林胜地。惟迩来有附乡闲杂人等，三五成队，在于前后殿内吵闹滋事，肆无忌惮，以致□□查失物件，抑且神明不特无以肃静，寺宇反恐酿□□□事端。合请示禁勒碑，以垂久远'等情到县。据此，□□□□□合行示禁。为此，示仰合属附乡诸邑人等知悉，□□□□□紫云寺崇拜奉观音菩萨，务宜洁净以昭诚敬，不许闲杂人等□□□□□亵渎神明，倘敢故违，一经查出或被□□□□□□□□，决不姑宽，各宜凛遵毋违，特示。光绪二十三年九月廿六日给。"

151. 厦门市同安区大同镇东溪路 105 号现存光绪二十三年（1897年）立的《洪氏禁止买卖典借祖业碑记》

碑高 58 厘米，宽 30 厘米。

碑文："禁止买卖典借祖业：此公业俱是先夫在日遗产，以为子孙养生口腹之业，惟恐贤愚不济，经地方官盖印并粘贴以杜祸源。情合再批明，俾欲授手之手，不得擅自盗买盗卖，永远将是洪家已业，如有违，自私相授受，鸣官究办，无论租借、典当，银项总不坐理。先此批明，以免后论，是布。洪家大母颜氏主批。光绪丁酉七月〇日。"

152. 宁德市蕉城区飞鸾镇长园村现存清光绪二十四年（1898年）《告示碑》

光绪二十四年钟大焜在畲族乡村，"见有一种山民，纳粮考试，与百姓无异，惟装束不同，群呼为'畲'。山民不服，时起争端"。钟大焜"向山民劝改装束与众一律，便可免此称谓，无不踊跃乐从"。钟大焜考虑"山民散处甚多"，特呈请福建按察使司发布文告，令畲民改装，并要求"百姓亦屏除畛域，等类齐观，勿仍以畲民相诟病"。

文告："署福建等处提刑按察使兼管驿传事盐法道余〇为示谕事……本署司查，薄海苍生，莫非天朝赤子。即闽粤之蛋（蜑）户，江浙之惰民，雍正年间，曾奉谕旨，准其一体编入民籍。况此种山民完粮纳赋，与考服官，一切与齐民相同，并非身操贱业者比。在国家有包含遍覆之仁，在百姓岂可存尔诈我虞之见，但其装束诡异，未免动人惊疑。且因僻处山陬，罔知体制，于仪节亦多僭越。自非剀切晓谕，则陋俗相沿不革，即群疑亦解释无由。除禀批示并通饬外，合亟示谕。为此，示仰合省军民、诸色人等知悉，古来槃弧（瓠）之说，本属不经，当今中外一家，何可于同乡共井之人，而故别其族类。自示之后，该山民男妇人等，务将服式改从民俗，不得稍涉奇裳，所有冠丧婚嫁应遵通礼，及朱子家礼为法，均勿稍有僭逾，授人口实。百姓亦屏除畛域，等类齐观，勿仍以畲民相诟病。喁喁向化，耦俱无猜，以成大同之治。本署司有厚望焉，其各凛遵毋违，特示。光绪二十四年八月廿九日给。"

153. 泉州市大坪山上大坪社区云谷室旁现存光绪二十八年（1902年）立的《邓回墓葬禁示碑》（图4-97）

碑文："禁示。钦加提举衔本任德化县调署晋江县正堂加十级、纪录十次陈〇，为出示严禁事。本年十二月十四日，据永春州德化县学蒲坂乡生员邓清辉等呈称：'窃辉等二世祖泉州衔世袭指挥百户，讳回公封茔，自前明成化间安葬在宪辖东门外三十七都大棚山，土名云谷。室配产纳粮，四至界管，族谱炳祖，历年祭扫无异。缘封茔前后累被辖恶势豪盗葬虚堆，甚至灭界占葬。辉等恐后再有效尤占葬，恳乞示禁，以杜后来，而免阻不胜阻隐情。叩乞恩准如乞施行。幽明均沾勿叩'等情到县，据此除批外，合行示禁。为此，示仰大棚乡以及附近各乡人等知悉，自示之后，毋许尔等在邓界内盗葬锄掘放纵牛羊，任意伤毁。如敢故违，一经告发，立即严拘究办，决不宽贷。毋违，县示。光绪二十八年十二月〇日给。"

图 4-97 云谷室
《邓回墓葬禁示碑》

154. 厦门市万石岩寺前的景通桥旁现存清光绪二十九年（1903年）石刻《万石岩产业契约》

此石刻高130厘米，宽125厘米。

碑文："此穴地直拾肆丈，横拾贰丈，原系万石岩佛祖缘田，全年税钱六千文。全因卜葬先父坟茔，愿将岐西保牛磨巷瓦屋一座，全年税银拾贰大元，与佛祖互换。经托公人陈君旺诸董事陈孝廉宗超暨住持僧修，均各喜悦。全立将契券亲关陈孝廉宗超收管立石，对佃明白，永远彻底互换，均无异议。合勒于石，以垂不朽。光绪贰拾捌年贰月〇日，举人陈宗超、住持修、陈佑全仝勒。"

155. 厦门市阳台山上现存清光绪二十九年（1903年）的《阳台山厦防华洋分府示禁》崖刻

幅高110厘米，宽160厘米。

石刻文："赏戴花翎、三品衔接补用府正堂、署理泉州厦防华洋分府黎○，为出示严禁事。本年伍月初一日，援廪贡陈坤、廪生陈鼎元、生员陈炳煜暨长房陈海、二房陈根臣、三房陈宗汉等佥称：窃坤等承租于嘉庆贰拾伍年明买邱家坟地壹所，旧田十七坵，址在东坪山徐厝边，土名鹅肚山，安葬高祖及祖妣坟茔。至道光八年，再向郑家续买该山全仑暨厝地基及新、旧开拓沙园，东至石界，西至园外，南至田墘，北至山后，共山之背面上下左右分水沟外，来龙过脉处之坟地、左沟尾之石堆等处。周围勒石为界，印契及上手契、山关可证。不意本年三月二十二日，坤等到山祭扫，突见祖坟左眉上被傅印等盗葬涂坟三穴，并将山后后鬼石及左沟尾界石琢毁。禀蒙差勘绘图，拘讯、押迁在案。旋经公亲吴补国、叶兆祥等调查处，限一个月着印等将盗葬三穴自行起迁别葬，并备采物向坤等陪礼，取具甘结，呈请销案等因。祖地保全，实荷□□之赐，特恐坤等家居□远，巡视难周，而日久滋生，或被无知之徒踵其故此智，再有盗葬、琢石及放纵牛羊践踏情弊，斯时鞭长莫及，将奈之何？买契缴验，禀请示禁，以杜后患等情。前来援此，除批示外，合行示禁。为此，示仰合厦诸色人等知悉：尔等须知此鹅肚山全仑系陈坤等世管坟山，物各有主。自禁之后，不准再在该山敲琢山石、盗葬坟墓以及附近居民放纵牛羊践踏等情。倘宜凛遵毋违，特示。光绪二十九年五月日○给。"

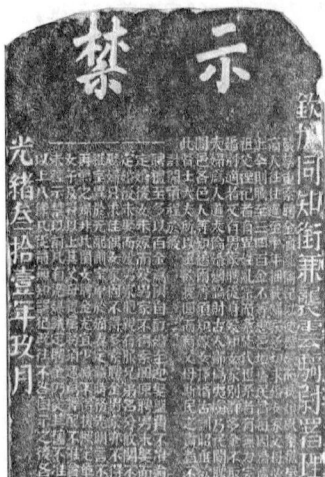

图4-98　惠安县《示禁碑》

156. 泉州市惠安县现存清光绪三十一年（1905年）立的《示禁碑》（图4-98）

清末时局动荡，很多年轻人支付不起高额聘金，只好远走他乡。有的兄长去世，弟弟就娶了嫂子，有的男方入赘女家，有的父母贪图高额聘金逼迫寡居女儿改嫁。为遏止这种恶劣的社会风气，当时惠安有六位举人联名上书请求县衙示禁，在县衙门外立此"示禁碑"。

碑文："钦加同知衔兼袭云骑尉署理惠安县正堂加十级纪录十次记大功二次□○。为严禁重索聘金渎乱伦纪以便婚嫁而挽颓风案。据举人……商人往往迟至中年捆载归家，急切求婚。女家父母必……止腾至三四百金不等。惠邑地瘠民贫，每因婚价……祖父禋祀者，有异姓乱宗，而紊先代世系者，有无力完聘者……婚别造者，又有男家聘后身殁，知女家别许，多金不娶……夫妇为人道大伦，婚姻论财，古人听取鄙为夷虏，乃民间聘礼。阖邑各色人等知悉：尔等须知嫁女、择婿古训昭垂，欲要……此贤士大夫所以亟欲挽回，而有父母斯民之责者，不……计开章程于后：一聘礼最多不能超过百金，自订婚至迎娶盘费不准逾……一定婚后，女方未嫁先殁，男方不得索回原聘，男未娶而女殁……一定婚后未娶而殁，男家胞亲有服兄弟名分攸关，不得……一娶妇只求佳偶，女家固不得多索聘金，男家亦不得……一继室异于元配，侧室卑于嫡妻，定议时务先明言，不得……一再醮之妇非比闺女，聘金尤宜少减，不得援照定章程……一女子及笄以上，其父母亲属务须速为择配，不准贪图……一未经示禁以前，凡有凭媒议定聘金，仍从其旧，不准许……以上八条，凡从前无知误犯，既往不咎。自示之后，各宜凛遵毋违……光绪三十一年九月○日给。"

157. 厦门市集美区灌口镇铁山村忠惠宫内现存清光绪三十一年（1905年）立《禁赌公约碑》

铁山村打铁珩林姓族长为和睦乡里，在忠惠宫内立碑严禁同乡老幼聚众赌博。若越规逾矩妄邀赌博的，则依约处罚；若不遵从处罚，则呈送官府究治。碑高104厘米，宽50厘米，厚10厘米，碑文从右至左竖写共14行。

碑文："立碑人同安县安仁里大铁珩社林众家长为和睦乡里，严禁赌博事。窃惟善者当戒乡中最能为恶之阶，而最当戒者莫赌博若也。众家长与念及此，庸是鸠集佥议，严禁：从今以后凡我同乡老幼，不许与诸亲赌博，或有越规逾矩，妄邀赌博，输赢现钱者，无论矣，若输赢赊欠不论亲疏强弱，议约无讨，且家长察出输赢，各定罚戏壹台。若罚者恃强不依，公约强强欲讨输者，当传众家长照约处置，再或不遵，众家长呈官究治。众家长断无循私袒匿，无吐刚茹柔总宜照约严办。仰期乡中老幼各宜禀遵勿踏，失身之愆，以致后悔。诚如是则，士农工商守其正业，乡里永致雍和子孙永无祸端，将善日长，恶日消，不诚吾乡之福乎。爰立碑，以垂远戒，世世亦当以此为鉴，再者凡乡中买卖厝宅田地，不许盗买盗卖，总宜通报家长头，庶免后日生端，违者公罚，并立为据。大清光绪乙巳年桐月〇日 打铁珩林众家长豪杰立文堂造。"

158. 泉州晋江市东石镇塔头村刘氏宗祠照墙现存清光绪三十四年（1908 年）立的《府宪碑》（图 4-99）

明清时期，南方乡村之间、家族之间的大规模械斗时有发生。械斗起因多是争水资源、占田地、债务、盗窃等民事纠纷。福建禁约碑中涉及宗族械斗的碑刻不少。光绪二十九年（1903 年），晋江东石塔头村因刘氏修建祠堂地基比原先稍高，遂引起蔡姓不满，认为坏了他们祖祠的风水，引发一场大规模械斗。周边 200 多个村庄被卷入其中，男丁 16 岁以上全部参与。双方械斗 6 年，最终双方"伤毙数百命，焚毁数百家，男女流离，生灵涂炭"。这场械斗大案当时震动海内外，史称"刘蔡冤"（亦称"都蔡冤"）。朝廷多次命令地方官府出面禁止。最终由泉州知府出告示，并请来公亲、乡耆见证，勒《府宪》碑而垂禁，双方息斗。该碑文末尾并镌有公亲（调解人）、乡耆姓名。该碑系泉州知府为处理当时"都蔡冤"械斗所发的告示，《府宪》碑有相同的两块，另一块现收藏于晋江博物馆，是研究地方史的重要实物见证。

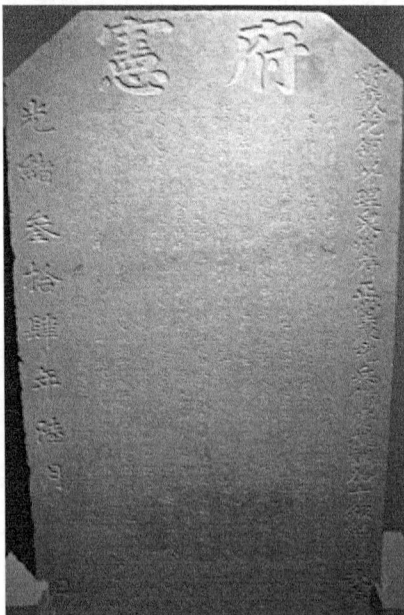

图 4-99　刘氏宗祠《府宪碑》

碑文："赏戴花翎署理泉州府正堂兼充兵备处提调加十级、纪录十次李（增蔚），为勒石示禁事。照得同乡共井，须知时切和亲；惩后惩前，要在永垂禁令。

查刘蔡洪都连乡械斗一案，祸因刘姓重修祖祠，蔡姓惑于风水，互相龃龉，致起祸端。蔓延数百乡，伤毙数百命，焚毁数百家，男女流离，生灵涂炭。其懦弱者，田园废尽，尚且征苗；其强梁者，劫杀为生，反行得计。天地荒凉，道路荆棘，山川为之变色，神鬼为之含悲。自光绪甲辰以迄丁未，官凡五易，终无宁宇。去年十月，闽浙总督部堂福建提督军门洪，念此案情重大，特命本府督队临办，驻乡凡五阅月，不妄挐一人，不骚（扰）百姓，秋毫无犯，安堵如恒。各乡感化，捐集赔款五万余金，尽数抚恤，榜示通衢。然后死者瞑目，生者甘心，无家者得以修我墙屋，失所者得利复我邦家。举数年不解之深仇，一旦而消融尽净，悉敦旧好如初。是役也，凡获犯三十余名，情节较重者，供证确凿，就地正法；其余监禁枷杖，有差而押放起尸、缴军械、拆枪楼各以法。天心厌乱，我泉其有豸乎！惟是法久则易弛，事久则生疏，必使惊心触目，居安思危，防患数十年，征祸于既往，是非勒石不为功。合行出示垂禁。为此，示仰刘蔡洪都各乡人等知悉：尔等须知械斗一事，怨毒最深。杀人之父者，人亦杀其父；杀人之兄者，人亦杀其兄。好勇斗狠，以危父母，一朝之忿，忘其身以及其亲，小不忍则乱大谋，可不戒哉！思之！思之！前车之覆，后车之鉴；往事不谏，来者可追。过此以往，务宜痛改前非，永为厉禁。勿因睚眦细故，旧怨复萌；勿因口角微嫌，前仇顿作；勿得弱肉强食，须知桑梓敬恭；勿得尔诈我虞，须念朱陈婚姻。父戒其子，兄勉其弟，立去会盟之习，潜消强弱之形。相助相扶，兴仁兴让，化互乡为仁里，卖佩刀以买牛。是则本府所厚望焉。倘敢仍蹈前愆，定当置之重典。恐天网恢恢，尔时不能幸逃也。懔之戒之，毋违，特示。公亲：许声炎、施钦舍、施彪舍、黄金柳、孙九梗；乡耆：陈联沾、许志脚、洪克明、郭育炼、王腾宽、洪祖汉。光绪叁拾肆年陆月〇给。"

159. 漳州市平和县九峰镇下坪村现存清光绪年间立的《县给曾宅杨宅粮河禁约》（图4-100）

平和县九峰镇下坪村村前有九峰溪，沿河两岸的杨姓及曾姓劳作之余，经常下河捕鱼，通常为抢占一个好位置而发生口角或械斗，十几代人纠纷不断。光绪年间，双方又为捕鱼之事闹到衙门。时任平和知县的杨卓廉出面调停，以九峰溪与另一条小溪流的汇流处，即"上至黄田合

图 4-100　下坪村
《县给曾宅杨宅粮河禁约》

溪"（今九峰黄田村），至九峰陈彩村另一条小溪流的汇流处，即"下至赤石合水"，这段约十里长经常发生捕鱼纠纷的河段，分别划分出曾氏、杨氏的具体捕鱼河段，所以才有"县给曾宅、杨宅粮河禁约"。河流是完整生态链条，杨知县深知其理，生怕两姓各自暗中使手段竭泽而渔，就把杨曾两姓的代表召集一起商议，双方定个规矩，形成禁捕事项合约。

该碑高 160 厘米，宽 60 厘米，为河界禁约碑，碑文记载河界禁捕令。当年在杨知县的主持下共立有两块这样的石碑，一块立在赤石合水处，但早已下落不明。现存立在黄田合溪处。

碑文："县给曾宅、杨宅粮河禁约：上至黄田合溪，下至赤石合水。一禁私筑河陂；一禁长粼纵毒；一禁鸬鹚入界；一禁罟网横侵。"

160. 厦门市思明区鸿山南麓蒋氏山林清初刻的《鸿山文武宪示禁石刻》（图 4-101）

石刻："历奉文武宪示禁：毋许在蒋氏山坡坟地纵畜、挖土、锄播草木、假堆盗葬、侵灭界址，如违查究。蒋山。"

161. 晋江县罗山街道大浯塘村《翁吴禁石》

图 4-101　鸿山《鸿山文武宪示禁石刻》

晋江罗山大浯塘村有翁、吴两姓立的公约。

碑文："不许翁、吴二姓坟边添葬、栽柏木。岁壬午阳月诸公亲同立。"

162. 福州市晋安区鼓山镇柳园村民世代饮用的担水塘边现存清《水源保护碑》（图4-102）

清代此碑原立于村民世代饮用的担水塘边。碑高176厘米，宽45厘米，厚11厘米，碑文共69字。

碑文："水之用多经锅灶，是有不洁，神必谴责。严禁妇女裙裤污秽等物，不准在此洗濯。有不遵，经乡人遇见，不论何项服物，定行扯毁。再敢恃强，通乡公较，倘若阳奉阴违，必遭孽报。"

163. 漳州龙海市九湖镇邹塘村邹塘庵右侧凉亭现存清宣统三年（1911年）立的《龙溪县曹公堂谕》（图4-103）

堂谕，是清代州县衙门审断案件需当场提出处理批示的一种公牍形式，民国初年各县知事审断轻微案件仍沿用。堂谕是由地方官单方面宣告的，现实中若要起到解决纠纷的有效作用，双方当事人还必须提出内容为"心甘情愿"接受该判断的书面（遵依甘结）才行。

该堂谕石碑，系时任龙溪县知县曹本章做出的，高120厘米，宽70厘米，厚20厘米。

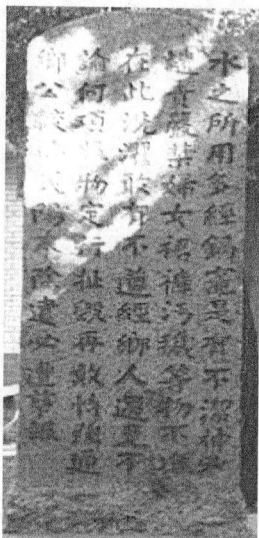

图4-102　柳园村
《水源保护碑》

图4-103　邹塘村
《龙溪县曹公堂谕》

碑文："讯得长福邹塘两社公□□□□□□□□邹塘社高系上流，□长福社地势平低系下流，□□□□□□□□请示浚塘，而邹塘社家长叶用等意将挑出淤泥，□□□□□□叶用等，致长福社家长朱文等，以强截水流列械迫斗，请履勘谕止。且欲于大路旁岸另开一沟，纠葛滋事讯结。叶用等则称：修止分界原为防争起见，供词各执。总之，此案之由，实因塘口□□混占为田，约有三亩，源来不易下流，浚深上流之水，衔蓄必难，至叶用等不得不于池中横栅二□□□，下流之水，因有横岸，而流通路梗涸竭堪虞，朱文又安得不□□□争此，非开浚塘口以清其源，无以昭平允，而急争端，断令叶用等掘去横枋土梗，将土填于池中，墓墩朱文等不得另开新沟，东北二小□用柴枋截住其三亩仍旧开挑为池，合力疏浚公塘，期于均平均深，同沾利泽，勿稍仍插。另立石碑为限，永杜争端。两造遵依具结完案，此谕。宣统三年二月○日，邹塘社家长王亮、叶用等讼后公立。黄芳、郑启成。"

164. 宁德福安市溪潭镇廉村现存清代《严禁碑》（图4-104）

碑文："严禁：大路两沟不许曝晒秽土，堆塞园草。违者罚戏二本。"

165. 漳州市漳浦县六鳌镇现存清代《禁示碑》（图4-105）

图4-104 廉村《严禁碑》

图4-105 六鳌镇《禁示碑》

碑文："嗣后不许在于龙熬保内土堁仔尾沙埔一处开掘草木，私行□□致风沙土压，该处田宅滋尘，端而地居，所不得影薪要行，报垦永远禁止。如有故违，许该令保人呈状禀□县以凭究处，务各凛遵毋违，特示。"

166. 漳州市漳浦佛昙中心小学现存石刻《渡船税记》（图 4-106）

该碑高 50 厘米，宽 25 厘米。半埋在榕树下石台边沿。该碑是研究佛昙古代海运、渡船的有力物证。

**图 4-106　佛昙中心小学《渡船税记》**

碑文："□纪船户，因累年所招舵公……相篡，妄招必致，遂尔财，本年无□，大舵公，□钱壹仟二百文……三仟六百文耳；二仔舵公无……月札钱六仟文内，□□钱四仟文……不□再凑，所借钱项未还，明□利三分，如或他船招去，母……利至于小受日斗。作三分，一份存……记为分不得隐匿，如有隐匿……公议合亟立碑示众，月○日○谨白。"

167. 漳州市长泰县亭下村水利工程鸣珂陂现存清乾隆五十二年（1787 年）立的《护石记》（图 4-107）

碑文："上至石陂，下至石跳，诸石簇列，俱系悔斋祖坟、遮拦脑后溪风，不许开凿。违者绝嗣，众共革之。乾隆丁未年正月公禁。"

168. 泉州晋江市东石镇檗谷村北古檗山庄园前现存民国六年（1917 年）立的《告示碑》（图 4-108）

该碑为当时晋江县政府所发的保护该陵园的告示。碑阴并列有建筑该陵园购买的原主、土地面积及所付价银内容。黄秀烺（1859—1925 年），字献炳，晋江县东石人，出生于深沪，早年到菲律宾经商致富，1899 年回国创办实业，平生热心公益，乐善好施，喜好文墨，交往甚广，于民国二年（1913 年）出资 25 万银圆，在祖籍东石檗谷村营建家族陵园古檗山庄。历经三年方告竣工。其间征集国内社会名流康有为、唐绍仪、谭延闿、李瑞清等 180 余人题咏 190 余篇，刻石藏于山庄，成为集文学、书法、镌刻于一炉的艺术瑰宝。古檗山庄现为福建省级文物保护单位。

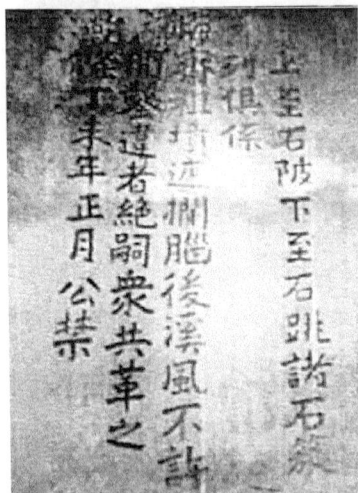

图 4-107　鸣珂陂《护石记》

图 4-108　古檗山庄《告示碑》

碑文："晋江县公署示第〇号：为出示严禁事。本年十二月十八日，据邑绅黄献炳呈称：'窃维昭穆有定位，《礼经》特重宗法之行；兆域有常图，《周官》久垂族葬之制。所以敬宗而收族，报本而返始。法至良，意至厚也。献炳世居檗谷，家徙沪江。翘望松楸，未卜归藏之所；眷瞻桑梓，时怀恭敬之思。恋游子之故乡，傍先人之宿宅。爰营息壤，名曰檗庄。绕以墙垣，定其经界。近祠堂而种柏，上袭龚胜之规；指坟墓而生榆，远慕刘清之义。问少时钓游如昨，白首同归；顾后人缔造勿忘，青山永守。所虑年代湮远，陵谷变更。或豪强之侵凌，或樵苏之践藉。垄殊柳下，曾无五十步之防；阡异泷冈，敢待六十之表。是用绘其图说，抄粘契据，既划界以定其封，将立石以垂诸后。泽流百世，冀托贤长官之恩；族安万民，请申墓大夫之禁。庶几首丘可正，太公不忘五世之归；更教蔽芾长留，召伯永怀千秋之荫。附抄契据、图说暨家茔记各件，呈请示禁'等情到县。据此，除批示外，合行出示严禁。为此，示仰东石檗谷附近各乡人等知悉：须知黄猷炳此次创筑家茔，规仿族葬，因恐年湮代远，陵谷变更，或被豪强侵占，樵采践踏起见，系为思患预防。自示之后，凡尔附近乡民，务须遵照划界立石，各归各管，切勿侵占践踏，致生事端。倘有不法匪徒，任意占毁，一经该绅指禀，定即拘案究办，决不宽贷。其各凛遵毋违。特示。中华民国陆年拾贰月二十日给。知事张祖陶。"

169. 泉州市洛江区洛阳桥桥南蔡忠惠公祠殿前现存民国六年（1917年）立的《告示碑》（图4-109）

该碑为时任晋江县知事为保护蔡忠惠祠而立的"告示"碑。

碑文："晋江县知事张○，为出示严禁事。照得蔡忠惠公为有宋一代伟人，洛阳万安桥功垂《利济碑记》峭然迄今千余载，众受其惠。当时建祠桥，于桥之南，实崇德报功之深意。兹乃于祠前设立灰窑，以致烟臭熏腾，布满堂宇，不敬孰甚。本县来守斯土，凡乡贤名宦各祠及诸名胜遗迹责应保存，姑念乡愚无知，从宽令其拆毁，毋得违延。至于究办，并责成桥南乡长。嗣后有如灰窑等类，不准在蔡公祠附近设□，查该乡不乏读书明理之士，务各助乡长劝导愚氓，勿忘其感戴功之初心。本县有厚望焉，又谒见旁有张龙侯祠堂，多年倾圮，龙侯任福建陆路提督，亦功德及民，载在志乘者，着将石像一并保存，不准毁伤，各宜凛遵，毋违。特示。民国六年九月○日示。"

图4-109　蔡忠惠公祠《告示碑》

170. 泉州晋江市金井镇井尾街妈祖宫现存民国七年（1918年）立的《公约碑》（图4-110）

该碑高148厘米，宽52厘米。

碑文："盖闻官有正条，民有私约，金井为经商之区，远近行旅往来其间。前光绪年间重兴之时，附近绅耆者出为束约立界。凡各乡有大小交涉之事，不得侵犯金井之界获人，违者公诛议罚，迄今年湮，约界无存，慈特再闻众立碑勒石，以垂不朽云尔。中华民国七年戊午瓜秋，金井街诸董事重立。"

171. 漳州市东山县铜陵镇风动石景区碑廊里现存民国九年（1920年）《严禁黄忠端公祖坟界内不准盗葬牌示》（图4-111）

1920年，一村民在黄道周祖墓界内盗葬，马上被举报给当时县知事林中乔。在严肃处置盗葬者之后，林中乔为杜绝这种行为，在对盗葬者处以罚金的基础上，自捐俸金，修建黄道周祖墓，并定于清明节举行集体祭扫，立下《严禁黄忠端公祖坟界内不准盗葬牌示》碑，避免盗葬之弊日久复萌。"文革"后期，该碑被移到风动石景区碑廊里。

图4-110　井尾街妈祖宫
《公约碑》

图4-111　风动石景区碑廊
《严禁黄忠端公祖坟界内不准盗葬牌示》

碑文："黄忠端公石斋先生世居东山所，明代理学名宦，德配蔡氏……人之特降者矣……丈五尺，前清道光二十四年秋诏安县韩出示严禁，不准……诏安县尹（杨）福五躬诣严勘……勒石为志，□□日黄山碑……黄忠端公之墓山麓……无论谁□人等均不……忠端公□之冢穴周留此山而地方绅董……各宜凛遵，此布……林中乔。中华民国九年十月。"

172. 泉州晋江市西园梅屿祠堂埕现存民国十一年（1922年）立的《梅屿公禁》（图4-112）

该碑是为平息梅屿乡宗族械斗而公立的规条。该碑高125厘米，宽53厘米，厚11厘米。

碑文："梅屿乡诸房董，因为强弱之事叠翻，无论理由。以公议，恭请忠祐侯核诸公人调处，两方悦复（服）。公禁：无论强弱众人以及妇人小子，如有相斗，皆见房长论理，是非分明。若不然者，一人作事一人当，不可恃强欺弱。如有非为，滥作者，绝子灭孙。一订：下村厝地一概永远不得盖屋筑楼，亦不可争围墙。此地系是公议，伤遮始祖之面前，而以祠堂□对面者不可盖屋，而以两边换地盖屋。以后若有存心生出事端再建者，绝子灭孙。一订：潭上宅厝地一概永远不得盖屋筑楼，亦不得争围墙，此系公议，恐其强弱相近。若存心再建者，绝子灭孙。一订：乡中若有大小事情，并田头水尾、风水坟墓，以及猪羊牛只六畜，如有差错

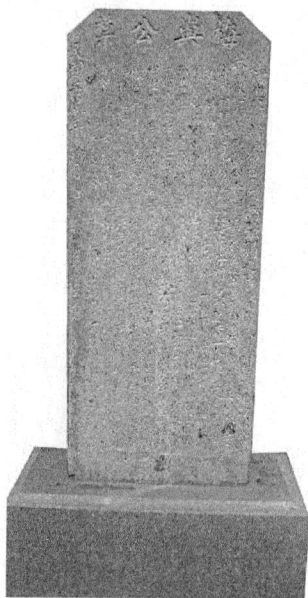

**图4-112 梅屿祠堂
《梅屿公禁》**

者，皆着公议，不得逞凶、拿人、相打，亦不得收却深藏，隐恶扬善者，以致恃强欺弱，生出事端，亦绝子绝孙。诸公人：青阳市蔡总翁、庄仁贵君、惠辖黄达聪先生、岩下村陈咸君、竹树下李玉抱、凤池李大窍君、陈埭乡丁红邦、簿湖黄乞水君、磁灶乡吴世陇君、陈塘乡洪埔君、本乡洪承荣君。民国壬戌年拾月○日，梅屿乡诸房董公立石。"

173. 南平市建瓯市徐墩乡徐墩村邱园自然村现存民国十三年（1924年）立的《公案碑》（图4-113）

该碑刻高160厘米，宽50厘米，近200字，内容是关于水土保持方面的。

碑文："建瓯县公署堂咨碑……中华民国十三年五月。"

174. 泉州晋江市龙湖镇后溪村菜市场现存民国十四年（1925年）立的《后溪改良风俗碑记》（图4-114）

该碑高137厘米，宽70厘米，厚8厘米。

碑文："晋江城南四十里后溪乡郭姓聚族而居，风俗颇称醇厚，大抵以农为业，间有出洋谋生。迩者，郭章所归自斐滨，建筑住屋，经凡落成。而因乡之南隔有祖茔，为风水迷信致动争执。经奉令驻防石狮，情关桑梓。乃召集各乡公人，为之调停，从兹破除迷信。经众赞成公约。嗣后该乡无论何人何地，均不得藉辞风水阻挠建筑。俾得永远革除陋习。凡属乡人均应善体斯旨，遵守不渝。爰作碑记，以垂后世。福建陆军二师步兵四旅八团一营营长蔡培程暨调停人。各房长郭文安、文根，章□、章□，华□、华□，国教、国仁、国意同立。大中华民国十四年岁次乙丑孟春，下浣。"

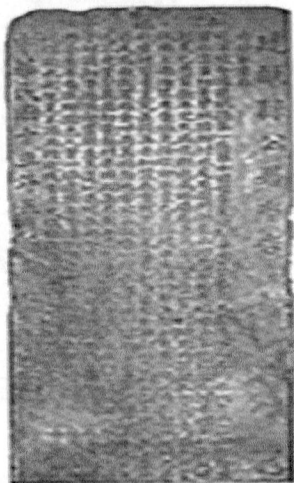

图4-113　邱园村
《公案碑》

图4-114　龙湖镇
《后溪改良风俗碑记》

175. 厦门市曾厝垵李氏宗祠堂现存民国十四年（1925年）立的《租地契约碑》（图4-115）

碑高183厘米，宽100厘米。

碑文："陇西租地契约：立契约字厦门自来水公司、禾山上里山李光裕堂。兹曰：厦门自来水公司勘定禾山上里社公山宜于建筑蓄水池，自将须用以内现经划明立标为记：东至毛坑后，西至赤涂圆尖，南至西山头，北至鬼仔空。四至限至水池墘路为界。该地系李光裕堂三派公共业产，三派：曰上里、曰港口、曰厦门。每派各举代表一人，现与厦门自来水公司代表协议，即将流域标界限为限，凡该水池流域以内，李光裕堂派下永远不得种植、安葬，以重卫生，永远租与厦门自来水公司建筑。议定每年应纳租金大洋银壹仟元正，分作两期，每期伍佰元

图4-115　李氏宗祠
《租地契约碑》

以陆个月为付租期一次，由三派各家长刊"李光裕堂"某派戳记一个，以为领款凭证，其戳记以本契约此次所盖之式为标准，否则无效。倘此戳记设有不测，务必三派家长全副声明，应准换别印。合将双方订明条件载明于下：

一、水池界内所有坟墓，务于契约签订日起各坟墓业主迁出别葬，公司应贴资：凡土圹每穴应贴壹拾玖元，骸罐每穴玖元；砖圹每穴叁拾元；附圹木每具拾元；金瓮每个叁元，计坟墓伍佰伍拾穴，共银壹万零壹佰叁拾伍元。

二、凡租界内荒田每斗种二十七丈为一斗，应给大洋壹拾九元，荒园每斗应给捌元，以坐损失，上里山计丈量田壹佰伍拾壹斗种，每□共银贰仟捌佰陆拾九元；园叁拾伍斗种，每□共银式佰捌拾壹元，合共银叁仟壹佰伍拾元。

三、凡与租地关系之下，田原恃界内水源灌溉现已变更，则自来水公司应当设法供足诸灌溉，或照以上规定价格收买，均不得异言，惟须分别上中下，则价格以昭公允。

四、凡租地界外山石地产自来水公司，倘欲收用，务取双方同意，不得抑勒。

五、凡该山应纳地丁钱粮永远归李光裕堂派下完纳。

六、凡以上条件既经双方签字盖印发生效力，议定同样三纸，双方各执一纸，存照一纸为证。

公证人：李振清、李俊波。

租户：厦门自来水公司代表黄奕住、黄庆元。

业主：李光裕堂上里、港口、厦门派代表李添赞、李来近、李子昌、李佐日。中华民国十四年壹月壹日"

图 4-116 下官路村
《朋山公派下公约碑》

176. 泉州晋江市磁灶镇下官路村旧食堂内现存民国十五年（1926年）立的《朋山公派下公约碑》（图 4-116）

碑文："一从兹强弱盟会一律取消。一朋山公派下永远不得私结联盟，破坏和平。一子孙繁盛，难保无口角事，倘有口角，各宜秉公理断。敢有不遵，公众共诛。一房长心存一致，毋怀偏袒，永保和平之幸福，庶不愧为我公之子孙者哉！上列公约，有违背者，神明殛之，绝子灭孙！民国丙寅年阳月立。"

177. 泉州晋江市金井镇围头村现存民国十六年（1927年）立的《围江盖屋碑记》（图 4-117）

《围江盖屋碑记》记载了围江华侨受海外新思想影响，会集乡人，建立新民社，商定规则，革除旧俗，以利于兴建居室及本村教育公益，是研究近代晋江南部地区社会状况之实证。

碑文："窃闻野庭穴居，为上古陋卑之习；高堂大厦，极人生居住之欢。杜甫谓千间可益欢颜，元龙以百尺足伸豪气，良有以也。况从来富者润屋、美轮美奂，合世界而皆然。外洋各埠屋宇宏厂，层楼崇高，鳞次栉比，卒无见异，又何必区区如夏社之卑朴，荆室之苟元也。然此又有辨，中外环球风气不同，我国各处习俗殊异，即卑迩如吾乡，更

**图4-117 围头村《围江盖屋碑记》**

为俗尚所拘囿，无开放之一日，故微论寻常之户或富厚之家，偶架数椽御风雨，偶筑层楼以栖迟，靡不为旁人触目而生心，任意以阻挠，借口夫高压迫伤，遏止于附近断脉，是诚惑方士之謷说，迷信堪舆不觉。挟全力以争锋，势成敌垒，非簿对于公庭，即械斗于乡里，营一室而未成，已挥金乎累累，筑一楼而未就，遂铲地至平平。岂知假法律为制裁，持公平以论断。屋宇之伤，无伤可验；地舆之脉，无脉可寻。何呆蚩者底于蒙，明哲人终不悟，良可痛已！同人有鉴及此，怒焉心伤，爰邀乡中人众，团结一社，颜曰：'围江新民村。'合会讨论，慎重再三，订立规则，俾资率循。所有充费，籍资浥注，划为本村教育公益之用。呈准官厅示遵在案。从兹除积弊往昔，开便利于将来，庶他日者，在地人众、归国侨胞，凡有架筑楼台，泯争端于雀角；营建屋宇，得长庆夫鸠安。共井同乡，亲仁笃爱，比户聚居，良好感情也。是为序。围江新民村盖屋规则：第一条：凡在围江居住者，均有应得盖屋的权力。第二条：盖屋统遵规则，乡中强弱房、大小姓不得妄加干预。第三条：凡在本乡建筑房屋，除遵守盖房规则外，地基须向地主接洽妥当方可兴工。第四条：地主的地如有与人发生龃龉，应于未下基前交涉清楚，否则不生效力。第五条：新盖房屋或旧厝新翻，厝后地平线须有距离邻居三丈，厝身方可挺高。其量法由建筑之地基线量至背后邻厝下照埕为止。量具以鲁班尺为准。第六条：新盖洋楼除遵守第五条外，其前方左右如

有祖祠、家庙、祖厅及邻居屋宇，不得干预。第七条：新盖古屋或旧厝新翻，地基如接洽妥当，兴工时四周如有宗祠、祖庙、官庙以及他人屋宇，均不得干涉。第八条：新屋高低、层数、款式、窗牖方向，建筑者得有独裁独行之权力，他人不得干预。第九条：新盖古屋或洋楼四周，如有公坟冢墓，自公路界线量起，若在四丈以内，墓主若要□移他处，建筑者对于公冢应津贴大银五十圆，草鞋应贴大银贰拾元。第十条：旧厝新翻可依照地基界线建筑，不得侵占公地，其余高低、层数、款式、窗牖方向均照新厝房规则采行，不许旁人异言。第十一条：旧地四周自己如有余地，听其自由扩充。第十二条：建筑新屋，其外面四周须各留三尺充作公路，以鲁班尺为准。第十三条：新建房屋或旧厝新翻，对于沟水及烟筒排泄，须引导适当，不得泻落邻居屋宇。倘不遵守，照第十八条处分。第十四条：及欲建屋，须向新民村纳款，其法如左：一、五间张三落，应纳大洋陆佰元；二、五间张二落，应纳大洋五佰元；三、五间张一落，应纳大洋贰佰伍拾元；四、四间张二落，应纳大洋肆佰元；五、四间张一落，应纳大洋贰佰元；六、三间张三落，应纳大洋叁佰元；七、三间张二落，应纳大洋贰佰元；八、三间张一落，应纳大洋壹佰元；九、户房或倒向，每边应纳大洋壹佰元；十、洋楼地面每平方尺应纳大洋壹角，以鲁班尺为准。第十五条：旧厝改换□□，减纳半款。第十六条：旧厝新翻，应纳半款。第十七条：纳款时则以两月为限，自兴工日算起，□如期缴清，第一月先缴三分之二，第二月缴清。第十八条：以上所纳之款，准备将来本村教育公益之用。第十九条：建筑新屋或旧厝翻建，□犯本规则，□□停止建筑。第二十条：本规则如有未妥善之处，□人应负□□之责，不许□□□条。第廿一条：本规则自民国十六年八月十七日丁卯年七月廿日开大会通过，发生效力。第廿二条：乡中既筑之房屋者，若要□□□□□亭□□□□□□□，特优待完纳，亦无阻碍。第廿三条：新民村开大会提议□□□□与村众至评，经会中全体赞许并讨论，若池地无侵占他人界线，听其自由开拓，不许干预。（发起人三十一人，赞成人七十五人，姓名略）中华民国丁卯年〇月〇日围江新民村诸董事公立。"

178. 漳州市芗城区金湖村芝山公园现存民国十七年（1928 年）立的《禁碑》（图 4-118）

该碑内容是北伐军入漳州后，军中担任军官的诏安沈氏宗亲提出保护祖坟的建议。

碑文："龙溪县政府布告第五号：案准……中华民国十七年十一月四日。"

179. 厦门市同安区莲花镇云洋村后洋社现存民国十九年（1930 年）各房长公立的《公禁碑》（图 4-119）

碑高 200 厘米，宽 40 厘米。

碑文："乡社之有规则，犹国家之有法律也。法律不修则国政坏，规则不整则社风替。故欲整顿社风者，非先禁赌、盗不为功……—儿童聚赌，无论何人，一经触见或报知，罚戏一台、席乙筵，以警效尤；—自本月起，凡儿童从前赌账俱作罢论。如敢恃势索讨，无论何人，合众共诛，责其背约之罪，罚由众；—儿童如敢违约偷盗，有人报说，奖赏大洋二员，以彰正直；—田园五谷或家中什物如被盗窃，一经发觉，小者罚戏一台，席一筵；大者估价，加倍赔偿。窝藏贼赃者，罚式与盗贼同；—盗贼窃物，无论在人家、在田园被人打毙者，不偿贼命。中华民国拾玖年岁次庚午蒲月〇日。后洋乡各房长公立。"

图 4-118　芝山公园《禁碑》

图 4-119　后洋社《公禁碑》

180. 泉州市洛阳镇洛阳村观音庵吴厝围古井现存民国二十四年 (1935 年) 立的《万安井重修记》(图 4-120)

图 4-120 吴厝围
《万安井重修记》

古井泉水清冽爽口，水源充沛，虽久旱不雨，而泉从不枯竭。几百年来，周围居民饮食全赖此井。汲者众多，几遍半村。

碑文："万安井重修记：万安井旧即吴厝围。溯是井之由来，距今已近八百载。宋代为一古潭，里人以其泉清且冽，醵资改凿为井，虽久旱而泉不竭，一乡咸赖。明时是地悉属吴姓，旧名即由是起。沧桑变易，地已非昔，而此井幸得独存。惟因汲之者众，且久经剥蚀，崩塌堪虞。王君荣辉、陈君望寿二人善士也，虑是井之失修，慨然合资鸠工，浚其源而葺其垣。于其落成之日，嘱记于余，且为易其名曰万安，而榜其门曰仁寿；并以昭告里人，兹后毋于井之旁浣衣、涤垢，使蒙不洁而负二君之苦心，是为记。民国念四年暮春王荣辉、陈望寿重修，王乌衣撰记。"

181. 泉州晋江市龙湖镇粘厝村现存民国二十八年 (1939 年) 立的《禁止碑》(图 4-121)

该碑高 165 厘米，宽 76 厘米，碑文竖排 6 行。

碑文："禁止：此山穴场范围系昔日曾开创之时，族长合议赞成，此因为后人骚扰，公人出为调解，恭请石犹忠佑候台驾禁止，不许在此范围饲牛马、披露五谷等等，骚扰。特此通告。民国二十八年元月〇日。粘厝埔诸公人公禁。"

182. 漳州郭坑石壁社现存民国卅二年 (1943 年) 立的《公议碑》(图 4-122)

碑文："兹缘长房长自建有本乡三川，私租乙座并前后贰潭，该房移居石码田厝乡，致该潭年久失掌，迨民国十三年经各房人等查悉，公据理争回归管，公同议决及得长房长裔孙等同意，由民国卅一起该潭逐年收利若干，一半津贴大祖祠演剧费，一半为祖墓祭费。此系三面公议，各无反悔，该宗契据现存联亲姚经邦处一并声明，合立碑记。俾各房周知此布，长房裔孙贵德、次房裔孙玉环、三房裔孙蔚章，长房长成德，联亲姚经邦仝立。中华民国卅二年二月〇日立。"

图 4-121　粘厝村《禁止碑》

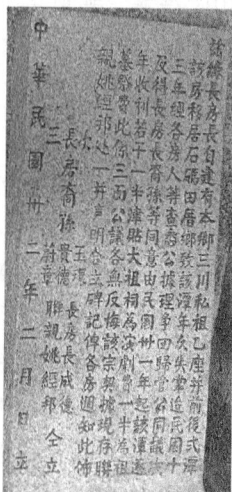

图 4-122　石壁社《公议碑》

## 第三节　福建古近代禁恶丐碑刻遗存

乞丐问题历代都有，尤其是社会动乱之时，乞丐流窜各地"偷鸡盗犬、窃取晒衣"，"索酒索饭，要钱要米"等现象时有发生，成为福建历史上一大社会问题。为维护社会治安，各府州县"立碑示禁"，乡民也通过告示或乡规"禁丐以安境"。

"禁丐碑"的设立是民间与官方合力促成的，多数是由村民代表修书陈情丐事、斡旋县衙、吁请官方示禁。村民呈词，有的是反映一村丐情，有的则为多村综合报告。千余年来"路有行乞者，则相之罪也"的古训，依然警醒着官府的当权者，民间对流丐的控告与官方对流民的控制，其动因与目标不谋而合。

禁丐碑是当时社会"村民—乞丐—官府"三种力量的互动体现，

是乡村治理的一个侧面。这种乡规民约体现了乡绅治理本宗族本村落的理念，对维护村落居民与财产的安全起着重要作用。

福建乡村现存有许多"禁丐碑"。据各县市（区）金石志和田野调查遗存，目前全省有此类碑刻 87 方。从现存的碑刻资料看，官府所颁布的禁丐令多数因地制宜，针对流丐的不同行为举动，对应不同条款，采取相应措施，既契合当时法律，也符合社会伦理。在官府的告示中，官方对丐帮、丐规也作了研究与考量。诸如官府利用丐首及乞丐帮规，从内部来"管束"流丐行动。

## 一、府州县官方所立"禁丐碑"

官府立的禁丐碑，事由多是民间代表陈情、吁请而促成。禁丐碑刻对于研究福建各地民俗风情具有很好的参考价值。

恶丐诸端劣行：或者群居村落宫庙，白天或者三五成群，登门借端强乞，寻衅滋事；夜则潜窃；或者稍不顺遂，即串引残疾病丐坐家，怀毒死赖，给乡村带来了极大的破坏性。当时的官府为了禁止流丐恶讨现象，制定了以"禁丐""限丐"为核心内容的社会治安处理方法。

183. 龙岩市长汀县涂坊镇桥头庵（蛇王庙）庵前墙边保存清乾隆二十七年（1762年）立的《奉宪严禁》（图4-123）

该碑为乡村流丐整治的碑刻。

碑文："平原里二都涂坊众姓士民。汀州府长汀县正堂加三级纪录杨（廷桦），为严饬查拿事。照得民间贮积有百货六畜之藏、田野熟□有稻粱麦黍之利，近查有花子流丐结群引类，会聚乡中，日则强讨，夜则行窃，甚为闾阎之害。除出示严禁外，合行差查饬逐。为此，示仰图差协同，元（原）二图各约地遍加查察，遇有外来花子流丐，立即驱逐出境。倘敢违，拿解赴县，以凭究处。如系本坊穷民来乞者，饬交该族房收管约束，勿许在外强讨滋事。该乡约敢容留花子流丐在乡，重处不贷，勿违需遵。乾隆二十七年六月○吉日立。"

184. 龙岩市上杭县中都镇黄甸村口饶氏宗祠祈丰宫的墙壁上现存清乾隆三十五年（1770年）立的《奉宪示禁碑》（图4-124）

此碑是为禁止外乡的乞丐到本村行乞而立。因为流乞"偷鸡盗犬、窃取晒衣", "索酒索饭, 要钱要米", 一到墟期, 还"结党成群, 开场聚赌, 私宰耕牛", 做种种不法之事, 为害一方, 对饶氏宗族的生活造成很大的影响, 因而立碑示禁。碑高100厘米, 宽45厘米。碑文楷体, 400字。内容系该村禁止外地无赖假乞入境偷盗财物、结党聚赌、私宰耕牛等。有部分字迹模糊。

图 4-123　桥头庵
《奉宪严禁》

图 4-124　祈丰宫饶氏宗祠
《奉宪示禁碑》

　　碑文: "奉宪示禁。汀州府上杭县正堂加五级、纪录五次向〇, 为严禁流乞结党一事。本年八月拾九日, 据来三黄甸乡生员饶文赞、耆民饶成周、饶朝伯、饶公年、饶□□, 县□□□□□增生等佳君, 末三面黄甸乡僻处偶隅, 每冬外坊无赖流入境内扰民, 日则假行乞窥探室……夜则乘机……又敢偷鸡盗犬、窃取晒衣。或日三五成群站门首索酒索饭, 要钱要米, 稍不如意, 污言辱骂, 若与理论, 及致逞强。□□□□妇女寒心单弱, 愚民含忍莫奈。甚至集场之期, 结党成群, 开场聚赌, 私宰耕牛, 种种不法, 难以枚举。若不恳恩, 劝君严禁, 则合乡余患无穷, 贻害不小。只得昌期□□□结勒石示禁, 俾地方得以宁靖。间阎得于安宁……据此除批, 合乡行示禁, 为此, 示仰该乡居民人等知悉: 嗣后如有不法无赖棍徒在予境内三五成群结乞, 上门强索钱物, 举窃狗偷，并值墟场日期结党聚赌，私宰耕牛等盗情事者，许尔等居民人等举解赴县治究……如敢徇私，查出一并重处。各宜凛遵毋违，特示。约练：刘子乡、邱联生、邱孔珍。乾隆三十五年八月二十五日给，黄甸合乡立。"

185. 漳州市南靖县和溪镇月水村现存清嘉庆元年（1796年）立的《禁丐碑》（图4-125）

图4-125　月水村《禁丐碑》

该碑高110厘米，宽42厘米，厚15厘米。碑文记录清朝末年南靖县月水村一带恶丐，每日逐户敲门行乞，讨不到就偷鸡摸狗、殴打妇女，甚至毒死年幼乞丐，诬赖村民。当地百姓忍无可忍，联合上告，请求漳州知府主持公道。知府视察后，立碑禁止乞丐继续作恶，如有犯法，可将乞丐拿下，送到漳州府严惩。

碑文："嘉庆元年五月〇日给：……主事……乞丐强壮者甚多……处于岩洞庙台……强横未之徒……假名为管束从丐，其寔……遇有嫁娶……勒索花红酒食，稍不……强抢恶订，可恶至极度……"

186. 宁德市蕉城区猴墩村清嘉庆十六年（1811年）立的《官禁乞丐告示》（图4-126）

碑文："特授宁德县正堂加三级、随带加一级吴〇，为违例巡洋等事。本年十月十五日，据雷朝元、蓝奶弟、钟文乐等呈称：'住居九都猿墩地方，安业田园。所有巡洋各人向在平洋查看，从无夜间至。元等山宅巡查，田园有被盗时，元等向投不理。凡遇收成，各到山宅额外索取，被盗无赔。迩来，并杂粮又要索取。元等理论，反欺畲民山宅，摩拳擦掌，种种被陷。窃思巡洋所以御盗，被盗投验赔偿，故得抽送。似此，夜巡不到，被盗投验不理，凡有所收，一切统要额外抽送，且被盗更多，为害不浅焉！用此巡洋为哉？元等合同佥议，各人自种自看，不失守望相助之意，无滋抽费，以省事端。现在本年八月，元族与闽坑林姓互控，元等即行各人自看田园，并无被盗。但未蒙给示，苟延一时，恐将来仍蹈旧辙，争闹滋弊，畲民奚堪。无奈呈恳恩准给示，以杜后患'等情到县。据此，除批示外，合行出示严禁。为此，示仰该处居民人等知悉：嗣后该处田园，以及杂粮等项，听雷朝元等自行防守，不许棍徒包揽巡洋，致滋事端。倘有前项匪棍仍前包揽，许即协保禀解赴县，以凭究治，毋得始勤终怠。亦不得藉端滋事干究。特示。嘉庆十六年十月廿一日给告示，发九都猴墩，实贴晓谕。"

187. 福州市晋安区宦溪镇桂湖后龙村边现存清道光七年（1827年）立的《示禁碑》（图4-127）

桂湖示禁碑高187厘米，宽49厘米，厚11厘米。碑文记载道光七年桂湖乡民公约之事。

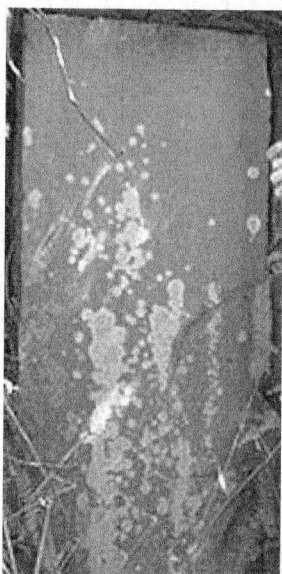

图4-126 猴墩村《官禁乞丐告示》　　图4-127 后龙村《示禁碑》

碑文："道光柒年正月，奉本邑主黄○，严禁各项赌博并外来流乞，出示在案。凡我本乡居民，无论土著新迁，概行永远遵禁，如遇前项不法匪徒，立即捆缚送官，不得容隐徇庇，自行干咎。桂湖乡公约勒石。"

188. 漳州市南靖县七宝轩文化馆现存清道光二十一年（1841年）立的《告示禁丐首碑》（图4-128）

清朝道光年间，三五成群流丐频繁出没于乡村，登门借端强乞，寻

图 4-128　七宝轩文化馆
《告示禁丐首碑》（图 4-128）

衅滋事，夜则潜窃，稍不顺遂，即串引残疾病丐坐家，怀毒死赖。当地百姓联合上告，官府立碑禁止恶丐乞讨。

碑文："署漳州府南靖县正堂加十级纪录十次鲍○，为禁除丐首以静地方事。本年九月十八日，蒙本府宪应村，据船场总监生张项爵，贡生刘德璜，生员张文癸、李品芝、刘青苑，监生刘海波、刘畅节等呈称：'匪黄生、庄弼、王俊即、赖俊勒□□，各置丐容一所，俱称船场□□丐首，鸠集四方匪徒数百，俱是年力强壮，假谓乞丐，到乡强乞，夜则偷抢。据圩市，商贾及各乡社被其茶毒……禁除丐首，并札谕圩甲长协拿解究，□情批县出示严禁，勒拘详办'等因。案□先据监生张项爵等赴县具呈，业经示禁□饬差保查□在案，兹蒙前因□饬差严挐，并札谕圩甲长拘拿严究，并合再出示严禁。为此，示仰该县军民人等知悉，自示后……以丐头名目，有结党强乞，如有不法棍徒混□丐首，聚集外来丐匪，在……勒索或乘机抢窃，藉端诈赖扰害地方者，许圩甲长协同地保……解赴县以□从严究治。如敢拘纵，察出一并治□，各宜凛遵毋违，特示。道光二十一年十月○日给。告示寔贴下发。"

189. 宁德市霞浦县松港街道岭头畲族村现存清道光二十七年（1847 年）立的《禁议示给禁丐碑》

该碑身青石质地，高 128 厘米，宽 50 厘米。

碑文："调署霞浦县正堂加十级、纪录十次、记大功九次姚○，出示严禁事。据二十五都六岭头九境村民钟廷开等具呈称：远近有贼匪棍徒并恶丐流乞潜入村户，日则强乞撒赖，夜则横行穿穴、趴墙，盗牵牛、猪、牲畜、衣服，坐地分赃，外及田禾、穗稻、园蔬、地瓜、杂粮等件……更有棍徒恶丐强乞，名曰喽啰。每逢秋收之时，呼群蜂拥，私登田园、屋宅，恶化掏摸，更敢……逞强索勒，多稍不遂意，即推残疾者，赖诈逞凶夺取。更外来棍徒恶乞流入村户，妄作胡为窃取……村民遭害，苦不胜言，利匕陷害，情实难堪……准给示，以除民害……地保、甲长务宜督率村民守望相助，日夜巡查……盗贼、恶丐、流乞毋许呼朋强索，并喜事诈讨花彩酒食等……地保、甲长人等，立即扭送赴县，以凭案律，严拏究治，断不姑宽……地保、村民等亦不妄拏无辜……各宜凛遵毋违，特示。道光二十七年十月二十九日。"

190. 厦门现存清咸丰元年（1851 年）"特授泉州海防总捕驻镇厦门分府"立的《示禁碑》

碑文："特授泉州海防总捕驻镇厦门分府，为示禁事。本年五月初三日，据吕厝乡乡耆吕顺、吕远梅、吕聿、吕春等赴厅佥呈词称：顺等住居本乡，安分守屏，缘有邻近大姓，恃充丐首，开设轿店，包揽禾山各社凶吉花礼，横行肆意扰害良民。"

191. 福州市晋安区宦溪镇弥高村现存清咸丰五年（1855 年）立的《弥高禁丐示禁碑》（图 4-129）

该碑高 174 厘米，宽 60 厘米，厚 11 厘米。碑文讲述：咸丰五年四月二十八日，时局动荡，瘟疫流行，大量百姓流离失所沦为乞丐，有些乞丐将尸体放在百姓家门前，强乞诈骗还传染恶疾，于是村民向当时的县令求助。为了警示麻风乞丐，县令特地立碑示禁。

图 4-129　弥高村
《弥高禁丐示禁碑》

碑文："……咸丰五年四月二十八日弥高乡耆等呈称：迩来竟有外方贼匪、恶丐、麻疯辄敢肆窃服物器皿，抢掠田园籽粒、杉木杂粮，结队呼群，沿门强乞，勒索逞凶，以及危病丐匪已毙尸身移置敲诈种种滋害。侯官正堂刘（翔宸），为此告示：'自示之后，倘有前项贼匪乘间肆窃服器皿，抢掠田园籽料、杉木杂粮，拒获逞凶，并恶丐、疯结队呼群，沿门勒索，及将乞丐尸身移置图诈种种扰害情事，许该乡耆等协保，立即按名捆送赴县，以凭从严惩，决不姑宽，各宜凛遵毋违，特示。'"

192. 福州市晋安区宦溪镇岭头红庙村溪边现存清咸丰六年（1856年）立的《红庙告示碑》

碑高148厘米，宽57厘米，厚13厘米。

碑文："即补分府、福州侯官正堂、加十级、纪录十次蔡（声修），为示禁事。咸丰六年二月十五日，据四十都红庙铺乡长王长盛、张其丰、社长张世千、张克珪等呈称：'窃盛等住辖红庙、青石桥、庙前、胡椒林、虎爬、牛项、白土、溪尾等墩，讵今迩来，竟有方外贼匪，往往欺盛，并有恶丐、麻疯结队呼群，据社庙，沿门强乞种种贻殃，实深惶恐。侯官县正堂刘○于咸丰六年为此示，仰该处居民人等知悉：倘有外来麻疯乞丐，着该处地保驱逐出境，勿许逗留。自示之后，倘敢成群结队，恃强索扰，指名赴县呈控，立即严拿究治，从重惩办，决不姑宽，各宜凛遵毋违，特示。大清咸丰六年三月给。"

193. 福州市闽侯县竹岐乡里洋村现存清同治四年（1865年）立的《示禁碑》（图4-130）

当时里洋村属永福（今永泰）管辖，为打击恶丐嚣张气焰，知县张鸿荃联手侯官（今闽侯）李知县合行立碑示禁，严惩劫匪强乞、勒索、移尸图诈等"犯罪行为"。碑高205厘米，宽68厘米。

图4-130　里洋村
《示禁碑》

碑文："八都散处山僻，盗窃横行，有妨耕种，更有匪徒三五成队，假为乞丐，强索不休，甚至路毙死尸，潜移勒索。此风不革，何以安良，今合行出示严禁为止。嗣后遇有盗窃，经获反敢撒赖，准解送严惩。至于乞丐，只应盏米只文，毋许结队强乞。更有路毙死尸，着地保查明，实系无主之人，报明就地收埋，毋得扰良善。倘若奸民舞弊，移尸勒诈，法尤难宥，许该乡老擒拏赴县以凭从严究办。本县言出法随，绝不宽贷。自示以后，各宜凛遵毋违，特示。"

194. 福州市闽侯县竹岐乡山洋村现存清同治五年（1866年）立的《永远示禁碑》（图4-131）

碑高150厘米，宽80厘米，碑文约600字。乞丐成群结队，极尽偷鸡摸狗之能事，尤其是麻风乞丐勒索财物，村民不堪其扰，联名呈报县衙。为顺应民心，县衙特在村中立碑告示。自公布之日起，如有违令者，乡民可协同村保等将其押送县府从重处理。

图4-131　山洋村
《永远示禁碑》

碑文："顷辄纠集数十众，恃恶强乞摧屋毁寮……伏乞察夺批示禁令，以杜祸患，以安生民……尔等如有到乡求乞，按定二八等月，每逢朔望，只许一介人进乡善求。该处乡耆随愿乐施，不准成群结党，恃众吵扰，强讨索诈，乘机窃点财物。自示之后，如敢故违，许该乡耆协同族保邻右人等，拿获赴官府，从重惩处。本县言出法随，绝不宽贷。各宜凛遵毋违，特示。"

195. 厦门市海沧区宁店村龙山宫现存清同治十年（1871年）立的《奉宪立牌》（图4-132）

该碑涉及闽南地区外事和管理问题：荷兰籍华侨宁店人李康泽通过厦门副领事巴士臣馆向海澄县状告海沧丐帮，其弟李泽杰回乡娶妻，在租用花轿时，受到丐帮刁难，且花轿租用费用由两三块白银提升为三十四元。因宁店李氏大多出洋，无处申冤，于是李氏兄弟愤而通过荷兰驻厦门领事状告当地官府。荷兰的照会将华侨李氏兄弟称为"敝国民人"，并为维护华侨回乡的权益同福建省有关方面交涉，汀诏龙道、海澄县"除照复巴领事知照外"，出面惩戒恶丐。碑文涉及闽南地方外事和社会问题，弥足珍贵。

碑文："奉宪立牌：钦加同知衔署漳州府海澄县正堂加五级、纪录五次朱〇，为严禁事。本年十一月初十日，蒙本道宪文札开：同治十年

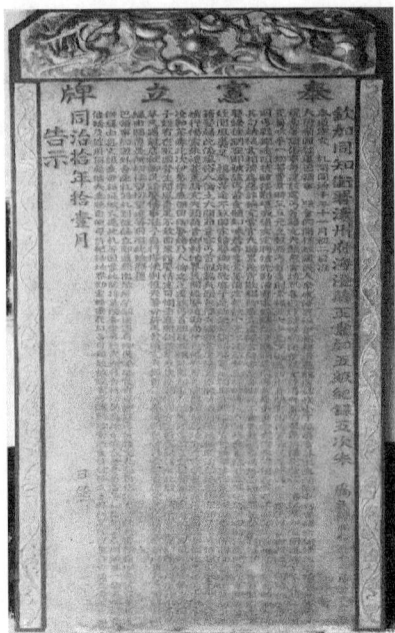

**图 4-132　龙山宫《奉宪立牌》**

十一月初二日，准大荷兰国驻厦巴领事照会，内开：据敝国民人李康泽禀称，伊祖籍澄邑龙店社了，族小丁稀，居多外出生活，乡中唯有妇女幼稚，凡诸婚姻、丧事、登科、祝寿等项俗事，每遭该处丐首藉充夫头包管地界，名曰埔头，横勒向伊该管雇用夫轿，占界霸抬，择肥肆噬。不得别雇，任听诈索多资，即如婚娶花轿、吹手一切等费常时三五之数，而丐首多则索银五六十员，省则三四十员。间有乡民贫苦莫应，恳诸女家步行获嫁，辄被该管埔头之丐首率同丐伙拦途阻挠，肆扰难堪；或侦女定聘，抢先勒借男家婚娶轿价，临期易脱，丐首居奇重索；或家养苗媳长成冠笄，亦当拆给轿费、丐礼，百般荼毒，恃其勾结棍蠹，相济为恶，诈称充当官夫，赔累差费，欺骗乡愚，定遭扰索弊害，置各乡民不啻釜鱼笼鸟，情惨曷极。兹泽弟李康杰系由贵国回乡定聘、娶妇了，佳期有即，被该丐首食髓知味，居奇多索轿价，索定要数十元以遂欲壑，忿忤抄扰，抗不预备夫轿应用，莫奈他何，势必贻误匪轻，竟到在外乡族子侄，闻风裹足，视为畏途，不敢回家婚娶，乡族几废。于是乡老咸谓积弊蔓延，相率佥赴地方官，呈请禁革在案。念泽与弟李康杰同系贵国生长，而今回籍娶妇，此系风俗人伦之大关节，岂容丐首假藉夫头，包雇夫轿，索取厚礼，又不能听便别雇，殊属罔法至极。恳请照饬禁革，等情。当查澄邑丐首如此横行，扰索彩礼，甚至藉充夫头，霸管乡村地界民间婚娶，迫勒向伊包雇夫轿，多诈银钱，最为地方之害。伏查李康泽世居龙店社，系属孱弱小乡，屡受凌勒荼毒。此次伊弟李康杰回乡娶妇，乃人伦之正道，该丐首胆敢欺视外国初回、人地生疏，定欲多索轿费，从其包雇。此等习风，殊深愤恨。以至通乡子侄有在敝国营生，闻风裹足，不敢回来婚娶，情实可悯。亟应照例禁革，未便任听扰害，合亟相应照请。为此照会，请烦查照，希即檄饬海澄县出示禁革：凡遇龙店社乡民婚娶情事，准予自行择便别雇夫轿，毋须丐首藉充夫头，霸占地界，恃强包雇，勒索扰害，俾便乡民，勒石永禁，以垂久远。仍将饬办肆由赐复，是所切祷望，切望速，等因，准此。除照复巴领事知照外，合亟札饬札到该县，立即遵照出示严禁。嗣遇有乡民婚娶情事，毋许该丐首充夫头，霸占地界，恃强包雇勒索。以免扰害，仍将遵办缘由具文报查，毋稍延纵、火速。此札。等因。蒙此，除将呈控各案另行究办外，合行示禁。为此，示仰合邑各丐首等知悉：如遇民间婚娶一切事件，应否雇轿及雇用何处轿夫，悉听自便。毋许把持地界，勒索轿价、花红各目。如敢故纵群丐临门，吵索酒食，许被扰之家即行呈控，从重严办。凛遵毋违，特示。同治拾年拾壹月〇日给，告示。"①

196. 宁德市蕉城区飞鸾镇新岩村长园畲村现存光绪三年（1877年）立的《奉县告照碑》

碑文："地保傅咸贤、傅其成、武生雷光华、耆民蓝涌波、康起风……最惨者稻麦、地瓜尚未成熟，农民不忍动手，而盗贼忍心盗割、盗掘，半遭偷窃，半遭蹂躏，触目伤心，痛恨奚极。至于桐、杉、竹木等件，稍长选择盗砍，值此茶季盗摘不绝，农民遭扰苦莫言状……据此，除呈批示外，合行出示严禁。为此，示仰二都长园附近人等知悉：尔等村内凡有田园、山场，地瓜、竹木、茶叶，各宜派丁轮流看守，勿得始勤终息。如有匪徒窃取滋扰，尔等协保拿获送县，以凭讯究，毋许徇庇隐匿，亦不得挟恨、妄拿无辜，致于并究其。各凛遵毋违，特示。"

197. 宁德市霞浦县半岭观音亭现存清光绪四年（1878年）立的《奉宪勒碑》（图4-133）

碑文："钦加知府衔尽先补用分府摄理霞浦县正堂加十级、纪录十次钟〇，为给示勒碑永禁事。光绪三年十二月二十三日。据半岭亭住持僧慧呈称：'窃治辖六都半岭驿岭岗地有观音亭，上系崇拜山峻岭，下有巨壑。清渊峰峦显曲，林木参羡，临界异常。南北官绅过还，靡不要

---

① 何丙仲. 厦门碑志汇编［M］. 北京：中国广播电视出版社，2004：438-439.

图 4-133　观音亭《奉宪勒碑》

式□旧地也于中。前僧截○有三间租于村民，约排点心，一顾行人、一助香灯起见，相沿已久矣。自同治五年，经岭会界介□□，前主事充该亭住持，彼时民情无异梵罕洁净。迩来竟有无□逻排卖点心之外加午膳，夜宿岭亭，纠同客商□，成夜聚赌博、喧哗，店主日继緜夜，污秽亵渎众神明，无避于此，尤恐匪类有可潜踪也。为地方之害，非日毕。冀于粗力为协阻。谁料牢不可破，更有贪婪未知何乡人氏，胆敢该阁下滥毒溪鱼，尤为有伤天地，所业之隐识，非□……开慈悲，一心苦不亟。恳仁台准赐予别出示照，旧排卖点心之外，永远严禁。不准开张别店，畜养鸡鸭……不已，历恳恩准出示勒碑严禁，整顿地方，佛门有功，恕无量' 等情。据此，查半岭亭观音大士素著沾鼎，理应洁净，以昭诚敬。据呈前情，除批示外，合行给示，勒碑严禁。为此，示仰该处诸色人等知悉：自示之日，尔等在于亭内照旧排卖点心之外，不得再开别店以及聚众赌博、畜养鸡鸭、滥毒溪鱼，任意糟蹋。如敢故此违，住持僧指名禀究，决不稍宽，各宜凛遵毋违，特示。光绪四年正月十六日给，贴半岭亭晓谕。"

198. 福州市晋安区宦溪镇岭头乡前洋村贤场墩现存光绪七年（1881 年）立的《贤场墩示禁碑》（图 4-134）

碑文："钦加同知衔署福州府侯官县正堂加十级纪录十次程（起鹗）为示禁事。据下贤场墩各守耕读为本，弗于外事，讵料迩来多有……之徒聚集窝厂，假捏钱债包讨，日则赶书勒索，吵扰滋祸，夜则牵窃牛、羊、猪、鸡、鹅、鸭，窃割……茶叶、竹木、果子，即使经侦获，则反逞其父母……或恃妇撒泼，胆敢携毒……聚集强讨……疯恶丐聚从强乞、移尸图诈各情……均属大干法纪，自示之后务须互相告劝，均各革面洗心，共为口善，切勿再蹈前辙……倘敢故违，准该乡耆社长等，送赴县以凭究办，决不姑宽。本县言出法随，各宜凛遵毋违，特示。光绪七年三月十日〇给。"

199. 厦门市海沧区东屿社李氏宗祠积庆堂内现存清光绪七年（1881年）立的《积庆堂牌文》（图4-135）

碑高140厘米，宽63厘米。

图4-134　前洋村《贤场墩示禁碑》　　图4-135　海沧区《积庆堂牌文》

碑文："钦加同知衔、调补漳州府海澄县正堂随带冠级，记大功八次赖荣，为包雇勒索事。本年六月十八日，据三都长屿社家长李宗毛、李应选、李佛助等呈称：'窃毛等住居长屿下社，负山滨海，土瘠民稠，凡诸婚娶、丧葬、登科、祝寿等项俗事，每遭该处丐首藉充夫头，包管地界，名曰埔头，横勒向伊该管雇用夫轿，任听诈索勒资，不得超界别雇。即如婚娶花轿、吹手一切等费，常时三五元之数，而丐首多则索银三四十元，少则二三十元；或侦女订盟定聘，抢先勒借男家婚娶轿价，临期易脱，丐首居奇重索；或苗媳长成冠笄，诈称充当官夫，赔累差费，亦当折给轿费、丐礼。间有乡民贫苦莫应，恳求女家步行，则被丐首率同丐伙拦途阻扰，孱弱乡愚不敢触其狼威，多隐忍以饱其欲。百般吵索，实难枚举。同治年间，第朱前主奉以前先文札人之本能示禁各丐首等，如遇民间婚娶一切事件，应否雇轿，悉听自便，毋许把持地界，勒索轿价花红等因，极沐严明，示时龙店社暨诸乡幸免勒索。乃今日允，该丐首等仍然把持包雇，略肆荼毒，惟长屿下社小户村等倍遭蹧

蹋，极罗强索之害，似此猖横，虎视眈眈，若不恳请宪恩赐出示重申严禁勒石，屠民奚堪横索？合亟抄粘前示，金叩乞老父母视民如伤，恩准再行出示严禁、勒石，地方以安以靖，沾感切叩'等情。据此，除批示外，合行示禁。为此，示仰该处丐首知悉：如遇民间婚娶等事，应由雇轿及雇用何处轿夫，悉听自便，毋许把持，勒索轿价花红，并不准纵容群丐临门吵索酒食。如敢玩违，许被扰之家具呈，立提认真告示办，凛然遵命毋违，特示。光绪柒年叁月拾日给贴晓谕。"

**200. 福州市晋安区宦溪镇岭头乡江南竹村水井边现存光绪九年（1883 年）立的《江南竹示禁碑》**

碑高 175 厘米，宽 50 厘米，厚 14 厘米。碑文记载侯官县正堂张，于光绪九年刻碑示禁。

碑文："四十都苞晒谷地方，界在贤场墩、石牌墩两乡之间，山林僻处，业守农耕，居处毗连，谊关族属，所愿亲疏无间，少长相安。近因生齿实繁，世风不古，或在乡开张烟馆，引诱匪徒；或聚众创设赌场，窝存歹类；或恃强包讨债项赶书，多勒酒资；或籍丐结党，呼群入乡，实为强乞；或……偷盗家私、衣服并猪、鸡、牛、羊、鹅、鸭；或乘黑夜而窃取田稻、园薯及树木、茶、桐、笋、竹，甚有拉拦擒掳，拘围勒赎，更有负载死尸，抛置门户。并曰：开烟馆本非正业，实害地方，所有祸端从兹而起……嗣后尔等务各安生理，不准开设烟馆、窝存匪类、强乞硬索、偷盗妄为，以及掳人勒赎、赶书图赖兹拢。如敢故违，一经查觉……定即严拿重惩，决不姑宽，其各凛遵毋违，特示。光绪九年六月十三日给。"

**201. 泉州晋江市龙湖镇杨林村现存清光绪十一年（1885 年）立的《严禁恶丐碑》（图 4-136）**

碑系晋江知县汪兴祎应乡人杨孙龄等人呈告，补用清军府调补晋江县正堂立的禁止当地乞丐图赖强索恶俗的告示。碑高 146 厘米，宽 67 厘米。

碑文："补用清军府调补晋江县正堂加四级随带加二级汪（兴祎），为出示严禁事。本年四月二十日，据瑶林乡职员杨孙龄、乡耆施光和、何兰淑、李心良等佥称：'伊等世居南关外十七八都瑶林乡，素外经商，家仅妇孺，凡乞丐登门，给钱一文，远近皆然。龄等照给无异。遇有凶吉事则不吝赀，向前杆柄乡该丐首领一单，其另给丐子者亦视常加厚。缘有不法恶丐，贪婪无厌，窥龄等乡小人稀，强乞图赖，索钱不已，继以索饭，稍拂意，辄抛石投秽，百端横行，难以枚举。间有双瞽病废之丐，藉端鼓氛，其横更甚。虽嘉庆九年与同治十一年乡耆两次禀请前宪徐（秉钧）、彭，均蒙示禁在案，不过一时敛迹，历久谁复奉行？延今故态复作，结党成群，恣意骚扰，视前尤暴。龄等痛家居之无宁日也，因思丐子敢于猖獗，总由丐

图4-136　杨林村《严禁恶丐碑》

者疏于约束。万一乡人不堪其扰，深恐祸生不测，不得已合沥情，金恳恩迅饬着该丐首严辖，并准示禁勒石，以垂永远。庶恶丐知儆，孱良得安。沾感切叩'等情到县。据此，除批示并谕饬丐者约束外，合行示禁。为此示仰该乡保练并乞丐人等知悉：自示之后，该乡遇有凶吉之事，乞丐如敢图赖索诈，恃众滋闹，责成约保会同丐首驱逐出境，倘敢不遵，立即扭解赴县，以凭究办。该丐首及约保练如不实力巡查约束，定即究革不贷。各宜凛遵毋违，特示。光绪拾壹年肆月〇日给，杨孙龄勒石。"①

202. 宁德市蕉城区七都镇三屿村海潮村现存清光绪二十年（1894年）立的《奉县告照碑》（图4-137）

碑文："特授宁德县右堂加五级纪录五次李〇，为出示严禁恶丐强乞以静地方事。本年八月二十九日，据八都等处乡民蓝聚春等公仝呈称：窃春等地处山僻，务农为生，终年勤苦，往往恶丐结党成群，横行乞食。每至收成之时，丐等聚夥，身怀利刃，环集田园强讨……不遂其欲，甚至持刀吓诈，拦阻打稻，不容收获。稍与计较，则装伤倒诬，鸠集多人，拼命讹赖，不服理谕。山村家数既稀，来城控告路途又远，惟

① 粘良图. 晋江碑刻选［M］. 厦门：厦门大学出版社，2002：73-74.

以无事为安，遂至任其诉索。即非收获之时，每到各家勒乞，不如其意，则鸡豚、农具皆敢窃取，'何平静之日'等情到厅，据此除批示外，责成丐首严加管束，合行示禁。为此，示喻□□蓝聚春等知悉，自示之后，如有恶丐到村强乞，任意逞习，倘敢再犯前情，准该乡民等会同地保援送赴县。恐有流丐到村，人命毒赖，地保消理，严以凭律究惩办，其各禀遵毋违，特示。光绪贰拾年玖月初三日给。"

203. 宁德市蕉城区霍童镇东岭畲族村半岭自然村村道旁现存光绪二十一年（1895 年）立的《恶丐强乞告示碑》（图 4-138）

碑高 160 厘米（含底座，其中底座高 34 厘米），宽 51 厘米，厚 9 厘米，玄武岩材质。碑额刻有"告示"二字，碑文为楷书。该碑记述了清光绪二十一年一些地痞无赖在地僻人稀的畲族村落敲诈勒索、欺压当地群众的社会现状。

图 4-137　海潮村《奉县告照碑》　　图 4-138　半岭村《恶丐强乞告示碑》

碑文："钦加六品衔特授宁德县霍童分司加五级纪录五次王〇，为出示谕知事。照得本年七月间，据十三都乡老雷云金、钟圣木、兰得明、谢芳树等佥禀：恳准详请给照出示严禁强盗恶丐以靖地方事。缘民世居十三都小石、半岭、白井、东岗界内，各乡耕山为业，所留松杉竹木屡遭强盗砍伐，又有恶丐强讨，并及鸭仔放田糟蹋产业，甚至滋事多

端害良不小等情到厅，请究饬差查明除详，请给照处理，合出示严禁。为此，示仰该乡各色人等知悉，向后仍有棍徒盗砍、恶丐强讨，以及畜生任意擅放田园残害物产，准该乡董协同地保指名具禀擒送赴厅，讯究照例详办，该乡董亦须秉公据实毋得徇私。本厅言出法随决不轻恕，各其凛遵毋违，特示，限期初二、十六。光绪二十一年八月〇日，发十三都小石地方。"

204. 宁德市霞浦县崇儒乡樟坑畲村大厝路口拐弯处现存清光绪二十六年（1900年）立的《给示严禁碑》（图 4-139）

光绪年流氓盗贼扰乱霞浦县崇儒乡樟坑畲村人的正常生活，蓝氏联系邻村村民呈文，霞浦县正堂立碑示禁。

碑文："本年十一月十九日据耆民蓝涌波、康起凤、雷朝勤等禀称：……兹缘本村近年恶丐甚多，三五成群，登门借端，强乞打扰，不遂其欲，异常吵扰，怀毒撒赖，即移尸图诈。凡过有婚嫁好事，立即结党成群，登门滋闹，强讨酒肉，乘机诈索，骚扰乡民。种种恶习，难□枚举。屡受荼毒，惨莫胜言……居住辖下卅六、七都樟坑、蜀亭、家楼、蔡坑等，在地方各务农业无异……为首：李朝禄、阙启清、蓝春风、蓝桂兴、康启淑、陈瑞炎、黄瑞锦。"

图 4-139 樟坑畲村
《给示严禁碑》

205. 福州市马尾区亭江镇亭头村光绪三十一年（1905 年）立的《亭下示禁碑》

碑高 240 厘米，宽 60 厘米，下部有榫头，无碑座。

碑文："赏戴花翎在任侯选府调补福州府闽县正堂随带加二级卓异侯陞裴〇，为出示严禁事。本年六月十八日，据……元宝山汛陈……移据亭头墩绅耆刘金桐等禀控：麻疯扰害强讨，并据丐首郑兴化以东院麻疯，现在亭头道勒索商渔各船钱文、鱼货，不遵驱逐，等情，推移请，示禁谕止等由到县准批查此案，前据闽安巡检申同前情、正在核办间，兹惟前由，除饬差谕止，外合行出示禁。为此，示仰东院麻疯江大妹、林福荣等知悉，自示之后务须各安本分，听丐首郑兴化约束，不得再行强讨扰累。倘敢故违，或经访闻，或被告发定，即提案从重惩办，其各凛遵毋违，特示。光绪三十一年七月十二日给。发亭头、东街、象洋墩、盛美、苅山墩、长柄、鳌溪墩、洪塘、西边墩，董耆立。"

## 二、乡村和宗族从乡规民约角度立碑禁丐

206. 泉州石狮市蚶江镇莲塘村现存清道光二年（1822 年）立的《禁赌碑》（图 4-140）

早年莲塘村赌风泛滥，为了教育族人勤耕励学，旅菲华侨晋丰蔡氏家族立碑禁止各种赌博行为。碑高 62 厘米，宽 44 厘米，厚 13 厘米。

碑文："公禁不许赊欠、赌博，违者公仝呈官治究……道光二年六月族长立。"

207. 厦门市同安区莲花镇澳溪村安乐村现存清道光五年（1825年）的石刻《防盗公议》（图 4-141）

碑文："公议：安乐村素系淳风，本是蕞尔弹丸之地，士农工商，安分守职。近有匪类之徒，日则借丐为由，夜则诱盗入乡。世风不古，测度难防。爰是合村乡老公议，守望相助。谨此条约，开列于左：一禁，不许外匪冒丐入乡，以及村居一二不肖，不守安分，盗窃瓜果，生端滋事。违者公议逐檄，呈官究治。道光五年乙酉荔月〇日，安乐村诸乡耆立。"

图 4-140　莲塘村
《禁赌碑》

图 4-141　安乐村
《防盗公议》

208. 宁德市霞浦县白露坑村半月里畲族村龙溪宫前现存的清道光二十六年（1846年）立的《遵示永禁丐碑》（图4-142）

清朝道光年间，流丐出没于畲族乡村，村民深受侵扰之苦。

碑文："署霞浦县正堂加十级纪录十次丁〇，为恶丐强乞等事。道光贰拾陆年伍月初三日，据武生雷光华、民人雷世锦等呈称：切（雷光）华等住豀四十六七都半路咬头村，民谨皆俯守农桑，安分守法，昼劳夜息，无预闹非冤。缘村聚集为非作歹之徒，日则藉名强乞，夜则潜窃田园五谷，延及人家、村中，农家受其扰害，较恐酿祸，忍则畅胆，情难聊生。经乡老呈明包前主荷兰蒙出示严禁，维持仰仗。恩威禁后颇得安

图4-142 半月里畲族村
《遵示永禁丐碑》

业，谁料示久法弛，弊仍复生，尤前更甚，近加不法游手好闲赌荡破败之无籍人等，兄弟入抢，其类到村强讨，给与此同（予）五谷，恶等不受，勒欲数百文钱，方肯退出村中。稍不遂欲，非坐家，充挤撒赖，即招集群丐到家，平地风波，年无虚月，受彼蹧跶，强讨荼毒难以胜数，屡经提明保甲理阻，莫奈恶何孰期恶等，尤敢声言，终欲以病将毙丐者阴背其家，图害始晓渠等手段。伏思恶丐强讨狼心不饱，则毒口既出，其事必为，民势必募集陷，废时失业，鸣冤曷极理合备情呈明叩乞电察。恩准存案，以杜后患。农民得安生业，合村群歌乐只预祝，切呈等情。据此，除批示外，合行出示严禁。为此，示仰该处居民人等知悉，尔等务须各安正业，勉为良民，毋得招集恶丐三五成群，强乞图赖，藉端滋扰，自示之后，如敢故违，许该处乡耆、地保人等指名具禀。如村中五谷及神宫、灰楼，毋许流丐窝赌盗割，亦不许丐首勒索酒食。违则呈县，以凭差拘究惩。本县言出法随，决不姑宽。各宜凛遵，毋违，特示。道光贰拾陆年闰五月〇日给岭头、半路两村子民同勒石。"

209. 福州市晋安区宦溪镇民义村现存清咸丰五年（1855 年）立的《示禁碑》

碑为花岗岩质，碑高 133 厘米，宽 36 厘米，厚 14 厘米。

碑文："前蒙邑主黄〇，准立碑，现因年久倒坏，今于严禁恶乞、棍匪等类不准入乡。咸丰五年四月吉日，闽（县）侯（官）两邑乡者公议重修。"

210. 宁德市霞浦县崇儒乡上水畲村现存清同治三年（1864 年）立的《给示议禁碑》

碑文："远近恶丐流乞、不肖棍徒藏匿都内，偷窃村民等家中物件、田园五谷黍，妄作胡为窃取……强逞凶难容，以及开场赌卜、盗砍山林松、杉、桐、楠、竹木、杂树、茶园、羊只，众多草木被扰不堪。"

211. 宁德市霞浦县崇儒乡磨石坑畲村现存清光绪十七年（1881 年）立的《出示严禁碑》

图 4-143　洋坪宫《禁示碑》

碑文："因多其间怠惰农事、游手好闲、不务正业之徒，亦复不少贪图渔利者，不畏法勾引外徒，夜集于磨石坑村，日夜开设赌场，猜压花会铜宝局，无知子弟聚赌阎输，殃害良民。赌坊一旺，而四方奸匪潜入村内，良莠莫辨。叠年以来，常有窃贼，连夜偷盗掘地瓜、偷割五谷并田园蔬菜、麦杂粮苎，登山盗砍坟荫竹木、桐、榆，盗牵牛羊等物，坐赃分肥陷害，农民有种无收。村民累见失盗，百无一获。甚至外来恶丐，呼群引赖强乞，多勒索，不顺遂即串引残疾病丐坐家，呼哧剜眼，怀毒死赖。"

212. 泉州市永春县苏坑镇洋坪村洋坪宫前现存清光绪二十二年（1896 年）立的《禁示碑》（图 4-143）

碑文："奉宪严禁，乞丐不许入乡，以及为盗作窃开庄赌博等事，祈该乡人等知悉，倘敢故犯闻官究治，毋违特示，遵此。光绪二十二年五月〇日。张、陈、王，全立。"

213. 宁德市蕉城区赤溪镇岑田畲村现存光绪三十年（1904 年）立的《奉县告照》

碑文："宁德县正堂〇，为出示严禁事。本年七月二十八日，据十一都岑田村畲民蓝先寿、洋成、同先、春顺、伏成、雷朝子、钟兰邦、清顺，地保傅咸贤、其成等呈补录：寿等岑田上下村、官后门、肥垅村，有二十多家，筑寮散处一隅，均为农业。近因恶丐群居附村，聚赌饮鸦。寿（蓝先寿）等田园锥扑蹭蹬，固已难堪。丐且欺凌地辟，男妇日出耕作，家仅女子幼孩。丐则三五成群勒讨饭米、钱文。如遇登场收获，丐则勒索田粟。若非随索随给，敢则入寮吵扰。遇便鸡只、农具，以及屋前蔬菜、柴薪，晒曝粗衫、短裤任意搜取。如值耕农归来，撞见，阻则藉端敲诈，继则引众残疾病丐扛伤，变态多方，困苦难言。况岑田地属辟处，从前那有一二流丐到门告乞，寿等给其饭米只钱，丐则欣然而去。近来农景愈歉，丐则愈增。在寿等贫民为作，尚难自给，在游手之无赖之动辄群党，何侨济为□。寿等山乡僻处，非比城市，何堪强丐勒索。如前，惟有恳恩出示严禁，俾恶丐畏法，不至强讨无厌。庶民业得安，地方安靖。为此，俱情金叩乞台前，思怜前情，示禁施行，合乡感戴，颂德千秋切理，等情到县。据此，查恶丐强乞，藉端诋扰，实为闾阎之害。据呈前情，除批示外，合行示禁。为此，示该处诸色人等知悉：嗣后遇流丐到门告乞，如实系贫无聊生者，尔等乃勿吝撮米只钱，随时施给。倘有成群结队，多方强索，甚或乘便搜取物件，及以残疾丐类抬赖滋扰，则是憝不畏法，断难稍事姑容。准尔等协同乡保获住，捆送赴县，以凭究办。但不得擅行毁打，滋生事端，致于并宪，切切毋违，特示。右仰知悉。光绪三十年八月〇日给示。"

## 第四节　福州地区禁溺女婴的历史遗存

古代因尚未有节育避孕的观念与技术，生育过多子嗣往往成为家庭难以承受之重，溺婴成为控制家庭规模、减轻负担的一种手段。

福建"八山一水一分田"，有限的资源无法承载过多人口，早在宋代就有溺婴恶俗，历代都有有识者呼吁并践行禁溺女婴，乡村社会的宗族也订立族规训诫"溺女婴"，然"重男轻女"始终未能根绝。新中国成立后基本上消除了这一愚昧、残酷的现象，但"弃女婴"和"送女婴"现象仍时有发生。

## 一、溺婴是旧中国长期存在的社会问题

溺婴，是旧中国长期存在的社会问题之一。战国时代，韩非就曾予以揭露、抨击。《韩非子·六反》有"父母之于子也，产男则相贺，产女则杀之，此俱出父母之怀衽，然男子受贺、女子杀之者，虑其后便，计之长利也"的记载。溺婴方式诸如用胎盘封堵婴儿口鼻，使之窒息而亡；或先将草木灰掩入婴儿口中，再用破布包缠婴儿头部，使之窒息；还有将温热烧酒倒入婴儿口中，令其被呛而死等；但水溺是主要方式，因而通常将各种杀婴方式统称为"溺婴"。早在宋代就有溺婴恶俗，元代以前溺婴"男女皆溺"，"虽有恒产者不免，而贫家为尤甚"。"男子承担传宗接代的任务"，每个家庭再穷也要养活男性后代，在养男养女只能取一的情况下，明清之后溺婴多局限于女婴，"溺婴"逐渐被"溺女"取代。宋高宗时，有"杀子之家，父母邻保与收生之人皆徒刑编置"的法令。对溺婴弃婴行为的抨击从未间断。西汉的王吉等人曾疾呼"生子辄杀，甚可悲痛"，甚至主张"若有生子不养，即斩其父母，合土棘埋之"（《后汉书·酷吏列传》）。元代亦严禁溺女婴，违者罚没一熟，"一曰淹杀，敢有故违，许里老邻右人等赴官举首，鞫问明白，发边充军。里老邻右人等不举者，一体治罪"。溺女陋习造成许多社会问题，诸如男女失衡，从而影响人口衍发，进而影响劳力和兵源，动摇统治根基。宋以后的统治阶级对此渐有认识，屡颁禁令，严禁溺弃婴幼。清代统治者关注溺弃问题甚早，顺治十六年（1659年），左都御史魏裔介就曾上禁"溺女恶俗"的条陈。清顺治皇帝也下令"溺女恶俗，殊可痛恨，著严行禁革"。民间溺女积习未除，乾隆年间，御史林式恭奏请"严行禁止溺女"，部议"照故杀子孙律科罪"，即"杖六十，徒一年"。乾隆二十四年（1759年）明令"永戒溺女恶习"并加以法律解释，"倘不遵禁令，仍有溺女者，许邻右亲族人等首报，将溺女之人照

故杀子孙律治罪"。嘉庆、道光、咸丰、同治、光绪各朝皆有禁令，地方上的禁诫告示，条例更多。但由于贫困抚养维艰，以及溺女的私密性，因而"溺女为俗"，很难禁绝。

## 二、福建溺杀女婴之"恶俗"遗存

福建山多地少，"民以山瘠地贫""地无遗利，人无遗力"，有限的资源无法承载过多人口。福建成为溺杀女婴较为严重的省区。据《道光福建通志》载："凡胞胎初下，（稳婆）率举以两手审视，女也，则以一手覆而置于盆……即坐，索水，曳儿首倒入之，儿有健而跃且啼者，即力捺其首。儿辗转其间甚苦……有顷，儿无声，撩之不动，始置起。"①

宋代王得臣《麈史》卷上："闽人生子多者，至第四子率多不举，为其资产不足以赡也。若女则不待三，往往临蓐以器贮水，才产则溺之，谓之'洗儿'，建、剑尤甚。"②"闽人生子多者，至第四子率多不举……若女则不待三，往往临暮；以器贮水，产则溺之。""亲生之女，无端溺毙。"③

历代都有有识者呼吁并践行禁溺女婴，乡村社会的宗族也订立族规训诫"溺女婴"，然"重男轻女"始终未能根绝。宋时理学家杨时好友俞仲宽出任顺昌知县，作《戒杀子文》，召诸乡父老为众所信服者列坐庑下，以俸置醪醴，亲酌而侑之。出其文，使归谕劝其乡人，无得杀子。岁月间活者以千计。故生子多以"俞"为小字。朱熹之父朱松，出任政和县尉时作《谕民戒溺女文》，以禁止当时民间溺女的风俗。明代"文坛奇人"冯梦龙出任"民穷财尽"的寿宁知县时，为了力挽溺女婴陋习，发布《禁溺女告示》，提倡男女平等，明确奖惩法规。

① 参见《道光福建通志》卷五五《风俗志》。

② 宋王得臣麈史书前有作者政和乙未（1115 年）自序："名曰《麈史》，盖取出夫实录，以其无溢美、无隐恶而已。"王得臣（1036—1116 年），字彦辅，自号凤台子，安州安陆（今湖北安陆）人。从学于郑獬、胡瑗，与程颐为友。嘉祐四年（1059 年）进士，历岳州巴陵令、管干京西漕司文字。为秘书丞、提举开封府界常平等事，任开封府判官。出知唐、邠、黄、鄂三州。元祐八年（1093 年），为福建路转运副使。

③ 王得臣. 麈史 [M]. 上海：上海古籍出版社，2012.

清初左都御史魏裔介上疏，说福建"甚多溺女之风"。乾隆年间，郑光策在福清县某书院掌教任上撰《与夏彝重书》，其文略谓："昨蒙询溺女一事，最为此邑恶习。土风丰于嫁女。凡大户均以养女为惮，下户则又苦无以为养，每家间存一二。然比户而计，虽所溺多寡不同，实无一户之不溺。历任各明府皆痛心疾首，出示严禁，然不得要领。不过视为具文，实于风俗无所裨益。弟平日即有所闻，旧岁夏间始得其详。细询诸生，溺女之事究系何人下手？据云，当分娩之际，母氏强半昏晕，且畏试水；男人又不入房；所有妯娌姑嫜，凡属女流，怙怯者亦十而八九，惟稳婆实左右其间。渠以习惯渐成自然，又于所乳者无丝毫血属之情，故其心甚忍而其手甚毒。凡胞胎初下，率举以两手审视，女也，则以一手复而置于盆。问存否，曰不存。即坐索水，水至淋于盆，曳儿首倒入之，儿有健而跃且啼者，即力撩其首，儿辗转其间甚苦。母氏或汪然泪下，旁人亦皆掩袂惊走，不欲闻其声，而彼雍雍然自如也。有顷，儿无声，撩之不动，始置。起整衣，索酒食财货，扬扬而去。若此地无此稳婆，母氏既不能亲其事，旁人又孰敢下手。间有一二残忍者，然亦何至如此蔓延。且民间溺女不过彼时初生割慈断爱，拼于一举。若辗转半日，既闻其呱呱而泣之声，见其手足鼓舞之状，铁心石肠必有所恻隐。既抱举半日，则虽劝之溺亦不溺矣。是此邑溺女之事，主谋固由于父母，而下手实由于稳婆。且因有下手之稳婆，故益酿成主谋之父母。严禁溺女而不严禁稳婆，非剔本搜根之法也。"①

清乾隆四十五年（1780年）进士郑光策（初名天策，字宪光、琼河、苏年，后主讲福清书院和龙岩书院。嘉庆二年，主讲福州鳌峰书院）曾描述福州地区女儿长大后"嫁女破家"，赔不起嫁妆："婚姻论财，财（彩）礼少而妆奁厚者，则骄其夫家而不执妇道，遂至辱及父母；钱礼多而妆奁少者，则家人贱之，遂至女无颜色，耻及父母。"妆奁的厚薄不仅关系女子婚后在夫家的地位，而且影响到女方家庭的声誉。厚嫁对于富裕或普通的家庭来说，都是一笔沉重的负担。②

光绪四年（1878年），翰林院检讨王邦玺在其请禁民间溺女的奏折

---

① 邓传安. 蠡测汇钞［M］. 北京：书目文献出版社，1986：87.
② 郑光策. 西霞文抄［M］. 清嘉庆十年（1805年）刻本.

中称："民间生女，或因抚养维艰，或因风俗浮靡，难以遣嫁，往往有淹毙情事，此风各省皆有。"明清时期盛行着"厚嫁"风俗，女子出嫁所陪送的妆奁十分丰厚。道光四年（1824年）起历任福建建阳、古田、仙游、诏安等县知县和邵军厅、鹿港厅同知的陈盛韶记曰："古田嫁女，上户费千余金，中户费数百金，下户百余金。往往典卖田宅，负债难偿。男家花烛满堂；女家呼索盈门。其奁为何？陈于堂者：三仙爵、双弦桌类是也。陈于室者：蝙蝠座、台湾箱类是也。饰于首者：珍珠环、玛瑙笄、白玉钗类是也。然则曷俭尔乎？曰：'惧为乡党讪笑，且姑姊妹女子子勃溪之声，亦可畏也。'缘是不得已，甫生女即溺之。他邑溺女多属贫民，古田转属富民。然则曷与人为养媳乎？曰：'女甫长成，知生父母，即逃归哭泣，许以盛奁，肯为某家妇，不许，誓不为某家妇。'盖习俗之极重难返如此，婚礼不得其正，久而激成溺女之祸，可不思拔本塞源之道乎？"[1]

　　高昂的妆奁成为一笔沉重的负担，致使富裕人家亦不愿意养女，呈现出了"贫富皆溺"的特点，如福州市现存的婴儿塔（图4-144）可为其见证。光绪年间，林纾《闽中新乐府》收《水无情（痛溺女也）》诗云："孰道水无情，无情能作断肠声？孰道水有情，有情偏浸出胎婴！女儿原是赔钱货，安知不做门楣贺。脐上胞衣血尚殷，眼前咫尺鬼门

图4-144　福州婴儿塔

关。阿爷心计忧盐米，苦无家业贻兄弟，再费钱财制嫁衣。诸男娶妇当何时。阿娘别有皱眉事，乳汁朝朝苦累伊，床上缝鞋袜，镜上梳头发。还要将来再费钱，何如下手此时先。一条银烛酸风裂，一盆清水澄心洁。此水何曾是洗儿，七分白沫三分血。此际爷娘心始安，从今不着一

　　① 邓传安. 蠡测汇钞 [M]. 北京：书目文献出版社，1986：87.

些难。所恨儿无口，魂儿不向娘亲剖。娘亦当年女子身，育娘长大伊何人？若论衣食妨兄弟，但乞生全愿食贫。岂知聋瞆无头脑，一心只道生男好。杀女留男计自佳，也须仰首看苍昊！"①

### 三、福建禁杀女婴的历史遗存

中国历代有识之士对溺婴行为的抨击从未间断，也采取过相应的禁止溺婴的措施。西汉的王吉等人曾疾呼"生子辄杀，甚可悲痛"，甚至主张"生子不养，即斩其父母"。宋代以后，面对严重的溺弃问题，朝野人士给予进一步的关注，具体表现在舆论、法规、育婴措施等几个主要方面：一是制定严厉的法令处罚"溺婴"行为；二是为避免"子嗣多负担重而溺婴"，南宋时期曾设置"举子仓"收养弃婴；三是在道德层面谴责溺婴行为，谴责"溺婴"违背儒家的"仁""善""和"等道德；四是士绅和宗族在族规家训上"训导"。

历代官府对溺婴弃婴行为多数是持"反对""禁止"态度的，中央及地方法规皆见有明文。宋代屡颁诏令严禁溺婴，宋高宗时就有"杀子之家，父母邻保与收生之人皆徒刑编置"的法令。元代亦严禁溺女婴，"违者罚没粤家财入官，并鼓励首告"。明成化二十一年（1485年）四月初七日制定了《禁约嫁娶奢侈淹死女子例》："晓谕军民人等，今后嫁娶房奁等物，务在称（己）有无，不许过奢。其所生女子，俱要收养，不许淹死。敢有故违，许里老邻右人等赴官举首。鞫问明白，发边远充军。里老邻右人等不行举首，一体治罪。如此，庶严法令以警愚顽，全养生灵，以（原）［厚］风化"等禁令。②

清军入关，朝廷制定法律严厉禁止溺女婴。《大清律例》规定，溺杀女婴，比照祖父母、父母故意杀害子孙的条例，"杖七十，徒一年

---

① 林纾. 闽中新乐府［M］. 清光绪丁酉（1897年）印本.

② 《明宪宗实录》成化二十一年（1485年）四月己未日，也记载了该条例，不过内容有出入：申溺女之禁。训导郑璟建言：浙江温、台、处三府人民所产女子，虑日后婚嫁之费，往往溺死，残忍不仁，伤生坏俗，莫此为甚，乞令所司揭榜晓谕。下都察院议，以其事旧尝禁约，但此弊不独三府，延及宁、绍、金华，并江西、福建、南直隶亦然。宜悉晓谕如璟言。上曰：人命至重，父子至亲，今乃以婚嫁之累戕恩，败俗之移人一至于此，实有司之责。自后民间婚嫁妆奁务称家有无，不许奢侈，所产女子如仍溺死者，许邻里举首发成远方。

半"。康熙时代，溺婴不仅按照杀子孙条例治罪，还对家长、邻居、保长实行连坐。光绪再次下谕："溺女必与严惩。"（《大清会典事例》）

自宋元明清以来，福建一直流行溺女恶俗，是溺女的"重灾区"，历代典籍多有记载。同时，福建在禁溺婴问题上也不断探索。乾隆二十四年（1759年）福建官方颁布《严禁溺女谕》中既"治罪明文"，又以"冥报"之理晓示"所属军民人等"，其文曰："奉前巡抚部院吴○宪示：照得天地以好生为德，父母以慈爱为本，故杀子孙，律有治罪明文。救人一命，胜造七级浮屠。今人乍见孺子将入于井，皆有怵惕恻隐之心。乃以亲生之女，无端溺毙，何以全无恻隐之心？试观牛虽蠢而犹知舐犊，虎虽猛而未尝食子。人为万物之灵，具有天良，忍心溺女，真禽兽之不如矣。况溺女冥报最为酷烈，而育女者未必不如生男。如缇萦之请赎父罪，木兰之代父从征，古来孝女，指不胜屈。故曰生男勿喜，生女勿悲。尔民何苦忍心为此？或谓嫁女奁赠需费，不知荆钗裙布，遗范可师，正无庸多费也。合行晓示。为此，示仰所属军民人等一体知悉，嗣后尔民当互相劝诫，凡嫁女者各崇俭德，不得以珠翠绮罗夸耀乡里，并永戒溺女恶习。尔等无子之人，果能誓不溺女，自能一索得男，螽斯衍庆。倘不遵禁令，仍有溺女者，许邻佑亲族人等首报，将溺女之人照故杀子孙律治罪。如系奴婢动手者，即照谋杀家长期亲律治以死罪。如系稳婆致死者，即照谋杀人为从律拟绞。其邻佑亲族人等，知情不首报者，照知情谋害他人不即阻当首告律治罪。各官凛遵毋违等因。"①

清代统治者关注溺弃问题甚早，顺治十六年（1659年）左都御史魏裔介就曾有禁"溺女恶俗"的条陈。乾隆年间，"民间溺女……部议照故杀子孙律治罪，例禁极严"。此后，所见各地方禁溺弃条例有"照故杀子孙律科罪"，即"杖六十，徒一年"。嘉庆、道光、咸丰、同治、光绪各朝皆有禁令，地方上的禁诫告示，条例更多。民国时期对溺女婴行为更为关注，处罚也更为严厉。《民国平潭县志》记："清同治八年，同知李焕莅任一载，痛潭民生女多溺死，出示严禁，犯者无赦。"②

福建省档案馆收藏的《福建白话报》第一编第二期（1904年8月

---

① 台湾银行经济研究室. 福建省例 ［M］. 1964：471-472.

② 黄履思. 民国平潭县志 ［M］. 1990：240.

15 日出版）刊载公孙《福建风俗改良论》第二编《论溺女》："走到城外乡下，看见凡近水的地方，都有立个石碑，碑上刻着'永禁溺女'四个字。"

福州郊外塘边立石禁戒溺女，在 20 世纪 30 年代还是常见的情形。李长年《女婴杀害与中国两性不均问题》（载《东方杂志》第 32 卷第 11 号，1935 年）记："……溺女最多的地方，为福建、江西两省，其中尤以福州最为流行之所在，该地郊外池沼的旁边，竖有'禁溺女'的石碑。"①

日本学者、福州东瀛学校校长野上英一在《福州考》中记曰："在城门的入口及仓前山郊外，于前清时代立有严禁溺女之石碑，这即是严禁溺女之意。这并不在于'土风丰于嫁女'这一层，而在福州则基于养女为难这一点。此风现尚存于乡村市中则已无。"②

明清时期福建溺女婴现象越演越烈。清代出台了禁止溺女的规定，并在各地立起"永禁溺女"通告碑。目前仍立于福州市仓山区城门镇梁厝村的永盛梁氏宗祠③墙角的《违禁溺女碑》（图 4-145），上面刻着"违禁溺女光绪十五年五月上洲村"，下面的字被水泥遮盖，只能看到"邹某罚"的字样。此碑当是邹某因溺女婴被罚而立的碑，对溺女婴者予以警示。

图 4-145　梁氏宗祠《违禁溺女碑》

---

① 陕西人民出版社. 守节、再嫁、缠足及其它 [M]. 西安：陕西人民出版社，1990：240-241.

② 徐吾行.《福州考》中文译稿 [M]. 福建师范大学图书馆藏手写本.

③ 福建省级文物保护单位，"福州十邑名祠"，"福建名祠"，堂号"贻燕堂"。永盛由来是此地古称"永盛里"，宋代改为"永盛南里"，"梁厝村"是宋绍兴以后才有的。始迁祖为梁汝嘉和梁汝熹。梁氏伯重从福州鼓岭茶洋（今鼓岭梁厝）迁永泰石壁，三世后又从石壁迁"永盛南里"。

现存于福州市晋安区新店镇健康村的路边菜园水沟的铺路石，长一米多，宽半米左右，上书"谕公禁溺女"（图4-146）等字样。

福州市永泰县嵩口古码头德星楼下立有《奉宪永禁溺女碑》（图4-147）。奉宪，即奉行法令、奉命之意。刻碑勒石，以存永久，这是古代宣传和保存文献的一种有效手段。巡检始于宋代，主要驻在沿边或关隘要地，协助知县管理该地区事务。从永泰县漈门巡检陆元熙，勤政爱民、教化百姓，力挽当时嵩口溺女陋习，创办"拯婴局"，救活了很多婴儿。立"奉宪永禁溺女碑"。《永泰县志·循史传》有载："陆元熙，号慎庵，浙之杭州人。同治初官漈门巡检。性廉介，鸱视势利，卓然有激浊之志。剔污弊，罢冗费，抑靡度，口不兼旨，体不重帛。约老幼士庶于乡，月谕而旬劝之服义。敦行者奖，不率者警。嵩俗喜溺女，创拯婴局，存活甚众。"

图4-146　新店镇《谕公禁溺女碑》

图4-147　嵩口镇《奉宪永禁溺女碑》

2003年闽侯青口从河中打捞上一块"宪奉永禁溺女"石碑，上下款分别刻有"光绪二年"和"还珠里保婴局公立"等字样，是保护女婴普遍采取的一项措施（图4-148）。

图 4-148　青口村
《永禁溺女碑》

福州市仓山区盖山镇上岐村上岐水井边现存《严禁溺女碑》。

该碑高 160 厘米，宽 40 厘米，厚 8 厘米。碑身上刻"严禁溺女碑"五字。该碑刻保存较好，是旧社会重男轻女陋习的实物见证。

福建溺女婴之俗，除了"重男轻女"和"地无遗利，人无遗力"外，更主要是受教育少的"愚昧"所致。因此历代统治者多从道德教化角度入手，也有从"生男生女都一样"甚或"男不如女"的观点立论者。所谓"生男与生女，怀抱一而已"修"育女者未必不如生男"，如缇萦之请赎父罪，木兰之代父从征。古来孝女，指不胜屈。故曰"生男勿喜，生女勿悲"。有从"人性仁爱"立论者。所谓"牛虽蠢而犹知舐犊，虎虽猛而未尝食子。人为万物之灵，具有天良，忍心溺女，真禽兽不如矣"。有从"轮回报应"角度立论者，如"溺女者冥报最为酷烈"并举例诸多救生得福显贵事例。也有论及生男生女乃自然规律者。所谓"万物各有族，牝牡不相离。生男不生女，娶妇谁结缡"。其他如"荆钗与布裙，未必能贫汝""荆钗裙布，遗范可师，正无庸多费也"等。如莆田周召梁《戒杀女歌》云："虎狼性至恶，犹知有父子。人为万物灵，奈何不如彼。生男与生女，怀抱一而已。生男一收养，生女顾不举。我闻杀女时，其苦状难比。胞血尚淋漓，有口不能语。咿嘤盆水中，良久乃得死。吁嗟父母心，残忍一至此。我因劝吾民，毋为杀其女。荆钗与裙布，未必能贫汝。随分而嫁娶，男女两得所。此歌散民间，万姓当记取。"

《乾隆福清县志》记载："俗有溺女者，因生女多难于养育，遂致之死。哀哉！虎狼尚爱其子，此直虎狼之不若矣。或曰，将以速生求男也。夫杀已生之子以求未生之子，稍有人心者不为。况生男有命，岂杀女所能求哉？天道昭昭，必有以报之矣。"[①]

---

① 福建省福清县志编纂委员会. 乾隆福清县志 [M]. 1987：158.

同时通过房长、宗长、族长和里正等社会贤达人士训导、劝诫。宗族则通过家训、族规等约束、化导族人。清代各姓氏所修的宗谱除了将康熙皇帝的《上谕十六条》、雍正皇帝的《圣谕广训》纳入家规、族训外，每月初一与十五均召集各位子弟，在乡约所或者宗祠宣讲《圣谕广训》等乡规乡约，同时也将"禁溺女婴"作为训诫主要内容之一。乡绅也以族规家训教化族人家人，或通过自身的善举以典范引导社会风气，对遏阻溺女之风有一定作用。

福州地区的宗族都立有族规，并载之于族谱中，除称为"族规"外，还称为"族训""家训""家诫""家规"等。如"祖父立法以禁子孙；宗长立法以禁族众；乡誉常申诫其妇女；贤士亦善劝其亲朋"。"重其望于绅看""专其责于地保""均其罪于亲房邻右"。

封建时代福建乡村存在重男轻女现象，认为女孩的养育对家庭是个累赘，女孩不能传宗接代，养女孩就是赔钱，就是给别人家养。因此民间存在愚昧、残酷地溺死女婴的恶习。不少乡绅在主修的宗谱、家规、族训中明确禁止溺女婴，宣扬珍惜女婴生命的观念，挽救了无数女婴的生命。私自溺女者，一经查出，本人夫妇及家长罚停祠内与祭饮酒三年，并罚钱三挂归会，违者公同禀官究治，决不徇情。族内生女，有初举及三朝内不育者，虽不给数，务须报知会首，非惟杜弊，正使为父母者，不致枉受杀女之谤。如，（宋）黄榦（字勉斋，谥"文肃"）为长乐青山黄氏宗族立"禁溺女"族人训，据元朝至正元年（1341年）编修、民国己未年（1919年）重修的《青山黄氏世谱》（图4-149）收录其显祖黄榦留下的"戒溺女诗"。

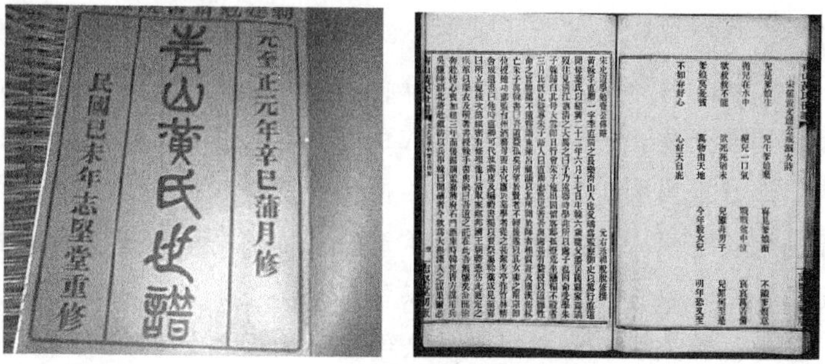

**图4-149　《青山黄氏世谱》书影**

宗族势力强盛，宗族的族长、房长等族中权威人士的劝导有一定的作用，但缺乏"惩处"的刚性，仍难以遏制溺女之风。因此士绅多从道德与"生死轮回"角度，建构"禁止溺婴"学说。

214. 厦门市翔安区马巷育婴堂清光绪十九年（1893年）立的《育婴堂碑记》

碑文："昔康诰言：如保赤子。孔子言：少者怀之。曾子言：上恤孤而民不倍。孟子言：幼吾幼以及人之幼。诚以孩提初生，鞠育保抱，需人而成。故古之圣人不惮谆谆然垂为训诫。初不意后世有身为父母，忍于自杀其子，恶俗相沿，漫不为怪，如溺女者。噫嘻！是亦人伦一大变也。溺女起于唐宋，盛于今日。于是朝廷比照祖父故杀子孙之律，悬为厉禁，而读书之士，复作诗文，杂引果报，以示劝惩，而此风终不能革。迨育婴堂设，贫者不能藉无力喂乳以为词，富者见大人先生孳孳然抱弱由己溺之怀，亦内愧于心，不令而自戒。一乡有此堂，所全活者无算。一邑一郡有此堂，所全活者尤无算。书曰：'好生之德，洽于民心。'其育婴堂之谓欤？马巷溺女之风甚炽。顾自乾隆甲午移辖至道光戊申，相距七十稔，金门始设堂育婴，而为马巷仍无闻。同治癸酉，钱塘洪君麟绶来倅是厅，轸念民依，倡捐廉泉千串，又拨赃罚壹百贰拾串，募捐殷户陆地百串，抽捐当厘、布税贰千余串，乃谋诸绅者，就厅署之东，择地营建。堂会坐北朝南，周围广约四十余丈，绕以高垣。前为头门三间，中为室如之，正祀临水夫人，左祀洪君，礼也，右祀福德神，循常例也。临街左右各有门，迤逦旁通，则两花厅在焉，室后天井，果木丛发。又复有平屋九间，可畜乳媪。此外东西相对，复有平屋各二，小厢房各一，朝南房各一，墙留夹道，微者居之。盖自祀神、宾客、寓人、办公以讫为苞为茴，罔不工坚料实，轮奂有加。经始于癸酉六月，至次年九月落成。凡土木砖石、灰瓦丹漆之需，糜金钱二千四百缗有奇。又设分堂，一切更靡壹千八百缗有奇，略及所捐募之数，其常年支销，则另筹当利。房租、土布各捐，约可得钱捌百余缗，则闻风兴起，好善者各有同心也。余以今夏承乏斯篆，捐廉购置堂头门前民田一坵，长宽各二十余弓，出租生息，以备将来起盖余屋之用。堂成，久未勒碑。至是，都人士读为文以纪。余维天地之大德曰生，圣贤之经国曰生聚。浸假残杀相寻，则人类亦几乎息矣。洪君此举，保全婴命以千万计，其用心抑何哉！然天下事善作必有善承。洪君往矣，其所以维持斯堂于不日，亦余与诸君子之责也。爰揭颠末，寿诸贞珉，以谂来者。监工为职员陈宝三，例得并书，是为记。

堂内规条：

一生女之家，果系赤贫无力养育者，无论地段远近，须脐带未断之时，抱带婴孩赴堂报明姓名、住址，并女婴生产年月日时，由在堂董事查验后，填记号簿，剪去毛发一片，作为志号，发给牌单，仍交本生之母领回，自行乳哺；

一赴堂报明育婴，查验给牌后，先发保婴钱二百文，半月以后再给二百文。此后则每月望日，将所报女婴及原领牌号由本妇抱堂点验，按月总给钱四百文；

一设堂育婴，原所以体天地好生之心。惟是马巷地方蕞尔偏隅，筹费不易，是以不能雇倩乳媪在堂育养，仍令本生之母自乳，按月给发保婴钱文，亦通权达变之一法耳；

一本堂育婴经费，并无置有产业，亦无捐集巨款，发商生息，仅藉巷辖妇女机杼余厘，是以又克久育。议定每婴每月给钱四百文，四个月限满，将牌追销，停止给发。非谓四月婴孩可以不乳而活，惟巷辖习俗，抱媳居多，是保婴四月以后，有人抱作养媳，亦因俗成风、随地制宜之一法也；

一贫苦之家产后妇故，初生婴孩乏人乳哺，亦许央同保人到堂报查，每月准给钱四百文，听其自觅亲邻乳哺，所给保婴钱文，即所以帮贴寄养之人，统以一年为限，所有报堂查验、给牌发钱悉照前条办理；

一极贫之家，夫已病故，妻生遗腹，有关嗣续，而无所依靠者，准一体报堂，格外酌增，或一年，或二年，庶于矜孤之中，兼寓恤寡之义；

一设堂为贫家救婴起见，事贵实济。如有赴堂所报住址、姓名不符，从中图钱朦混，若被巡婴之人查出，将牌追销，概行停给；

一家非贫困及生养多时，始行赴堂报明者，其中情弊多端，一概不给。倘有因报未经准给，仍前狃于积习，将婴孩溺毙者，察出，禀官究治；

一马巷出产，仅止布疋一宗。议就出布之时，酌抽丝毫。每布一疋，于购买之人多加一文，责成商贾于出布之时开明发单。令挑布之人交鳌背堂丁收存查验，于每月底由堂丁将所收一月发单寄至堂内董事，向各布商核算支取。如此些微，出者无伤于本，受者沾惠良多；

——本辖市镇诸多萧索，惟本街与刘江、澳头、新店各处较为稠密，所有零星小铺，及小本手艺，概不摊派。其余各店，每户每年抽店税一个月，业主、租户各半出钱，以昭公允而裕堂费；

——本辖典当虽然无多，而为经营之魁。允应量为资助。议定每当资本钱千串，行息二分者，每年捐抽钱三千文，以充经费而广育养。

育婴堂用款条目：

——住堂值董一名，每月薪水钱四千文，又伙食每月钱二千四百文；

——月董每月来堂两次，不论地方远近，每月开发往来轿价钱共一千六百文；

——堂内诸董事第年会算两次，伙食夫价，共开发钱八千文；

——经理账目董事一名，全年薪水钱四十八千文；

——住堂杂差一名，全年辛工钱十二千文，又伙食每月一千八百文；

——巡婴一名，全年辛工钱二十千文；

——住鳌背堂丁一人，每月辛工、伙食共钱四千八百文；

——住莲河堂丁一人，全年辛工银十八元；

——堂内油火香烛每月钱一千五百文；

——堂内每年八月十七日普度一次，定用钱拾捌千文；

——临水夫人三位，每年正月十五日、三月二十三日、九月初九日寿诞，每次定用钱壹千陆百文，共用钱肆千捌百文；

——洪公每年三月二十八日寿诞，一次用钱肆千文。

……光绪癸巳年黄家鼎撰。"

215. 漳州市云霄县博物馆碑廊现存清光绪二十八年（1902 年）立的《十文良法碑》（图 4-150）

碑高 183 厘米，宽 66 厘米。该碑为花岗岩青石质，碑额镌楷书"十文良法"。碑文亦为楷书题写，共 17 行，满行 51 字。该碑为由林镇荆（字崇楚，号湘帆。光绪二十一年进士）撰写，见证了近代闽南育婴慈善事业和社会保障制度的一段历史，也为了解清中后期民间商业活动与社会情况留下了可贵的实物信息，具有重要的文物研究价值。2006

年，被列为漳州市普查登记文物点挂牌保护。

碑文："十文良法：救婴之法，备于《劝善》诸书，而民间之溺女者如故，则以局之未设。即设矣，而经费犹有未周也，诸同人为恻然久之。光绪丙申三月，于育婴堂公款外，沿省垣例，劝捐二千份。每份逢月朔喜出铜钱十文，交铺登簿。月计二十千，年计二百四十千，渐次生息，至己亥三月止。三年统计，母利八百余千。置业勒碑，以后来生息，付育婴堂绅董收给养婴之费。窃念区区，何裨万一，特以养好生之命脉，立为善之阶梯。胥在乎，是则安得不振兴鼓舞于勿衰欤。赐进士出身林镇荆序。

十文会捐银芳名列明于左：方均三十五两、沈永观、高陈氏、黄鳌、瑞云当、黄国辅、张同仁、方沛、陈岗、吴大发、高四教堂、朱建兴、兴仁当、陈绍青、吉瑞样、陈

图 4-150　云霄县博物馆
《十文良法碑》

等、方北其、方凤鸣、陈元音、陈顺吉、郭建元、高鸿波、张高顺、陈崧、方式玉、高家玉、吴章、李清华、高吉盛、炳文社、吴飞鸿、张大利、黄清华、吴恒丰、吴源兴、吴乘礼、黄恒德、高小舍、徐振英、奉宣堂、福兴当、方绍尧、林金、吴瀛洲、陈新、郭怡秦、高梦甲、徐振扬、张福源、张超群、朱凤翔、方纯青、陈桂馨、刘荣泰、正康当、吴得利、郑源德、高王氏、元昌当、方振声、陈永成、黄树德、方长江、蔡堂、张福春，共六十五名，捐银重四百八十四两六钱四分九厘正。

计开田店列明于左：

一买过竹仔街店二间并列，坐东向西，左至巷，右至林家墙，前至路，后至陈家为界。银重三百三十两正。

一典过田二段十一石，银重一百三十四两七钱五分正。

光绪壬寅年十一月吉旦。"

不管是官府订立严厉的惩处法规，还是士绅通过族规家训来规范训导族人，都无法遏阻溺女行为，溺女之风都依然如故。由此衍生出育婴

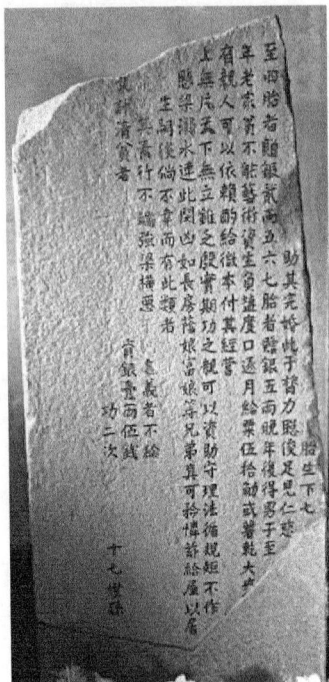

图 4-151　晋江靖海侯府
补助多子女家族成员的残碑

机构和捐助族内的"善举"（图 4-151）。

"贵男贱女，溺女多"，但多数家庭并非一女不养，而是"女多则溺之"。为避免"女多则溺之"，许多家族通过设立救助机制来化解。如，一些家族从祭田、学田（俗称"灯油田"）中划出部分对族人"有欲溺女者，止其溺而许助钱米为抚养之资"。

同时，社会也相应建立女婴堂、保婴会等慈善机构来收养女婴，以避免溺婴。清代福州府所辖十县均在城内设有育婴堂，同时一些人口多的集镇或者教堂附近也设有育婴堂。如，永泰县的嵩口、闽侯县的南屿镇等都设有育婴机构。这些措施深深影响了当地士绅，"拯婴"传统一直延续到解放初期。清同治年间，漈门巡检陆元熙（号慎庵，浙之杭州人）针对"嵩俗喜溺女"，以官员身份号召富家积德捐产以救贫女，创"拯婴局"。当时嵩口十甲每年都募集一些钱，专门用于拯救女婴。凡产女婴的贫困家庭可到"新乾利"老板林世裕处领取大米 30 斤、红糖 2 斤、红酒 5 斤及一些婴儿用品。

福州华美书局印《闽省会报》记曰："张君鹤号九皋，籍泉郡，迁省垣料理复利洋行，曩与李翁继雪友善。询及长邑（指长乐县）有溺女之习，遂动恻隐之心，于光绪二年丙子秋间解囊乐助，凡贫乏之家生女不能存养者，每月给以铜钱一千文为粮食糕饴之费，至四个月为满。至光绪四年冬间乃止，计活有女婴三百余人，计费铜钱一千三百串有奇。屈指于兹已十有三年，所救治之女婴及笄将可聘矣。"

福建颁布的《育婴堂条规》，要求全省"凡有育婴堂之处，一体饬行，实心经理，毋稍懈忽废弛，虚应故事，致干察究"①。

① 台湾银行经济研究室. 福建省例［M］. 1964：473.

康熙元年（1662 年），京师即建有育婴堂（图 4-152）。雍正年间谕令推行全国通都大邑，人烟稠密处。乾隆年间福建省颁布的《育婴条规》规定："堂内各孩，年过十二岁，即宜自食其力，不得长豢在堂，靡费钱粮也。设堂本意，原以保全殇夭。今既起死全生，年

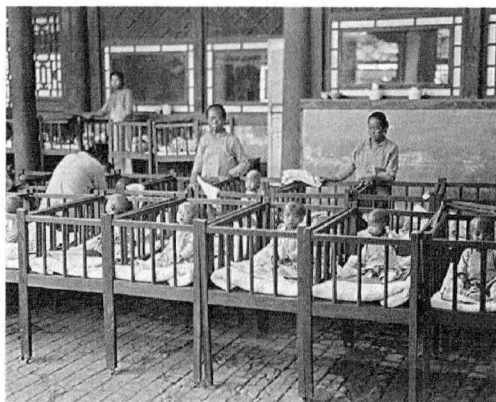

图 4-152　清代育婴堂

过十二岁，若仍归在堂长豢，不惟靡费钱粮，且至渐成游手好闲之徒。其有人领为子女儿媳，任其具呈承领。"① 福建各县先后都建有育婴堂，甚至在大市镇也有育婴堂。

一是"收"。育婴堂收养的对象或身有残疾，或有病症，或父母养不起，"凡被遗弃的男女婴孩均得收养之"，主要收养家中生有子女五人以上者。收养的婴儿一般以 6 岁以下为限（当然，超过 6 岁的流浪儿也会被收养）。但在实际收育过程中，往往出于"堂内多收一名，即民间少溺一命"的想法，对送来的婴儿一般都予以接纳。育婴堂对于抱送女婴入堂的民众，会按照路途的远近给予一定数量的"步赏钱"，以鼓励民众将弃婴抱送到育婴堂。目的都是便于人们将准备溺弃的婴儿送往育婴堂。

二是"育"。育婴堂收养弃婴，哺育的主要方式是"堂养"：雇乳媪抱回家中抚养或雇佣乳媪入堂哺乳，雇乳媪抱回家中抚养至三四岁时送回教堂，俗称"堂妹""堂俤"。

三是"送"。婴儿被送到教会育婴堂后，会被缺乏女孩的人家或准备将其作为童养媳的人家领养。

---

① 台湾银行经济研究室. 福建省例［M］. 1964：476.

## 第五节　福建古近代交通管理碑刻遗存

道路伴同人类活动而产生，是文明的象征和标志。在远古尧舜时，道路曾被称作康衢。西周时期，曾把可通行三辆马车的地方称"路"，可通行两辆马车的地方称"道"，可通行一辆马车的地方称作"途"。东汉刘熙《释名》解释道路为"道，蹈也，路，露也，人所践蹈而露见也"。商朝已经懂得夯土筑路，并利用石灰稳定土壤。同时把道路分为市区和郊区，前者称为"国中"，后者称为"鄙野"，分别由名为"匠人"和"遂人"的官吏管理。在路政管理上，朝廷设有"司空"掌管土木建筑及道路，而且规定"司守路"。秦始皇统一六国后，车同轨，兴路政，最宽敞的道路称为驰道，即天子驰车之道。唐朝时筑路五万里，称为驿道。后来，元朝将路称作大道，清朝称作大路、小路等。

历代官府重视道路管理与维护管理。道路、道头和道路建设是对外交通交流的孔道，也是文明发展的历史年轮和乡村治理的重要标志。福建今保存官府和民间立的有关道头、道路维护管理碑刻 30 余方。

216. 南平市松溪县虎山公园奎光塔下现存宋开禧元年（1205 年）立的《仪制令》（图 4-153）

唐贞观十一年（637 年），唐太宗颁发了《唐律·仪制令》，其中一条规定："凡行路巷街，贱避贵，少避老，轻避重，去避来。""准仪制令碑"是中国最早的交通规则，也是世界最早的交通规则。北宋太平兴

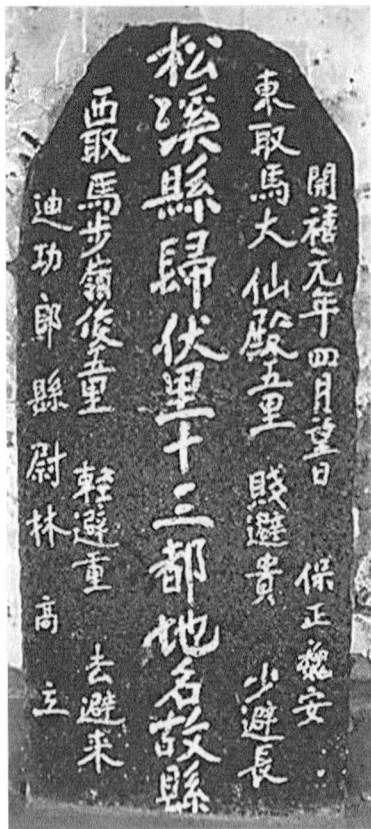

图 4-153　奎光塔《仪制令》

国八年（983年），宋太宗下令京都开封及全国各州，在城内各交通要道口悬挂木牌，写上《仪制令》，以此作为交通规则，要求百姓执行。南宋后《仪制令》由各州扩大到全国各县，又由悬挂木牌逐渐发展到刻立石碑，置放于道路的显要位置。"少避老"是指年轻人给年长者让路；"轻避重"是指轻身行路者让路于负重者；"去避来"的来者为客人，去者相对于来者，去者是主人，出于礼貌，主人应为客人让路。这三条规定展现出礼让为先的道路通行规则，是尊老爱老、谦虚克己、多为他人着想的中华传统美德的体现。但是"贱避贵"这条规定，在今天看来，就具有非常浓厚的封建官僚主义色彩了。在古代，这是一种回避制度。所谓"贱避贵"，指一切行人车马皆避官，官位低者让官位高者，奴仆及苦力人等给贵人、主人让路。

此碑立于南宋开禧元年四月望日，碑左右两边载注前后五里须恪守法规的地段名和当年经宋太宗御笔批的四句交通法规。该碑于1981年9月在旧县乡旧县村河边的码头上发现，翌年征集到松溪县博物馆，现陈列在塔山碑廊内。碑为长方形，高134厘米，宽54厘米，厚15厘米，字阴刻、楷书，共61字，为我国现存最早的古代交通法规实物之一，填补了我国古代交通规则的实物史料，具有较高的史料价值。

碑文：中间书"松溪县归伏里十三都地名故县"。右书"开禧元年四月望日，保正魏安。东取马大仙殿五里。贱避贵，少避长。"左书"西取马步岭后五里。轻避重，去避来。迪功郎县尉林高立"。

217. 南平市博物馆现存宋开禧元年（1205年）立的《仪制令》（图4-154）

此碑是1982年文物普查时在松溪县渭田镇竹贤村回头桥边的路侧发现的，现已收藏在南平市博物馆。碑高110厘米，宽60厘米，厚13厘米，左上角残缺二字。字阴刻、楷书，已风化难辨。共62字。

碑文：中间书"松溪县永宁里廿一都地名东岭村"。右书"开禧元年八月一日，义役长陈俊。东至本县七十里。贱避贵，少避长"。左书"西至浦城界二五里。轻避重，去避来。迪功郎县尉林高立"。

218. 福建省博物院现存宋开禧元年（1205年）立的《仪制令》（图4-155）

此碑是1996年在南平市松溪县渭田镇溪尾村发现的，现收藏在福建省博物院。碑呈长方形，高 150 厘米，宽 50 厘米，厚 20 厘米，字阴刻、楷书，共 71 字。

图 4-154　南平市博物馆《仪制令》

图 4-155　福建省博物院《仪制令》

图 4-156　松溪县博物馆《仪制令》

碑文：中间书"松溪县永和里廿三都地名瞿溪"。右书"开禧元年四月望日，保正吴百新。东取庆元县界十五里，西至天堂岭头十里。贱避贵，少避长"。左书"南至本县驿七十里，北至浦城县界二十里。轻避重，去避来。迪功郎县尉林高立"。

219. 南平市松溪县博物馆现存宋开禧元年（1205 年）立的《仪制令》（图 4-156）

此碑于 2001 年 7 月在花桥乡车上村发现，现收藏在松溪县博物馆。碑为青石质，上窄下宽，顶部呈椭圆形。高165厘米，上宽70厘米，下宽85厘米，厚20厘米。碑四周凿成边栏，中间凿出界边，边栏和界边把碑分成六块平面。字阴刻、楷书，约210字。

碑文：中间书"仪制令：松溪县庆元里第八都地名船坑，南取梨岭五里，县驿二十里；北取馆后五里，浦城界二十五里"。右书"开禧元年乙丑四月三日，迪功郎县尉林高立"。下书"贱避贵，少避长。轻避重，去避来"。

220. 宁德市蕉城区霍童镇邑岭垭口现存宋代题刻《准仪制令碑》（图4-157）

该石刻坐西南向东北，花岗岩质地，呈长方形，高157厘米，宽37厘米，厚10厘米。碑刻纵书3行，共16字，均为阴刻、楷书。由于碑刻风化严重，虽然部分字迹已经模糊不可辨识，但16个文字应准确无误。碑刻没有落款年号，刻字粗糙，应为民间所立，据考证应为南宋年间的碑刻。

碑文：正面刻"准仪制令"四字，字形硕大。右下方刻"贱避贵，少避老"；左下方刻"轻避重，去避来"。

221. 漳州市漳浦县湖西现存宋嘉祐四年（1059年）石刻《记柯凤夫妻造路事》（图4-158）

图4-157　邑岭垭口
《准仪制令碑》

图4-158　漳浦县湖西石刻
《记柯凤夫妻造路事》

碑文："夫小溪岭者，古之人以境号也，然且于路疏确险峨，人马径行侧身支足，岂莫碍滞矣。遂柯凤与妻郑十七娘以赀货匠，錾去其石，砌平其路，于斯寸善，可以利人用，伸布归之心，庶作当来景福，故云记尔，宋嘉祐四年己亥十月一日成书。"

222. 泉州市惠安县紫山镇仕尾村郑氏家庙院落门口现存南宋咸淳元年（1265 年）立的修路《功德碑》（图 4-159）

碑高约 120 厘米，宽 68 厘米，厚约 15 厘米，保存完好。

碑文："泉州开元寺尊胜院济阳十四代孙僧嗣昭，捐金命工用石缔刜桥台及四畔桥路，兴工于乙丑正月庚辰，毕役于孟夏己酉。工匠人等计柒佰缗足。是举也，革故址而鼎新，壮宏规而益大，其功诚可书也。谨志。咸淳改元巳月望日宗侄等立。"

223. 泉州市晋江安平桥现存明天顺三年（1459 年）立的《重修安平桥记》（图 4-160）

图 4-159　仕尾村《功德碑》

图 4-160　晋江市《重修安平桥记》

明天顺三年刻的《重修安平桥记》，碑中断为二，碑文下半截文字漶漫不清，有关单位据资料用红漆补写。该碑高 188 厘米，宽 60 厘米，额题篆书，碑文下半部已漶漫不清，后人根据资料用红漆补写。这块碑是修建安平桥现存最早的石碑，也是安海现存最古老的碑刻。

碑文："安平桥者，乃宋绍兴间有宗室赵令衿摄郡作成之。其南北两涯及中间盖五亭以便休息，事悉前碑。逮倾圮，而当南涯溪潮之处毁断尤甚。乡人以木板代跨以渡，然势危涯之一，累经重建，仅存，余皆倒灭，过者病焉。乃天顺改元，北涯者民安国广募缘，人咸乐输，遂先新水心亭，次及桥道。自北涯起，倾者砌，断者续，因复建亭于其上。是岁十月兴工，越三年八月而讫，桥亭次第一新。成之日咸为非斯，著德曷能复济人之功，如是哉谓庇记之，以示永远，乡人陈弘遂远记。著民蔡阳生、蔡逊谕、伍嗣悦、蔡四、郑勤治。天顺三年八月吉日晋南。"

224. 福州市长乐区明弘治十三年（1500）长乐邑令王涣《马江潮候图》

《马江潮候图》，长乐往返福州的船运时刻表。由于闽江及其支流受潮汐影响，江水有起落，给航运带来不便，更加上有人夜间乘船，更是危难重重。"舟工率夜乘潮以往，昼则事事，夜复乘潮而归，自昔及今皆如此。由是遭盗劫者，岁不上五六见，遇飓风而覆，溺者往往有之。"就在王涣任期内，壬戌（1502年）冬天船工16人被贼杀死。癸亥（1503年）正月，大风覆舟，死亡一百多人。岁时"群尸蔽江，见者寒胆"。责无旁贷，这位邑令说："吾为民父母，不能善政以庇我民。民之遇害犹我害之也，民之遭溺犹我溺之也！"他召集舟工会议，严禁夜航，以防不测。于是他观察闽江潮汛，测算潮汐内涵，创立潮候图，张刻在道头处，防患于未然。他的举措，立竿见影，整顿长乐至福州的水道，乘船有时刻为准，很大程度上避免了灾难的发生。这一时刻表沿用到1972年。由于福州军区司令员韩先楚主政闽省建成乌龙江大桥，天堑变通途，这一时刻表才销声匿迹。这一幅潮候图（时刻表）是明弘治癸亥（1503年）创立的，在469年漫长的岁月中，一直是长乐往返福州水运交通的指南。

《马江潮候图》：从长乐往返福州的时间表，传统以地支计时，地支：子、丑、寅、卯、辰、巳、午、未、申、酉、戌、亥。子是地支的第一位，子时，夜十一时至一时，其他以此类推。

本县去福城潮候：初一、初二、初三日辰时开船；初四、初五、初六日巳时开船；初七、初八、初九日午时开船；初十、十一、十二日未时开船；十三、十四、十五日辰时开船；十六、十七、十八日巳时开船；十九、二十、廿一日午时开船；廿二、廿三、廿四日未时开船；廿五、廿六、廿七日寅时开船；廿八、廿九、三十日卯时开船。福城回县潮候：初一、初二、初三日午时回船；初四、初五、初六日未时回船；初七、初八、初九日寅时回船；初十、十一、十二日卯时回船；十三、十四、十五日巳时回船；十六、十七、十八日午时回船；十九、二十、廿一日未时回船；廿二、廿三、廿四日卯时回船；廿五、廿六、廿七日辰时回船；廿八、廿九、三十日巳时回船。

225. 福州市长乐区文岭镇登文道现存明万历二十年（1592 年）立的《登文道碑》（图 4-161）

图 4-161　文岭镇《登文道碑》

长乐现存年代最久远的乡村治理道头、道路的碑刻是文岭镇文石村的明万历十七年（1589 年）的《登文道长社友碑》。登文道用石砌基础，条石铺面，每块石条长 10 尺，宽 1.8 尺，厚 1.2 尺，重 2 吨，双条石块并列成道，经四年铺就而成。一些条石上刻有文字，如"龙门高家舍道一门""枫林姜助造"等。明万历二十年，为了防止人为破坏，刻《登文道碑》。登文道是明清到民国时期长乐、福清及附近的学子上省、进京应试登船的重要码头，因而道头取名"登文道"。登文道是"海上丝绸之路"的重要节点，郑和下西洋前在此设祭开洋。1409 年后，郑和第三次至第七次下西洋都在此设祭开洋，扬帆出海。登文道为福州市级文物保护单位。

碑文："皇明登文道。余辈募缘造道，奔劳四载，今已成功。间有愚顽，不思工程浩大，在此系船，诚恐致坏，刻石谕知，尔等各宜体悉，违者呈究不徇。缘首何文叶、刘仁康、陈子道、陈瑾道、陈文芳、僧传兴。万历壬辰春林杰书。"

226. 漳州市浦头港崇福宫现存明万历十年（1582 年）立的《大庙码头公议碑》（图 4-162）

漳洲月港，是漳州通往海外的大港口，也是海上丝绸之路重要节点港口。浦头是九龙江西溪古道上的航运中心，明清时期是漳州出海的主要港口。浦头港古渡口为往来集散之地，民间俗称"东门金"。明末清初浦头溪成为漳厦商船的集散地，准备出海的船主都要到大庙烧香祈祷，以求平安。崇福宫内保存有明清时期古碑六通，记录有关海船停泊、贸易税收的官府规定和民间公约，是研究古代漳州贸易活动的珍贵资料。

碑文："大庙码头。公议：凡渡船在此停泊者，每日头摆渡布施钱四十文，二摆渡布施钱二十文，以为香火之费，不得违误，万历十年。"

图 4-162　崇福宫《大庙码头公议碑》

227. 泉州南安市官桥镇曙光村九溪现存明万历二十五年（1597 年）立的《九溪桥重复记》（图 4-163）

碑文："九溪旧为漳泉孔道，置邮设梁，后以艰于朴峰、弥陀二岭，改从康店。邮废梁圮，且二百年。然取捷者犹道九溪。其地会九派之水，建瓴下，盈溢倏忽。当其盈时，行人束手，待须涸乃济；即涸犹四五尺，凡提携负者、舆者皆以衣涉。乡人辇巨石星布溪上，其徒手渡者乃从石；然水常没石数寸，从石者虽足于厉，亦必解去袜履，徒跣扶杖，趹焉。穷冬冱寒，行人为病。不佞以戊辰冬葬先祖母，凡六渡九溪，冻雨中见病涉者，心恻然，祝曰：'使余他日得沾微禄，幸其梁此！'迨丙子从计偕，丁丑对公车谒，铨得浙东阳，及迁南户曹，凡十四年不得过桑梓；所至逢桥梁，辄心惕然念前负未偿。己丑出守昭州，便道归，谋诸大人，遍访于附溪，无可任事者。其地去寒家六十里，而所在皆农人，莫适与谋。甲午守制，家食三年，彷徨图之，几成画饼。

图 4-163　曙光村
《九溪桥重复记》

适东莞袁太玉父母来尹南安。南安夙称难治，弊窦玩俗牢不可破，守令法几不信于民，民视其上有赘疣心。公至，明察仁爱并行兼济，发奸擿伏如神，逆豪屏迹，利罔不兴，父老惊传谓二百年来未有。民既悦服上所规，为竞相告，言子来恐后。不佞偶以桥事告，公慨然曰：'是翊吾有司治者，当成厥举。'于是命本都里正洪有缵会耆民洪世本等董其事，首捐俸以倡之。里正既强干忠实，足胜役使，都细民又知父母注意是也。适是岁大丰，黄云被野，粒米狼戾，爱皆乐施。乃因旧石为梁，凡三道，相去各五丈，高一丈六尺。旧板用石，石去桥七十里，巨者难致，率短且小，水冲易败；今易以木，每梁用巨木四并合为一，效江浙间以铁锁，维其首于两岸，而未会架于中梁。遇水大至，末浮首维，不与水争涨，退桄而复梁；梁既高峻，水浮木者岁不能一二。民不病涉，不佞乃言曰：'事之兴废，其偶然哉！斯桥也，圮二百年，谋之复二十年，落落无绪，幸有袁父母之信于民也，又幸有里正等足使也，又幸岁丰易集也。爱竣厥役，偿厥宿心，不佞其蒙父母余庥哉！'凡募缘止于本都及有田于都者，不敢广募，以仍旧石，费仅六十金。袁父母捐俸三金，不佞助二十五金，匠役祇承砌筑如法。是秋风雨异灾，郡中桥梁多坏，独斯桥无恙，可卜永久。往来行人言不可无记，使后人之继是也。乃述始末，而勒之石。时万历丁酉秋八月吉。赐进士、中宪大夫、广西按察司副使、奉敕整饬分巡左江兵备道、前南京户部郎中、郡人黄文炳撰，同邑儒吕弼副笔。"

228. 泉州市安平桥现存明万历二十八年（1600 年）立的《水心亭碑记》（图 4-164）

碑石完好，下半部分碑文因风化严重，字迹漫漶难辨。碑文上半部经描红字迹很清晰，前六列下半部有人补写上红朱文字。碑文前六列现可见246 个字，首列 44 个字，第二列 40 个字，第六列 36 个字，其余三列均为 42 个字。

碑文："水心亭之胜，由西桥已成，旋而建之，以便休息。盖宋绍兴间郡大夫赵令衿实倡其事，而黄逸黄护泊僧惠胜为之先后也。嗣而岁久倾颓，迨我朝天顺三年陈弘道鸠众重修亭，始灿然复新，绵绵至一百二十六年有奇，而日毁月损者五十余年，时有乡先生柯实卿筑城以捍其西，黄伯善修桥以壮其趾，盖皆动念于兹。俱

图 4-164　安平桥
《水心亭碑记》

已未遑而先即世，凡东西肩者、步者，竭蹶而不获一愒，有目击慈悲，咸欲得首事之人，而资之以修。梧不揣，躬执募缘之役，先新水心亭，次及桥道。自是岁十一月兴工，越明年十月，上栋下宇，前亭后厦，庶几就绪。梧因众所欲为而为之，何敢自以为力。但众德难扬，爰纪于石。至于丹臒而华丽焉，则有待于后之君子云。明万历庚子十一月十有六日。募缘人颜嘉梧立。"

229. 福州市长乐区林世章的《坑田桥记碑》

坑田桥地处长乐玉田渡头，古代长乐南部诸乡乃至闽南一带学子，步行进京赴试的必经之路。桥呈东西跨向，两墩三孔石梁桥，全长 16 米，桥面净宽近 4 米，是明代嘉靖年间在江西任职的官员林世章倡建的。明代名相叶向高这样评价林世章："长乐以清修著者，林世章与郑威为最云。"

碑文："坑田渡口有石桥三门，创自余祖源保公，及丘仲和氏之曾祖。盖津旅耕氓称便者，百余载矣。嘉靖戊午，倭船数艘，由桥烧船登劫，桥因烬焉。自是旅咨漫，农棹涉。余当家食时，尝恻恻嗟之。顾非常之元无缓颊腾眉举也。乙丑岁，余第春官归，始上其事于代巡陈公。则下之县属，余有吉州之行。议竟格，余嗣历南北郡郎官，此事念固沾沾不忘也。今年冬余得请告还，棹抵桥下，睹断石颓没，桥成滔天之浸。问之行人，牛畜往有溺者。乃浩叹曰，兹非里中第一事哉！余将蒿目任之矣。度其费可二百余金，顾囊无赢俸，踌躇积几日，则之里长老谋焉。诸长老咸谓，吾辈久思公归，为里中起不世泽。公既以身先之，众当嗣公志者。于是发家箧，得金数十锾，畀役人为兹桥倡。众又谓故乡故贫，既累然输于义，讵能毕工。度桥之田，得桥则易而耕，曷税之田税矣，彼日招招于桥之渚者，非渡船与。薄分其利，可以益需，里富列田之家，环桥寓土著，胥有觅于吾桥，视渡船等量所入而征之，必无嚣矣。桥下颇称要津，操舟之贾日至，以义而令若助也，畴弗劝乎。他若奋筑之役，则递雇编户木椿之具，则估伐地产。而吾侪当若事者，感一心竞力，弗哗夺锱铢焉，庶几集矣。议已，余稽首再拜曰：幸哉！余孺子之志，诸长老克成之也。余将稔于邑大夫。"

**230. 泉州市祖师桥桥头现存清康熙五十二年（1713年）立的《泉州文庙洙泗桥示禁碑》（图4-165）**

碑高250厘米，记录清朝康熙年间泉州府文庙的学生黄志猷、詹允升、洪伟度、王为臣等人联合举报同为学生的于天锡，"侵填学沟七尺余，筑墙砌庭等语"，呼吁要彻底肃清。该碑为地方官员治理八卦沟违建的案子的记录。

碑文："泉州府晋江县，为桥沟已经扩清，勒石以志永久事。康熙五十二年五月初七日，

图4-165 祖师桥
《泉州文庙洙泗桥示禁碑》

蒙本府正堂加一级刘○，信票照得洙泗桥卦沟，流自巽方，汲引海潮，贯通泮水，历载郡志，为通郡发祥之地，邦之人文攸关。前因居民沟上筑墙架屋，跨木为梁，未府先经履勘，饬县拆卸外，续据举贡生监金呈，生员于天锡侵填条沟七尺余，筑墙砌庭等语。又据生员黄志猷、詹允升、洪伟度、黄士诏、王为臣等金呈，为约保欺弊，现蒙电究，公吁饬行，彻底扩清事到底。经本府传集诸生，亲临踏勘，随查看得洙泗桥沟，不容蔽壅侵占者也。本府承乏兹土，每晋谒圣庙，见河沟一带居民，以木石践跨沟者有之，筑墙架屋于沟者有之。违旧制之规，侵公家之地者，其由来渐矣。今据阖郡衿士呈请清理，本应依照旧规，一体拆卸。但念沿习已久，非创自今，只令将跨沟之木石与沟内有片石填塞者，尽行撤去；其近沟民屋，姑准暂留所有。生员于天锡屋墙，较之上下侵有三尺余，亦准暂留，只许其倾颓自毁，不许修整，如复葺治，许该地方约保报官，尽行拆毁，照旧规而止，以为侵而不悔老□。务使上下通明，振兴文教，本府有厚望焉。立等刻石以志不朽。合行饬知备案，仰县官吏即便刻石，养料立洙泗桥处所。为此，合行立石示禁，晓谕通郡诸邑人等知悉，遵照宪行事理，不许附近居民仍前跨沟占筑，敢有故违，许诸邑人等会同该约保指名闻官究治，勿违。康熙五十二年六月○日，勒石。"

231. 漳州市东山县保存清康熙五十八年（1719 年）立的《都督苏公德政碑记》（图 4-166）

东山岛自古为兵家必争之地。清康熙二十二年（1683 年）施琅统一台湾后，一度海寇猖獗，土豪恶棍藉此作恶，或与官府勾结，对出入商船进行勒索，严重影响到沿海百姓生命财产的安全，渔业生产几乎停滞。时任铜山右营游击的苏安世率

图 4-166　东山县
《都督苏公德政碑记》

领水师巡弋海上，保护台湾海峡商贾船舶，使"寇贼远遁，海氛以宁"。康熙五十八年，苏安世平海寇有功，奉调提督军门之际，铜山士民、渔船户及台湾船户吴兴佳、黄合兴、林进日、高德和，为感恩其德政，立此碑。碑高245厘米，宽90厘米，记载了铜山右营游击苏安世保护铜山与台湾渔民赖以生存的海域，维护海上运输、贸易、捕捞作业安全等内容。

碑文："铜陵海边四面，东面而□□，外洋一望渺无涯迹……不法之徒，啸聚出没，剽劫商货，为官民……既莅任，严号令，申约束……寇贼远遁，海氛以宁……渔商之舟法外宽恩，随其出入……康熙己亥年四月谷旦。铜山士民、渔船户及台湾船户吴兴佳、黄合兴、林进日、高德和仝立。"

232. 泉州市安平桥现存清雍正五年（1727年）立的《重修安平西桥碑记》（图4-167）

图4-167 雍正五年
《重修安平西桥碑记》

碑文："皇清重修安平西桥碑记：泉之有安平桥，自宋绍兴时郡守赵公令衿率泉之父老子弟为之者也。泉地濒海，桥身当南北孔道，跨两溪之江流，其长八百有十一丈，其直如绳，其平如砥，隐然若长虹卧波，行旅往来，民间负载熙熙攘攘，习而安之。阅元而明以至国朝盖数百年于兹矣，民免徒涉之险，人由坦道之遵，厥功甚伟，直与莆阳蔡端明之万安桥争烈焉。甲辰冬，予以西曹郎奉圣天子简命，来守是邦。时方连歉之后，春雩夏赈，公务殷繁且簿领劳人，无间昕夕，一切兴废举队未遑也。无何，安平镇之里民以西桥倾圮，具告万民病涉，招舟子而不答，舆徒阒咽望洋之众断断如也。予辄念之乃与邑长倡捐鹤料，为绅士先民鼓舞，竞劝趋事赴功，不待鼗鼓之督，而圮者整，断者续，不日而已落成，计所捐与所乐输几及千缗旅乃便于途，民仍利于往，贡监生黄振辉、施世榜、黄锷、黄璞、蔡知远、黄为宪等告成功于予，请予文而碑以记之，予考周司空遂人以时，平易道途，而夏令有十月成梁之制，故单子过陈，慨其泽之不陂，障川之无舟梁也，因桥之坏而修复之。邑令有司之事，太守之董其成也，而贡监生振辉等身既乐善，复能动好义之人，率众篑而成山，以利济于无涯，可不谓贤焉。闻其所上捐金册胪举众名，且六人始终协力，誓无纤毫染指以干天谴，其有功能不伐而不掩人善又如此，予深嘉之，因为文俾镌石以志其岁月，具勒贡监等六人与众好义之姓名使然后之修举废弃坠者感发而兴起焉。若谓予比隆于赵守，予何敢当焉，是为记。温陵郡守东莱张无咎撰文。雍正五年正月〇日立石鳌屿蔡伦云书。"

233. 宁德市蕉城区八都镇金垂村黄氏祖厅门外水沟现存清雍正十三年（1735 年）立的《嵇侯详宪功德碑》（图 4-168）

该碑是清雍正十三年十一月陈述金垂、东墙渡归金鳌渡户统办告示和嵇县令功德的详宪功德碑，由六都里排众捐资所立。该碑对研究六都金垂渡、东墙渡历史和清代赋役制度有重要的价值。

碑文："嵇侯详宪功德碑：奉宪饬拨金埵东墙二渡统归金鳌渡户办理记。宁德县正堂加一级嵇（岳延），为乞苏偏累事，据六都里排韩廷辅、陈永隆等呈称：都内有金埵、东墙二处，地属孔道，各隔河水箭余，官设渡船以通利济。向有颗额支给，赋役全书可考。续

图 4-168　黄氏祖厅
《嵇侯详宪功德碑》

因迁界裁革，展复后，遂责令辅等附近里民，随役供应，贫民典鬻若累难堪。见得邑东关外金鳌渡户现抽过客渡钱，利归一姓。辅等二十户，无辜驼赔金埵、东墙二处工食、船只。若乐示均，乞将二处小渡拨归金鳌渡统办，详宪勒石，利害归一，偏袒永杜等情。到县，即当查讯韩廷辅等，确有捐赔之苦，金鳌渡户实有抽傲之情。议将金埵、东墙二渡工食、船只拨归金鳌渡户统办，均其劳逸。时金鳌渡户亦情其统办三处船只、工食，投具遵依，确结前来。业经详明藩宪刘（藩长），转申抚宪赵（国麟），奉批如详，认充统办，即勒石各渡头，晓谕毋许复行派累都民，致于严究在案。续又奉抚都院卢（焯）、藩司张（廷枚）、粮道胡（宗文）、州主冷（岐晖）檄敕勒石，永除民累。蒙此，拟合镌石，以垂久远。俾六都里民世无赔累之苦，金鳌渡户得免争夺之由，则感沐列宪鸿仁，自与天地同其高厚，又岂但一时已哉。是以为记。雍正拾叁年拾一月吉日。里排①：王林富、林起凤、周维新、阮黄昌、曾彭福、韩谢辅、周立诚、林廷顺、林春旸、阮发仝立。"

234. 漳州市龙海市榜山洋西行政村渡头村现存清乾隆六年（1741年）立的《奉宪示禁碑》（图 4-169）

该碑申明河道畅通及公平使用，说明镇门的重要性，也印证了镇门渡的繁荣。

碑文："奉宪示禁镇头不许强豪霸占网位横抽碑文：龙溪县历宪饬禁镇门横渡船，邱姓儿报设船浸载，一人给钱一文，风雨早板以及婚嫁，随着叫随开，得□□另索租钱喜钱船。如违，许往来行人指名究，永远遵凛，特示遵。乾隆六年十一月初三日给勒石。"

235. 漳州市龙海市浦头港现存清乾隆十年（1745 年）立的《奉宪严禁碑》（图 4-170）

碑文："漳州府龙海县正堂，为渡船贪载等事灾。本府信票案。本道批府严禁：溪流邑各处渡口渡船载客，计银额一足钱，载多每人每水

---

① 清代沿用明代赋役法。以一百一十户为一里，推丁粮多的十户为长，共甲长十人，剩下百户，每十户为一甲。每年轮流由里长一人与甲首一人，催征租税；十年轮一周，叫做排年。某一年轮值充当里长的人，称"里排"。故碑文末所列"里排"十人，应是雍正十三年（1735 年）当年轮值的六都十里里长。文中提及里排"韩廷辅""陈永隆"，文末并未列名，应该是此前轮值的里长。

程十里，搭客船钱二文，随身行李不另取；值担货一担，减人之半，不许于定额之外多载人货，亦不许于定价之外多索钱文。风狂雨骤之时，禁其开□，并饬港员港保，不时巡查。不许勒索多载。如有地保土棍劣盗豪绅，巧立渡主名，□财□□利，违抗不遵，立即访实详究，仍取勒石示禁，□□并各凛遵，□遵依送查等因，毋忽禁示。乾隆十年六月○日立，浦头……"

图 4-169　渡头村《奉宪示禁碑》

图 4-170　浦头港《奉宪严禁碑》

236. 厦门市博物馆现存清乾隆年间立的《利济渡碑记》

碑高 43 厘米，宽 220 厘米。

碑文："利济渡碑记：此非古渡头也，因有隙地可通来往，而双桨、应舟多泊于此，利人之便，莫此为甚。数十年来，无论近远，凡有事涉川者，悉由此间渡焉，遂为鹭岛第一津头矣。地僻而小，不足以容人迹，扩而张之，在所不免，然尚以为待也。岁久日崩，平者侧之，连者断之，朝暮之间，颠偾甚众，则向所谓朝待者，今不且为急务乎？于是共谋胜举，沿海行铺、船只各出金钱。始事于十月，成于八月，计桓四十丈，广七尺，费六百余两。王国显等董其事。基固而完，版厚而直，俨然康庄大道矣。夫始之为是议也，众皆以为难，数阅月竟告厥成，使登崖者如履坦途，维舟者若适乐土，其为功岂浅鲜哉！因纪其本末而胪捐金于后，以为乐善之助。清溪解元王国鉴撰。"

237. 泉州市晋江安平桥现存清乾隆十三年（1748年）立的《重修安平西桥碑记》（图4-171）

碑文："余署分防兹地，莅政之三月，过其处，见倾敧低缺，民嗟病涉者十之三四，慨然悯之。乃请诸上台，许以缮修。捐俸外即集绅衿耆老劝助而共襄之，设法分督，专任衿士延为董首，而衿士亦竟相劝率，即劳苦不惮烦焉。于是倾者筑之，敧者正之，低者高之，缺者补之。固基址，砥石柱，使无冲崩水患之虞。庶几民歌砥矢，而海埭田亩得享乐利钦。以乾隆戊辰岁八月念一日兴工，至十一月念九日告竣，凡三阅月而桥成。"

238. 泉州市晋江安平桥现存清乾隆二十八年（1763年）立的《重修安平桥碑记》（图4-172）

乾隆二十八年，靳起柏请施士龄重修并作《重修安平桥碑记》，碑在安平桥中亭。

图4-171 乾隆十三年
《重修安平西桥碑记》

图4-172 乾隆二十八年
《重修安平桥碑记》

碑文："重修安平桥碑记：……是岁之秋，余方属诸等绅士重新朱子祠宇及平治古陵孔道三十余里，于工所进诸荐绅先生而言之，乃原任山东宁海州司马施君士龄毅然请独肩斯举。施固泉南巨族，君醇谨诚朴，乐善好施，里中人皆称之。其尊人司城公曾于雍正五年倡捐，与众同修此桥，又率都之人士再修于乾隆戊辰之岁，至是凡三任其事矣。冬，余奉差入京，癸未夏差竣回安，舟过斯桥，则见向之倾敧者今已坚固，向之折裂者今已完整。

**239.** 漳州市诏安县现存清乾隆三十年（1765 年）立的《修路功德碑》（图 4-173）

碑文："诏之西距城二里许，有地曰港澳头者，闽粤往来要冲，斥卤下浸也。明周邑侯募众筑堤，车徒称便。岁久倾颓，旧址故此迹无存。过斯处者，泥泞为患，濡轨没胫。百余年为乾隆六年，内阁中书林讳廷琏公，乐善好施，为乡邑望。常慨然曰：'潮汐上下，搴裳病涉，实堪嗟悼！奈何以是为行旅苦？'遂经营创筑，旁夹灰堤，中塞以石而坦之，绵亘蜿蜒，长广四百余丈，糜金四百有奇。向之潮潦淫于者，已庆康庄。时口碑载道，佥欲为公勒石，公固辞而众议姑寝。迄今洪波冲激，渐见圮缺。州司马讳国雄者，中书公家君也，年甫冠，高义，有厥考风。乾隆

图 4-173　诏安县《修路功德碑》

三十年依法旧修补石砌，则加覆灰土舆梁，更新铺石板，计赀百余贯焉。自是长堤孔固，永成履坦。由港头而东为良峰山，山麓皆冢也，往县之车途出为淫雨涂泥，人艰脱轶事辐，以故万舆奔冢，年年蹂躏，乃购田箕旁垫而为轨，遂使车得循梁而抬骨获安。此期，中书公未及为者。可谓善成先志矣！夫济人利物，物义举也，而往往视桑梓如秦越，惟公好行其德，众君克广其事，世德作求，后先济美我乡人虑其久而湮

也，爰寿于石以志不朽，且以劝夫好义者。双港乡、港头乡、万园乡、埔上乡、径尾乡、金山乡、东湖乡、新营乡、太平湖、永茂营、章朗乡、中央乡、程厝寨、大老湖、虎跳溪、少驿乡、高坑乡、长兴林、祥云乡、下坡乡、石盘头、五岛乡、竹篙厝、上厝乡、后埔乡、交长美、庄上乡、长茂林、霞云乡、不老林、松柏林、平洋村、大寨口、许厝寨、尖山垅、西坑乡、元中楼、磁磘砻、田头前、何厝埔、磁磘乡、枋林厝、饶平县潮坑乡。大清叁十年梅月毂旦诸乡同立。"

240. 漳州市诏安县梅岭古码头现存乾隆三十九年（1774年）立的《船户执照碑》（图 4-174）

**图 4-174 梅岭古码头《船户执照碑》**

"船户执照碑"，又称"重修洪本部渡头碑记"，碑长 200 厘米、宽 60 厘米，碑文有 400 余字，末尾写着"发给船户何一元等执照立石"。这块石碑不仅是"执照"，也是一块示禁碑，记载了一段关于船户联合反贪的历史。当时诏安当地官员以颁发执照为由勒索船户，碑文称"已烙四五百船，无人告发"。直到何一元等人揭发后，此事才引起乾隆皇帝的重视，他命令福建分巡巡海汀漳龙道彻查。后来，贪官污吏被提讯查办。政府考虑渔民出洋只是为了养家糊口，便为他们颁发执照，并立碑警示。

碑文："皇清重修洪本部渡头碑记：渡头名洪本部者，在诏邑。盖闻诸父老，相传以为洪讳旭公，筑石成津，利于行人，故名之。但造自何年，无从查考。间有补葺重修，非仅一次，无如波涛冲激，今复倾颓。我副总府郭〇来守斯土，睹涉水之□□，虑济兴之难遍，特捐清俸，以倡增修。近此津者十余户，亦欣然乐善，共襄厥成。兴工八月甫竣，计费千金有奇。是创于前者，功固可少，而振于后者，意亦良殷也。

计开：赐进士出身、兼署福建水师提标、右协副总府、左协中军游府加一级郭〇捐俸伍拾大员；恒茂栈捐银贰佰伍拾员；金恒胜捐银壹佰伍拾员；金大茂捐银壹佰大员；金合利捐银壹佰大员；金昌记捐银捌拾伍员；金文成捐银□拾伍员；金恒吉捐银□拾伍员；□□兴捐银□□伍员；□□□捐银□拾员；□□□捐银□□□；金□□捐银贰拾员；金□裕捐银贰拾大员；瑞禄号捐银贰拾员，王尚德捐银拾大员；金恒□捐银拾大员；金□□捐银拾大员……"

241. 厦门市思明路碧山岩现存乾隆五十六年（1786年）立的《疏通水道碑记》

碑高210厘米，宽73厘米。

碑文："疏通水道碑记：厦港保董事沈树名、董朝栋、蔡奇才、洪俊德、陈仕晃为碧山岩下坑沟水道积秽填塞，淋雨泛滥，居民行旅病涉，呈蒙分宪捐题倡首，遵谕疏通斯沟，筑造坑坝完竣。再恐将来复有无知，丢弃粪土瓦碎，拥塞溪流沟，恳示严禁，并蒙票着练保查究在案。谨将题收实资、费用实数逐一开载，勒石碑记。计开：厦分宪捐银拾伍元、石浔司茅二元、候选州黎四元、恒裕仓等六元（以名捐款略）计收实银乙（壹）佰四十八元，折钱乙（壹）百千零六百四十文。付工匠林泽师、清渊筑坝并碑石、土料杂费实计开钱九十七千五百文。余利补修无遗。乾隆伍拾六年端月〇日置。"

242. 厦门市博物馆现存原存于打铁街福寿宫的清乾隆五十八年（1793年）立的《重修打铁路头碑记》（图4-175）

位于打铁街的福寿宫，别名"赫灵殿"，始建于明嘉靖二十一年（1542年）。原先立于庙门外的《重修打铁路头碑记》记载乾隆五十八年的史实，指明渡头系洪旭"筑石成津"。打铁街、洪本部一带的历史变迁从一个侧面反映了厦门港口的历史文化发展，也是海湾城市历史演变的重要反映。该碑现被移至厦门市博物馆。《重修打铁路头碑记》高260厘米，宽110厘米。碑阴刻"映青楼祀业，道光九年拾月重修"。由于风雨剥蚀，字迹已经模糊。

碑文："皇清重修打铁路头碑记：厦岛虽孤悬海滨，而南北通津，不可无渡头。昔人所以有创建而打铁尤为要冲，第年久崩塌，货物出入，行人来往，恒虞颠覆。爰请参府刘公、董事翁等倡修，并开大沟，疏通道水以注海。卜吉兴工，阅六月告竣，不惜两千金之费，以利数百万人之行，是为记。

计开各业主捐题二八银额开列于左：提督中军参府刘捐银伍拾大员；陈显观出银壹佰陆拾员；余练观捐银壹佰大员正（以下捐银名录略）

董事：徐委观、吴沛观、林赞参、陈庇佑、王光竹、王仲观、杨泰观、庄鲤世、陈缘起、张尧老、陈文滔、□佛观、蔡绵。乾隆伍拾捌年瓜月榖旦，蟾亭林□□，霞□□□□。"

243. 福州市长乐区吴航镇和平街太平桥现存清嘉庆三年（1798年）《重修太平桥碑记》（图 4-176）

碑文："吾邑太平桥建诸有宋，修之前明，大清雍正年间重修，溪岸巩固，桥亭屹立。乾隆甲寅中秋后九日，夜飓风狂雨燗发，化龙岗、小有天两山溪水并出澎湃，上冲汾阳庙下荡太平桥，东西二岸崩坏，不利行人。本欲即时兴修，缘三社甫役汾阳庙貌，因以中止，越丁巳秋，三社公议，倡捐修葺。遂荷东西隅暨合营咸乐输捐，并计及城外水关阳春二桥，均与太平桥为邑中所必经之处。乘势经营，俱已告竣。太平桥东畔，以前属林姓物业，其下高纯端店地崩坏，公修通行大路，向后暨不得再建店屋，妨碍桥亭第。公项无多，役重难继，俟另捐再兴土木。

图 4-175  福寿宫《重修打铁路头碑记》

图 4-176  和平街《重修太平桥碑记》

兹以乐捐姓氏另镌诸碑，以共垂不朽云……"

244. 三明永安市博物馆保存清嘉庆五年（1800年）立的《控头渡碑》（图4-177）

碑文："古云：为善不终，不如不为。又云：莫为之前，虽美而弗彰；莫为之后，虽盛而弗迹不传。先祖次兰公，因此处河门宽阔，虽造杠梁，病涉者众。爰置渡船，乐捐田租贰拾伍硕。历招渡仔，时济往来，其田交与渡仔耕种，以给衣食，阅今百年无异，是先人乐善之意，固已为之前矣。近因渡仔弄奸私将渡过田退与别姓耕种，并提供一税捞去，而贪利之辈亦遂藉此射利，且我家子侄更或有从弊者，以致渡仔无赖渡船朽散，不顾临河者兴叹、徒涉者忧危。我等追思旧德正以盛，莫能传□终为虑，兹特将田换佃。谨竖碑牌，勒

**图4-177 永安市博物馆《控头渡碑》**

明田处于左：通知众姓、亲朋，祈为共相并顾，以垂不朽，则垂甚尔。计开洪沙口田：一碫坪分田，早租贰拾壹硕大；一碫渡坑田，晚租贰硕大；一碫坝林窠境坑坡堤窠田，晚租贰硕大。嘉庆五年庚申岁三月。"

245. 泉州市晋江安平桥现存清嘉庆十三年（1808年）立的《重修安平桥记》（图4-178）

徐汝澜嘉庆十三年所撰《重修安平桥记》。

碑文："赐进士出身晋江县知县即用直隶州同知今升台湾府知府析津徐汝润议：众之属巨桥二，一为万安，一为安平。万安、安平之建，自蔡忠惠始其桥，为泉之通，偕纪，而叠修者屡，至今完且固而安平距郡城西南六十里，地与南安接壤，由宋绍兴八年创起，历明及国朝，旋废。迨雍正四年，太守张无咎再整之，越今数十载，日就倾颓，行旅往来，咸以为不便。今夫制度不能无与废，而以时修举，俾无缺失，唯邑

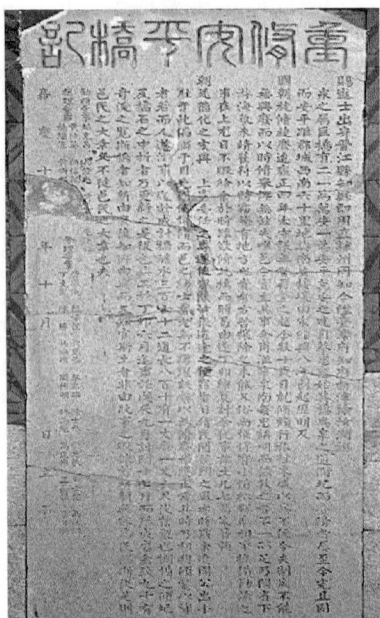

图 4-178　嘉庆十三年
《重修安平桥记》

令实主其事。余○甫莅事泉南，每思讲明而补救之者，不一而足，乃闽省下游海氛未靖，崔苻以时，窃发育地方也，贵者方苦攘除之未能，又俗尚强悍，有小情纵群率相拯循劝论之事在上，尤日不暇给。余于时虽欲修此桥，而弱曷，由丁卯维夏，计余从事兹土凡七易寒暑，赖朝廷德化之宏与上宪委任之专，遂使温陵前后道途之攘窃者日靖，民间竞斗之风亦时戢。余适因公出，小驻于此，偶触于目，先捐俸议修，而邑之绅士耆老无不踊跃鼓舞，以为修废举坠，正当其时，乃相与倾囊以资者若干人，遂从事以迄于成。计桥酾水三百六十二道，长八百有一丈，广一丈六尺，从旧制也。栏楯之倾圮及桥石之中折者乃更新之。"

246. 泉州市晋江安平桥现存清嘉庆二十一年（1816 年）立的《重修安平桥记》（图 4-179）

嘉庆二十一年黄元礼、施继辉续修安平桥。

碑文："皇清重修安平桥记：安平桥在晋江八都，安海港与南安接壤。曩予宰晋邑，尝鸠众兴修，并记其颠末于石，迄今又十稔矣。去年秋，余以知郡事再至泉州，父老复以桥圮告。盖阳侯为患，自昔已然，而以时修举，固守土者事。矧较前仅十之一，有基勿坏，不尤易为力耶？爰复捐俸倡议重修，俾附近绅耆董其事。即以是秋兴工，至次年夏仲告竣，计糜制钱百万有奇，而完固如旧，行旅便之……"

247. 南平市政和县坂头镇花桥现存清道光二年（1822 年）立的《重修碑记》（图 4-180）

坂头花桥始建于明正德六年（1511 年），清康熙、道光年间重修，清咸丰三年（1853 年）重建，民国元年（1912 年）毁于火，民国三年

（1914 年）重建，为单孔石拱木构廊屋楼阁式风雨桥，全长 38 米，孔净跨 12.2 米，13 开间，面宽 8 米。

碑文："坂头花桥……—禁：不攻乞丐住宿……；—禁：不许作木炭竹笋……违者送官究治，决不宽广宥，谨……道光二年孟冬月告旦立。"

图 4-179　嘉庆二十一年《重修安平桥记》　图 4-180　花桥《重修碑记》

248. 南平邵武市和平镇狮形山下现存道光三年（1823 年）立的《合市公白碑》

和平镇为古时福建出省通道之一，早在后唐天成元年（926 年）就有五日一圩期，每逢圩日赶圩者多达五六千人之众。清道光三年对街道进行修整，整顿集市秩序，并在和平街街口立禁碑一块。碑高 120 厘米，宽 43 厘米。

碑文为："合市公白：不许盗砍松杉竹、砍柴、挖笋，违者鸣官究治。"

"道光三年，合市修理街道。此处狭窄，上下人多，两边不许堆积卖物，违者公罚。"

249. 宁德市霞浦县白露坑村半月里畲族村龙溪宫前现存的清道光十一年（1831年）立的《水尾桥碑》（图4-181）

图4-181　龙溪宫《水尾桥碑》

碑文："盖闻善作者，贵成；善始者，贵终。欲求胜事之绵长，端赖后人修整，敕水尾有桥，由来旧矣。为霞浦各村之孔道，只缘多历年所风风雨雨，山水暴涨，以致桥梁断折，行路兴嗟，即间有二施舍之士，而艰于捐，每多易之以木，然随圮随修，不知几家。虽桥济，目前之急究，非图远大之谋，祐目击心伤，奋然独任，故相机而度势焉。盖地属平旷，自无奔决之虞，桥虽横冲，必有善下之处，翼以石板，内列横石，则载而不动，中立两石柱，则流而分，不必修造桥梁预卜子孙之昌盛，但即此，驰危途如履康庄，欢声道路，人可云有志竟成矣。然后之视今，亦犹今之视昔，所望于将来之同志者，昌有既乎。因功告竣，爰志数言俾勒贞珉。旨道光十有一年岁次辛卯腊月穀旦。半路雷世祐率弟世儒重建立。"

250. 福州市闽侯县白沙镇联坑村南山涧上远济桥头现存清道光二十三年（1843年）立的《远济桥碑》（图4-182）

远济桥又名石陌桥，为单孔木拱廊桥。两岸岩石为桥台，木拱构架为斜撑式，飞架水上，顶排架以木梁，桥面横铺木板。廊屋单檐悬山顶，高4.5米，四柱九檩抬梁式木构架，歇山顶。两侧设木护栏，全长23米，宽5米，桥身距溪底高20米。

碑文："夫以建造浮桥，原以因济渡之思，整修陆路，亦以计行迈之艰。事固贵以并举，功实难以独任。如今龙津之桥，而亦有路者，始则创自崇祯之四年，继则修诸乾隆之廿载。深无厉浅无桥，揭彼岸同登，往者过，来者续，同行共践。独是历年，又以长桥生寂寞之嗟，契世俱迁，古路极崎岖之叹。履此桥者难免于身恐坠，由是路者不无阙足因伤矣。是故，数人倡始，舍身托奔之劳；众姓咸欢，随处结捐资之处。重兴者木匠，桥既造兮，落成鸠集者，土木路既修兮平坦。然桥既造兮，路既修兮，岂但龙津已哉。则龙津而外曰下雄，曰蜞坑、曰雄尾、曰珂琦，此四桥者为龙津之同途，而今亦与龙津而俱成焉。非必横木为约，依古昔之规模，而惟此砌石为桥者，行今兹之改作。愿结良缘，共襄盛事，为善匪浅，获福无崖矣。撰缘序石井队，亦笏石司兴化吴光光，副缘首、绅带陈昭峰，绅带陈昭布、方敷诠，大清道光二十三年癸卯十二月吉旦。总缘首流源方茂津、蓝峰、郑茂安，副缘首后洋郑高贤、郑叶新。"

251. 宁德市霞浦县白露坑村半月里畲族村龙溪宫前现存清道光二十五年（1845 年）立的《水尾桥碑》残碑（图 4-183）

**图 4-182　联坑村《远济桥碑》**

碑文："……水尾有桥，为上下之通衢，实往来之要冲也，昔年……造者大率编木为桥，以通行旅，虽病涉之无虑……虞先兄佑奋力更造易木以石，原为久远之谋……道光二十有四年山水纵横，此桥断折，基址无存，往来行旅……儒，目击心伤，踵先兄之志，相木势之盛，捲石为之……固庶远而可久，兹当告竣，爰志数言，俾立于碑……道光二十有五年岁在乙巳桂月。半路里雷世儒暨侄作霖、作梅仝建立。"

252. 三明市将乐县南口镇蛟湖村现存道光十五年（1835 年）蛟湖会乡立的《公禁碑》（图 4-184）

将乐县蛟湖村，又名"南湖"，自古是水陆交通枢纽，是通往下游福州省城闽江至马尾口岸，地势开阔，依山傍水，沃野千里，自古是兵家必争之地。

图 4-183　龙溪宫《水尾桥碑》残碑

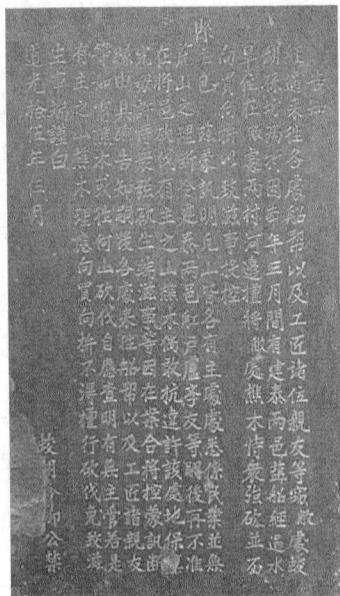

图 4-184　蛟湖村《公禁碑》

碑文："告知：经过来往各处船帮以及工匠诸位亲友等，窃敝处蛟湖、孙坊两村，因本年三月间有建、泰两邑盐船，经过水旱，住在敝处樵木，恃众强砍并不向买向拼，以致滋事投控。县主包〇兹蒙讯明，凡山皆各有主，处处悉系民业，并无荒山之理，断令建、泰两邑舡工庐孝友等，嗣后再不准在将邑砍伐有主之山樵木，倘敢抗违，许该处地保呈究，毋许恃众强砍，生端滋事等因在案，合将控蒙讯断，缘由具碑告知。嗣后各处来往船帮以及工匠诸色人等，如需樵木或往何山砍伐，自应查明有无主管，若是有主之山樵木，理应向买向拼，不得擅行砍伐，免致滋生事端。谨白。道光十伍年伍月。蛟湖会乡公禁。"

253. 福州市长乐鹤上镇宝溪庵前现存清同治十年（1871 年）立的《护路告示碑》（图 4-185）

碑文记载："钦加同知衔，署长乐县正堂加十级，纪录十次王（仲汶），为准给泐示事。本年五月念五日，据陈郑氏呈称：承夫贡生陈开协遗嘱，于上年十一月间，率孙男玉淇、玉学、玉淦、玉钏修铺岭下至庵前石路一带，迄今工竣。恐有附近居民，阴行撬毁，以便私图，应请示禁等情到县。据此除呈批示外，合行晓谕。为此，示仰附近居民知悉，尔等须知，古道重修，原属济人之事，原赉不吝，允修阴骘之功，务须同心防护，切勿妄意毁伤。斯大路不改康庄，行人无虞颠踬。示后各宜凛遵，如敢故违，定行拿究不贷。毋违。特示，右仰知悉。同治十年八月吉旦给告示。"

254. 厦门市博物馆现存原嵌于洪本部巷昭惠宫墙清光绪二年（1876 年）立的《增修洪本部渡头碑记》（图 4-186）

该碑高 210 厘米，宽 100 厘米。

图 4-185　宝溪庵前
《护路告示碑》

图 4-186　厦门市博物馆
《增修洪本部渡头碑记》

碑文："增修洪本部渡头碑记：渡头之有洪本部也，闻自洪公倡始举义，筑石成梁，因以为名。其创造时何年? 补葺经于何手? 前既莫考，后愈难稽，无容赘也。迨乾隆年间，有副总府郭〇守斯土，曾重修之。然世久年湮，涛冲浪激，倾圮特甚。等数十户忝近此津，睹淤泥之堆积，思济涉之维艰，爰与二三同志者共议增修。兴工数月，计费千金，虽集腋而成裘，亦众擎之易举。从此增高弥固，非特绍前人之休，而历久无虞，并可贻来兹之福也。是为序。丙洲举人陈采序。钦加都司、特授福建水师提标左营中军府吴捐俸银四拾大员（后有捐银芳名略）。光绪丙子仲秋〇日立。"

255. 厦门市洪本部巷里洪本部街和石浔巷交叉口一座房屋墙壁上现存清光绪二年（1876年）立的《洪本部路头告示碑》（图4-187）

图4-187　洪本部巷
《洪本部路头告示碑》

碑高88厘米，宽73厘米。碑中下部缺损。"洪本部巷"是厦禾路和鹭江道之间一条很不起眼的小巷，历史上却曾经赫赫有名，是当年洪旭的兵部衙门所在地。巷口的墙上镶嵌石碑，这块残碑对占道、违章搭建都有规定，尤其是有违章搭建者要关在笼子里游街的规定。

碑文："洪本部巷告示：调署泉州厦门海防分府……福建水师提督中军营……会衔出示严禁事。本年十一月十八日准水中营傅〇移开：本年十一月十五日，据厦门监大总馆陈世……称：窃维厦门一岛，四面临海，港深坪浅，泥淖泞漫，故当梯航轶辐……人物起落，得以登岸，甚为稳便，如洪都部路头即其一也。奈日久……贪图占地，不顾碍人，辄将傍近路头之海坪侵占，填土盖屋，无……下，海坪夹填，日伸日长，则路头从中，日形其缩。以致潮涨则路塞……停桡，为害殊非浅鲜。昌等均属该处铺户，亲见霑濡之苦，爰兴……于路头两旁，添造石碕两座，使潮汐浅之时，老幼得由斯起落……填土盖屋遮蔽路头，勒石无灵，路头仍为毁缩，往来者终病徒涉，而昌等兴修，竟属……，永远不得侵占、填筑，倘再侵占填筑，伏乞舆重惩，确示遵行……路头两旁海坪，每被愚民填之盖屋，遮蔽路头，致碍行旅。今既……移情。为此备移请烦查照布禁会衔出示，严禁洪本部头……路头载入运出，其双艚船随时畸墩，不准横强致碍行旅。

但此路头，系……，陈世昌等具禀前来，除此示外，合行会衔出示严禁。为此，示仰……填土筑屋，遮蔽路头，以及双艦横强，致碍行旅。倘敢故违，或被……严究，绝不宽贷。光绪贰年拾贰月十日……立。"

256. 福州市长乐区芳桂乡大宏里一图（今潭头镇）文石村登文道现存光绪十一年（1885年）立的《重修登文道碑》

碑文："登文道为北乡大渡头，始创于明季，重修于国初。道成之岁，适里人陈观、陈澜两昆季捷南宫，因以登文名。亦志喜意也。第是港水深而险，海潮冲撼基址，最易动摇。自乾嘉以来，盖屡修改屡圮矣。旧秋法夷犯顺扰海疆，廉防裴（荫森）公来此填泞，见是道之倾欹坍塌，行者苦之。爰超绅者谋重修，嗣以工程浩大，经费难筹，跨踷久之，旋调属船政去，事遂中止。逮旧冬观察方公统师驻此防海，而管带炮台，都戎林公立以前事，请观察慨然欲成，廉访未竟之志，亲诣履勘设法规，预期于价廉工省奏功易而植基坚，函请廉访捐资先为之，倡并建亭于路间，以为行人休憩之所。谕令雍等场出劝募经其事。雍等窃喜二公志在济人

图4-188 大宏里《重修登文道碑》

之，大有造于斯土地，致不勉效征劳，乐襄善举，继自今厦道坦坦，易危而安，凡由是路者观，碑之屹立有不共拜仁人之赐也乎。兹叙二公德政，并附勒名乐捐姓名于后，以明善与人同之意去尔。陈招税渡商县令楼○捐拾贰员，二品衔署理船政大臣裴（荫森）捐贰拾两，都司衔管带崖石炮台即补守备林○捐贰拾员，二品衔统领潮普军、前署汀漳龙道遇缺题奏道、克勇巴图鲁方○捐一百员，同知衔管带湖普中营补用知县方○捐贰拾员，三品衔候补道江苏即补知府里人柯玉、陈敬叁拾员，同衔候选州同、里人陈向韶捐贰拾员，陈大璋陆员，刘梓敦五员，（刘）惠敦四员，五品衔廪生里人刘立诚捐壹拾员。总理同知衔栋选知县里人柯雍序并撰，五品衔里人刘守标、五品衔县里人郑祖成。光绪拾壹年柒

月吉日立。"

257. 泉州市晋江安平桥现存光绪十二年（1886 年）立的《重修安平桥记》（图 4-189）

图 4-189　光绪十二年
《重修安平桥记》

光绪十二年林瑞岗、蔡启昌等人倡修，陈楷所撰碑记。

碑文："盖闻津梁之渡，所以通往来，而倾圮之忧，尤所以阻行旅。安平之西，鸿江巨浸，中有石桥焉，上通泉郡，下抵厦漳，诚行程之不断，而捷径之可通者也。伊古以来，重修者屡，勒碑纪功，固已林立，知天下事无成而不敝之理。故数年来风雨潮浪冲激，而势复就圮。幸安海林君瑞佑、瑞岗，漳州寮乡蔡君启昌、德浅皆素称乐善、见义勇为者，顾而心恻，欲倾囊劝众修葺，而商诸晋南邑同志者，相与广招善士，募金而董成之。自癸未十月兴工，越乙酉葭月告竣。"

这次重修，共捐来银两壹仟六佰叁拾元，筑雨亭贰座、碑亭一座并修桥面，下基新筑计十五墩贰十三坎。

258. 福州市长乐区城东隅府（虎）埕顶现存民国十五年（1926 年）立《长乐县公署示碑》（图 4-190）

20 世纪初，美国公理会传教士在县城东隅府（虎）埕顶筹建圣教医院，趁机圈点周边侵占道路。乡民周恰恰一纸诉状将洋教士告到县公署。当时长乐县知事陈世彬判决：以溪为界，溪东地属圣教医院，溪西地属府埕顶村民，并在圣教医院门前石桥桥面上錾字明示世人。"长乐县公署示"碑一座，长 2.1 米，阔 0.48 米，碑座长 0.9 米。碑文中的"不法之徒"指的是洋教士。

碑文："长乐县公署案据民人周恰恰等呈称府埕顶地方有公用泉井旁公路一条，系人民通行道路，恐有不法之徒恃强堵塞妨害交通，伏恳钧署出示禁止等情。查周恰恰等所请一节确系公路，嗣后无论何人不得堵塞妨害交通。合行布告一体，凛遵此布！民国十五年一月，知事陈世彬。"

259. 漳州现存民国二十五年（1936年）立的《新兴增福桥石碑记》

漳州增福桥是连接北岸米市与南岸鱼市的一道捷径，也是东乡人流、货物出入漳州城的必经之地。据《新兴增福桥石碑记》文载，增福桥原为木桥，清康熙年间，福建提督蓝理出资铺造。约至乾隆年间，桥梁糟朽不堪，才改建成石桥。增福桥属卧梁式石砌桥，桥墩砌舰首形，原为二墩三跨，现存一墩二跨，三组石梁铺成桥面，每组石梁由六片条石拼铺而成，石梁长4~6米，宽、厚各约60厘米。

图4-190　东隅府（虎）埕顶《长乐县公署示碑》

碑文："新兴增福桥石碑记：浦有枋桥，由来久矣。上通霞城，下接石镇，民无病涉，盖前任提督蓝德泽所敷也。于今，枋板腐析，商旅往来，有颠踬之苦。还欲费力填补，黎老量度，叹修葺之难！僧宏义，住持大庙，出入经阅，未□不肃然感极，窃欲造石桥，永垂不朽，未敢轻举。甫闻凤林社周文美，素称风活，铺造不休，乃向募为缘首；同得内市中李侯观、陈祐观、卢定观、黄意观、林合观、蔡孟恭、陈天生、陈荫亨、陈注观、许仲元、曾九观、陈理玉、张天助、陈喜老为董事。鸠众募缘，幸一唱言和。爰是，报土兴工。在本年花月念七日寅时破土，连工接续，越麦月望日未时，石梁升架，无有阻无有窒，至荔月十八日竣工谢土。首主，董事，凡助缘匠工人等，福有攸助。兹告厥其成，谨将姓名勒石以志功德云尔。凤林社周文美助银叁拾贰员……苏振坚、苏奕连各捐大六元，苏文盛捐大四元。（以下姓氏捐金略）民国廿五年春立。"

图 4-191　尚书第后花园
《奉宪联甲碑》

260. 三明市泰宁县尚书第后花园现存清道光十五年（1835年）立的《奉宪联甲碑》（图4-191）

碑文："署武府正堂陆○为劝谕自行联甲以卫闾阎，而收寔效事。照得各乡联甲，为除匪安民善法，乃历年奉行已久，民间仍有推诿退缩者，闻系章程繁琐，视为具文或以充当联首惧有扰累转致疑虑不前。

本署府于就属地方，悉心体访，深知民情不便，特思酌量变通，设立联甲简便之法。禀明大宪批示遵行，并饬各县遵办外，合将现办事宜列条晓谕。为此，示仰阖郡绅耆军民人等知悉，务各遵照后开结谕旨寔力奉行。不查户口，不派胥差，易知易从，是因为简便，自己联结保护自己，贫富可以相安，昇平可以共享，所有简便法开列于后：

一联首领给木戳，专司保助，原与地方练保不同，既以安分之人承充。地方官应加优待，毋使与下役为伍，其地方钱粮命盗词讼一切概不干涉，永无后累。地方官也断不以他事传唤当差。如果该联首能于一年之内任劳任怨，并无贻误，县令即以花红匾额奖赏，三年有效，由县详明。

大了，大宪给匾嘉奖，如系乡者，详给民顶带，以示鼓励。倘若有受贿容隐及挟嫌诬陷情事，亦即立予斥退，治以应得之罪。

一村联甲，相度地势远近，大村则一村联为一甲，小村则数村联为一甲。每一甲官给大黄布旗一面，悬挂村内，上写某村联甲。每村共置一锣一梆，每至昏夜起更，共击锣梆三次，以壮声势，彻夜支更巡逻，如遇盗警，各村一闻锣声立即驰往，并力救应，不得观望。如远，攻联首禀究。

一联甲之法，贫者出力，富者出钱，方足以固众志，而收寔效，各联首应就大乡毁亡娥劝，如有情愿捐赀者听其酌量，题捐交本乡第一，毁户收领存贮，会同联首立簿登记出入。无事之时，按户轮流出丁，分……支更，一遇盗警，协同擒捕，其支更灯烛以及捕盗壮丁饭食即于公费支销，凡遇地方官或访闻某处有匪或闻某乡失事，需用乡勇，传单一到，联首协同即齐人听用，不得临期违误。

一各乡附近山场，凡有纸厂、炭厂、篮厂、茶厂、靛厂等处责成联首协同乡民一体稽查，不得容匪，仍取山主及地保切结存案，如敢容匪，并将山主地保惩究。至于无人空寮、枯庙最易藏奸。联首务须不时查缉，遇有过路匪徒，亦即盘查、擒送。

一联由事关紧要，地方官不时亲临稽查，如有阳奉阴违，稽察不力，惟联首是问，至于地方官下乡随从人火食盘用并书役饭食纸张等项均由本官捐给自备，断不丝毫扰累。如有不肖书役私行需索，许即指禀立提重究。至四县已办联甲，地方只须照旧办理，不必更改，其余未办各处务须遵照举行，毋负。本署府一片苦心毋违，特谕。大清道光十五年乙未岁九月二十日给谕旨北乡崇化保敬立。"

**261. 三明市泰宁县尚书第后花园现存清光绪十六年（1890年）立的《利涉石桥碑记》（图4-192）**

利涉桥，位于泰宁县南门外，原为木拱廊桥，多次毁于水火。最后一次建木拱廊桥，刚竣工，因桥面上设有神龛，当地居民纷涌上桥点烛燃香引发火灾又被烧毁。时任县知事白荆瑞、邑人署永福县训导欧阳铭、花翎尽先补用游击江亮工等人带头捐俸，于清光绪十六年重建为后拱廊桥。此碑记录了该桥建造的历

图 4-192　尚书第后花园
《利涉石桥碑记》

程及集资募捐、建桥主事人等，是古代乡绅治理的一个侧面，具有较为重要的历史价值。

碑文："盖闻徒杠成，而人无褰裳之苦；舆梁成，而车无濡轨之忧。此固王者爱民之政，亦为邦之要务也。粤考治郭外，溪河环绕，各门外设有桥梁，惟南门外隔崖更形辽阔，桥亦较长，且南北通衢，行人接踵，旧制创造木桥，焚于火者三，荡于水者二。历费经营，不少息焉。迨乾隆壬辰（三十七年）春后，始行劝募伐木为桥，垒石为础，铺以砖板，覆以瓦椽。桥南首设有观音佛座，与西首杉津桥对峙，如长虹偃水蔚然可观，矣予戊子（光绪十四年）秋季，檄来宰是邦，亦视此桥为襟带之雄，讵料己丑（光绪十五年）元夕，庶民咸往是桥，燃烛焚香，不戒于火，灾及全桥。计：乾隆辛亥（五十六年）建墩工竣至光绪庚寅（十六年），甫及一年，虽毁于火，幸楗石无甚害焉。予责在司牧，愧无善政，能不关心民瘼乎。昔朱子官南康横渠令云：岩皆亟然为之。诚以徒杠舆梁，王政之所不废也。意欲重建斯桥，易木为石，为永远计。予虽室处悬鱼，窃愿捐廉倡助，然功用浩繁，措筹匪易，一杯之水，何济车薪，且泰邑葭尔，弹丸山陬，瘠壤又不堪轻取民财，而都人士苦于物力，夙夜图维，似有难于轻举，爰集阖邑晋绅商议，强维者什之一，缄默者什之四，且物议纷纷，咸谓是役虽成，予几费踌躇，决计创造，期于有成，乃进雍正绅士、乙酉拔贡署永福县训导欧阳铭，花翎尽先补用游击江亮工二人者，协力同心，共襄义举，总理其事，愿先捐出资助并愿广为劝募，于是遍谕城乡坊社，随缘捐助，复遴集诚谨介洁者二十余人为襄理，各董其事。而捐户亦踊跃乐捐，共输番钱约万金，地方瘠苦而集腋成裘，获有巨款，知急公好义者，斯邑正不乏人也，是役也。乙丑四月兴工鉴石，庚寅五月兴工筑造，九月朔越有三日，五洞合垅，是日行桥通，当予解组之候，未能乐观厥成，不无太息。所赖诸君子慷慨，不惜时劝募者，不辞劳辛。董事者洁廉奉公，相与有成，方免物议，斯则予之厚望也，夫是为记。予经解组，其在事捐资出力姓氏及度支条目，总工未竣，未能备载，以待大工告成后，逐一载明碑阴，俾循名覆实，有所稽考云。光绪拾陆年季秋月知泰宁县事、驻防湖北荆州长白荆瑞谨撰。"

# 第五章　福建古近代水资源管理碑刻遗存

## 第一节　福建古近代水利管理

人类修建水利工程就是一项伟大的科学创造。我国人口众多，因而自古重农，举凡"水利灌溉、河防疏泛"历代无不列为首要工作。农业在国民经济发展中具有决定性意义，而水利是农业的命脉。我国几千年文明历史，勤劳、勇敢、智慧的劳动人民同江河湖海进行了艰苦卓绝的斗争，修建了无数大大小小的水利工程，有力地促进了农业生产。

福建地处东南沿海，山海相依，地形以山地丘陵为主，世人称其为"八山一水一分田"。平原多集中在东部沿海，主要有福州平原、莆田平原（兴化平原）、泉州平原、漳州平原四大平原。农业占主导地位，但农业生产仰赖于水利。尤其是沿海地质多为冲积而成的，透水性强，易涝易旱。民谣曰："九日晴天闹干旱，连雨三日掩街亭。"闽江、九龙江、晋江、汀江、木兰溪、赛江等径流短，上游和中游受雨面积广阔，降雨量较大时，急速向下泄的雨水很短时间内会汇集到这片区域里，造成水位猛涨，水灾经常发生。福建虽然降水量多，水源充足，但各流域的农业生产也仰赖于水利建设与维护管理，尤其沿海地区因土地多为冲积的沙质地，保水差。干旱之年，井泉干涸，溪间断流，田地龟裂，作物枯萎，"十年九旱"是常态，农田时常受旱涝灾害影响。

水利是农业的命脉，福建各地历代都十分重视水利建设。宋熙宁二年（1069 年），宋神宗下诏颁行农田水利建设新法《农田利害条约》，旨在调整全国范围内农田水利冲突，并鼓励各地官民大力兴修农田水利工程。规定凡一县能兴修的水利工程，应由州府出资，并派遣官员督办；凡涉及座府、州的水利工程，应当报备朝廷，取得朝廷旨意后再行合作兴修；如私人兴修水利，若资金缺乏，准许向官府以平常利息贷款修建。还包括派遣刘彝、程颖等使节巡查全国各地水利兴修状况，下诏向各路转运使司强调该法利害，以及在各路增设农田水利官等，鼓励各地官民大力兴修农田水利工程。地方政府遇山川阻碍水流，或因河床较浅而导致河流阻塞的情况，多组织人力进行疏导，发展农田水利灌溉，减轻水患威胁。进入明代，农田水利管理模式有向"官民合办"发展的趋势，具体表现为官办农田水利管理由乡绅群体负责，同时民办农田水利的管理工作由官府接手，官府与乡绅群体在实现农田水利管理的过程中建立了稳定的合作机制。福建的方志、谱牒和古碑中记载比比皆是。水资源管理是乡村治理的难点，也是乡村治理的特色之一。历史碑刻遗存中，目前仍可窥福建各级官府管理乡村水利的一斑。福建目前保存有关农田水利建设与管理的碑刻 120 多方，各方面展示福建水利建设成就与管理的独特方式，许多至今仍在乡村社会发挥作用。

## 第二节　福建古近代水利管理碑刻遗存

1. 北宋淳化二年（991 年）长乐县令鞠仲谋撰写的《重修东塘湖记》

碑文："县之北野，古号东湖。潴水五百年，溉田四万亩，民食之源也。按《图经》云：隋开皇十三年，肇兴此塘。厥后民豪擅利，塘半为田。（唐）咸通初，刘公遽宰邑，义不容奸，道先济物，诉于上国，渐复旧基。察地势，则仙掌前倾，观山势，则云屏后拥。牢笼一曲，列大树以固堤防；控扼九溪，设斗门以通沟洫。苟非清德，畴启永图。故得刘公塑像以怀仁，李令刊碑而济美。今皇上大中建极，海内同文。三推之礼劝农，百谷之丰为瑞。有贤能而皆举，无惠政而不兴。奈何废我泉源，害我稼穑。始奸生于小利，终弊在于上游。狐鼠相依，丝桐莫化。弗除民害，难报国恩。仲谋方忝治人，未知为政。前岁者民李牙等状于本道，令下兴工，遂率众心，旋征工手，佥曰：木斗门易坏，石豕石代之。雌雄山立，壮基构也，架以桥梁，覆以亭宇，通往来也；开设沟渠，交横左右，疏源流也；外造散桥六所，便牛羊也，小创斗门七所，限津要也；沿塘西北，载柳成堤，虞内侵也。又约刘公石刻、李令石椿，取西柱上月字之中，画一水则，防后奸也；刘公祠庙增饰经营，广遗爱也；成功次年，再令刊刻，奖微劳也。至若春田八末，秋稼连云，旱魃为灾，阳乌炽景。悬门未发，扃霖雨于平湖；严钥初开，走雷霆于骇浪。莫不环流高下，支派东西。一朝减尺寸之深，七里救枯焦之患。自此岁多大稔，家给余粮，虽沾需应祈，桔槔广用，不能过也。仲谋素惭公器，益谢人文。欲示编氓，敢从实录，亦冀讴歌行路，宣导皇风。信俗变以无虞，协栋隆而不朽。时淳化二年十月。"

2. 漳州市漳浦县绥安镇绥东村印石山现存宋大观二年（1108 年）石刻《印石记》（图 5-1）

石刻幅长 335 厘米、高 200 厘米。

该文："余闻独阳不生，独阴不成，阴阳合，然后成岁功，太刚则臬瓦，太柔则坏，刚柔和然后成陶器，此古今之通论也。山之与水亦然，漳浦之为邑，濒海枕山，居民富庶，虽号僻远，诚为乐土，自圣朝承平几二百年，登桂籍者

图 5-1　漳浦县《印石记》

岁常一二，处显位者未见其人，岂非山虽环绕而水未回楫者与，不肖承乏之。次夏，士人相与议开河以潮于学，浚池以深其源，流于溪，归于海，神与人意默会，山与水势符合，欣然协功，毅然集事，不逾季而工就，无过费而利百关，成而路聚为一市，有亭可观，有桥可步，舟车之往来，商贾之出入，井烟繁阜，有无贸迁，万口同音，功施罔极，此特其小者耳，他日公卿间出，朱紫纷如，勤劳王家，经纶治道，上为朝廷

之光，下慰生灵之望者，良必由此。因游印石，观诸公题河过，以小子对太师墨迹，但膺愧赧，聊志于石。时大观二年秋，承□印记漳浦县管句勘□公□傅、□□。"

3. 莆田市木兰陂北宋元丰五年（1082 年）方天若修撰的《木兰水利记》

文："莆南洋自唐元和间观察使裴次元始塍海为田，然而溪涨左冲，海碱右啮，农不偿种，吏安取科？议水利者谓：筑陂堰之，凿河以导溪流而潴之，设斗门涵泄以待河溢而尾闾泄之，庶几蕴隆弗能虫，怀襄弗能鱼，下济民艰，上输国赋，诚一方之急务也！顾海若诲妒，河伯害成，以钱四娘之筑焉而溃，以林进士之筑焉而又溃。时蔡公兄弟京、卞，感涅槃之灵谶，念梓里之横流，屡请于朝，乃下诏募筑陂者。时福州有义士李宏，家雄于财而心乐于施，蔡公以书招之，遂倾家得缗钱七万，率家干七人入莆，定基于木兰山下，负锸如云，散金如泥，陂未成而力已竭。于是蔡公复奏于朝，募有财有干者辅之，得十四大家，遂慨然施钱共七十万余缗，助成本陂。先引水从别道入海，乃于原溪海相接之处，掘地一丈，伐石立基，分为三十二门，依基而竖石柱，依柱而造木枋，长三十五丈，高二丈五尺。上流布长石以接水，下流布长石以送水，遇暴涨则减木枋以放水。又叠石为地牛，筑南北海堤三百有余丈，而陂成矣。然海虽有障而溪未有潴，膏液甘润尽流入海，见者惜之。李宏与十四大家计议，谓惟凿河可蓄水。然难毁民间之田，且犯堪舆家之忌，为之奈何？十四大家佥曰：'水绕壶山遗谶在验，况予等私田半在陂右，毁私田以灌公田，捐家财以符古谶，谁复矫其非者！'于是各出私力，遇十四家之田即凿之，为大河七条，横阔二十余丈，深三丈五尺，支河一百有九条，横阔八丈有奇，转折旋绕至三十余里，而河成矣。然溪涨河满，又溢于田，甚至溃堰而出，民甚苦之。李宏又问计于十四大家。佥议曰：'今日水利如人一身，陂则咽喉也，河则肠胃也，咽喉纳之，肠胃受之，而不以尾闾泄之，其人必胀。今洋城、林墩、东山等处是亦木兰之尾闾也，泄之可以药水病。'于是倾家赀，募乐助簿，得钱七万余缗，立林墩陡门一所，洋城、东山水泄二所，东山石涵一所。皆鞭石为基柱，伐木为门闸，以河满处为办，遇旁溢则减闸泄之，水稍落即闭之。又恐泄水不足，立东南等处木涵二十九口，以杀其势，而陡门涵泄又成矣。一日李宏与十四大家泛舟木兰，为落成之宴，忽报陂北堤决十余丈。宏叹曰：'八年之间，柱倾者一，堤崩者再，闸圮者四，后来智力两殚之时，恐前功俱弃矣！'十四大家沉思良久，有一扬杯言曰：'曩者开河之土，堆积乱塘，此不可垦为田以贻厥后乎？'遂相与垦塘为田，岁得租二千七百余石。众谓多积无用，不如布散有用，乃舍入郡学及诸寺为租，仅存留一千三百九十余亩，备后来修理之用，而赡陂之田又立矣！

陂成而溪流有所砥柱，海潮有所锁钥；河成而桔槔取不涸之源，舟罟收无穷之利；陡门涵泄立而大旱不虞漏卮，洪水不虞沉灶；赡陂田设而巡护不食官帑，修治不削民脂。盖经始于熙宁之八年，完功于元丰之五年，计钱约费百万余缗，计田约毁四千余亩，计佣四十余万工。由是莆南洋田亩万有余顷，藉以灌溉，岁输军储三万七千斛。是举也，李君之力居多，十四家次之，其余助力钱者亦不可泯，今具揭于图。而蔡公奏请之功，又非诸君之领袖乎？诸君嘱予纪其事，予窃闻邺旁稻粱之咏，谷口禾黍之谣，至今谈水利者，称史起郑国不衰，岂非水势得哉？莆自入中国来，日虞昏垫，一旦奠海滨于邺旁谷口之安，虽有财力亦得其势故也。今国家自庆历间筑长桥以便漕路，水去渐涩，黄浦之口渐湮，而三吴多水患。予以为当事者未得其势耳！倘以治吾木兰者治之，固陂障以防其溃，浚河渠以增其蓄，又度其冲射所至，预穿大渠以导其入海，行此以治东南三江，又行此以治西北九河，何忧水患哉？蔡公兄弟父子不日典枢，必有大建白者，诸君子姓名蒸蒸迫人，他日阴骘所酿，皆未可量。涅槃之谶，骎骎有征。予因不辞而为之记，以贻蔡公及诸君，为他日经济地云。元丰五年。"

**4. 莆田市宋绍兴二十八年（1158 年）郑樵修撰的《重修木兰陂记》**

文："集万涧而汇一川，故有无穷之源；障一川而济万井，故有无穷之泽。吾邦地为斥卤，不堪耕作。兴筑陂之役者，有长乐邑二人焉！始则钱氏之女用十万缗，既成而防决；次则林氏之叟，复用十万缗，未就而功堕。钱氏吐愤，遂从曹娥以游；林叟衔冤，徒起精卫之恨。自兹以还，兴利者惟增望洋之叹，莫克水滨之问。使洪澜怒涛不得障而东之，岂人力也哉！熙宁末有侯官人李宏，人称长者，素有大志。天降异人曰冯智日，贳酒于其家，三年不责其偿。将行，曰：'当与子遇于木兰山前。'长者至，先期而俟，（冯智日）乃授（李宏）以方略。夜役鬼物，朝成竹樊。孺子可教，果得黄石之素书，衣履不沾，又见葛公之涉水。

长者于是募十四大家钱七十万余缗，依竹为堤，镵石为楗，距楗为障即陂之。右凿为百涵，循南而行，至五十余里，达于海濒。造四陡门以储蓄泄，凡溉田一万余顷。使吾邦无旱暵饿馑之虞，盖七十六年于兹。而长者等因得以庙食焉！但山岳之摧，由于朽坏；江海之注，竭于漏卮。是岁之秋，水失故道，由北而东奔，重渊如涸，鱼鳖无依。三衢冯君元肃适以是时至，谓：'马伏波所过州县，尽为灌溉之利，况吾来丞是邑，而专是职乎？木兰之修，吾不得以后！'时命陂正副余纶、朱广、顾汝辙等以水昏正而裁之。日夜从事，九旬而成。举锸如云，决渠成雨。父老载途，式歌且舞，则冯君之绩为可颂。其词曰：'南标铜柱，已仆风埃；北勒燕然，又蚀莓苔。孰若贾渠难湮，召埭不朽。惟川泽之功，与天地同悠久。沃州之山，白氏有缘。肇于道猷，成于寂然。木兰之陂，辱在冯君。伊昔甚伟，于今并芬！呜呼，源清流长，千载融融。君子之泽，不可终穷，绍兴二十八年。"

5. 莆田市木兰陂南宋庆元二年（1196 年）翰林侍读陈仕楚撰写的《重修木兰陂南北岸记》

文："莆故斥卤地也，唐裴、（宋）蔡二公筑堤捍海，始为桑田矣。然尚籍诸塘潴水，卒有旱暵，一涸无复余润。而永春、德化、仙游三县数百涧之流，复泻于海，即欲蓄泄无由也。迨我皇宋治平间，有长乐钱氏女四娘，始创陂于将军岩前。既成遂溃，愤而赴水。继而同邑进士林从世，改筑温泉口，亦为怒涛冲决，功不惬志，民嗷嗷束手蒿目，无复策焉！至神宗皇帝熙宁八年诏兴水利，时侯官李宏称曰长者，乃赍其家赀，率其家健，应募来莆。旦晚筹度，穷溪海之势，因得异僧冯智日授之址，于木兰山前视钱之流为下，林之流为上。顾工程浩大，独立难支，时吾十四家祖翻然佥谋，施铜钱七十万余缗。伐石为梁，植柱为闸，凡三十二门。其水底叠石布基，盘据深固，上支溪流之冲，下遏海潮之涌，而陂成矣。又导溪之源，舍田四十九余顷，穿渠凿沟，大小经带包络，环流灌溉。又捐赀作抵海斗门四所，水溢则减闸以纵之，水落则增闸以闭之，而陂水又有所蓄泄矣。于是瘠薄之田皆为沃壤，民粒公赋是两赖之。故莆人颂李宏创陂之绩，而称十四祖之功不衰。然十四祖之虑，又有深且远焉。盖尝念沧桑靡常，物极必毁，乃垦塘为田，储租于陂司，以预修陂之赡。后因知军谢公奏准，将陂田拨赐酬劳十四家。则又抽出三分之一，寄官科米，收贮常平仓，为修陂之给。故一修于绍兴，再修于淳熙，皆取办帑积，绰绰有余。去岁陂南岸为洪水所冲决数十余丈，众皆骇愕，时知军陈公请十四家诸孙林公恂如，及吾族子世京，发常平仓贮藏，委以修筑，方保无虞。今岁北岸又渐倾坠，工役之费数倍南岸，二君又殚力结砌，赖以无患。盖自绍兴至今，修治者四，上不费官帑，下不剥民财，中不累子孙之家计。是陂田之设，又以济陂泽之穷，故于今享列代修陂之便。而人称十四祖之功不朽。噫嘻！不有钱氏，孰与开厥始兮？不有长者，孰与定厥址兮？不有十四家，孰与协其绩而成厥美兮？后世之观木兰者，亦知非一手一足之力，一朝一夕之功也！已是为记。庆元二年十月。"

6. 莆田市明洪武十二年（1379年）邑儒陈稔撰写的《赠户部钦差闸办黄碖课官冯君重修东山涵闸序》

文："人之所以贤者，以其有仁与智也。利害不两立，是非不同途，仁者兴其利而不使害之萌，知者审其是而不使非之杂，此户部钦差闸办、黄石鱼课官冯君，重修莆田县东山涵闸之所以为贤也！初，宋熙宁间，李长者堰木兰陂，障永春、德化、仙游涧壑三百六十之会流渠而导之，东趋以溉南洋维新、南匿、壶公、莆田、国清、连江、兴福等里之田。濒海立泄，以杀霖涝，其后洋城、林墩、陈山，斗门相次而作，泄遂浸废。每大水，海堤决溃，乃设涵窦数十处，以助斗门之不迅，而东山居一焉。盖斗门低出渠下，阔过寻丈，有门以启闭。涵则高出田上，径不盈尺，首尾洞达而已。元季以势力塍东张、澄口海地为田者相踵，然以斥卤，岁不可登。国初县民林用震、李仲章皆以直得之，而用震居多。遂垣石外护，圳流中绕，连亘数里之埭，而微深广东山涵窦，以取余溉之益。又计其蛎壳之利，而以通舟为便。恃其莫敢谁何，悉平置涵故堤，疏接上渠顺势之注，沛然莫御，而私创斗门东张。自是李长者之渠尝涸，而彼私设之圳流浩浩涌涌，鱼鳖充牣，贾楫商帆，往来络绎。数年之间，南洋民食公赋皆乏，而用震仓陈贯朽，富甲一郡。利于己而害于郡矣！府县官虽多贤，民怯用震之豪莫敢敌仇以事白者。洪武十三年冬，县丞寿昌叶彦辉以公事之兴福、莆田诸里，里民茅汝直等数十人泣诉道右。彦辉受其辞，府学教授吴性传为《木兰之水》歌以激劝之。县遂遣连江里余原诚等督其役，性传撰记，备载始末。然不究前昔之是，塞其渠，筑其堤而涵于上。乃因用震之非而抑损之。砌石如斗门制，攻石为闸，窍其首，设夫以主之。约令曰：'东张、澄口之田涸，乃启闸焉。'夫用震之埭凑海，西吞有用之水，东吐之无用之地，洗其咸卤，则田益腴。以有限木兰之源，而恣东张、澄口无厌之需，吾未见其可也。且石闸重不二十钧，手其窍而起之，两夫之力耳。暮夜窃举，孰能守之哉？涝则闭，干则启，东张、澄口昔之利不减于今，南洋今之害不减于昔之害，用震之心，昔犹非其非，今则是其非矣！呜呼，彦辉虑及此而为之耶？虑不及此而为之耶？至十五年春，赤地数百里，既而雨三日。沟浍皆盈，而东山之闸大启。茅汝直等谋曰：'天之惠我如此，而林恶不悛，欲诉于郡县，恐一日之缓，水涸可立待也，奈耕事何？'冯君孔迩，敏而达，勇而决薙锄强豪，一语之下耳，遂造其庭而告焉。君曰：'噫，予职河伯，办鱼课，鱼依于水。水利曷敢不急？且余世为农家，岂不知稼穑之艰难乎？自丙申岁蹑迹行伍，历遍江湖，岂不知民间之利病？今奉敕符而来为天子使，利民之事，宜乎知无不为也。'即与同钦差官盱眙骆君，步造东山之上，召余原诚复董其事，定议立则，鸠徒计庸，始工于四月甲午，越六日庚子告成。砌石于涵底，崇六寸，置闸其上，攻石厚七寸，阔二尺，长如涵之广有奇，而冒于闸端，植木柱于旁而机键之。官收其钥，涝则启以泄之，干则闭以蓄之。水裹闸而注者，以溉林、李之埭。于是东山涵闸乃为南洋之利，而东张、澄口之害息，反非以为是矣！自播种以至登禾，田畴涨溢，民食、公赋足而有余，士庶咸称君之知，美君之仁，忭于野而歌于路也。汝直等嘱余为序，余惟彦辉治邑多善状，而东山之役，功虽不终，民到于今称之。况冯君之德之惠，又疑过之哉！故强为之述其是非利害之略云。冯君名楫，字巨川，仪真人。八月望日序。"

7. 莆田市木兰溪碑廊现存明永乐十二年（1414 年）立的《重修木兰陂记碑》（图 5-2）

木兰陂水利工程历代均有重修。明太祖洪武年间开始，大体每隔30 年左右，便有一次大的修缮活动。洪武八年（1375 年），通判尉迟润率领众人修治，疏通底穴泥沙，以砾石铺垫巩固陂基。拓宽两岸堤坝，并用巨石加固。此次大修，可谓是木兰陂兴修史上的大事，恰如时人所感叹："陂之创，余三百年。而自今一修，又可二三百年之久。"成祖永乐二年（1404年），木兰陂4根陂柱为风涛所折，人们将28门木板闸改为石板闸。

该碑为永乐十二年（1414年）重修竣工时，由林圭撰文、黄谦篆额、林庭芳书丹。

碑文："重修木兰陂记：……陂之建，始于钱，成于李侯宏，民食其利，迄今数百载，岁好不能其力……永乐十二年正月。"

8. 福州市长乐区元贞元元年（1295年）的《横屿湖碑记》

图 5-2　永乐十二年《重修木兰陂记碑》

碑文："湖者，水之都。水者，田之命。长右山左海，有湖十余区，以溉民田，横屿湖其一也。湖之周围，埠塍计丈千余，甃石三百余丈，开四窦二溏，以时闭泄，湖下田受种一千三百余石，田之外一堤即海，湖水可以御旱，可以涤溏。有宋绍兴间经界，以湖内地税派于湖下，承食水利，这田分三等，高下加之，税比旧增三之一，视诸乡特重。有《绍兴湖规》人户砧基可证。湖湄以上田，非受湖税者，水不攘取，迨今守之。湖之西，接众溪余流，其派有三。岁久沙泥聚为土坂，皆湖内受税地也。春雨作，湖水溢，沙坂皆没。农事毕，时雨止，则水落坂出。狡者不知水利所系，遂欲窥侵利己。元贞元年四月，廉风里狡民张咏，怙势作威，以豪夺为事，率家童五十人，径将湖内北坂指为开荒地而田之。建兴里百姓旅至湖而止之，曰：不可，此受税地，且水之所通也，乌得夺，县月申并无荒闲田土，何谓开荒。四月朔，县主簿姜荣到湖相视，始知张咏诡作，张林翁名脱请于官，父老遮道口诉，簿语曰：

今农务方兴，尔安田作，无恐。翌日，合词于县，（张）咏嘱典史康复宁，吏施天与单词申府，时主簿独署事，故尔县不可直。众直于府，府吏孙冲实（张）咏谋主，言皆佑（张）咏。府判入，忽答而叱之，（孙）冲惧而退。他日复持上府尹张公，尹亦知其为百姓地也，（张）咏叹稍屈，请和归地。适府判出，孙冲又呈，复差宁德县尹宁再视。（尹）宁枉废直道，更不相度湖形，且于众中呼（张）咏之悍仆面熟者为父老，惟枉语是听。百姓进帖咸欲诘之，帖面颠倒日月，变乱是非，口受属吏书稿，迫命百姓依本招伏。从持吏稿白之府，格不下，又白之省。郎中历阅文卷瞭然，即署笔'务要民便'，复下之府，令依经断与，毋得徇私。（张）咏多方贿营，诉者复得罪。欲以箝其口，百姓含茹莫吐。天佚其逢，阃里平章国公，适按县封，问俗利害。百姓喜曰：宰相吾母也，吾枉可直，负郭西湖，官地也，尚使夺者令悉还归地，况吾民之受税湖地耶。亟迎遮马首以诉。诘朝，平章马骑湖所，目实以决浮议，一不得眩，从行万户廉公，理问高公，千户吕公，宰据尚公，皆能将顺其美，相车次邻都。众尾后，乘堂堂轩盖俨（马非）及县。呼谕百姓，以本年之稻给予贫民，众复有所陈，理问曰：无复言，宰相议定矣。兹日之税，暂活贫窘，来春不得耕也。父老归而语子孙曰：湖水泱泱，源流深长，此皆平章国公之泽，微我公，民其辙鲋矣。缘百姓所争，非私也，公也。井田也，非坂也，湖也。坂若成田异日流沙入湖，湖复成坂，则湖日蹙，水日浅，不数十年，其无此湖，民田何以溉，民食何所仰？此犹以一湖之利害言，外是十余区，凡有夺人之心者，皆缩首而不敢动。则相公此行，阴活生民，岂独兴建一里，横屿一湖，千百家之利而止哉。尝谓人无所不至，惟天不欺，如（张）咏者，谓众不足恤，专欲必可成，竭资财以贾势，有姻族亲友旁噪曲援以佐其锋。吾乃欲仗一理字，掉三寸舌而与之争，不几于精卫塞流。呜呼，直今兹大遇，岂非天耶。我平章国公天人也。于是里之士民咸歌曰：湖之水，田之食，阅唐宋，迄今日，嗟嗟狡童，恣为蟊贼，吏毒党欺，公道湮塞，畴粒我民，相公之泽，渠歌白公，永思绎绎，勒碑刻铭，龟山之石。"

9. 莆田市木兰溪廊现存明宣德七年（1433 年）立的《重修木兰陂记碑》（图 5-3）

明宣德六年（1432 年）木兰陂溃堤，县丞叶叔文主持修理，"尽撤溃堤之石，而改筑之。广加寻有二尺，长如其旧□杙，入地九尺以固其址，而石附焉"。在这次修缮中，将原有的南北二洋沟疏通。该碑为此次重修竣工时，兴化府知府余文撰写重修碑文。

碑文："予尝过芍陂，闻楚人相与语曰：'侬藉叔敖之储胥我，以毋鱼鳖乎？'既而曰：'微何武、邓艾诸人功，几顿矣！'木兰固莆阳之芍陂也。创者功与叔敖齐，修者功亦不在何、邓下也。按莆初未有陂，宋长乐钱氏女及林从世相继筑之。功虽费弗就，然水利之兴也，自治平始也。迨神宗采王安石之言，诏诸路劝修陂塘，又准蔡京之奏，诏莆阳协兴水利。时则侯官李宏倡之，吾家十四祖助之，陂之创也，自熙宁始也。乃十四祖又舍田凿长河于陂右，以导溪流，又度其冲射所至，作抵海大陡

图 5-3　宣德七年
《重修木兰陂记碑》

门三所，石涵二十九口以泄之，陂之有河与陡门也，亦自熙宁始也。元祐间知军谢履，奏请立庙祀有功于陂者，且以本陂遗田拨赐酬劳十四家及祖庙香灯，永不科粮。陂之有庙及酬劳田也，盖自元祐始也。宣和间又拨酬劳田三分之一寄官科米，存以为赡陂修葺计。陂之有赡，又自宣和始也。绍兴二十八年陂北岸基坏，邑丞冯元肃请十四家修之。则修陂，盖自绍兴始也。自后随坏而修，修之者，淳熙也，庆元也，咸淳也，元至元也。迨太祖高皇祖迅扫遗腥，轸念民瘼，采司农林公之言，酬劳者仍赐酬劳，赡陂者仍令瞻陂，国朝之有酬劳与瞻陂也，自洪武始也。乙卯岁陂坏，郡判尉迟公整役修治，国朝之修陂也，亦自洪武始也。永乐十二年，郡倅董公当兴修之役，至是又坏，郡大夫余公靓，檄邑丞叶君叔文往视。叶君曰："董公以板傅土，以石傅板，易坏固宜也！"于是发公帑，亲督其役。筑土下堰，以涸溪海二流，尽撤旧堤之板。板林杙入地深九尺，累石以固其址。广视旧加丈有二尺，口吻相

镶，牢不可动。遂积石其上，纵横增叠，鳞次栉比，渐高则渐杀，至石梁而止。乃伐石为楔，附楔立柱，钩锁结砌，压于巨石。又布石内外，以厕二流。凡三阅月而成。于是溪海顺流，游波不迫，陂之籍以永永无患也，又自今日始也！陂完，乃修河道之壅者，砌斗门之漏者，葺庙宇之圮者，追复酬劳田之见侵者。陂之籍以世世可循也，亦自今日始也！呜呼！不有创者，谁浚其源，不有修者，孰衍其流。故予沿其流而溯其源，迹其源以按其流，而次第详悉载之，使人知木兰之先有心叔敖心者，又知叔敖之后有心何、邓心者，而后人之步武何、邓，亦如何、邓之步武叔敖。则此陂当与芍陂并行不朽云。宣德七年。"

10. 莆田市木兰陂碑廊现存明正德十四年（1519 年）立的《修杭口堤梁颂记碑》（图 5-4）

**图 5-4　木兰陂**
**《修杭口堤梁颂记碑》**

莆田市木兰陂碑廊现存明正德十四年（1519 年）立的《修杭口堤梁颂记碑》，该碑为明正德十四年，重修木兰陂及回澜桥等竣工后，由邑人尚书林俊撰写。

碑文："修杭口堤梁颂纪：水出高趋下，引而田。郑渠鸿沟，泻卤而稻粱之固也。然平吾山下淇园费殆，不害为利，肆在裕国弗废，莆水利木兰陂为上，三易地而溪流始驯，酿二沟洋之南北，而莆始沃壤。顷之，私海田利之漏卮成河。戊寅秋七月大水，堤之在杭口者遂决，汇而川，沦而涧溪，奔于海。而田溢于潮汐者淤。耕者舟者俱病。守冯君驯穷，决堤案之发赎金，聚徒囚佣，知水材林贵容等职其役，君偕郡丞李侯、缙令雷侯应龙身临督之，萦石于渊，畚土成山，固其外；以实乎其内。又因堤之羡与乡助役，并杭之。元丰海桥沟桥修之，而联桥堤，故小潮则没及是广之，增其高，以出潮上。桥若贯虹，堤若游龙，水陆道俱便，君子谓君仁，且勇从民之恃也。二库罗博士仁偕诸文学，请立石颂功德。颂曰：粤岁水祸奔流，为悬有决，其防修焉。成川昔鸿，陂罢筑，汝受其耗，人怨嗷嗷，托以神告上元，堤败为民专先，事从闻邑，用有年。公心干民是训是饬，畚钎如云，亟不以日，余工二梁，遐迩毕利岁丰，人和维守之赐，维守之赐亦丞尹之绩，我作颂诗昭示无极。正德十四年乙卯六月既望，凤山见素林俊书于云庄青野。"

11. 福州市长乐区明隆庆六年（1572 年）知县蒋以忠《重浚滨澜湖堰记》

蒋以忠，字伯孝，号贞庵，江苏苏州常熟人。隆庆二年（1568 年）戊辰科进士，授长乐县知县。在任期间打击豪猾，兴修水利，造福人民，"有滨澜二湖，灌田千顷，豪猾窃踞，水利遂壅，以忠执下于理，大加疏溶，民赖其利"。

碑文："滨澜非湖也。唐大历五年，南郊沙合，仓曹林公鸥与其配赵夫人舍田为湖，延袤凡二十余里，其地势北上南下，从中为堰以障之。设闸一，设斗门五，设涵九。立之干，以司启闭；立之长，以主督察，以勤巡视。其规画布置至纤，悉足垂永也。自唐大历来，而五代、而宋、而元以及我明，垂千余祀矣。顾湖土眉多澳壤，可稼穑，岁收其入，较恒田足三倍。官且不税，豪奸睨其旁者，群攘而艺之。噫嘻！昔贤舍田为湖，而豪奸乃攘湖为田，匪以利民，乃以厉民矣。即命黄丞文弼丈之，悉得占湖状，图以归。忠立召诸豪猾，置诸理，往相湖形，限悉入所侵地，凡二百六十六亩二分。因思湖弗复，民无田也，复矣，堰弗筑，民又无湖也。复湖以溉田，固堰以存湖，然后法可久，利可长也。乃召匠伐石，鸠工兴事，委河泊官程世琏监督。堰之长，凡一百一十五丈八尺，高可一丈有奇，阔称之。旁砌罜罳，上覆块石，涵闸斗门悉行整理，坚固倍昔。其赀追占地之税，不以损上，其力出受水之民，不以烦下。众志竞趋，欢声载野。经始于十月朔，再越月告成焉。堰之上，复建庙三楹，亭一楹，崇祀仓曹夫妇，报恩也；每岁春秋二祭，展恩也。祭之日，四里人佥来罗拜，誓戒庙下，申约也。易置湖长二名，涵干三名，塘之长六十名，示守也。始仓曹舍田时，树碣于湖旁，曰：'湖水弗竭，繇县官明。'忠，慨非明者，而于兹湖利弊，顷尝究心，颇得其悉。嗣来者相与守之，弗惮于猾议，弗移于请托，弗慑沮于强梁之家，则此堰与湖并存，此湖与天同久，四里万户受泽永久矣。"

12. 福州市长乐区古槐镇峺头村明崇祯十三年（1640 年）《横峺湖审词碑》

该碑文由时任长乐知县夏允彝撰写。

碑文："水之溉田，不可盈虚也；过盈则绿禾兑没，过虚则赤地龟坼。故节宣之道慎焉。如十一都一带，万亩鳞鳞，赖湖之水以溉之。惧其虚也，故筑堤以障之。惧期盈也，故建斗门以洩之。而苟不至太盈太虚，则为木榍于堤内，不至于不足。而堤外各户皆取赡于内。必内既有余而后可以及外。时值亢旱，辄与内争，关系既巨，众力弥坚。于是有案构数年，胠盈数尺，甚有如正统之事，为之破家丧躯，膠纷不解者矣。今年复有木榍之争，几至聚群哄，纠结莫止。此则曰：邓同府所设之榍不可移卑也。彼则曰：邓同府所设之榍堪移高也。乃查同府旧案，则远不可考，惟塘规刻本，有木榍与低田平之语，而低田之尺寸，则未明载。遂互争而未有以定之。乃本县亲行细勘，手自测量，则此案一言可决。且可勒为永规，世世守之矣。堤内之榍有三，当本县行勘之日，正值阴雨既降之后，众流浩浩，内外均给。三榍口之水量有六寸，榍无异同也。而堤外之民宋可明等则为之说曰：保定木榍，乃因本县行勘暂尔移高，使与莲花榍等。本县归，则莲花榍如故，而保定仍复移卑矣。所以高莲花而卑保定者，保定堤外之田即系陈应鼎、高汝俊等业田，故尝俾之沾足。而莲花堤之田，为宋可明等所佃，与应鼎等痛痒不关，故不惜其独涸也。然保定之田，原非应鼎、汝俊之产，乃陈韦球业也。应鼎等何爱于韦球，何雠于可明等，而故为盈缩耶。量地势而测之，其高卑亦复相等，今断于木榍之外，离堤三尺，开为通水之渠，广五尺、深二尺，自保定以迄莲花，通贯为一，使然应鼎等而拥之内，将不利于莲花之田。先焦灼保定之稼矣。立是法也。而应鼎等心服无间，谓吾向者之为木榍也，止惧一洩无余，不堪以堤内有限之水，供堤外无穷之洩。若仍守保定旧式，则内水既平，外榍何敢吝焉。即可明等亦不能更置一喙。莲花、保定既通为一，润则均沾，无所恨于人事。旱则两竭，共仰泽于天时而已。无复有偏枯之欢，即韦球亦不得筑防遏截也。两地初无高卑，保定榍中之水尝注莲花，莲花榍中之水永注保定，互相灌输，何敢泥丸之封耶。凡我父老所为，竭蹷争之者，各求赡其生，非私怠也。各免责罚，发东衙立标兴工，工成之日，乃如众请勒碑垂后，为永规焉。"

13. 莆田市木兰陂碑廊现存清康熙六年（1667 年）立的《重修木兰陂南北送水堤并钱李二庙记碑》（图 5-5）

该碑由邑人南明兵部尚书黄鸣俊撰文。

碑文："重修木兰陂南北送水堤并钱李二庙记：盖闻天下之利，太上无败，其次败而有以成，此之谓用民。木兰陂之食，泽于莆也。自熙宁始，代纪修迹，暨于余两岸矶隈，穿扬不停，固识者危之，雄中王公以分藩重臣镇纸典郡凡所，为无近智惕而有大虑，适李长者裔孙李维机，以修陂状闻公忧形于邑□废之、疾之，万物之时也。事下郡，郡太守朱公，察原委，查便宜议，上允施行。不是以□赀北愿输田亩所入为公费，庀徒号筑寒岸嵢，□□疏浚，以余赀鼎新惠烈、惠济二庙，祈祝护陂，怀念始之者也。□然皆应古合旧，□塞众心，云报成众，属予纯以职示公功，余惟三百六十洫为之水，力能遏其流，以泽南北数万顷，受人之德泽，固与陂相终始，然使少，当告败，不有人焉，□而修成之，则江汉之注，必竭漏厄，此君子所以重修戒也，俎念乱危甫脱，措置维艰，响之拥厚赀，竟末利，皆束手无策，独是主伯亚，旅犹得，假陂渠之利脉，荐□故业，命识

**图 5-5　木兰陂**
**《重修木兰陂南北送水堤**
**并钱李二庙记碑》**

巡行木兰之下见，夫故道安然流聿边。古昔□庙貌来新，□人起敬，是莆阳名壤生聚，教训复自今始，则公之大有造，于各乡者□岂特一陂之利已哉。是役也，倡者分藩王公，讳□□，号雄行；成者郡守朱公，讳□□，号晋昭；至司理史公允昕，县令郭公景昌，实效协赞□。董其事，则各乡□□□□咸有劳绩，宜并书。里人黄鸣俊顿首撰文。"

14. 莆田市木兰陂碑廊现存清康熙六年（1667 年）立的《重修木兰陂记》（图 5-6）

图 5-6　康熙六年《重修木兰陂记》

明末清初，莆田爆发了大规模的反清斗争。社会的动荡导致了木兰陂在三十余年的时间里未曾有维一修。顺治八年，兴化府太守朱国藩曾应李宏后人李维机之请，组织人员修缝堤岸，但效果并不明显。因而前人称此时木兰陂是"外锦壮观，中若败絮"。康熙六年，兴化府太守陈秉化等巡视木兰陂，决定采取"资取诸受水之田，役取诸食力之佣"的"计亩征货"的方式，捐俸为倡，组织人力、物力，于农闲之时施工，先后更换被水腐蚀的闸口木楄，重立将军柱，疏通渠道，堵塞决口，耗时一百天完成了此次修缮工作。此次修缮工作是有记载的清代"计亩征货"。这种新的资金筹集方式的运用，标志着普通民力参与木兰陂工程维护。此后木兰陂的修缮资金筹集多采用这一制度。

顺治八年（1651 年），木兰陂堤坏，开始采用按亩征费的方式筹集维修款。康熙六年（1667 年）陂岩溃决，经三个月重修完毕。该碑为此次重修竣工，由礼部侍郎黄起有撰写。

碑文："皇清重修木兰陂记：木兰陂创自有宋，钱女始之，林进士继之，功俱弗就。后李长者应诏至莆，堰筑乃固。上杀驶箭之奔流，下遏狂潮之汹激，时其蓄泻，以溉南洋数万顷之田。其北岸一门，则元郭、张二总管辟之，并溉北洋延兴等三里之田。迄今数百年，两洋粒食之民，咸蒙其利。嗣是迭坏迭修，犁载郡乘。然事难而功巨，未有如今日者也。自兵革以来，湍流蚕啮，毋暇周防，涓涓将成江河，非但蚁蟪之易塞也。征调殷繁，糊口者四驰矣。劳止之氓，未易于佚道使也。计亩征货，涎为利孔，淹迟岁月，外饰壮观，中若败絮。即有忠贤干办，众啄綦之，未易肩任而愉快也。嗟呼，将此数万顷之膏腴，听其沦胥为蟊乎？率作董成，系长民者是赖！于是绅士耆民，群请于太守陈公，公以谋诸郡丞吴公、别驾王公、司理康公，而邑侯沈公躬诣其地，究察形便。咸慨然曰："事孰有急于此者乎？资取诸受水之田，不过亩捐缁粒耳。财不患不充役，取诸食力之佣，覈工受直，不侵于中饱也，心不患不一。若夫强力心计，好行其德者，岂遂无人择而任之，事不患不治！"议既协，布令以示郡邑。诸公先各捐俸为倡。乃聚人徒，具畚揭，笪砾耆坚，选材鞭石。公又勤相劝之，水反其壑，并日合作。其始播谷，勿违农时。民知上之人惠我以生也，踊跃趋事。始于嘉平，竣于修禊。腐者新，陁者植，淤者疏，穴者窒，而石鳞鳞而水沄沄，鳌攀虹偃，矹立中流。又饬新钱、李二庙，以妥灵而报本。墅茨轮奂，煌然改观。公与绅士乃相顾而乐之，而龙眉鬐稚，无不欣欣走相告也。起有窃观是而有感焉。兴利维时，立事维人，莆故海隅泻卤地耳，昔长者以宏力建陂，有钱、林权与之于先，又有十四家协维之于后，遂能变沮洳为活壤。万世一时，功无与二。今兹之役，时势孔岌，虑始实难，苟非长民诸公主持于上，使黎民偄应于下，安能以百日之间，完数百年之利？邺渠召埭，后代犹传其人于今，况昔彼难专美矣。至夫综理之勤，勾稽之密，则董事诸君之功弗可诬也。余老矣，无能为役，但乐观厥成，爰纪其实，以告后之爱民与任事者。康熙六年三月。"

15. 莆田市木兰陂碑廊现存清康熙二十一年（1682年）立的《重修木兰陂堤暨李惠济侯冯禅师庙重建敕封惠烈钱妃庙碑记》（图5-7）

清康熙十九年（1680年）八月发大水，29个陂门中14个被冲毁，送水长石塌没。康熙二十年春、夏，大旱，万井泉竭，四野旱荒。康熙二十一年复界后，官府拨款重修木兰陂，竣工立碑。但碑文模糊。

碑文："皇清重修木兰陂堤暨李惠济侯冯禅师庙重建敕封惠烈钱妃庙碑记：庚申秋八月大水桥梁……合三百六十六涧之水□，怒涛透

图5-7　木兰陂《重修木兰陂堤暨李惠济侯冯禅师庙重建敕封惠烈钱妃庙碑记》

溃……北自……北堤涉陂视二十八……清顺治八年岁在辛卯，一修康熙六年岁丁未再修，例由旧□水利□食之原也……修陂得水田也，辛酉十月……木兰中流堤决，割冲北水……康熙二十一年壬戌四月吉旦。"

16. 莆田市木兰陂碑廊现存清康熙四十年（1701 年）立的《重修木兰陂新筑横山堤并修李侯钱妃冯禅师三庙碑记》（图 5-8）

图 5-8　康熙四十年《重修木兰陂新筑横山堤并修李侯钱妃冯禅师三庙碑记》

康熙四十年重修木兰陂、新筑横山堤并修李侯钱妃冯禅师三庙碑，莆田小横塘（今黄石镇七境钱塘村）人、都察院右副都御史彭鹏撰文。

碑文："皇清重修木兰陂新筑横山堤并修李侯钱妃冯禅师三庙碑记：障碍有三邑，三百六十洞之流，以溉南北二洋稻田数万顷，木兰陂之利大矣哉。怒涛激湍，岁久易坏，故此自宋以来历有修理，志可考也。皇朝辛卯年一再修，庚申又修，余尝董其事，勒石以纪厥成时，所事者惟陂是亟，循陂而下里许，地为埕，山延宽百余丈，扼木兰中流诸溪流，□□所溪，右突海波，左窗势骎，骎将决，决则陂南流入海，而南洋之田因南流急趋下即北流力杀，而北洋之田亦固非筑堤以固之，则涵渡首而下溢。陂维修奚益余，故于前碑具其事，以谂来者，盖有待云尔。岁戊寅秋水潦大，至陂底内塌，三十门圮殆将半，而横山一带不决如线，民以事闻，郡邑祖父母曰'事不可缓，克日往观熟'等利害，旋集绅士耆老黄宫而席询之，咸谓陂之修固旧也，堤之筑创始也。陂蹋者塞之，圮者葺之，有绩可循。若陂，则前人所未事，苟欲障狂涧而收南北二洋之利，则必填旧海以遏其冲，坝地间新道以顺其渠，虽汇洪水，且十倍于陂，□□历掉□，诸公然其议。以郡司马赵公暨□、邑侯□公倡捐，独力□□□□，乃详请两委垂焉，如公曰'值兹农隙水涸，工宜速举，若待役籍，民则恐不及'。逢□同太守捐二百有奇，鸠工庀材，经始木兰溪急上流也。其筑堤之费则按旧例计亩乐输。南田六而北田四，以水利之缓急，楣之如征，□□□□□公念切民依捐银二百有奇，乡绅枳君枡亦出赍百，以佐焉。役兴二尹□君劝输，率作民欢趋之。至于亲出纳让土田□□□木矶石之用。董事□□□矢慎勤，遂克有功，计胈工料，糜银如所捐之数，又支用乐输钱一千九百八十八文。堤长二十四丈三尺，高四丈二尺，宽二十丈，糜钱一百一十九文。总计六千六百五十八文，又以钱六万六千一百九十八文，新钱妃、李侯，重建冯禅师，报功德也。尚未及敬者，藉其□□实积为该堤石□□□□□□事竣，吾乡父老备其事来请记，余窃喜：前之有所待者，于今克毂成绩非，吾郡当事诸公之爱，民兴利，易以得共，而乡之绅士，须白一□□□□□策皆可嘉也，的宜永勒贞珉，俾来者有所考，又按潮汐激荡岸善崩，石砌之故，尤宜缝堤，而有事者也余更克足以持久……赵公讳世安，□别驾□公讳□清，邑侯□讳□。董其事者：邑丞□君讳□，乡绅□讳□，孝廉吴讳□□□讳……通议大夫、巡抚广东等处地方都察院右副都御史、郡人彭鹏撰。康熙岁次章辛巳五月吉旦。"

17. 厦门市同安区博物馆现存乾隆元年（1736 年）立的《勘断睦命塘谳语》（图 5-9）

该碑原立于同安县从顺里，碑高 215 厘米，宽 60 厘米。

碑文："同安县从顺里睦命塘，系三都十一乡公蓄灌溉，众人和睦修筑养命，故名曰睦命塘。弘治十三年，奉给司照勒碑。雍正十三年，被富豪叶照、许禹、张仲、张太、石良、张祉、张倩、许生等占垦，旱则蓄水日少，潦则冲崩堤岸，灌溉不敷。乾隆元年，三都生监陈□、陈逢泰、陈云行、陈应瑞、陈良瑛、陈起凤、陈起蛟、陈必超、陈必济、陈大振、陈廷弼、陈方旋、林师开、王云章、乡老陈绳武、王旁、曾丙良、林九俊、林好、叶生、郑良等呈控，蒙青天廉明太老爷唐〇亲勘，两次定界，将叶照等占垦掘毁筑岸，立谳通报在案，勒石遵守。特授泉州府同安县正堂加四级唐〇，看得西界睦命一塘，为从顺三都十一乡公共蓄水灌田之所，现有前明弘治十三年奉给司照，勒碑永守，虽终变革之后，奸徒乘机窃占，私相售买，究不能禁止。乡民之此水灌溉，则其为通乡水利，彰彰明矣。只因系各乡公共之物，堤岸无人经营，年久坍塌，复有豪强于堤岸淤滩之处围筑成田，私为己利，遂使塘中蓄水日少，灌溉不敷，深可痛恨。的此一塘，诚同邑有利当兴，有害当除之急

**图 5-9　同安区博物馆
《勘断睦命塘谳语》**

务也。乾隆元年二月，据陈绳武等以叶照、张仰诸人违禁占垦呈县，本县以水利为民命攸关，新行两次踏勘，插牌定界。除烧灰桥上久年占垦，并无关大害者外，准照旧耕作，其叶照等新占开垦之地，立押掘毁，取土填筑两岸，不忍偏庇，数户十一番经管□理阐拈，预定每年于农隙之时，乡老二三人董率各乡壮丁，开淤筑岸，修理涵口，务使堤岸坚固，塘中深广，水可多蓄，兼以杜绝棍徒占垦等弊，庶乎争端不起，永保无虞，长享其利，有符于昔人睦命名塘之美意。是则有在该乡老等之秉公竭力办理尽善，而非本县所能与也。合该乡衿士、耆老应共悉心斟酌，如何轮值？如何整理？创设规条。呈县存案，俾期永远遵守奉行，□轮番会首不能及时修□，十一乡乡老全议罚，或有不遵，鸣官究处立案。约正：陈章、叶尔耀；耆老：林羡、王窗、陈荣、陈大信、曾□□、林艺、洪佑。计开各乡工项：西洲二十九工；西湖塘三十七工；云头三十工；小坛十四工；石埕十工；林炉、浦头共七工；山头七工；颜厝上五工；卓厝上二工；圳边七工。每月二轮□引用。乾隆元年八月〇日上石。"

18. 厦门市同安区博物馆现存乾隆二年（1737 年）立的《仁明太老爷唐勘断马塘谳语》

碑高 160 厘米，宽 57 厘米。

碑文："仁明太老爷唐〇勘断马塘谳语：同安县长兴里□□保安炉乡众开公筑水塘一口，名曰马塘，贮千人分灌田苗，课命攸关，勒石禁决由来。缘此塘在大族岭叶门首，被其灭碑毁岸。康熙三十七年，安炉乡一甲、二甲众民修筑塘圳，轮番分灌公□。讵恶叶荡、叶宏、叶蒲、叶通、叶郡、叶祥、叶阁、叶锡、叶启、叶让、叶球等恃强侵占，将塘埔占垦为私田，□□占筑为私池。据此塘面缩狭，水利日少，灌溉不敷，充命维艰，历任县主控之不睬。乾隆元年，通乡颜士彩、□旸、颜若坤、叶待观、叶诗观、颜淡心、颜孝焕、颜扶卿、颜国助、江姜、郑省、黄邻、刘乞、钟浩、蔡伍、陈明等呈控，蒙青天廉明太老爷唐八月初二日示禁，着叶荡、叶宏等将原塘逐一清还。（叶）荡等恃强，藐断不理。九月廿九日亲临踏勘，水塘现占，目睹心伤。叶宏、叶荡、叶通、叶党控断，遂即锁押，带县讯究。论安炉乡众民将叶荡□塘窟之池掘毁，以通水源；所垦塘埔之田掘毁以广蓄水，将所掘之土填筑塘岸。（叶）荡等横强，党众阻止□□断。二年三月初二日，爷台□亲临再勘，清还原塘界址，断得水塘涵圳原系安炉乡灌注之所，与叶荡等无干，即差皂头庄、快头李，立唤安炉乡民将塘被叶姓强占塘埔作田拾叁丘，塘窟作池伍口，壹尽□□塘岸广额。嗣后不许叶姓等再恃强，占水取鱼，致害课命。其水塘听凭（安）炉乡众民承管，蓄水灌田，□□□□立石以垂永久。士彩乡老等公同原差遵断，有一个丈得周围弓丈肆百叁拾弓，塘中长贰百拾肆弓，□□□□□叶荡门口，阔叁拾□弓，西涵至小厝，阔伍拾肆弓，塘尾阔拾乙弓。叶宏假契抗断，蒙枷肆十日、□□□罚灌溉三十工，报□在案。其塘东涵大圳壹条、小圳柒条，西涵大圳贰条、小圳伍条，照旧轮番□□□□许乡老督率壮丁开于筑岸，修理塘圳涵田，务使堤岸坚固，塘中深广，蓄水日多，长享其利，□□□□□垦等弊，轮番会首、□乡公全呈官究治立案。乾隆贰年贰月〇日立石。"

19. 莆田市木兰陂碑廊现存乾隆五年（1740 年）立的《重修木兰陂冯公堤记碑》（图 5-10）

乾隆二年（1737 年），大水损坏木兰陂桥石，陂门与回澜桥都被大水冲坏，耗时 3 年修缮，乾隆五年七月竣工。该碑文由林源撰写。

碑文："六府首水，民生利赖，然修则利，纵则害。天地间利害之巨，莫水涝也。莆者溪海相随，平以……蒲名邑明，艰食也。击水为莆田，水患也。合三邑三百六十涧之水，不为莆利□，惟为莆害。蔡忠惠以前……李长者宏，不惜重赀相度砀，渠陂成，溉田数万顷，转水害为大利。崇德报功宣平，兴陂俱永也……陂司正副掌其事，视有缝隙，而时修补，费省而财有余，工逸而陂永固。区丛查筹，自陂田……报官查

**图 5-10　乾隆五年**
**《重修木兰陂冯公堤记碑》**

勘，估工动稽时日匠役人等，张大其工，计亩输钱，浮开其费。陂需石，召工挖之，坚外中薄，犬牙钩锁之法不讲也；堤需土，土著揽之，外实中虚，重新挺夯碛之用，不闻也。屡修屡坏，职此之由，明以赀，终……国朝康熙年间修四、雍正五年陂决，太守沈公，讳起元修改之。十年又决，太中□□……月大水，损桥石三龟三汕，刷两岸，冯公陂为甚，斯时垒修，数千金费耳。以均派未妥，邑宰屡易，因循三年，损坏滋多……董其事三人，浚惟贡生林光玉，□□安邑知县讳秀父，户部主事讳谋，皆有修陂功……文安陈公，讳玉友，由进士户部郎来摄郡政巡陂，谓陂堤民命攸关，势难复延，乃克日兴工。廉知原派田亩钱浮于费，减其半。邑侯张公讳绪镜，述公德意传谕村民，民乃输捐……公明断速修，则淹浸弥久，冲溃弥深浸，假溪海相通，工程浩大，□□不胜其……邑侯蓝色公讳应举，新莅任即到工亲勘，重加葺固以记，嘱余于不文不……亦当与兰陂俱永云□，余更有说志载明方伯同公□。作修陂……莅任以来，以请治其源，图其委慎，其操□而处分耗水者则……通议大夫、太仆寺卿加一级、纪录四次郡人林源撰。乾隆五年岁次庚申仲秋吉旦。"

20. 莆田市木兰陂碑廊现存清乾隆十七年（1752 年）立的《重修木兰陂记》（图 5-11）

乾隆十六年（1751 年），重修木兰陂大堤和回澜桥，疏通水道。竣工于乾隆十七年，由莆田知县王文昭撰碑文，以垂不朽。

碑文："……乾隆十七年秋，霪雨连旬，堤崩十三丈……乾隆十七年岁次壬申八月穀旦立。"

21. 莆田市木兰陂碑廊现存清乾隆十九年（1754 年）立的《重修木兰陂记》碑（图 5-12）

清乾隆十九年岁次甲戌仲冬（十一月）由廖必琦撰文及所立《重修木兰陂记》碑。

碑文："……去城南七里，有溪发源自永春、德化、仙游，会涧壑之水三百六十有六，东疾趋入海。宋治平元年，长乐钱氏女曰四娘者提金大如斗来筑陂于将军滩前，开渠南行……清乾隆十九年岁次甲戌仲冬立。"

图 5-11　乾隆十七年《重修木兰陂记》　　图 5-12　乾隆十九年《重修木兰陂记》

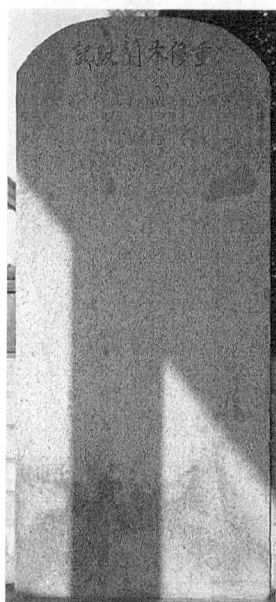

22. 漳州市长泰县陈巷镇美彭村大榕树下（现存长泰县博物馆）清乾隆二十年（1755 年）立的《太老爷陈明断轮水碑记》（图 5-13）

长泰县素有"闽南粮仓"之称，遗留多通珍贵的明、清两代石碑记，记载着修陂的过程、百姓捐献的田地、银两，及后人应恪守的轮流用水方案。清乾隆二十年十一月地官方解决长泰县恭顺里灌溉用水争端调解的告示．

碑文："特授长泰县正堂加五级记大功三次陈〇，为示谕立碑，以

**图 5-13　长泰县
《太老爷陈明断轮水碑记》**

垂永久事。本年十月初八日，据以林春万、林兴宗、陈舜、林澳、林洪、王谟、杨讫、郑元、林卫等具呈前事词称'元阳取灌关乎天时，凭坑取水各有规例，以方水泽灌一方田土，处处行例，毋相夺争万等里居恭顺胡坂专赖吴田大坑水情，流入和仁陂，由和仁陂入坝，由圳引灌溉入田，就田亩之多寡计，日分灌胡坂社，计亩三佰零，每一输十日而得田四日夜，由来已久矣。惟洋婆、庵前两社居在陂之上，按亩未及，万等一半，每输十日而淂两日。乾隆伍年秋亢，吴抱等不照向例分日输入灌，擅自霸水截灌仪控'。前县主朱○差押，照例分灌，永以定例，分日输取案示两捉，本冬春又逢亢阳，吴抱、吴保父子视年义禁示损坏谋，曾朋、曾过复，违禁霸截，万等应估曰日夜之水被截两日，夜引流别卖，肥自己私利，害万等三百余亩滋田。九月二十一日赴台，呼救立善乡，星夜飞到陂所补灌二十二、二十三日夜，尚未过沾通沛，然下雨则苗勃然兴之，取具吴抱等遵依法照向例分日输灌是断，目前之互争耳。夫亢赐识难测也。思患先预防也，乞示立碑，倘后来灌凛遵碑示，两分流，纵有无知霸截，稍畏禁碑以儆心灵，百世不朽，杜万代互争，将立碑以示长在，照例分日输灌，可和乡情邻民，好无尤相率叩乞恩给示禁，许亩照例分灌，以垂永久。曰笃不忘苦。惟恐除批示外，查此坝……吴抱等截水营利私等情到县，业经讯究，并取吴抱等照旧分日灌溉，遵依文禁，兹据前情，合行示谕。为此，示仰恭顺里、胡坂社、洋婆社农民并乡保杨讫社人等知悉，嗣后遵照旧例按日输流分□，不得恃强阻截，如敢违抗，听该社人等指名赴县具凛以凭拘究。该县保人等抗问生事一并究革，特示。乾隆二十二年十一月○日给。"

23. 莆田木兰陂碑廊现存清嘉庆十二年（1807 年）立的《重修木兰陂碑记》（图 5-14）

嘉庆十年（1805 年），官府重修万金斗门。重修工程嘉庆十二年竣工，立碑以垂不朽。

碑文："莆之有木兰陂也，水利最巨，宋熙宁间，长乐钱氏女创之，进士从世林公继之，功弗就。厥后侯官李长者宏应诏至，得神僧冯智日为导地脉麻竹定基，糜赀七万缗成之。陂广三十五丈，深一丈五尺有奇，两岸垒石为堤，隙三百六十，道之流洒为南北两洋，溉田数万顷，为二桥：北曰万金，南曰回澜。束众水之驶而通舆徒莆人德之，立三庙以祀崇，美报也。历年久远，屡坏屡修，已非一次。今人当修葺时，相堤之坏者。万金桥内外长十三丈、深丈余，李祠前长十七丈五尺、深丈之上下，万金桥马（码）头原以缺石之故，陷于中栱；回

图 5-14　嘉庆二十年
《重修木兰陂碑记》

澜桥虽完然，苦其低，舟行多阻，李侯钱妃冯仙三庙雨蚀风侵，渐就剥落，皆不可不修。工费浩大，非绵力能胜也。工程先后缓急，非良司，牧鼓之舞之，虽有好义急公之绅士不能，一乃心力咄嗟而成也。嘉庆乙丑前署县黄侯以奉祀生，李君继勋之请，又喜监生许君文琬偕俵监生坎中乐捐洋银叁拾员以资修葺，详报列器举、元枢等一十人共董其事。丙寅张侯至怂恿益力，夫以昔人非常之功、莫大之利，规制具存，万世永赖，即物久必敝，补葺有待后人，亦善所以因之而已。凡堤石之没于水者，绳以出之，嵌于故处，有不及则采以补之，其罅漏则蛎灰以缝之，纵横累巨石于万金桥之马（码）头，以实其中；回澜桥增高盈尺，新李、钱庙，又扩冯仙庙，而大之林进士与黎主簿原配食于冯后，以庙狭改附于钱，议者以为非体，令复其旧，而迁焉。工起于乙丑孟冬，迄丙

寅季春吉峻，费洋银叁千员有奇。是役也，黄侯倡于先，张侯成于后，许君叔侄固皆有功于陂。元枢等自备资斧奔走，蓝生惟恐付托不效，上负两贤侯之明□，亦六阅月殚心于兹矣，凡皆为吾莆水利计也。爰为纪之，以谂来者。黄侯，名甲元。乾隆庚寅举人，江西人；张侯，名均。军功世袭恩骑尉，满洲汉军。嘉庆十二年岁次丁卯正月。董事：副贡陈汝川，举人吴元根，同知罗熺，教谕翁复亨，举人陈天从，举人李卓尔，世职吴廷照，职员彭象燃，贡生高儿发，祀生李经勋仝敬立。"

24. 福州市长乐区潭头镇岱灵村史氏宗祠旁现存清乾隆三十一年（1766 年）立的《奉宪碑》（图 5-15）

该碑由长乐县府立。

图 5-15　岱灵村《奉宪碑》

碑文："福建总理通省粮储驿道，传道，分巡福州、福宁二府兼管水利兼摄福州府事纪录十次孙（孝愉），为立碑定界以垂永久事。照得长邑方安里之有口三塘也，原沙积水润田，乃年久崩废，塘其陆矣。乾隆二十七年，里民叶弘琼、陈元琚等，先后呈请开沟，且因结讼不已。查岭塘下、塘西，注大畲山之水，自西而北则为溪尾塘。太常溪在其南，由南而北至土神庙前，合南岭口塘、下塘暨太常溪之水，以达于溪尾塘上。二塘之西南为将军山，叶姓田亩在其下。太常溪之东南，亦属叶田。至溪尾塘下，叶陈均有田亩。将军山下俱为叶田，且惟塘水是赖岭口塘、下塘，设沟灌溉。其叶田坐落将军山角者，有太常山之水，足供引灌，叶姓不得复引上二塘之水，过溪越灌。溪尾一塘，叶陈两姓引水分润。其路下匀润田亩，毋许觊占。而三塘之埠，各设涵洞，中间水圳，务使上下流通，同时启闭，以备旱涝，永杜争端。其塘之润也，长短亦各有差。上塘长十八丈，横阔十二丈；下塘长三十丈，横阔十六丈；溪尾塘长二十丈，横阔十丈，载在县志。倘有不遵碑禁，透越占垦，劫水截流，许诸士民呈请究治。须碑。乾隆三十一年岁次丙戌孟冬吉旦立。"

25. 福州市长乐区清年间林琼蕤撰写的《砌山兜塘记碑》

碑文："砌山兜塘记碑：远而环壶者，山也。近而环湖者，田也。田废为海，浅深而环壶者，水也。自国初调迁，以八寨立界，壶岛划于界外，弃膏腴为斥卤，而田废矣。田废则无堤，而无路。展复后，新鸠残喘，渐归故乡，见颓垣芜址，满目凄然。先畴旧宇，无一存者。乃披草莱，盖茅屋。回忆昔时，不胜风景河山之感。夫伤弓之鸟，即养翮犹觉惊心，再植之树，稍缺培斯成槁梗。情耶？亦势耳！壶岛昔日，海物滋丰，值岁稔人稀，故虽鸿雁嗷嗷，犹无星罾之叹。康熙丙子后，岁歉谷昂，人不胜其病，始知以海为田之非本务也。辛巳年，爰集众鸠工，议砌山兜塘。一则近山西际，易筑而成田，一则往来要道，急塞而成路，故以此为经始也。其时父与叔斯海、侄申甫共襄其事，至八月告成。盖塘，乡之命脉也。有塘则有田，有田则有路。障内捍外，可耕者千余亩。虽有水旱，亦鲜外籴，水物错而平畦蕃，近蔚野绿，远延村翠，高映于环壶之山川，斯固海变为田之一大快也。是为记。"

26. 漳州市诏安县霞葛镇五通村香炉山灵五庙西厢房外墙现存清乾隆七年（1742年）立的《县正堂示禁碑》（图5-16）

五通陂原名"石磊陂"，又名"石陂面"。明嘉靖四十二年（1563年）诏安知县梁上楚筑一陂二渠，采用溪中大卵石和木桩堵水成陂，称"石磊陂"，但后来曾数次倒塌。清康熙末年，乡人黄靖（钦封右都督，特授"荣禄大夫"）移陂址于稍上游处，一品夫人林淑贞亲临工地督修，她吸取过去一字形陂坝经常倒塌教训，采用灰、糖煮糯米炼成黏糕黏夹条石，坚固耐用。在乾隆初年，不法棍徒放木排过陂而冲裂陂。乾隆七年四月，时任诏安县知事的王宏珏采纳民众意见，立《县正堂示》的禁令，刻于石碑（现嵌于五通宫西厢房外墙上），禁止各种破坏水陂的行为。

碑文："诏安县正堂加一级、纪录二次王（宏珏），为恳天循例，示禁以全国课民命事。据监生花必遇、黄世敏，生员黄时可，陂首黄悦清、黄日上、黄瑞河、张世恒、黄上桂、黄寿享、黄维祖、黄云中、赖斌等具呈事词称：'八政惟食居先，四民以农为重。食出于农田，资乎

**图 5-16　灵五庙**
**《县正堂示禁碑》**

水。堤防不筑，安问起舞之商羊，堰石倾颓休怪为虐之旱魃遇等，目视前弊，无奈鸣工整理石陂，灌田甚多，河东西之民命塞所系匪轻小也，上年呈给示禁。蒙历任爷台目准，炳枚而水流故道。始终不改，讵不法棍徒，敢放柴树过陂而冲裂或毁陂，而网鱼或断圳而绝流，贻害连乡课命难给，乞循例给示严禁，以儆顽徒，庶陂永固，国课有供，民命可活'等情到县，据此合行示禁。为此，示谕诸乡人等知悉，嗣后务须禀遵法纪，如有故放柴树冲毁，以及破陂圳网鱼，竭涸水道，许陂首人等指名赴县具禀，以凭究处，各宜凛遵毋违，特示。乾隆七年四月。"

27. 漳州市长泰县陈巷镇戴墘村陈公祠前现存清乾隆十二年（1747年）立的《抚宪潘公饬禁占垦双圳陂碑》《知长泰县张彦清理双圳碑记》（图 5-17）

宋淳熙十六年（1189年），朱熹任漳州知州时，对长泰曾有"大乱半忧、大旱半收"的评语。宋宁宗年间（1195—1200年），长泰县匪患频仍，旱涝迭至，大片农田成为"看天田"，无雨龟裂，有雨汪洋，无数农户啼饥号寒，民不聊生。长泰县乡绅陈耆决定兴修水利，为百姓造福，得到妻子颜氏的理解和鼎力支持。宋理宗宝庆二年（1226年）慨然捐献良田240余亩，让乡里开圳建陂。经勘测地势，设计画图，拟定"双圳陂"建设方案：从岩溪珪山之麓、龙津溪乌石潭处，筑坝截流，引水入古仓造陂，名曰"开禧"。采取双圳分流，名为"双圳陂"。东圳、西圳各筑陂8处，共16处。其中一个陂塌陷，后仅存15个陂。因此双圳破又名"十五户陂"，圳水流经彰信里、仁和里的15个村，计开凿池塘36处，圳沟300余条。因工程浩繁，至嘉熙元年（1237年），历时11年才全部建成，全长20余里。在易被洪涝冲毁之处，因地势设堰立闸，曲折导流，按时开闭，旱涝得以调剂。再选有才干、热心公益的人充当陂长，常年巡视、管理、维修。该陂可灌溉万余亩，闻名闽南一带。陈耆是双圳陂水利工程的倡修者、组织者，献出了大量的财力和精力，"由圳而沃田，旱得以蓄，涝得以泄，皆陈耆之功"，各里的百姓有感于陈耆夫妇的恩德，在彰信里陈耆故里兴建一座陈公祠，以祭祀之。然而历年久远，沙泥湮塞，有的民众占埝为田，民失其利。清乾隆十二年，长泰县令涂坤申请兴复双圳陂，未及举行而调任平和县令。乾隆十三年（1748年），福建抚宪潘思榘、长泰县令张懋建为振纲饬纪，重视农田水利，与乡绅共谋兴修之策，亲临陂道督促，重新疏通，并由潘思榘撰《抚宪潘公饬禁占垦双圳陂碑》、张懋建撰《知长泰县张彦清理双圳碑记》。

《知长泰县张彦清理双圳碑记》又称《张邑侯清理双圳陂恭纪》，由当时长泰县廪膳生员陈于道撰。记载陈耆兴修及此次重新清理双圳陂的全过程。该碑1983年4月被长泰县人民政府公布为首批县级文物保护单位。但碑文已模糊不清。

图5-17　长泰县《抚宪潘公饬禁占垦双圳陂碑》与
《知长泰县张彦清理双圳碑记》

《张邑侯清理双圳陂恭纪》："双芹遗迹久埋沉，谁使群黎赋作霖。知是我侯明德远，溶溶新泽漾冰心。"

28. 漳州市东山县风动石景区古碑廊现存清乾隆二十年（1755年）立的《息争轮流按份用水碑》（图5-18）

碑文："保普寨中田地高低不一，泛滥水灌溉，极力开……无出银者，日后子孙不得分一份水，毋得混合争……勒石为记。开列水份名数二八：仲半份，亦一份，赵邀一份，定半份，春一份，府一份，记一份，现一份，正一份，广一份，胤一份，苞一份，欢一份，厝公田半份，究一份，汾半份，柒民一份，容仕一份，缘一份，丛一份，伦一份，筑一份，舜一份，公田量半份，扶国一份，廷朝半份，晁半份，立公田一份，究发一份，水宫半份，梁半份，佃盼半份。乾隆二十年三月〇日立石记。"

29. 福州市长乐区古槐镇三溪村崔塘现存清乾隆二十六年（1761年）立的《奉宪令牌记》（图5-19）

三溪与感恩之间的崔塘，原堤坝以土夯实而成。感恩村民要求改建石闸，三溪村民则反对，上诉到县衙。县官组织感恩和三溪等村的代表20余人，进行实地勘察。认为崔塘十字沟口保持原来土坝为宜，不得改建石闸。清乾隆二十六年县府为此特立《奉宪令牌记》。

图5-18　风动石景区古碑廊
《息争轮流按份用水碑》

图5-19　三溪村
《奉宪令牌记》

碑文："福州府长乐县正堂□〇为大宪仁政等事。照衢崔塘十字沟口向建土坝一道，御赋蓄淡保障田禾，由来已久。今感恩村民林克能等以土坝常被水冲，每年修筑鸠工取土甚为掣肘，请建立石闸，欲为永逸之计。嗣据长图等，村民人潘贞锡、丁永善等佥控：'三溪等村地势稍下，众流会归，易蓄难泄，若建石闸，不但宣泄有不及之虑，而且启闭有失时之虞'等情到县，是以康熙三十年间建筑土坝之后，雍正十三年暨乾隆六年，据郑孔资等屡呈改建石闸，俱经各前县禁止在案，至今相安已久，未便设改建，应请俯顺舆情，仍照旧修筑土坝。改建石闸等情由府详司参抚宪批司核议，蒙潘宪详查建闸改坝，原以大神益耕田。三溪等村地势稍低，若感恩改建石闸，水势渲泄不及，三溪等村庐舍不无淹被之虞，应如该府所请，饬令照旧修筑土坝，勒石永禁，不许改建石闸，以杜争端。详奉督部堂杨（廷璋），并奉抚部院吴（兴祚），批如详饬遵等因，由府转行勒石永禁至县，蒙此合行示禁布，七都八都等村居民人等知悉，即将崔塘十字沟遵照宪行，照旧修筑土坝，永不许改建石闸。各宜凛遵毋违，须至碑者具佥呈：陈廷岩、潘利悦、潘利运、王克言、曹志广、潘利宇、潘贞锡、曹志调、潘立仁、杨珍和、廖盛端、丁世保、丁永善、董则忠、丁昌楚、丁永在、丁世富、曹道芮、潘贞间、杨用绥、杨用加、周开岚、林守江、丁世盛。乾隆十六年四月穀旦日立。"

30. 漳州市诏安县南诏镇东岳庙内前天井左侧墙现存清乾隆二十九年（1764年）立的《邑侯张公浚沟碑记》（图5-20）

该碑高202厘米，宽75厘米。

碑文："诏之县治唯东关最为洼湿。盖其水自东溪出海，而于北关分一支入濠渠至东南界，爰浚三沟以泄之。一由炮台下从布街溪沙尾而泄；一由桥仔头，从沈厝市而泄；一由新店旁从许厝寨而泄。三沟之中，唯炮台下一沟泄水为多，其次莫若桥仔头一沟。盖两处之沟多架铺店于其间，人迹辐辏，则泥沙易于堙淤。每当夏雨秋霖，涨流壅塞。自大街至东岳炮台下一带地方，几如陆沉。居民当汛洪浸之苦，未□不伤心于极，□之无人也。本县下车以来，登城环视，按其形势，颇熟悉于胸中。政治之暇，召诸父老而问之，道及浚沟之事，莫不欢欣鼓舞。或称此沟，自前任庄爷，经发铺户自行开浚。然弗躬自勘验，则或从，或违，徒塞其责而已，而于事终无济也。本县到此□□炮台下一沟至右牌前，止其洼，两旁俱系砌石涵，如其石面□深焉，为事尤易。推自石牌后从□溪沙尾两旁石砌，俱为豪强居民潜移，此浚之所以难也。且沈厝市后一沟至朝天官后，亦多恃强民塞狭矣。本县务令必阔六尺，深六尺，凡铺户者，一如前砌。狭或私自壅塞者，则推练之罪是问。唯时父老告余曰：公之制，可云尽善尽美矣。然得于一时而不垂于后世，保无人而复淤□。余曰：是用勒诸贞珉，限练保三年督清一次，□则见官治之。嗟乎。□□为令浚渠以利民用，□候清渠，以兑民溺，区区之政，敢云己德。亦欣使后之司是士者，知民溺之苦，而谅余之心也云耳。因为数言以记之。乾隆二十九年岁次甲申孟春榖旦，文林郎知诏安县事灵山张所受志。"

31. 福州市永泰县嵩口古镇义渡处现存乾隆三十九年（1774 年）立的《奉宪碑》（图 5-21）

水利发展是一个地区文明进步的象征，是促进社会经济发展的重要因素。在封建社会，水运、灌溉、生活用水是百姓对水最直接的利用，水利作为经济基础，必然要反映到上层建筑上来。碑文记载了大樟溪流域陈、林二姓水田争执的事件，该事件甚至惊动了福建巡抚。《奉宪碑》又称《水田争讼碑》，碑文详细记载了争水的缘由，官府为防止两家争讼不休，作出裁决。

图 5-20　诏安县《邑侯张公浚沟碑记》

图 5-21　嵩口镇《奉宪碑》

碑文："……永福县三十三都□坑，山坝一道，旧……陈姓之田均在山溪流北岸，共溪南东面林姓之田，向有加垅□□及埔垅坑……姓田亩向在山溪流分在陈埔坝暨坂头坡墓地头垅等处，三坝之水流灌日……□刚在山溪分出，下厝洋及过坝之水灌其溪北，西首陈姓之田，四内溪流灌流由来已久，乾隆三十九年间，偶遇天旱□□□□□□□后设立大坪洋木枧，并穿开加垅寨涵洞，捋大坪坝洋水决流入南，致陈家北岸西首田亩无水……断令陈林二姓各捋涵洞水圳，填塞水坝，照旧拆低□听坑坝，各水照旧流灌，永不许陈林两姓设立木枧，以昭平允，主陈姓所典林其勉田亩，着林姓照契赎回，永杜争端。核详……各立凛遵，毋违特示。"

32. 漳州市长泰县陈巷镇戴嫩村陈公祠前现存清乾隆五十年（1785年）立的《鸣珂陂记碑》（图 5-22）

长泰县境内第三大河流马洋溪，流经天柱山下的亭下自然村，水流湍急，河底怪石嶙峋，亭下自然村位于马洋溪中段—鸣珂陂，原名天凤陂。清乾隆五十年当地百姓在此修造了挡住马洋溪水的大型护陂水利工程—鸣珂陂，以治水患并蓄水灌溉农田，引马洋溪水灌溉人和里、方成里部分村社田地。

碑文："天柱北螺尖，南夹涧瀑流泻玉于云根岌峰，犬牙喔邃中奔急，势阻喷薄跳踊轧折屈历久汩，故自大潮小潮而下，巨石穿逗，凹窪，如釜如钟如柜如厨

图 5-22　陈公祠《鸣珂陂记碑》

如盆如杯，奇不一状，而鸣珂为甚。余曾杖履其间，与友人朱君尔谦等游，谓尔谦曰：湍流若白马队而争驰，湍波若惊雷下而复起，湍底石器若小龙子水晶宫所储，但□□窾石，树椿拥以沙土，岸高流捍，天雨凑之，骤涨甚必决，不特奇观。易夫且农人劳费亦甚矣。尔谦之父国季游

华素敦，直信于乡。因与乡人计日是陂，旧名天凤，自先人刑部公结亭山麓，遂易今名，其意远矣，业两边田取给于陂皆我子娃，岁数圮，鸠工买木，耗力耗财，稍不均辄龃龉，且陂未牢，圳路浅深难定，是当思永利，易以石。我虽劳顿，朝夕督筑不倦焉，众匙之爱，与族等妥议，科田出用，命能者司出纳、叶掌役匠事，凡五阅月而石堤屹立，复伐石通灌，径转侧屈，折高下靡不到，而功以成。尔谦告余曰：鸣珂陂水石之处，先生亟称之。今石堤已就，顾先生记余曰若是亟哉。吾闻涉水入以中信，出以忠信，今见障水亦必以忠信矣。不磨之功数月而凑，推此以治黄流捍海岸，诚无不动斯乎，奚大小之异也，时乾隆五十年乙巳季秋之石謦山人林文晔记。"

33. 漳州市长泰县陈巷镇戴墩村陈公祠前现存清乾隆五十年（1785年）立的《护石记》

图 5-23 木兰陂
《重修冯公堤记》

清乾隆五十年当地百姓在此修造了挡住马洋溪水的大型护陂水利工程——鸣珂陂，以治水患并蓄水灌溉农田，引马洋溪水灌溉人和里、方成里部分村社田地。为了保护当地的水资源环境，乾隆五十二年（1787年）当地村民自发地制订乡规民约——《护石记》。目前《护石记》仍保存完好。《护石记》位于《鸣珂陂记》西向约200米的马洋溪中的一块巨石上，每字约3寸，分五行竖写。由于有《护石记》这一乡规民约，各村社居民世世代代都自觉遵守。

崖刻录文："上至石陂，下至石跳，诸石簇，列俱系；悔斋祖坟、遮拦脑后溪风，不许开凿，违者绝嗣，众共革之。乾隆丁未年正月公禁。"

34. 莆田市木兰陂碑廊现存清乾隆二十年（1755年）立的《重修冯公堤记》（图 5-23）

该碑由邑人浙江道监察御史廖必琦撰文。

碑文："木兰陂北里许，厥名掠……赐进士出身、奉政大夫浙江……事江西司府外主事望人……清御史廖必琦书，大清乾隆二十年蒲夏吉旦。"

35. 长乐金峰镇凤洋村港口自然界村的友谊桥畔现存有清乾隆三十年（1765年）立的《沙合斗门碑志》

该碑为长乐县知县张为钧针对王铺闸设"双孔"还是"单孔"争议所做的判词。王铺闸是长乐北乡最大的水利工程陈塘港的一部分。民国六年（1917年）孟昭涵主修《长乐县志》记载："陈塘斗门，一名王铺闸，或云王墓闸，在二十三都……崇祯十二年斗门圮，知县夏允彝捐俸鸠众修；清雍正八年知县姚孔铖重修，光绪四年知县徐承禧重修……南由杜（渡）桥通壶井江，北由王铺闸入于海，故港口（今凤洋村港口自然村）置斗门闸，外捍咸潮，内蓄淡水，以收灌溉之利……自港口村之单桥起……上接东西沟水，下泄于陈塘港……"王铺闸畔建有"报功祠"光绪四年（1879年）长乐县知县徐承禧记曰："……并以余赀就闸旁旧存基址葺屋数间，中祀历次有功斯港者，衔其额曰'报功祠'，旁为守闸者栖宿之所，即立水利局于祠内，以备后此岁修、大修、宣传、劝禁之事。"

碑文："补荐长乐县正堂张（为钧）为水利偏枯等事。乾隆三十年闰二月初十日蒙福州府正堂赏加六级纪录功三次，宪禀内开核详会勘：周曰庠等金控李宸斗等阻造重闸一案，本年二月二十八日案，福建总理通省粮储驿传道分巡福州福宁二府兼管水利纪录十次孙，批查陈塘港王墓一闸，与上流各闸水线港窄，专积蓄水之处，情形不同。单孔单闸，以便启泄由来已久。周曰庠等于乾隆二十八年修闸之时不议于众，改为双孔双板。中实泥土。致难启放泄水，在周曰庠等一社田亩附近闸旁得以蓄水灌溉，其自为计则得矣；而李宸斗等九社田禾势居上流，一遇水涨，难以宣泄，其将如何，该前县成令履勘，断拆是为，允协乃周曰庠等不自知理曲，便敢称领上流各闸，俱系双孔且混称李宸斗等便于竹笋木进港。绕绕叠呈，与遂其私。试问王墓一闸果可，双孔双板则三十年来何不早为，一径建筑而晋待令日，且双孔双板。如果与上流九社田禾无碍，何以李宸斗等必出而控阻耶？似此利己妨人，以私窃公控权，架控庭为地方刁驭多事之徒所有。王墓一闸自应仍旧单闸单孔，以符旧式以协众心，其周曰庠等多添上板，并所遗闸孔急应凿除，以拱坝根增筑之弊。该县等只令撤其一孔而仍留双孔，谓之成功。不毁，未免有之姑息。该府断令凿除，以绝讼端，极为妥协。至闸外土坝姑准照旧存晋，如遇雨少需水亦准开上流之李密闸、官闸，以资灌溉，雨过均不得再滋事端，致于查究所于闸旁立碑以垂久，取模遂查余，如详行等，因侍府转饬到县。奉准除勒令周曰庠等遵批，将私造双孔，凿除一孔，外合蠹立碑永禁。为此，示仰水利户人等知悉，嗣后王墓闸仍依旧规，本社轮流看管，每于朔望潮平，准其开放过商。闸外土坝，姑准仍旧；不许奸民射利勒抽，如遇需水之时，许周曰库等邀全李宸斗等于上流李密闸、官闸公全开放，以资灌溉。闸底晋板二块，不得擅自混开，以滋讼端。至于闸身损坏，十社捐赀公修单孔单板，各宜凛遵毋违，须碑。乾隆三十年仙冬吉旦立。"

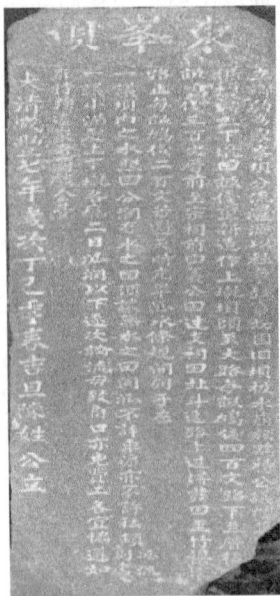

图 5-24　陈氏宗祠前
《东峰坝碑》

**36. 福州市长乐区古槐镇竹田村陈氏宗祠前现存清咸丰七年（1857 年）立的《东峰坝碑》（图 5-24）**

该碑为水利管理碑，具有很高的价值。

碑文："立乡约为东峰坝分流灌溉以杜争端事。窃因旧坝被水崩颓，特公议鸠工兴修。并塘基工下田亩钱重新造作，上轮坝头至大路，每亩鸠钱四百文；路下至厝后每亩为钱三百文；屠前由义公田过支祠田北斗远路上过得发田至竹树，横路止，每亩鸠钱二百文。若遇天时亢旱，派水条规开列于左：一议坝内之水照田分润，有水之田让无水之田开派，不许车犀，亦不许私屯派流别处；一议小满起上下轮各应二日派润，以下逐次轮流，毋致角口，亦免费工，各宜协遵，如有恃强违众者，罚戏全台。大清咸丰七年岁次丁巳季春吉日陈姓公立。"

**37. 莆田市仙游县赖店镇岐山村现存嘉庆二十年（1815 年）立的《坝头水利案县令张思勔谕示碑》（图 5-25）**

仙游县仁德里（今赖店镇）坝头郑、林两乡因农田灌溉引发水利纠纷，双方互相争殴，官司打到县城里，县太爷张思勔（山东莱阳人，嘉庆五年就任）接状后，亲自审理，秉公决断，平息纷争，制止了宗族械斗。事后，郑、林两乡村民将这次判决结果铭刻在石碑上，让双方世代谨守。碑高180厘米，宽65厘米。

碑文："堂谕监生郑士英等与林书公等控争水利一案讯之：郑林两乡原有神迹水井一口，设水圳一道名曰'牛头井'，涌泉可以分灌两乡下洋一带田亩。其林姓乡内另有上洋一带高田，系受井亭塘之水，与此井无涉。及年代久远，牛头井为泥所塞不曾修整，水源尽归林广田内之井。于是，两乡以刻井，水仍依牛头井之例分灌。嗣后林广将刻田并井写卖郑士英家为业。自卖以后，井水两乡亦皆仍旧分灌下洋一带之田，越今多载均无异说。因本夏缺雨，林姓等遂在郑士英等卖林广古井之上就林廷龟田内新凿一井，意欲自灌，并戽灌上洋两旁高田，而郑士英等知情恐新凿之井系伊古井之上，水源被其断绝，随即出头

**图 5-25　仙游县《坝头水利案县令张思勖谕示碑》**

阻止，两相争殴，彼此控验到县。兹讯悉前情，查林姓所凿之井，虽在自地自凿，但林姓上洋高田向来受井亭塘之水，未便以下洋之水戽筑上洋高田之用，使下洋一带有缺水之虞。况新凿之井即在古井之上，系属下洋地方，势必断下洋水源。今须以林姓新凿之井及郑姓古井各设水涵一口，将两井之水尽归公圳合一流行，灌溉下洋一带田亩，并今将紧靠水圳两旁之田，田底与水圳并高，水源可以自流入田者，准其分流灌溉，亦不许林书公乡内乘间巧取。兹经讯明，嗣后毋再滋事端。即取具各依结备案。此谕。嘉庆二十年十二月〇日。县令：张思勖谕。坝长：郑士英、郑国苞、郑国应、郑士英、王圣奎。抄录：郑清侯。"

38. 漳州市长泰县岩溪镇甘寨村凤山"皇龙宫"外墙上现存清道光元年（1821年）立的《塘记》（图5-26）

该碑记载当年修建水塘灌溉农田事，现古塘尚在庙后山上。

碑文："凤山连峰南走岩，水重叠奔赴吾乡，清溪界其前两水利，恒苦不足者，以未得蓄泄之易，八世晴□、云波始以私田为塘。赓惠总成之，矶久而圮，乃鸠众事□之，凡仰难于塘者，叩雯渡，庚惠尝田一石余种免派。余田每斗皆交钱二百□□，三日均劳费也，表石为记。公水尽顶嵌乃止，下则塘主私之。定界划也，五载以今官会首，公同灌溉分为五番，以次轮流，示无私，且不越也。凡塘水止于以养苗□□，公尝业或值充旱，许可先决以播种，不忘本也。诚凡两熟，除二公尝业之外，每田一斗，各取斗粟，内以六石四斗为塘租，十二石充租费，余皆以归灌水者，答其劳也。是役也，具筑于庚

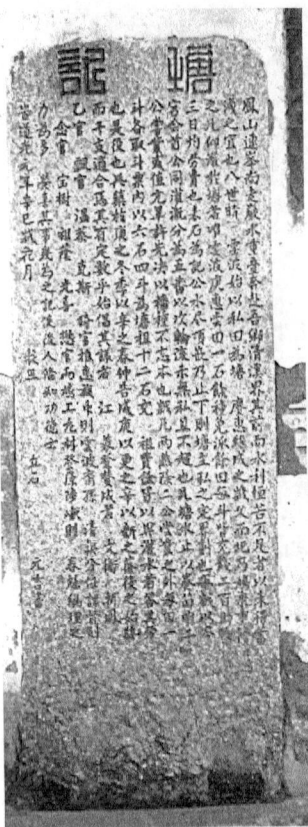

图 5-26　凤山《塘记》

（辰）之冬季，以辛（巳）之春仲告成。庚（辰）以更之、辛（辰）以新之，荫筏之，始录而干支适合焉。其有定数乎？始倡其议者□江、□养登；赞成者文衡、新凤、乙官、飘官、温恭、克斯、绮官；推连族中则云波裔孙清渠；分任课督则念官、宝树、祖荫、光喜、懋官；而鸠工九村、登原、陈峨则、春魁纵理之力为多，荣喜其事几为之，记使后人备知功德士。时道光元年辛巳岁花月穀旦。立石，元吉书。"

39. 厦门同安区莲花镇美埔村张厝社崇福堂外现存清道光二十一年（1841年）立的《沟涵告示碑》

该碑高170厘米，宽50厘米。

碑文："沟涵告示：调署泉州府同安县正堂议叙加二级、随带加二级纪录五次裕〇，为晓谕事。照得栽种课田全赖水圳灌溉等，圳有一人

筑之圳，有众筑公用之圳，于应照约车用，不容私截。兹据生员叶萃英、叶蓝玉、生员叶凌寒、叶垂纶、叶元甲、戴士彦、叶源连等呈称：'小溪口大坝原系生员等祖父首倡，筑堤疏通千水圳，灌溉西洋乡族人、汪厝边戴姓、员江林姓、洪下洪姓、本赔张厝等乡课田，为首承管，历年修理，远近周知。祸缘沟涵在西洋乡门首，上下田亩，悉系族人戴、林等姓耕业。生等课田在双圳下流，每逢亢旱，屡被恃强占踞水头，夜决日截，每致曝苗枯槁，现附旱干之惨。英与分较不已。沥情金恳为国为民，恩准示禁强截水源，肥己损人，立碑丑祸'等情。批此，查该生耕田业既在双圳下流，灌溉田亩，自应就坝车水以应急用。除批示外，合行出示严禁。为此，示仰该乡民人等知悉：尔等自示之后，凡有附近田亩需用圳水者，务当一律听其灌溉，毋得稍有阻截。如敢抗违，倘若复占霸截，利己损人者，定行指名拏究，决不宽贷，勿违，特示。道光贰拾壹年玖月十六日〇给。"

40. 厦门市同安区莲花镇美埔村张厝社崇福堂外现存清同治十一年（1872年）立的《行坝告示碑》

该碑高170厘米，宽67厘米。

碑文："行坝告示碑：即补分府直隶州、摄理泉州府同安县正堂加十级、纪录十次胡〇，为出示谕禁事。本年三月二十三日，据廪生叶萃英、生员叶凌寒、叶炳文、叶赓飔、叶辉文、叶以南、武生叶念兹、叶俊哲、乡老叶福、叶密等金呈：'窃英等具控庙山吴纣等侵坝断源，截流利己一案，当蒙派丁仝差查勘理处，吴纣即托公亲举人吴士敬、生员吴登龙、叶彦青、武生叶廷才等为调处，愿将所侵公坝、水道清还；白基所造水磨去水，仍归公坝；新筑之坝听其拆毁；□□之涵，抵用升涵。两皆悦服，各具依结，呈缴在案。惟是坝，虽灌乎数乡，地实辖夫一隅，诚恐日久弊生，仍蹈前辙，虽请示禁'等情。据此，查此案前据廪生叶萃英等呈称：'有公共水坝一条，由大溪山入小溪口，自雍正年间伊祖叶浩观出资，总督修筑，各乡老举为坝长，立约遇旱分车灌溉，不许违约混争。后有吴才等筑堤截流，私造水磨，并被西洋乡强截肥己，均经控，蒙委员勘办示禁。现在复被吴纣等截流转磨，并就坝顶新筑一坝，灌溉私田，又将公坝、水道占开田地'等情，并据乡老李启等金呈到县，即经饬处丁差到地查勘，邀集理明取具，两造依法结，呈送附卷完案。兹据续呈前情，除批示外，合行出示谕禁。为此，示仰该处附近人等知悉：尔等当知栽种、课田均赖坝灌溉，何得私截来源，损人利己。嗣后示之后，务照举人吴士敬等所处，永远遵命办。如敢仍蹈前辙，定行指名拏究，决不宽贷。毋违，特示。同治拾壹年四月初二日○给。"

41. 福州市长乐区潭头镇岭前长者寺现存清光绪六年（1880 年）立的《重浚严湖碑记》（图 5-27）

该碑由时任长乐知县徐承禧立。

碑文："邑东北有湖焉，陈（朝）大建中严公光舍田为之者也，故名曰严湖。遥望东湖位居其西，故又名西湖。湖周三千二百八十丈，潴二刘、岱西、宏源诸溪之水，溉田四百五十顷，四里居民实利赖之。顾湖湄多澳壤，附湖者每占湖为田。唐宋以来占复靡常。乾隆二十七年，安成贺（世骏）公划田还湖，湖界以清。迄今日久，湖渐淤浅，民复占垦，湖田日广，湖面日蹙，甚至竟收湖例，械斗以争，叠酿巨案。而邑政繁剧，虽能理其讼牒，从无暇力究弊源而议及修湖者嗟嗟。建湖以利民也，湖至是乃以病民矣。丙子年冬，余捧檄

图 5-27　长乐区《重浚严湖碑记》

权邑篆，详访地方利病，稔知北乡农田必资水利，嗣见陈塘港湮塞，旱苦涸，涝苦淹。丁丑冬，率绅民亟浚，越明年，而巨功告成。于是，西湖绅耆，以余为留心水利，咸恳恳焉，请继港浚湖焉。虽然湖岂易言浚哉！夫以百数十年未修之湖，占田至七百余亩之多，占者咸自忘其占，而据为世业。又有近湖豪猾，私创湖例，按亩抽丰，饱其私橐，习以为常。今骤欲悉数划除，若辈呶呶如失故业，必有群起而阻挠者，且湖工浩大，费亦不赀，更何从措手哉？然而畏难苟安者，非夫也；不从民所好者，非识也。余承先大夫训，视民事如家事，敢不尽心乎。爰集绅董，议设水利局变通办理，将湖田判别高低，亲临勘丈，其低田及未成

田者计四百二十余亩，一律划平，以广潴蓄，湖面已宽，资灌溉足矣。其高与课田均者，约有三百亩，既无碍于蓄泄，姑准暂留。俟工竣，派妥董岁收其入，积为将来复划之资，权宜计也。其夫役即在四里受水之民，按乡匀派，其经费即收今岁湖例，以充兴修之用。不损上，不烦下，民称便焉。自己卯三月十六日兴工，凡有动作，必亲监督，故顽梗之徒，罔敢蠢动。惟间值风雨农忙，作辍靡定，故至庚辰秋，始克完工。虽未尽复旧规，而经一番振刷，愚民触目惊心，毋敢再萌觊觎。后此有继起而兴修者，不难事半功倍，垂利永久矣。

湖畔长者祠，颓废已久，葺而新之，崇享报也。所留高田，逐段丈量，造册存案，备稽考也。续议善后章程若干条，刊石示后，便遵守也。噫此亦尽余心而已，所愿后之人心，余之心，相与守之，则湖光荡漾与天同久，四里万户，受泽无穷，余实有厚望焉。然在局诸绅亦与有赞襄之力，而陈惠、陈郿、陈奎、李永团等又为勤劳尤著者也，故并记之。诰授奉政大夫、同知衔，知长乐县事六合徐承禧撰并书。大清光绪六年，岁次庚辰季秋之月吉旦立。"

42. 莆田市木兰溪碑廊现存民国十一年（1922 年）立的《重修木兰陂碑》（图 5-28）

民国十一年，关陈谟被公推为修治木兰陂水利枢纽董事会的董事长，与莆田士绅、各界人士筹款 10 余万元，顺利完成木兰陂整治工程，并以余款加固黄石东甲海堤。

碑文："重修木兰陂碑：木兰陂汇永春、仙游之水，分道流入南北两洋，农田赖之，岁久失修，父老引以为苦。民国八年秋成灾，陂堤崩坏数十丈，为患滋大。是年东角堤亦坏。红十字会理事长英医生秋庄华实，先生修之事，竣县知事包公伟，请续修木兰陂，将东角堤剩款七千五百五十二角三，占及赈

图 5-28 民国十一年
《重修木兰陂碑》

济项下拨出银二百圆，充修理费。华先生因费巨，四处劝募，得款三万三千七百二十八角占，遂兴工。陂之北堤崩坏最甚，直石堤长二十四丈、宽七尺，俱无存；上下横堤坏十五丈、宽二丈，醫排钉木椿用长石粘洋灰叠砌，堤腹用碎石和洋灰浆实其中，陂之北堤北角坍深广各一丈，万金桥东边八字堤，塌成穴三丈、深八尺，陂埕沿边石缝、桥八字之石隙，宜石者用石，宜洋灰浆者，用浆；陂南回澜桥边陂陷一丈有奇，翻修至底；陂埕损坏十余处，俱补葺之；陂闸二十八门、陂龟二十九垛之夹缝，亦用洋灰填灌。木兰陂完固如初，华先生之力也。自乙未十月兴工至腊月而事臧，共用三万七百九十角，尚余一万二千七百五十角。华先生因沟下石桥，七年毁于匪乱，将此款移修之，合记其事如左：在事者例得各书并记之。董事……劝募者……中华民国十一年〇月立。"

43. 厦门龙海市鸿渐村现存民国十一年（1922 年）立的《水利权益碑》

该碑为原泉州市同安县所立，碑高 232 厘米，宽 96 厘米。

碑文："出示保护事：本年十一月二十六日，据同安农会正副会长陈延香、杨孟让呈称：'窃顷据积善里白昆阳保六甲鸿渐美社本会会员许长荣、许都笃、许什成、许金盆、家长许谅开、许湾，前清武生许秋廷，侨商许有志、许振杰、许朝铨、许朝权、许清让、许守从等具理由书称：为河流无恙，碑文驳蚀，金恳转载呈援前给示勒石，重申保护事。窃长荣等始祖均正公开基辖之鸿渐美社，即鸿渐尾社，自宋迄今千余载，宗族繁盛，丁口稠密；所置田园甚多，因灌溉之水乃就社之附近凿地成渠，以资灌溉，又曰鸿即鸿渐美港，一名鸿渐美河，东至佛头港湾，与充龙社之河为界；东南与充龙社之余厝河为界；南至长寮河及陡们港湾入海，又至有应公庵后港湾，概与吴厝大河为界；北自三叉永港巨砻钓湾泊河，与新楼社后之河为界；东北至本社后港湾为界，四至明白。前泉州府许碑示可凭，故历年至今，河权归鸿渐社管辖，而流域所过，凡有他姓之田园，鸿渐美社应守让与之义务，上下相承，并无异议。已成一种天然契记。无须多费手续。因缘年代久远，石质松浮，前府示禁字迹大半模糊，不可复辨。金念祖武所在，何可不绳？民权保障，端资法律。用敢联请转呈县署立案，援前给示勒石，重申保护，以垂久远。粘图说一折，仝恳会长察核转呈，实为德便'等由到会。查鸿渐美港既为该乡祖先开凿，且又有泉州府许碑示可凭，本会会员等因恐久年碑示字迹模糊，特请转呈给示保护，以维水利之权，而杜后来争执，固属正当办法。事关保护水利，相应据情呈县长审核，准予如请施行等请，粘图说一折到县。据此，查堂管该处河流率由旧章可循，自应共同保护，以维水利，合行示仰诸色人等知悉，务共一体遵照，不得破坏，以规意外争执。如敢故违，定予拘究，特示！民国拾壹年拾贰月〇日给。"

44. 南平邵武市和平镇现存民国十七年（1928年）立的《水源管理碑》（图5-29）

该碑刻是关于用水的规定。

碑文："窃本市西门外古建吸水斗井，其水源由西溪渠陂入口至井，后西门水碓多赖此陂，或借用或合筑，世远难考。近因该陂洪水冲破，碓主曾思照旧修理致井水缺乏，于是，西南关合众公议：将该陂加高，以免无乏。旋有西门碓主许元、□□、□□元所承认：将古陂照旧加高，向众取去小洋二百五一角，□息作碓至今年修陂之费，经众许可，日后此陂大冲小陂，该碓主自应独力修筑，不涉西南关之事，费不得去取分文。倘遇干旱，先供吸水，后准灌碓；或进迳至水，不许拨车，至西门自行筹养，不得干涉碓主。日后该碓倘有变更，此陂仍随碓主修理，当经许元等碓主之有，三分议明，字证恐遗

图5-29 和平镇《水源管理碑》

失，爰勒石碑，以垂久远云。民国十七年西面关绅耆公立第三眼井基，谢恩铺勒。"

45. 厦门市同安区莲花镇垵柄村现存民国二十五年（1936年）立的《修建莲花乡水利碑记》

碑高142厘米，宽64厘米。

碑文："今夫万物之荄长，仰赖时雨之沾濡，而五谷之丰登，尤须水利之灌溉。旷观吾国历年旱魃为虐，饥民遍野，有关于国计民生，殊非浅鲜。政府诸公有鉴于斯，特颁规定国民义务劳动服役之办法，以务农之暇隙，建交通及水利，诚善政也。吾莲花叶旅长硕豪，体察政府之意旨，谋吾乡之福利。爰集各乡长，倡议筑坝、开圳，并允独力赞助所需材料之费，计国币肆仟余元。议成遂自将军潭建筑坝头，开圳，导水。乡民亦各踊跃服役，并呈报县府备案。历今数个月，大功告成，水源涌流不息，此后可免旱魃为灾，荒芜之地悉成膏腴之田。留千年犹见之利，垂万世不朽之功。爰辍数言立碑为记。董事：溪东乡乡长叶文缎、张厝乡乡长叶文毅、尾埔乡乡长叶文炳、溪东地乡乡长叶文求、苍林乡乡长叶文奢、垵柄乡乡长叶文注仝立。中华民国二十五年丙子元月吉旦。"